내셔널 히스토리를 넘어서

『ナショナル・ヒストリーを超えて』
小森陽一・高橋哲哉 編
Beyond the National History

Editeded by Yoichi KOMORI and Tetsuya TAKAHASHI
Copyright ⓒ 1998 by University of Tokyo Press
Korean translation rights ⓒ 1999 by SAMIN Publishing Co.

이 책의 한국어판 저작권은
동경대학교출판회와의 독점 계약에 의해
(주)도서출판 삼인에 있습니다. 저작권법에 의해 한국 내에서 보호를 받는 저작물이므로
무단 전재와 무단 복제를 금합니다.

아시아연대총서1
내셔널 히스토리를 넘어서

1999년 5월 20일 초판 1쇄 발행
2005년 4월 20일 개정판 4쇄 발행

(이 개정판은 『국가주의를 넘어서』와 내용이 같고, 제목만 바뀐 것입니다.)

펴낸곳 (주)도서출판 **삼인**

엮은이 코모리 요우이치 · 타카하시 테츠야
옮긴이 이규수
펴낸이 신길순
부사장 홍승권
주간 최낙영
편집 윤진희 유나영
제작 양경화
마케팅 이춘호
총무 서민아

등록 1996.9.16. 제10-1338호
주소 121-837 서울시 마포구 서교동 339-4 가나빌딩 4층
전화 (02) 322-1845
팩스 (02) 322-1846
E-MAIL samin@saminbooks.com

표지디자인 (주)끄레어소시에이츠
제판 문형사
인쇄 대정인쇄
제본 성문제책

ⓒ (주)도서출판 삼인, 1999

ISBN 89-87519-34-1 04300
ISBN 89-87519-31-7 04300(세트)

값 12,000원

아시아연대총서1
내셔널 히스토리를 넘어서

코모리 요우이치 · 타카하시 테츠야 엮음, 이규수 옮김

삼인

머리말

타카하시 테츠야(高橋哲哉)

　도쿄(東京)에 있는 어느 대학에서 일어난 일이다. 한 선생이 많은 학생들이 수강하는 동아시아 국제 지역 연구 수업에서, 일본에 의한 한반도의 식민지 지배와 그 귀결, 오늘날 일본 사회에서 재일 조선인(한국 국적자·조선 국적자를 포함하여)이 처한 상황 등을 강의하며 학생들의 관심을 환기시키려고 노력하고 있었다. 어느 날 그는 한 학생이 낸 보고서에서 이런 문구를 보고 망연자실했다. "대학에서 이렇게 자학적인 수업을 받을 것이라고는 생각하지 못했습니다." 그 선생이 망연자실할 수밖에 없음은 당연했다. 그는 한국 국적을 지닌 재일조선인이었는데, 학생들도 그가 재일조선인이라는 것을 알고 있을 게 뻔했기 때문이다.
　일본과 조선의 과거와 현재에 이르는 관계를 비판적으로 묻는 재일 조선인 교수에게 일본인 대학생이 "선생님도 자학사관파(自虐史觀派)입니까?"라고 질문한 것이다. 이는 결코 농담이나 지어 낸 이야기가 아니다. 이 책의 집필자 중 한 사람인 서경식(徐京植) 씨가 실제로 경험한 일이다. 이것은 현재 일본인의 역사 인식이 얼마나 큰 혼란에 빠져 있는지를 너무나 잘 나타내는 에피소드이기도 하다.

아시아 침략과 식민지 지배의 과거를 직시하려는 태도를 희화화하여 비난하려는 의미로 나온 '자학 사관'이라는 말이, 전에는 일부 우익 보수파 정치가나 이론가 들의 전매 특허로 사용되었지만, 최근에는 일반 학생과 시민 사이에서도 마치 최신 유행어라도 되는 양 쓰이고 있다. 이렇게 된 데는 '자유주의사관연구회'를 이끄는 후지오카 노부가츠(藤岡信勝) 교수와 그를 중심으로 한 '새로운 역사 교과서를 만드는 모임'(新しい歷史敎科書をつくる會)의 활동 덕이 크다. 그들은 냉전 구조의 붕괴와 거품 경제의 파탄 등에 따른 인심의 동요를 틈타 '건전한 내셔널리즘의 복권'이라는 미명하에 자국 중심, 자민족 중심적인 '역사관'을 주장하고 있다. 그들은 특히 1990년대에 들어와 활발히 전개된 '종군 위안부' 등 아시아 여러 나라 전쟁 피해자들의 고발과 비판에 대해서는 극히 반동적인 태도로 거절 의사를 분명히 하였다. 이들의 주장이 신문 · 잡지 · 만화 등 매스 미디어를 타고 대규모로 선전되면서, 사회로부터 배제되어 온 타자들의 호소에 아예 귀도 기울이려 하지 않는 이들의 독선적인 언설이 거꾸로 '억압된 진실'이기라도 하는 양 사람들에게 소비되기 시작했다는 점에 커다란 문제가 있다.

이 책은 이러한 새로운 일본 내셔널리즘의 공세를 전면에서 비판하는 글들로 구성되었다. 이 책을 엮은 두 사람이 바란 것은 다양한 전공과 다양한 개성을 가진 사람들 ― 구체적으로 말하면 서로 다른 국적과 서로 다른 성에 속한 사람들 ― 이 네오 내셔널리즘 비판이라는 시각을 공유하면서, 자유스러운 형태로 자신들이 연구한 것을 발언하는 일종의 지적 증언집을 만들고 싶다는 것이었다. 그 결과로 역사학, 문학, 철학, 윤리학, 교육학, 사회학, 정치학, 문화인류학, 여성학, 사상사, 표상문화론 등 집필자의 다양한 전공 분야가 한 책에 녹아들었고, 또 수필체의 글에서부터 논쟁적인 글, 연구 논문에 가까운 글까지 다양한 스타일의 향연이 이 책에서 실현되었다. 이런 점에서는 열린 역사 의식으로의 초대를 의도했던 논집의 성격에 걸맞게 되었다고 자부한다.

책 이름을 제안한 사람으로서 한 마디 하고 싶다. 『내셔널 히스토리를 넘어서』(ナショナル・ヒストリーを超えて)라는 책 이름에 대해서 사실은 집필자들 사이에서도 논의가 많았다. '내셔널 히스토리'는 '자국사' 또는 '국민사'를 의미하는데, 내셔널리즘과 밀접히 관련된 이 사상에 대한 비판도 비판자의 위치나 비판의 맥락과 동떨어진 채 절대화되어서는 안 되기 때문이다. 내셔널리즘의 구조적 문제점을 망각해서는 안 되지만, 예를 들어 타민족, 타국가로부터 억압받고 민족성이 말살당하는 위치에 처한 사람들의 '저항 내셔널리즘'을 지배측의 내셔널리즘과 동일하게 논할 수 있겠는가? 국민 국가에 귀속해 그 은혜를 향유하고 있는 자가 국민 국가를 갖지 못해 고통받는 사람들의 국민 국가에 대한 희구를 내셔널리즘이라 하여 잘라 버릴 수가 있을까? 현재 일본인이 과거의 전쟁과 식민지 지배에서 비롯한 책임을 아시아 각국의 피해자들로부터 질책받을 때, 설사 내셔널리즘에 가담하기를 거부했다고 해도 '자국'의 과거를 받아들이지 않고서 어떻게 그 질책에 답할 수 있을 것인가? 그래서 '내셔널 히스토리를 넘어서자'는 운동은 결코 단순한 운동일 수 없다.

그런데도 세계의 현실과 역사 인식의 심화 과정을 들여다보면 이미 '자국사'와 '국민사'라는 범주가 분명하지도 않고 또 그것이 최후의 것일 수도 없음이 분명해진다. 아무튼 우리가 이제 그와 같은 좁은 시야와 범주를 뛰어넘지 않으면 안 된다는 게 확실해졌다. 이러한 사정을 고려해 먼저 '국가 정사(正史)'의 부활을 외치는 일본의 네오 내셔널리스트에 대한 강한 비판의 목소리를 이 책의 제목에 반영했다는 것을 알아 주었으면 좋겠다.

이 책이 동아시아—널리는 세계—의 과거 역사와 현재, 미래를 생각하려는 사람들 모두에게 쓸모가 있기를 바란다.

1998년 3월 16일

한국어판 서문

『내셔널 히스토리를 넘어서』(ナショナル・ヒストリーを超えて)를 이규수 씨의 번역으로 한국에서 번역 출판하게 되었다. 우리 18명의 저자에게 이보다 더 기쁜 일은 없을 것이다. '종군 위안부' 문제를 계기로 1990년대 후반에 대두한 일본의 새로운 내셔널리즘과 거기에 나타난 '내셔널 히스토리' 중심주의에 대한 비판을 목적으로 편집된 이 책은, 그럼에도 불구하고 전편 모두 일본어로 씌었다는 바로 그 한 가지 점만으로도 우선은 일본의 '내셔널 히스토리' 속에 자동적으로 편입될 수밖에 없었다. 이번 한국어판의 출판에 의해 처음으로 이 책 자체가 일본어로 씌인 역사 세계, 그런 의미에서 일본의 '내셔널 히스토리'라는 틀을 넘을 수 있는 기회를 부여받게 되었다. 그러한 이동이 처음으로 시작된 곳이 한국어의 세계라는 것, 바로 그것이 이 기회를 한층 귀중하게 만든다.

  이 책의 초판 출판 후 거의 일 년이나 지났지만, 일본의 네오 내셔널리즘

은 유감스럽게도 쇠퇴하지 않고 오히려 강해진 것처럼 보인다. '자유주의 사관'과 '새로운 역사 교과서를 만드는 모임'을 대표하는 네오 내셔널리스트들 —후지오카 노부가츠(藤岡信勝), 니시오 간지(西尾幹二), 코바야시 요시노리(小林よしのり) 등 —은 변함없이 우파 미디어를 중심으로 활발한 활동을 벌이면서, 자아 도취적인 일본 중심사관에 젖은 '역사 교과서'를 출간하고, 급기야는 '자국의 정사(正史)'로서 채용케 하려는 준비를 서두르고 있다. 코바야시 요시노리가 직접 그린 만화에서 '대동아전쟁' 이야말로 "인류가 이루어 낸 가장 아름답고 잔혹한 그리고 숭고한 싸움이었다고 재평가" 해야만 한다느니, "전쟁에 나가겠습니까 아니면 일본인임을 포기하겠습니까", "한국은 일본이 근대화시켜 준 것을 고마워하지 않으면 안 된다"느니 하는 말을 외치고 있는 것처럼, 그들의 폭력적인 주장은 한층 기세를 더해 가고 있는데, 이 코바야시의 작품 『전쟁론』(戰爭論)이 수십만 부의 판매 부수를 기록했다는 데 문제의 심각성이 있다.

여기에 덧붙여 요즈음 더 분명해지는 것으로는, 원래는 이러한 움직임을 냉엄하게 비판하지 않으면 안 될 저널리즘이 대부분 그것들을 용인하는 쪽으로 돌아서기 시작했다는 것, 그리고 이러한 사정을 배경으로 하여 현실 정치에서 '전쟁 준비'가 가속도를 내며 진행되고 있다는 것을 들 수 있다. 한반도나 대만의 '유사 사태'를 상정한 전쟁 매뉴얼 —미일방위협력의 '신(新)가이드 라인' —의 관련 법안 정비에 따라 일본 헌법의 전쟁 포기 조항의 완전한 공문화(空文化) 및 이와 분명히 연관되는 히노마루(日の丸), 기미가요(君が代)의 법제화(국기 · 국가화) 움직임이 급박하게 돌아가는데도, 큰 신문 등 주요 매체들에서 이런 움직임을 근본적으로 비판하려고 하는 태도는 거의 보이지 않게 되었다. 유고슬라비아의 코소보 분쟁에서 독

독일은 전후 처음으로 본격적인 군사 행동에 참가하였다. 일본은 동아시아에서 동일한 행동에 나서기 위한 태세를 차근차근 갖춰 나가고 있는 것이다. 네오 내셔널리즘에 기대하는 것은 바로 그러한 행동을 위한 이데올로기적인 기반을 강고히 하는 일일 것이다.

한국어판 독자에게 특히 주의를 환기시켜 두고 싶은 것은, 한 발 앞서 한국어로 번역된 카토 노리히로(加藤典洋)의 『패전후론』(敗戰後論, 이 책은 한국에서 『사죄와 망언 사이에서』라는 제목으로 창작과비평사에서 번역 출간되었다)에 관한 것이다. 카토의 논의가 네오 내셔널리즘에 속할지 어떨지에 대해서는 일본에서도 평가가 나뉘고 있다. 『내셔널 히스토리를 넘어서』의 저자 18명도 이 점에 대해 전원 일치하는지 어떤지는 알 수 없다. 그러나 결과적으로 이 책에서 카토의 논의를 주제로 삼아 취급했거나 적어도 그것을 언급한 모든 저자(코모리 요우이치 小森陽一, 이효덕 李孝德, 오오고시 아이코 大越愛子, 요네야마 리사 ヨネヤマ・リサ)가 이것에 비판적인 것은 결코 우연이 아닐 것이다. 『패전후론』을 읽어 본 독자는 분명히 알겠지만, 필자는 카토의 논의를 일관되게 비판하여 온 그의 '논적'이다. 백낙청(白樂晴) 씨나 이순애(李順愛) 씨 등 한국인이나 일본에 거주하는 재일한국인 중에서도 『패전후론』을 높이 평가하는 사람들이 나타나고 있는데, 그렇다고 한다면 필자가 이 자리를 빌어 나의 입장을 간단하게나마 설명해 두는 일도 아마 허용될 수 있을 것이다.

지금까지의 논쟁에서 필자가 전력을 기울여 가장 비판해 온 것은, 아시아 태평양전쟁에서 죽은 '300만 자국의 사망자'를 '2,000만 아시아 사망자'보다 먼저 애도해야 한다는 카토의 주장이다. 그렇지 않으면 일본은 아시아의 피해 제국에 대하여 진정한 사죄를 할 수 없다고 그는 말하고 있는 것이다. 이에 대해 이순애 씨는 이렇게 말한다. "일본인 전사자의 죽음을 무의미하다고 말하며, 더욱이 그것을 무의미한 채로 애도하는 것, 그 정도의 일이 왜 잘못된 것으로 여겨지는지 나는 정말 이해하기 어렵다."(『전후세대의 전쟁책임론戰後世代の戰爭責任論』, 岩波書店) 그러나 여기에는 오해가 있다고 생각한다. 카토는 결코 일본인 전사자를 "무의미한 채로 애도한다"는 '그 정도의 일'을 말하고 있는 것이 아니라 (1) 아시아 사망자보다 우선하여 (2) 300만 명 전체를 (3) 아버지를 애도하는 자식과 같이 애도해야 한다고 주장하는 것이다.

먼저 주의해야 할 것은, '300만 자국의 사망자'와 '2,000만 아시아 사망자'의 대비는 '중일 전쟁' 발발(1937) 이후의 숫자에 따른 것으로 대만 정복 전쟁, 조선 의병 투쟁 탄압, 만주 지배 등에 의한 쌍방의 사망자는 포함시키지 않은 것이다. 『패전후론』은 '제2차 세계대전'이 일본에 있어 처음으로 '의롭지 못한 전쟁'이었다는 전제를 내세워 그 이전의 식민지 침략 전쟁을 무시하고 있다. 이 점을 분명히 해 두고, 앞에서 말한 세 가지 점에 대한 필자의 비판의 포인트를 제시해 두겠다.

(1) 아시아 사망자보다 우선하여 '자국의 사망자'를 애도하라는 요구는 카토가 표방하는 자기 중심주의, 자국 중심주의에서 나온다. 피해국의 사망자보다 가해국의 사망자를 앞세운다는 것에서 그 전쟁이 부정했다는 판단보다는 '같은 일본인이니까'라는 본질주의적 민족 감정을 우선하는 일이 되고, 그 결과 생겨나는 것은 '우리들 일본인'의 전쟁 기억으로부터 아시아 사망자의 기억은 배제하게 된다. (2) 300만 명 전체를 '자국의 사망자'로서 애도한다면 당시 일본인 가운데 전쟁 책임을 져야 할 사람들의 질적 차이를 애매하게 만든다. 남경의 학살자와 청년특공대원과 히로시마에

서 불에 타 숨진 소녀 등을 똑같이 '일본인'이라는 이름하에 동일하게 애도하라는 것은 내셔널리즘 이외에 아무 것도 아니며 군부와 일반 시민간의 책임 구분도 보이지 않게 만든다. (3) "더럽혀진 아버지라도 아버지는 아버지다"라며 가해 병사에 감정을 이입시키고자 하는 것은 전몰 병사를 '국민의 아버지'로서 표상하는 가족 국가관에 가깝고, 아버지에 대한 감정에 호소함으로써 병사가 저지른 침략 행위에 대한 판단을 모호하게 만든다.

백낙청 씨는 같은 카토의 주장을 긍정하는 것처럼 이렇게 말한다. "애도한다는 의식의 전후 관계가 아니라, 인간의 심성의 작용을 기준으로 생각해 보면, 역시 허무하게 죽어간 혈족에 대한 비통함이 먼저 일어나지 않는 상태에서 어떻게 타인에 대한 속죄의 감정이 성립될 수 있겠습니까?"(공동토의「한국의 비평공간」,『비평공간』II-17) 이 경우 '혈족'이라는 것은 '가족'이나 '친족'이라는 의미인가, 아니면 '민족'이라는 의미인가? 전자라고 한다면 역시 카토와 마찬가지로 가족 감정을 모델로 국민 감정을 생각하고, 가족과 '타인'의 구별을 자국민과 타국민의 구별에 겹치게 하는 일이므로 찬성할 수 없다. 특히 일본에서는 이 모델이 천황을 가장으로 하는 가족 국가관으로 이어지기 쉽다. 후자라고 해도 필자는 동의할 수 없다. 가령 전후 세대의 일본인이 전에 '위안부'였던 할머니의 출현에 충격을 받아 사죄나 보상을 실현하기 위하여 일본인으로서 책임을 진다고 할 때, 그것에 앞서 반드시 '300만 자국의 사망자'에 대한 '비통함'이 있어야 한다고는 말할 수 없기 때문이다. 이 경우 책임을 지는 행위를 개시하기 위해서는 '위안부' 할머니가 옛 일본제국의 식민지 지배와 침략 전쟁의 피해자라는 판단과 자기가 옛 일본제국의 후계 국가에 귀속하는 일본인의 한 사람이라는 의식이 있으면 우선은 충분할 것이다.

필자의 기본적인 생각은, 침략한 측과 침략을 받은 측의 전사자간의 관계가 동일할 수 없다는 것이다. 양자의 비대칭성은 해소될 수 없다는 말이다. 침략당한 측에서는 "허무하게 죽어간 혈족에 대한 비통함이 먼저 생겨나는" 일이 자연스러워도, 침략한 측에서 침략 행위에 대한 비판적 판단보다 그런 일이 우선된다면 가해 국민의 '애도 공동체'가 무비판적으로 부활하게 된다. "일정한 민족적 특성과 민족적 감정을 지닌 일본의 대다수 대중을 바람직한 방향으로 이끌어 나갈 대안을 찾지 않으면 안 된다"는 백낙청 씨의 제안(앞의 글)은 '대중'을 '이끌어 간다'는 계몽주의적인 표현에 약간의 위화감은 있지만 귀중한 것으로 받아들이고 싶다. 다만 일본과 같이 '민족적 특성과 민족적 감정'이 자기 비판을 결여한 채, 전쟁 전부터 오늘날까지 일본 사회에 지속되어 온 자민족 중심주의를 극복할 수 없는 상태로, 가해 책임의 판단보다 "더럽혀진 아버지라도 아버지는 아버지"라는 동일화 감정을 우선시켜 버리는 사고는 '바람직한 방향'을 향한 것이라고 말할 수 없을 것이다.

마지막으로 번역자인 이규수(李圭洙) 씨, 도서출판 삼인의 편집장 이홍용(李泓鎔) 씨를 비롯하여, 이 기획을 실현하는 데 진력해 주신 모든 분들께 진심으로 감사 드린다. 이 책의 한국어판 출판이 한국과 일본의 대화와 상호 이해를 심화시키는 데 크게 기여하는 일이 되기를 간절히 바란다.

1999년 5월 1일
편자를 대표하여
타카하시 테츠야(高橋哲哉)

옮긴이의 말

　이 책은 최근까지도 신유행어처럼 나돌던 '전후 50년'이 채 지나기도 전에 일본 국내외를 강타한 구 소련(사회주의 체제)의 붕괴, 한신(阪神) 대지진, 오움 진리교 사건, 거품 경제의 파탄 등 일련의 변화를 계기로 '건전한 내셔널리즘의 복권'이라는 명목하에 자국 중심, 자민족 중심적인 '역사관'을 주장하는 '자유주의사관연구회'(自由主義史觀硏究會)와 '새로운 역사교과서를 만드는 모임'(新しい歷史敎科書をつくる會)에 대한 직접적인 비판을 목적으로 편집되었다.

　후지오카 노부가츠(藤岡信勝), 니시오 간지(西尾幹二), 코바야시 요시노리(小林よしのり) 등으로 대표되는 이들 네오 내셔널리스트들은 종래의 역사관을 '도쿄재판 사관', '코민테른 사관', '자학 사관', '암흑 사관'으로 규정하고, 특히 1990년대에 들어와 활발히 전개된 '종군 위안부' 할머니를 중심으로 한 전쟁 피해자들의 고발과 비판에 대해 극히 반동적인 거부의

태도를 표명하였다. 이들은 신문·잡지·만화 등 매스 미디어를 통해 '국민 정사(正史)'의 회복을 대규모로 선전하고 있으며, 최근에는 인터넷 홈페이지 개설을 통해 일본 국내는 물론 세계 각국에도 그들의 독선적인 언설의 전파를 획책하고 있다. 일본의 침략 전쟁과 식민지 지배에 대한 본격적인 부정론의 등장이 갖는 문제의 심각성은, 그것이 '전쟁 책임'과 '전후 보상' 문제를 충분히 해결할 수 있는 토양을 갖추지 못한 일본에서 전쟁을 경험하지 못한 신세대를 위시하여 타자의 호소에 귀를 기울이려 하지 않는 사람들에게 아무런 여과 장치를 거치지 않고 무분별하게 소비되기 시작했다는 점에 있을 것이다.

왜 일본은 어두웠던 '과거'를 청산하지 못하고 또 청산할 생각도 없이 21세기를 맞이하려는 것일까?

이 책은 이러한 새로운 일본 내셔널리즘의 공격에 대해 전후 세대이기도 한 기예의 중견 학자 18명이 각자의 전공 분야에서 '네오 내셔널리즘 비판'이라는 시각을 공유하면서 '내셔널 히스토리를 넘어'라는 열린 역사의식을 모색하려는 데에 그 커다란 의의가 있다.

이 책은 크게 3부로 구성되어 있는데, 그 논점은 필자들의 다양한 전공 분야를 반영해 다방면에 걸쳐 있다. 제1부에서는 주로 역사적 기억을 둘러싼 두 개의 논쟁, 즉 '역사 교과서 논쟁' 혹은 '종군 위안부 문제'를 둘러싼 논쟁과 '역사 주체 논쟁'을 역사와 문학을 둘러싼 관계성의 문제로서 접근하고 있다. 여기에서는 '역사 수정주의'가 용인되는 요인의 하나로서, 전후 일본의 국민 작가로 추앙받는 시바 료타로(司馬遼太郎)의 역사 인식의 문제점을 지적하고 있다. 시바가 의도했든 아니든, 그의 소설은 식민지 지배와 전쟁 책임을 회피하려는 기분과 감정을 지탱하는 역할을 수행함으로써,

1960년대 이후 일본인 사이에 막연한 자기 긍정적인 역사 의식을 형성시켰으며, 네오 내셔널리스트들은 이를 적극 이용해 자기들의 주장을 대중에게 침투시켰다는 것이 주요 논점이다.

제2부는 카토 노리히로(加藤典洋)의 『패전후론』(敗戰後論)에 대한 비판을 중심으로 패전 후 일본의 사상사와 역사 인식 자세의 상호 관계를 비판적으로 검토하고 있다. 카토는 일본의 정체성 모색을 추구하면서 정체성 확립에서 기억의 중요성을 제기하고 있는데, 특히 전후 책임 주체를 둘러싸고 '300만 자국의 사망자'를 '2,000만 아시아 사망자'보다 먼저 '아버지를 애도하는 자식'과 같이 애도해야 한다며, 그렇지 않으면 현실적으로 일본은 아시아의 피해 제국에 대하여 진정한 사죄를 할 수 없다고 주장하였다. 이런 그의 주장을 둘러싸고 현재 일본에서는 격렬한 논쟁이 진행되고 있고, 이 책 또한 카토의 주장을 비판하는 입장에서 쓰였다.

한국어판 서문에서 재차 강조되고 있듯이, 이 책에서는 '아시아 사망자'보다 우선하여 '자국의 사망자'를 애도하라는 요구는 카토가 표방하는 자기 중심주의, 자국 중심주의를 일목요연하게 드러낸 것으로, 300만 명 전체를 '자국의 사망자'로서 애도해야 한다는 것은 결국 당시 일본인 가운데서 전쟁 책임을 져야 할 사람들의 질적 차이를 모호하게 만든다는 점에 심각한 문제가 있다고 주장한다. 그리고 전몰 병사에 대해 아버지로 운운하며 '국민의 아버지'로서 표상하려는 시도는 병사가 저지른 침략 행위에 대한 판단을 오도하는 일이라고 강력하게 비판하고 있다.

제3부는 네오 내셔널리즘과 '역사 수정주의'를 둘러싼 문제가 결코 특수한 사건이 아니라, 오히려 세계적인 동시성 안에서 나타나고 있다는 것, 그리고 그것이 단지 역사 문제에 그치지 않고 성 차별주의(sexism), 인종

차별주의(racism) 등과도 관련되어 있는 복합적인 문제라는 점에 주의를 환기시키고 있다. 더구나 이들 '자유주의 사관' 파 논객들이 자신들의 주장을 '새로운 역사 교과서', '일본의 정사'를 만드는 작업으로까지 연결시키는 것에 우려를 나타낸다.

이 책의 저자들은 지금까지 일본의 역사 교육이 '국민의 역사'의 교육이었고, 개인의 교육은 '국민'으로서 추상화되었으며, 전 지구 시민의 교육은 '국제적인 일본인'으로 해소되어 모든 '국민의 교육'이라는 내셔널리즘으로 통합되어 왔다는 사실에 주목하여, 이러한 틀로부터의 탈피가 긴요하다고 주장한다. 그리고 역사 교육의 내용도 앞으로는 개인, 국민, 지역 시민(인류 공동체)이라는 세 계층을 의식하여 새롭게 재편되어야 하다는 전망을 제시하였는데, 이는 한국의 역사 교육에 대해서도 많은 시사점을 주는 논점이기도 할 것이다.

한신 대지진, 오움 진리교 사건, 페루 일본대사관 인질 사건, 불황 등 근래 일본 전체를 뒤흔들어 놓은 사건들에 대한 매스컴의 반응은 정치적 구분이나 입장의 차이를 넘어 올바른 일본을 희구한다는 결론에 도달하고 만다는 점에 옮긴이는 주목하고 있었다. 개개의 사건은 각각 다른 다양한 문맥에서 발생하였음에도 불구하고 사건은 언제나 위기로서 그려졌고, 위기에 대응할 수 없는 제도와 기구를 비판하는 과정에서 일본의 국익이나 당당한 일본의 모습을 희구한다는 하나의 논조가 반복되어 등장하는 것이다. 모든 과거사를 현재 위기에 처한 일본이라는 시점에서 다시 설정한다. 과거에 대한 반성은 고사하고 과거사를 망각·묵살하려는 정치인들의 일관된 망언 또한 바로 이와 같은 맥락에서 연출되는 것이다.

최근에는 도쿄도지사에 일본 보수 세력을 대표하는 이시하라 신타로(石

原愼太郞)가 압도적인 지지를 받아 당선되었고, 새로운 미일방위협력 지침(가이드라인)에 관한 관련 법안이 일본 국회에서 통과되었다. 이러한 일련의 사태를 바라보면서, 이 책에서 비판하고 있는 '자유주의 사관'의 논리가 일본 사회에 이미 정착되고 있는 것은 아닐까 하는 우려를 갖지 않을 수 없다. 아시아 제국에 대한 침략과 식민지 지배, 전쟁 책임 등은 모두 도외시하고, 어느 새 일본의 국익, 새로운 일본 정체성의 수립에 몰두하려는 심성에 젖어들게 한 사회적 문맥은 어디에 그 근원을 두고 있는 것일까? '자유주의 사관파'의 이데올로기, 그것에 영향을 받은 대중의 감정적인 동의, 그리고 매스 미디어의 자유주의에 대한 상업적 선전 등이 결국 일본의 보수화나 군사적 재구축화에 의식적·무의식적으로 봉사하게 되었다고 말하는 것이 결코 지나친 말은 아닐 것이다.

마지막으로 18명의 저자들의 다양한 논점은 저자 나름의 다양한 문체와 서술 방식을 지니고 있었다. 이 글들의 다양성이나 깊이를 어떻게 하면 보다 풍요롭게 드러낼 수 있을지 옮긴이로서 많은 고민을 하였는데, 독자들에게 논지나마 제대로 전달되었는지 걱정이 심히 앞선다. 이 책의 출간을 계기로 한국에서도 국가주의에 관한 적극적이고 심도 있는 논의가 이루어지기를 기대한다.

어려운 여건 속에서도 양서를 소개하고 있는 도서출판 삼인의 홍승권 대표와, 옮긴 글들을 하나하나 꼼꼼히 챙겨 주신 이홍용 편집장, 그리고 편집에 참여해 주신 모든 분들에게 진심으로 감사 드린다.

1999년 5월 5일
이규수

차례

머리말 5
한국어판 서문 9
옮긴이의 말 15

제1부 과거를 돌이켜보는 말

문학으로서의 역사, 역사로서의 문학 코모리 요우이치(小森陽一) 26
 '시바사관'(司馬史觀) 비판 28
 역사 수정주의가 받아들여지게 된 요인 35
 타자와의 응답으로서의 책임 39

'국어' 교과서 속의 내셔널 히스토리 코우노 켄스케(紅野謙介) 44
 번역문의 분야를 어디에 둘 것인가 45
 장르의 생존 투쟁 49
 '국민 문학론'과 '국어' 53
 '국어'의 균열 속에서 57

어머니를 모욕하지 말라! 서경식(徐京植) 62

사랑이 식민지를 구할 수 있을까 이연숙(李妍淑) 83
 '대중의 대변자'로서 '자유주의 사관' 83
 '뉴 커머(New Comer) 한국인'이란 누구인가 86
 사랑이 식민지를 구할 수 있을까 92

**시바 료타로의 역사 이야기
 —『언덕 위의 구름』을 둘러싸고** 나리타 류우이치(成田龍一) 100
 『언덕 위의 구름』의 중심축 102

시바 료타로의 서술 방식이 차지하는 위치　109
시바 료타로의 문제　115

'자유주의 사관'과 역사 교육　요시에 아키오(義江彰夫)　117
현행 『역사』 교과서 검토　119
'자유주의 사관' 논자들의 교과서안 검토　127
'자유주의 사관'의 특질과 역사 교육의 과제　135

제2부 내셔널리즘이라는 중력

'더 나은 일본인'이라는 형상을 넘어서—명예와 애도 앞에　이효덕(李孝德)　142
논의의 퇴행·진지함의 상실·사망자의 가림막　142
'명예'라는 배타성과 '애도'라는 자폐　146
'일본인'의 역사성　152
'타자'의 호소와 응답 속에서　156

참회의 가치도 없다　오오고시 아이코(大越愛子)　160
전쟁과 젠더　160
『패전후론』이 의미하는 것　163
일본적 내셔널리즘　168
참회도와 전쟁 책임　173
'악의 자각'과 젠더　176

국민의 심상 지리와 탈국민의 이야기　강상중(姜尙中)　180
지정학적 혼란과 국민의 재정의　180
시작의 신화와 제국의 망각　186
국민의 심상 지리와 탈국민의 이야기　191

**민족·역사·애국심— '역사 교과서 논쟁'을
역사적으로 상대화하기 위하여** 카와모토 타카시(川本隆史) 198
전후 역사학과 '자유주의 사관'의 공통성
—오오타 마사쿠니(太田昌國)의 분석 198
세계사의 형성과 민족의 자각—우에하라 센로쿠와의 재회 202
『역사와 민족의 발견』과 '국민적 역사학' 운동—이시모다 쇼우의 행적 207
진정한 '애국심'과 국가의 상대화—아미노 요시히코(網野善彦)의 고투 213

**망각을 위한 '국민의 이야기'
— '내력론'의 내력을 생각한다** 이와사키 미노루(岩崎稔) 218
'국민의 이야기'의 유혹 218
'내력'이라 불리는 '이야기'의 역사 서술 220
'영웅'의 이야기 226
'자생적 시장 질서론'이라는 발상 229
전후 계몽과 '내력론' 231
'너는 누구냐?'라는 물음 235

잡지 미디어와 내셔널리즘의 소비 요시미 순야(吉見俊哉) 238
상품으로서의 국가주의(내셔널리즘) 언설 239
전환점으로서의 1980년대 244
세계화 속의 내셔널리즘 249
내셔널리즘을 소비하는 사회 253

제3부 기억을 자아내는 의지

부정론의 시대 타카하시 테츠야(高橋哲哉) 260
홀로코스트 부정론과 일본판 부정론 260
부인·증언·침묵 269

기억의 미래화에 대해서 요네야마 리사(米山リサ) 278
머리말 278
망각과 은사(恩赦)를 추구하는 상기 281
상기의 변증법과 기억의 미래화 287
월경하는 기억 291
맺음말 295

르낭의 망각 또는 '내셔널'과 '히스토리'의 관계 우카이 사토시(鵜飼哲) 297
기억과 망각의 통사법 297
'범례적' 망각 299
부르타뉴의 상기와 망각 311
르낭의 망각과 상기 315

전쟁의 기억과 역사 연구
―1945년도 베트남의 기근 조사 후루타 모토오(古田元夫) 318
일본인 연구자로서 320
수치스러운 것에는 덮개를? 322
조사 방법 324

다양한 이야기 327
국민 신화 331

의례로서의 성 폭력
—전쟁 시기 강간의 의미에 대해서 하세가와 히로코(長谷川博子) 335
남성간의 모멸 · 위협의 표현으로서의 강간 341
전술 · 전의의 고양 · 선전 수단으로서의 강간 344
재생산 기능의 파괴와 민족 순화의 의례로서의 강간 348
문화 · 민족 · 공동체의 상징적 파괴로서의 강간 349
마지막으로 352

개인 신체 기억으로부터의 출발
—전후 역사 교육에 대한 반성 사토 마나부(佐藤學) 354
머리말 354
역사 교육 속의 내셔널리즘 357
역사 교육의 새로운 단계로 362
동일성에서 복수성으로 365

후기 370
필자 소개 373

제1부
과거를 돌이켜보는 말

문학으로서의 역사, 역사로서의 문학

코모리 요우이치(小森陽一)

제2차 세계 대전의 역사적 기억을 둘러싼 두 개의 논쟁, '역사 교과서 논쟁' 혹은 '종군 위안부 문제'를 둘러싼 논쟁과 '역사 주체 논쟁'은 새삼 언어를 통한 표상으로서의 '역사'와 문학을 둘러싼 관계성을 문제로 삼은 것들이다.

1997년 4월부터 채용된 중학교 역사 교과서에 일본군이 '조선인 종군 위안부'를 강제 연행했다는 내용이 실리는 것에 반대하여, 1996년 11월부터 '새로운 역사 교과서를 만드는 모임'(新しい歴史教科書をつくる會)의 부회장을 역임한 후지오카 노부가츠(藤岡信勝)는, 1997년 7월에 '자유주의사관연구회'(自由主義史觀硏究會)를 조직하고, 자신의 역사 의식을 뒤바꾼 결정적 언설이 시바 료타로(司馬遼太郎)의 역사 소설이었다는 점을 반복해서 강조하고 있다.

『오욕의 근현대사』(汚辱の近現代史, 1996)에서 후지오카는 "결정적인 분기점은 러일 전쟁을 다룬 시바 료타로의 역사 소설『언덕 위의 구름』(坂の上の雲)과의 만남이었다. 이 작품은 내 마음 안에 있었던 '도쿄 재판(東京裁判)=코민테른 사관'이라는 관념을 그 뿌리에서부터 뒤흔들어 놓을 만한 것이었다"고 고백하고 있다.

또 '역사 주체 논쟁'의 발단이 된「패전후론」(敗戰後論,『群像』, 1995년 1월호)에서, "300만 자국 사망자에 대한 애도를 통해" "2,000만 아시아 사망자"에게 "사죄하는 길을 찾지 않는다면", 대외적으로는 전쟁에 대해 사죄를 함에도 불구하고, 일본 내부에서는 이를 부정하는 '지킬과 하이드' 같은 전후 일본의 인격 분열적인 '비틀림'으로부터 회복될 수 없다고 주장한 카토 노리히로(加藤典洋)는, 오오카 쇼우헤이(大岡昇平)[1]가 쓴『레이테 전기』(レイテ戰記, 1967~1969년)[2]에서 그 회복을 향한 길을 찾으려 한다. "오오카는 자기도 그들 중 한 사람이었으면 좋았을 거라며 '죽은 병사들'에 대한 애도로부터 이야기를 시작하고 있는데, 이러한 태도가 그대로 필리핀 사망자에 대한 사죄로 통하는 길이기도 했다는 것을 여기에서 증명하고 있다"며, 카토는『레이테 전기』에 보이는 오오카의 실천을 그 예로 들고 있다. "그는 달리 하이드가 되지 않아도, 야스쿠니신사(靖國神社)를 거치지 않아도, 우리에게 우리의 사망자를 애도할 길은 준비되어 있으며, 지킬이 되지 않더라도, 2,000만 아시아 사망자라는 틀을 거치지 않아도, 다른 나

---

[1] 오오카 쇼우헤이(大岡昇平): 도쿄 출신의 작가(1909~1988). 프랑스 문학자로서 출발했으나, 1945년 초 필리핀에서 미군 포로가 된 전쟁 체험을 소설화하면서 작품 활동을 시작하였다. 대표적인 작품으로서는『레이테 전기』(レイテ戰記) 외에도『포로기』(捕虜記),『야화』(野火) 등의 전기(戰記) 소설이 있고 순수 문학으로서는『무사시노 부인』(武藏野夫人) 등이 있다. ―옮긴이.
[2] Leyte: 스페인 어. 필리핀 중부의 섬으로 태평양 전쟁 말기, 미국과 일본간의 대표적인 격전지로서 유명하다.― 옮긴이

라의 사망자와 만나는 것이 우리에게도 가능하다는 것을 그의 서술을 통해 가르치고 있다"는 것이다.

시바 료타로의 『언덕 위의 구름』(『産經新聞』, 1968년 4월~1972년 8월)과 오오카의 『레이테 전기』(『中央公論』에 연재, 1971년 9월, 中央公論社 간행)는 그 발표 시기가 거의 겹치고 있는데, 이것은 기묘한 일치이다. 1960년대 말부터 1970년대 초기에 걸쳐 발표된 역사 소설과, '전기'(戰記)라는 '문학'과 '역사'를 넘나드는 장르의 언설이, 왜 20세기 말 일본에서 비록 논조에서는 질적인 차이가 나지만, 새로운 내셔널리즘이라 부를 수밖에 없는 주장의 중요한 근거로서 대두하지 않으면 안 되었을까? 왜 제2차 세계대전의 기억과 고도 성장이 끝난 시기의 기억이, 역사적 사실에 대한 구성물과 문학적 표상이라는 거울 속에서 상기되지 않으면 안 되었을까? 여기에는 현재 가장 첨예하게 제기되고 있는 이른바 역사성을 둘러싼 문제가 놓여 있다.

'시바사관'(司馬史觀) 비판

후지오카는 패전 후 미국으로부터 강요받았던, 전승국은 '선'(善)이요 전쟁중의 일본은 '악'(惡)이라고 보는 입장을 '도쿄재판 사관'으로, 또 제국주의는 '악'이요 사회주의는 '선'이라고 보는 입장을 '코민테른 사관'으로 부른다. 그는 패전 후의 역사 교육은 이 두 개의 '사관'에 지배당한 것이라 하여 부정하면서, 패전 전의 '대동아전쟁 긍정사관'과도 다른 제3의 입장으로서 자신들의 역사관을 '자유주의 사관'이라고 선전한다. 그러나 그들이 펴낸 출판물을 보면, '사관'의 내실은 패전 전의 '황국사관'과 '대동아전쟁 긍정사관'의 반복이고, 역사 인식의 수준도 아주 낮은 차원에 머물고 있다. 후지오카는 이 같은 자기 주장의 궁핍함을 가리기 위해 시바 료타로라는 베스트셀러 내지는 롱셀러 작가의 역사 의식에 전면적으로 기대어, 국민적으로 침투된 시바 료타로적 역사 인식의 기억을 들추어 내고, 이로써 자신들의 주장을 확산시키려 하고 있다.

후지오카는 『오욕의 근현대사』에서, 자기가 그때까지는 러일 전쟁 당시의 일본 지도자들을 "극악무도한 마피아와 한 패거리인 것처럼 인식했다"고 말한 뒤, 『언덕 위의 구름』에서 러일 전쟁 시기 선량한 일부 국가 지도자들이 얼마나 혼신의 힘을 기울여 민족적 위기를 막았는지를 밝혀 놓은 사적(事績)을 접하고, 그 동안 그들을 돼먹지 않은 자들로 인식했던 스스로가 정말로 부끄러웠고 그들에게 미안함을 느꼈다"며 후회하고 있다. 그러고는 "시바 소설을 역사론과 결부시키면 하나의 체계를 갖춘 '시바사관'을 만들 수 있다"고 주장한다.

『언덕 위의 구름』은, 육군 기병의 창설자로 나중에 육군 대장이 된 아키야마 요시후루(秋山好古), 그의 동생이며 러일 전쟁 당시 일본해 해전의 참모로 유명한 사네유키(眞之), 그리고 같은 마츠야마(松山) 출신이자 이 두 사람의 친구로 근대 하이쿠(俳句)와 단카(短歌) 혁신의 중심 인물이 되었던 마사오카 시키(正岡子規)라는 등장 인물들을 통해 청일 전쟁과 러일 전쟁을 묘사한 역사 소설이다. 후지오카가 내세우는 "선·악사관을 넘어서"라는 주장의 기반은 이 소설 속의 시바의 기술 가운데에 담겨 있다. 예를 들어 시바는 패전 후의 '진보적' 역사학자의 언설과 보수적 역사학자의 언설 모두를 비판하면서, "국가상과 인간상을 악이라든가 선이라든가 하는 양극단으로밖에 인식하지 못하는 것은 현재의 역사 과학이 지닌 필연적인 부자유함이고, 그 점에서 말한다면 역사 과학은 근대 정신을 아주 조금밖에 갖고 있지 못하거나, 역사 과학에는 더 이상 어쩔 수 없는 중요한 결함이 숙명처럼 존재한다고 생각한다"고 말하고 있다.

　이 논의는 청일 전쟁을 어떻게 정의할 것인가를 둘러싼 것인데, 좌우 양론을 비판할 수 있는 '근대 정신'의 체현자인 역사 소설가 시바 료타로가 '역사 과학'에 대해 초월적인 입장을 획득하는 포석이 되었다. 시바의 정의에 따르면, 제국주의 열강에 대항하는 데, 이들 제국주의 열강을 모델로 근대 국가를 이룬 일본에게는 청일 전쟁이 "선도 아니고 악도 아닌, 인류 속에서 일본이라는 국가 성장 정도의 문제"였다는 것이다. 즉 제국주의 전쟁을 결과로서 어쩔 수 없는 것이었다고 긍정하는 논의가 이로써 특권화되는 것이다.

　또 시바는 러일 전쟁에 대해 『언덕 위의 구름』에서 다음과 같이 서술하고 있다. "러일 전쟁이란 세계사적인 제국주의 시대의 한 현상이었음에 틀림없다. 하지만 그 현상 가운데서도 일본측의 입장은 궁지에 몰린 자가 생존하고자 있는 힘을 다해 싸운 방어전이었다." 시바는 러일 전쟁이 제국주의 전쟁이었음을 인정하면서도, 이를 구미 열강과 러시아의 아시아 진출에 맞서 '궁지에 몰린' 일본의 '방어전'으로 위치 지음으로써 일본에 의해 구체적으로 수행된 식민지주의에 대해서는 죄를 면해 주는 논리를 전개했던 것이다.

　『언덕 위의 구름』이 연재된 1968년 4월부터 1972년 8월이라는 시기는 일본이 정치, 경제, 외교의 모든 분야에서 하나의 전환기를 맞이하고 있었다는 점을 상기해 둘 필요가 있다. 1961년 7월 이후 미국이 개입한 베트남 전쟁은 1968년 1월 베트남 민족해방전선이 파상 공세를 가해 오면서 최종 국면에 접어들었으며, 파리에서는 이 지역의 평화를 둘러싼 외교 교섭이 진행되고 있었다. 제2차 세계대전의 전승국인 미국의 '정의'는 땅에 떨어지고 있었다. 베트남 반전 운동을 축으로 오키나와(沖繩) 반환 문제, 1970년 안보 문제 등 미일 안보 체제는 근본부터 의문이 제기되었고, 일본 국내에서는 반미 감정이 최고조에 달하였다. 이와 함께 고도의 경제 성장을 달성하고 중일 국교 회복을 정치 일정에 포함시키기에 이른 일본은 모든 면에서 미국과 어깨를 견줄 만한 위치로 뛰어올랐다. 이런 일본을 주도한 것은 패전 당시의 청년들, 다시 말해 전시하의 자기 자신과 일본을 일단 부정하고 침묵을 지킨 경영자와 관료 들이었다. 이들이 시바 료타로의 소설을 계기로 일본이라는 국가와 자기에 대해 자신감을 회복해 가는 통로를 열었던 것이다.

아울러 이 시기는 패전 후 베이비붐으로 태어난 이른바 '단괴(團塊) 세대'[3]가 청춘기를 맞아 자신들의 부모 세대가 만든 전후 일본에 대해 이의를 제기하였는데, 그 한 상징이 '대학 분쟁'으로 나타났다. 당시 시바 료타로가 이를 어느 정도 의식하고 있었는가는 별개 문제라 하더라도, 『언덕 위의 구름』에서 시바는 청일·러일 전쟁을 긍정적으로 평가함으로써, 패전 후 20년이 지난 일본이 경제 대국으로서 서서히 자신감을 확립해 가던 시기에 언뜻 대립하는 것처럼 보이는 두 세대, 즉 부모 세대와 자식 세대를 연결하는 이데올로기 조작을 통해 현재의 일본을 가능하게 한 근대 국민 국가의 이야기를 국민적인 규모에서 나누어 갖도록 했다. 적어도 '단괴 세대'에게 시바 문학은 학교에서 배워 온 역사와는 전혀 달리, 교과서적 공식성을 무너뜨리면서 근대 국민 국가를 둘러싼 이야기를 흥미롭게 보여 주었

---

[3] 1948년을 전후하여 태어난 아이가 많아서(Baby Boom), 연령별 인구 구성상 두드러지게 팽대한 상태를 나타냈던 세대 — 옮긴이.

던 것이다. 이러한 과정을 통해 시바는 '국민 작가'로서의 위치를 확보할 수 있었다. 그리고 바로 그때 전쟁의 가해 사실을 둘러싼 역사 교과서 검정 문제를 판결하기 위해 '이에나가(家永) 교과서 재판'이 시작된다.

생각해 보면, 시바 료타로가 베스트셀러 작가가 된 것은 1962년 6월부터 1966년 5월까지 『산케이신문』(産經新聞)에 연재된 『료우마가 간다』(龍馬がゆく)를 통해서였다. 그는 사카모토 료우마(坂本龍馬)를 일본에서 처음으로 근대 국가를 자각한 국가 인물로 묘사함으로써 국가 건설을 둘러싼 전형적인 이야기를 만들어 냈다. 실은 막부 시대 말기·유신(維新) 시기를 무대로 자아 건설을 국가 건설과 결부시켜 서술하는 방법은 타이쇼(大正) 말기에 성립한 '대중 소설'에서 이어받은 수법이었다.

사회의 저변으로부터 상층부로 올라가려는 자아의 확립 과정을 국가 건설이라는 문제와 결부시킬 수 있는 때는 국가의 변혁기나 새로운 체제의 형성기밖에 없다. 『료우마가 간다』를 비롯한 시바의 일련의 유신 이야기는 패전 후의 일본을 창출한 '기업 전사'들이 자기 인생과 국가를 결부시켜 자아를 형성하는 이야기로서, 시바는 이런 류의 이야기를 당대의 리얼리티를 내재시키는 형태로 보여 주는 데 성공했다. 이를 통해서 시바는 메이지 유신 이후 지속된 근대 일본이라는 국가를 둘러싼 환상을 창출했던 것이다.

이런 의미에서 시바 문학은 소위 '전후 문학'에 대한 반동을 흡인시킨 장치로서도 작용했다고 말할 수 있다. '전후 문학'의 한 주제가 전쟁을 회피할 수 없었던 근대 일본 지식인의 책임을 자기 부정적인 내부 성찰을 통해 문제화하고 그 사상적 취약성을 밝히는 데 있었다고 할 때, 시바 문학은 오히려 철저히 자기 긍정적이었다. 그래서 자기 긍정을 가능하도록 하려면 '대동아 전쟁'을 육군 군벌에게 점령당한 일본이 일으킨 어리석은 전쟁으로서 계속해서 철저히 부정하지 않으면 안 되었다. 쇼와(昭和)의 군벌 정치를 비난한 것은 하나의 '여담'으로서, 다른 시대를 다룬 소설에서도 반복해서 언급하고 있다. 예를 들어 『료우마가 간다』에서 시바는 '종교적 양이(攘夷) 사상'에 관해 언급하면서, "그러나 그 광신적인 흐름은 쇼와 시기에 이르러 쇼와 유신(昭和維新)을 믿는 망상 집단에 의해 계승되고, 이들이 결국 대동아전쟁을 일으켜 국가를 참담한 황폐 속으로 빠뜨렸다. 여담에서 여담으로 이어지지만, 대동아 전쟁은 세계 최대의 괴사건일 것이다. 상식적으로 생각해 봐도 패배할 게 분명한 이 싸움을 도대체 육군 군벌은 왜 일으킨 것일까? 그 이유는 아직 분명하지 않지만, 맹신적이고도 촌스럽기 그지없는 종교적 양이 사상이 유신의 지도적 지사(志士)들에게 받아들여졌기 때문이다. 쇼와 시기에 이르러 이것이 다시 무지한 군인의 뇌리에서 소생, 무섭게도 '혁명 사상'이라는 껍데기를 쓰게 되었고, 군부의 행위로 말미암아 결국 수백만 명의 국민이 죽음에 이르게 되었다"는 것이다. 전시하의 쇼와를 완전히 부정하고 '군부'와 '국민'을 대치시킴으로써, 반대로 '국민'에 의해 근대 일본의 연속성이 실현된 것으로 설정하고자 한 것이다.

 1970년대 이후 시바 료타로의 소설은 관료와 기업의 관리직 사원을 중심으로 광범한 독자층을 형성하였으며, 동시에 텔레비전 드라마로 영상화되면서 국민적인 역사 의식을 형성하는 장치로서 기능했다. 일요일 황금 시간대에 방영된 NHK의 대하 드라마 등을 통해 계속 반복·재생산됨으로써 그것은 20년 이상에 걸쳐 사람들의 기분이나 감정은 물론 국민의 평균적인 역사 인식의 틀까지도 만들어 주었다. 지나칠 정도로 '대동아전쟁'을 부정하고 거부하는 언설의 반복이 일종의 안전판이 되어, 일본 근대사 전체에 대한 시바의 인식을 비판할 수 없게 만드는 구조가 정착되었다. 수많은 대담을 통해 지식인과 문화인이 시바의 견해에 동의하는 절차를 거치게 되었고, 이에 따라 역사 인식에서 시바의 권위는 사람들의 기분과 감정 수준에서부터 탄탄한 기반을 다져 나갔던 것이다.

 1996년 2월 12일, 시바 료타로의 죽음은 '국민 작가'로서의 그의 위치를 부동의 것으로 만들었다. 거의 모든 종합 잡지들이 그에 대한 특집을 마련하였으며, 그의 책은 단행본에서 문고본에 이르기까지 대규모로 증쇄되었다. NHK와 『아사히신문』(朝日新聞) 출판부를 중심으로 시바 문학을 널리 알리는 미디어 이벤트가 편성되기도 하였다. 1997년 가을부터 『가도를 간다』(街道をゆく)라는 역사 수필이 대대적인 선전 속에 NHK에서 영상화되었으며, 1998년에는 『최후의 장군』(最後の將軍)을 원작으로 한 대하 드라마 「토쿠가와 요시노부」(德川慶喜)가 방영되었다. 후지오카를 비롯한 역사 수정주의자들은 이러한 시바 붐을 업고 국민적인 규모로 확대된 과거 기억의 회상 속으로 도망 치려는 욕망에 기대여 자기들의 주장을 퍼뜨리고자 하는 것이다. 예를 들어 『가도를 간다 — 한국 기행』(街道を行く — 韓のくに紀行, 『週刊朝日』에 처음 연재)에는 "일본이 한민족에 대해 과거에 저지른 모든 역사적 죄악을 떠맡는 것은 곤란하다"와 같은 편의주의적인 발언이 들어 있는데, 이러한 언명은 식민지 지배와 전쟁 책임을 회피하려는 기분과 감정을 잘 받쳐 주는 예이다.

 거품 경제의 붕괴, 한신(阪神) 대지진,[4] 오옴 사건[5] 이후 결정적으로 자

---

4) 1995년 1월 17일 미명에 효고현 남부를 강타한 직하형 지진. 사망자는 5,500명을 넘었으며, 1923년 9월 1일의 관동대지진 이후의 최악의 도시형 재해를 가져 왔다. — 옮긴이.
5) 1995년 3월 20일 오전 8시에 지하철 노선 세 군데에서 오옴 진리교 교단 관계자가 독극물인 사린을 살포한 사건. 이 사건으로 11명이 죽고 5,000여 명이 부상하였다. — 옮긴이.

신감을 잃어 가던 일본인에게 미래를 향한 커다란 이야기는 존재하지 않았다. 그 대신 과거 역사를 둘러싼 이야기, 스스로 살아온 고도 경제 성장기의 기억, 메이지 유신과 청일·러일 전쟁을 둘러싼 시바의 이야기를 자신들의 뒷모습을 보기 위한 거울로 삼아, 현실의 불안으로부터 회피하려는 심정적 통로를 찾으려 하고 있다. 물론 이러한 경향은 1997년에 가속화된 아시아 여러 나라의 경제 불안 및 일본 국내의 심각한 금융 불안 때문에 더욱 박차가 가해지고 있음은 말할 나위도 없다.

역사 수정주의가 받아들여지게 된 요인

후지오카 등 역사 수정주의자들은 시바 료타로의 문학을 통해 1960년대 이후 일본인 사이에서 형성된 막연한 역사 의식을 이용하여 자기들의 주장을 널리 퍼뜨리고자 한다. 물론 이런 사태가 가능하게 된 좀더 일반적인 역사적 정황이 있었다는 사실을 여기에서 확인해 두어야만 한다.

원래 패전 후 문부성(文部省) 검정을 거친 일본의 역사 교과서가 전시하에 행해진 가해 사실과 전쟁 책임 문제를 애매하게 만들어 왔다는 데 가장 큰 문제가 자리 잡고 있다. 거기에다 제2차 세계대전을 둘러싼 역사 인식의 문제와 관련, 교육 현장에서 사실에 대한 정확한 인식을 끌어 내기보다 이데올로기적인 입장에서 접근하려는 경향이 강했다. 평화 교육 등을 실행에 옮기는 데 열성적인 교사들도 있었지만, 그보다는 오히려 그런 내용을 가르치는 것 자체를 탐탁지 않게 여긴 교사들이 수업 시간이 부족하다는 구실로 현대사를 언급하지 않은 채 학년을 마치는 경우가 허다하게 생겨났다.

또 패전 후 역사학이라든지 역사 교육은 '태평양전쟁 긍정론'을 극복하는 데에만 큰 힘을 기울였다. 침략 전쟁이 불가피하게 된 근대 일본의 정치·경제·사회 체제를 분석하여 식민지와 점령지에서의 억압과 수탈의 실태, 전쟁 범죄의 실태를 규명하기는 했지만, 현실적인 전후 상황에서 누가 누구에 대해, 어떻게 책임을 져야 하는가와 같은 '전후 책임'의 문제는 충분히 밝히지 못하는 한계를 드러냈다.

이는 '도쿄 재판'이 한국 전쟁 때문에 흐지부지한 상태로 종결되고, 일본이 냉전 구조 속에서 미국의 극동 전략의 중심으로 편입된 사실과 관련된다. 아울러 이는 실제로 전쟁 책임을 져야 할 아시아 여러 나라에 대한 구체적 조치를 뒤로 미루고, 더욱이 중국과 한국, 북한에 대해서도 평화의 논리를 갖지 못한 채 샌프란시스코강화조약을 미국하고만 체결하는 현실적인 정치·외교 과정과도 관련되어 있다. 이것은 GHQ(연합군 총사령부)의 방침이기도 했다.

이렇게 해서 일본이 제2차 세계대전에 참가하게 된 것은 일부 군부 지도자가 국민을 속여 무모한 전쟁에 내몰았기 때문이라는 인식의 틀을 제공, 군부 지도자와 국민을 분리시켜 군부 지도자에게만 전쟁의 모든 책임을 미루고, 총동원 체제 아래 수행된 전쟁에서 국민 한 사람 한 사람의 책임은 면죄해 주는 언설의 포석이 만들어졌다. 이와 똑같은 논리가 소련과 중국, 북한 같은 사회주의 국가와 관계를 맺고 있던 좌익 운동 진영 안에서도 그대로 적용되었다. 전쟁의 책임은 군국주의적인 정치 지도자와 군부에게 있는 것이지 인민에게는 없다는 것이다. 따라서 인민 수준에서의 연대는 가능하다는 단순 논리를 앞세워 기분 또는 감정상으로 전쟁 책임에 대한 면죄가 이루어져 갔다.

이러한 구도 속에서 전쟁의 기억을 상기시키고자 하는 일본 국내의 논의들은 피해자로서의 전쟁 체험의 측면을 강조하는 쪽으로 나아갔다. 가해자로서의 체험은 규탄의 대상이 되든가, 그에 대해 침묵을 지키지 않으면 안 되었다. 도쿄 대공습[6]을 위시한 미군의 무차별 폭격을 둘러싼 이야기들, 히로시마와 나가사키에 투하된 원폭과 그 비참한 참화를 둘러싼 이야기들, 혹은 구만주에서 벌어진 소련군의 폭행과 시베리아 억류자의 체험을 둘러싼 이야기들, 요컨대 "죽지 말지어다"라는 언설이 널리 유포되었다. 그 배후에 국민 한 사람 한 사람의 가해 책임을 둘러싼 기억의 상기와 이를 다룬 이야기들은 억압되어, "죽이지 말지어다"라는 언설을 둘러싼 기억은 공식적인 자리에서 쉽게 논의되지 못했다.

피해자로서의 측면만을 강조하는 이러한 이야기들은 기분과 감정 수준에서 반미 내셔널리즘 및 반공·반소 내셔널리즘과 결합되어 사실상 국민 개개인의 수준에서 벌어진 가해 행위를 논의하지 못하도록 막았으며, 이에 따라 이들 개인 차원의 가해 행위를 둘러싼 책임 소재도 애매해질 수밖에 없었다. 전쟁이 국가와 국가간의 폭력적 충돌이라 한다면, 전쟁으로 인해 가해자와 피해자 양측에서 발생한 구체적인 사실들이 밝혀지지 않고서는 전쟁 그 자체에 대한 실태는 끝내 제대로 인식될 수 없다. 그와 동시에 가해와 피해의 사실 인식에서 내셔널리즘을 배제하지 않는다면, 그것은 사실의 인식이 아니라 보복을 향한 증오에 찬 이야기밖에 되지 않는다.

그러나 무엇보다도 중요한 것은 '도쿄 재판'에서도 쇼와 천황의 전쟁 책

---

6) 미군의 대형 폭격기 B29에 의한 일본 본토 공습은 1944년 11월부터 시작되었는데, 주요 도시 전역에 걸쳐 패전까지 연속적으로 실시되었다. 미군측 기록에 의하면 출격에는 약 3만 기가 동원되었다고 한다. 도쿄 대공습이란 1945년 3월 10일, 도쿄 지역에 대한 B29 약 300기에 의한 야간 소이탄 폭격 사건을 말한다. 약 2시간 반에 걸쳐 약 10만 명의 사상자를 냈으며, 도쿄의 약 40%가 화염에 휩싸였다. — 옮긴이.

임을 추궁하지 않았으며, 천황 스스로도 자신의 책임에 대해 확실히 말하지 않았다는 사실, 그리고 국가 차원에서 일본이 교전한 모든 교전국에 대해 전쟁 책임에 대한 사죄를 비롯하여 책임 있는 의사를 표명하지 않은 채 쇼와 천황이 세상을 떠나고 말았다는 사실이다. 물론 천황의 전쟁 책임을 둘러싼 논의가 계속되었던 것도 사실이고, 나올 만한 논의는 모두 다 나왔다는 평가를 내릴 수도 있을 것이다. 그러나 천황이 직접 전쟁에 관여한 것은 패전을 결정한 '성단'(聖斷)의 때일 뿐 나머지는 군부가 독단적으로 진행하였다거나, 천황의 '통수권'은 형식적인 것으로서 실질적으로 통수권이 행사된 적이 없었다는 면책론을 아무리 반복한다 하더라도, 천황은 제국헌법하에서 국가의 주권자이고 국가적인 책임을 져야 할 주체라는 사실을 은폐할 수는 없다.

사실 치안유지법이 제정될 당시 처음 '국체'(國體)라는 개념을 법적으로 규정하지 않으면 안 되었을 때, 제국헌법 제1조의 "대일본제국은 만세일계(萬歲一系)의 천황이 통치한다"는 조항이 그 법적 근거가 되었다는 점을 보아도, 법적으로는 우선 쇼와 천황에게 국가의 주권자로서 전쟁에 대한 책임을 추궁하지 않으면 안 된다. 이것이 일본의 전쟁 책임의 전체상을 밝히는 출발점이다. 물론 천황에게 전쟁 책임을 묻지 않는다는 방침이 일본 정부의 '국체호지'(國體護持)의 의도만이 아니라 GHQ의 전략과도 깊이 관련되었다는 점은 이미 많은 자료와 논의를 통해 밝혀졌다. 그러나 법적으로 전쟁 책임의 주체를 문제삼아야 했던 '도쿄 재판'에서, 본래의 주체인 천황을 군부 지도자들로부터 분리시켜 군부 지도자들만 전범으로 재판하고 천황은 면죄해 주었는데, 이와 같이 국가의 주체를 둘러싼 법적 논리를 왜곡했음에도 지금까지 아무도 그 왜곡을 따지지 않은 채 50년 이상의 시간을 지나쳐 오고 말았다. 그러나 아무리 오랜 세월이 지났을지라도 이는 다시 묻지 않으면 안 될 중요한 문제이다.

더구나 천황의 전쟁 책임이 면죄된 상태에서, 패전 후 마련된 새로운 헌법은 상징 천황제를 적용하였다. 쇼와 천황이 군부 지도자와 분리되어 면죄되는 구도와 국민 한 사람 한 사람이 군부와 분리되어 면죄되는 구도는 동일하다. 그래서 전범에게만 전쟁 책임이 전가되고, 마치 일본이라는 국가는 전쟁 책임을 이미 진 것과 같은 환상이 전체 국민의 감정적인 수준에서 형성되었다. 만약 후지오카 등이 '도쿄재판 사관'이란 것을 실질적으로 비판하고자 했다면, 전범이 된 군부 지도자만을 '악'으로 삼고 천황과 그 신민(臣民)을 '선'으로 삼으려는 역사 인식을 가장 먼저 해체하지 않으면 안 될 것이다.

타자와의 응답으로서의 책임

카토 노리히로의 「패전후론」은 호소카와 모리히로(細川護熙) 수상이 제2차 세계대전과 식민지 지배 시대 일본이 저지른 가해 행위의 책임을 인정한 뒤, 현역 관료들의 연이은 실언으로 말미암아 사임하게 된 일을 예로 들면서, 패전에 의해 전후 일본이 '지킬과 하이드'와 같은 인격 분열에 빠져 있다는 현상 인식에서 논의를 출발한다. 그에 따르면 호헌파는 외향적인 자기(自己)로서, 전승국으로부터 강요받은 헌법의 이념을 지키고 민주주의와 인권의 입장에 서서 아시아의 피해자에게 사죄하려고 하는 데 반하여, 일본의 전사자에 대해서는 잘못된 전쟁에 의해 '더럽혀진' 죽음이기 때문에 애도하려 하지 않는다. 무엇보다도 카토는 무력을 갖지 않는다고 규정한 평화헌법, 헌법 제9조의 이념은 압도적인 점령군의 무력 아래 강요당한 것이라는 사실을 은폐하고 있다며 호헌파의 '비틀림'을 비판한다.

그 반면 개헌파는 내향적인 자기로서, 군사력으로 강요받은 헌법을 지켜야 한다고 주장하는 호헌파의 자기 기만을 파헤치고는 있지만, 쇼와 천황의 전쟁 책임을 인정하지 않고 또 전사자를 야스쿠니신사에서 영령화해야 한다고 하는 주장 속에 또 다른 자기 기만을 담고 있다며, 역시 개헌파에게도 '비틀림'이 내재한다고 비판한다. 이와 같은 분열 때문에 일본인은 '전쟁 책임'을 질 수 있는 하나의 온전한 주체를 가질 수 없으며, '우리 일본인'이라는 공동 주체를 내세우려면 호헌파처럼 아시아의 2,000만 사망자만을 향할 게 아니라, 우선 일본 병사들을 중심으로 한 300만 일본 전사자의 죽음을 먼저 애도하고 이를 통해 아시아의 사망자들을 향해야 한다고 카토는 주장하는 것이다.

이러한 카토의 주장에 대해, 타카하시 테츠야(高橋哲哉)는 그것이 내셔널리즘을 복권하자는 논의라고 반박했다. 타카하시는 '우리 일본인'을 내세우지 않으면 아시아의 사망자를 마주 대할 수 없다고 할 것이 아니라, 우선 아시아의 사망자를 마주 대하지 않으면 '우리 일본인'을 내세울 수 없다고 말해야 한다며 카토의 논리를 비판한다. 타카하시의 논의에 따르면, 타자와의 관계 없이 자기의 주체성과 동일성을 세우기란 불가능하며, 타자와의 관계 없이 자기를 세웠을 경우에는 거기에 반드시 명백한 폭력성이 나타난다는 것이다.

카토의 수사법에 드러난 문제점은 호헌파와 개헌파가 갖고 있는 각각의 '비틀림'을 마치 동질이면서 대칭성이 있는 것처럼 논하고 말았다는 점과, 이 호헌파와 개헌파라는 양자 대립을 '일본' 혹은 '일본인'이라는, 본래 하나여야 할 주체의 인격 분열상으로 비유하였다는 점이다.

카토가 말하듯이 호헌파의 '비틀림' 가운데 하나가 총이 겨누어진 상태에서 평화헌법을 강요받았다면, 같은 논리로 총이 겨누어진 상태에서 상징 천황제를 받아들였다는 점도 동시에 문제삼지 않으면 안 된다. 전쟁을 수행한 국가의 주권자이자 주체이기도 한 쇼와 천황의 전쟁 책임, 즉 군사 행동의 명령 주체가 져야 할 책임을 명확히 밝히지 않은 채 명령에 따라 죽은 병사들의 죽음을 애도해야 한다는 논리는 생겨나기 어렵기 때문이다.

우선 천황이 국가의 주권자였던 대일본제국하의 '일본'이라는 국가 수준에서, '전쟁 책임'은 '우리 일본인'의 내부로부터만이 아니라 아시아의 피해자들로부터 문제시되는 것에 대한 응답으로서 실천되지 않으면 안 된다. 이 실천은 패전 후 신헌법 아래 놓인 '일본'이라는 국가와 국민에게 지워진 짐이었다. 상징 천황제와 미일 안보 체제 아래서 '전쟁 책임'을 지지 않았던 데서 '전후 책임'이라는 문제가 떠올랐던 것인데, 이 문제에 올바로 대응하는 자세는 아시아의 사망자만이 아니라 현재 아시아에 살고 있는 사람들로부터 제기되는 '책임'의 요구에 응답하는 실천말고는 없다. 패전 후와 그 이전의 비대칭성, 가해자와 피해자의 비대칭성을 다카하시의 말대로 비대칭적인 타자와 마주 대하는 관계성 속에서 명확히 함으로써, 비로소 카토가 지적한 '비틀림'을 바로 잡을 수 있는 계기를 찾아낼 수 있을 것이다.

이 논쟁은 '전쟁 책임'과 '전후 책임'을 짊어질 자가 누구인가, 그리고 '책임'을 짊어진다는 것은 무슨 의미인가 하는 중요한 문제를 제기한다.

'전쟁 책임'을 개인의 문제로 환원하고 만다면 전후 세대에게 '전쟁 책임'은 없고 '전후 책임'만 있다는 것이 되는데, '전쟁 책임'이 없는 곳에 '전후 책임'만 지도록 하는 일은 있을 수 없다. 역사 수정주의자들과 카토가 주장하듯이, 일본인은 일본인으로서 역사에 관련될 수밖에 없다거나, 역사의 주체는 민족 혹은 국민, '우리 일본인'이라는 국민적 주체여야 한다는 주장이 대두하는 원인은 바로 이러한 태도에 있다. 그러나 '전쟁 책임'과 '전후 책임'을 관련시키기 위해 중요한 것은, 일본이라는 정치적 공동체에 귀속하는 것을 일단 인정한다 하더라도, 국가·민족·국민으로 환원시킬 수 없는 개인의 다양한 귀속 관계의 복수성 속에서 어떻게 '전쟁 책임'과 '전후 책임'을 관련시켜 나아가느냐 하는 문제이다.

이 논쟁이 역시 문학, 특히 전후 문학과 밀접히 관련된다는 것은 카토가 일본인 사망자를 애도한 다음에 아시아의 사망자를 애도해야 한다는 자신의 논의를 실현한 것이 오오카 쇼우헤이의 『레이테 전기』라고 주장한 점을 보아도 분명하다. 그러나 카토의 주장은 확실히 오오카의 주장을 왜곡하고 있다. 왜냐하면 오오카는 레이테 전(戰)에 관련된 한 사람 한 사람의 병사 수준에서 일본군 사령부의 수준에까지, 미군 병사에서 미군 사령부의 수준에까지, 그리고 현지 필리핀 주민에 이르기까지 셀 수 없을 정도로 많은 타자와의 관계 속에서 『레이테 전기』를 이야기하는 자기를 구성하고 있기 때문이다.

시바 료타로는 소설가로서 자기 자신이 관련되었던 태평양전쟁에 대해 정리된 이야기를 쓰려고 하지 않았다. 오오카는 새로운 자료와 비판이 나올 때마다 『레이테 전기』를 고쳐 썼다. 애석하게도 패전 후의 문학적 실천으로서 『레이테 전기』와 같은 작업은 드물다. 역사가 현재에서 구성되는 언설인 이상, 스스로가 관련된 전쟁에 대해 그 전체상을 표명하려는 다양한 시도는 아무리 전후 세대라 하더라도 실천할 수 있을 것이다. 그와 같은 실천 속에서 '전쟁 책임'과 '전후 책임'이 동시에 문제가 되는 것이다. 왜

나하면 '전쟁 책임'을 묻고 타자와의 관계 속에서 책임을 지는 자로서의 위치와 책임의 구체적인 내용은 그때그때 결정되는 것이고, 또 그 책임을 현재에 어떻게 짊어질 것인가 하는 실천적인 선택도 그 안에서 이루어질 수 있으며, 아울러 이런 실천적인 선택을 통하여 '전쟁' 그 자체의 기억을 상기하는 것도 그 질이 달라질 수 있기 때문이다.

'전쟁'의 기억을, 그 책임을 문제시하는 전체성 속에서 떠올리기 위해서는, '레이테 전'이라는 한 전선에서 발생한 사실을 기억에 남기고자 오오카가 시도한 『레이테 전기』 같은 실천이 반드시 필요하다. 이를 위해서 다른 수많은 사람들의 기억을 스스로의 기억으로서 써 내려 나가지 않으면 안 된다. 이러한 실천에서, 일본인 사망자를 애도하는 것이 먼저인가, 아시아의 사망자를 애도하는 것이 먼저인가를 따지는 카토의 논의 방식은 아무런 쓸모가 없다. 문제는 한 사람 한 사람의 타자에 있어서 차별적일 수밖에 없는 복수의 '전쟁' 기억을, 그 구체성들을 스스로의 기억 안에서 어떻게 통합할 것인가 하는 실천에 있다. 물론 여기에서는 결코 동일화될 수 없는 타자에 대한 응답적인 상상력의 발동 방식이 계속 문제가 될 것이다.

'국어' 교과서 속의 내셔널 히스토리

코우노 켄스케(紅野謙介)

내셔널 히스토리를 둘러싼 논의에서 과연 역사 교육을 도마 위에 올려야 하는 것일까?

중학교는 별개로 하더라도 고등학교 교육 현장에서 '일본사'를 전담하는 교사도 있고 수업도 진행되고 있지만, 일본사는 학생 희망에 따른 선택 과목의 하나일 뿐이다. 대학 입시에서도 수험생의 절반 정도가 '일본사'를 선택하고 있는데, 이는 뒤집어 말하면 반수 정도가 일본사를 선택하고 있지 않다는 사실을 나타낸다. 적어도 일본사는 현재 교육 체제에서 '국민'적 기반이 광범위하게 다져진 교과가 아니다.

'자유주의 사관'에 젖어 있는 사람들이 보이는 어리석은 점은, 학교를 어떻게 바꿔 보든지 교과서를 고쳐 써서 일본에 대한 학생들의 귀속 의식을 높이겠다는, 참으로 유치한 이데올로기 주입식 발상에 집착하고 있다는 점이다. 게다가 실제로 그들은 현실을 바꾸려는 실천 의지는 보이지 않으면서 대중 매체 속에서 유리한 위치에 서는 데만 연연하는 등 권력에의 욕망을 훤히 드러내고 있다. 그런데 문제는 그러한 권력주의적 역사관을 실질적으로 지지하는 일단의 정서적 반응에 있다. 이런 정서가 실감나는 것은 교과서의 역사 서술과 같은 확실한 언명에서가 아니다. 오히려 우리의 사고나 감성의 미세한 곳까지 침투하고 있는 내셔널리티이다.

교육과 관련해서 말하자면, 특히 '국어' 교과의 교육 내용은 내셔널 히스토리에 대한 무의식을 형성하는 데 크게 기여해 왔다. 광범한 '국민'적 기반을 가진 교과에 '국어'를 능가하는 것은 없을 것이다. 그런 점에서 우선 국어 교과를 검증해 보지 않으면 안 된다.

번역문의 분야를 어디에 둘 것인가

이부세 마스지(井伏鱒二)의 『액막이시집』(厄除け詩集)[1]의 '번역시'를 '국어' 교과서에 수록한다면 이 번역시는 도대체 어느 분야에 넣어 이해해야 할까?

예를 들어 두보(杜甫)의 「복수」(復愁)라는 시를 보자.

萬國尙戎馬	어디나 모두 전쟁이 한창
故園今奈何	내가 있는 곳은 지금 어디일까
昔飯相識少	옛날을 떠올리는 그 순간마저
蚤已戰場多	물밀 듯 밀려 오는 그리움이여

---

[1] 『厄除け詩集』(野田書房, 1937). 인용은 『定本厄除け詩集』(筑摩書房, 1977)에 의거.

두보의 이 시는 말할 것도 없이 일본에서 한시(漢詩)라 불리는 장르로, '국어'에서는 '고전' 가운데 '한문' 분야에 속한다. 그러나 이부세 마스지의 번역시에 이르면, 이 번역시는 '현대문' 분야에 속하게 된다.[2]

예를 들면 사르트르의 『점령하의 파리』(占領下のパリ)는 번역문으로서 현대문에 속하고, 노신(魯迅)의 『고향』(故鄕)이나 『후지노 선생』(藤野先生)도 마찬가지로 현대문에 속한다. 그러나 당시(唐詩)의 경우, 그 자체를 학습할 단원이 있기 때문에 이부세 마스지의 번역시가 원작시와 함께 수록되어 있는 이상, 어느 쪽으로도 속할 수 있는 기묘한 위치에 놓이게 된다. 물론 이런 물음 자체가 무의미하고, 더군다나 이 시구를 음미하는 데 아무 쓸모도 없을 수 있지만, 그럼에도 그러한 물음이 생기는 것은 교과서라는 특이한 영역에 그것이 들어 있기 때문이다.

게다가 여기에서 원작시와 번역시가 한 공간에 기술되어 있다는 점에 주목해야 한다. 원작시와 번역시는 동일하지 않다. 그 사이에서는 어긋남과 균열이 생겨난다. 만약 어느 한쪽 시를 싣지 않는다면, 그 어긋난 지점에서 발생하는 긴장감은 단번에 사라지고 말 것이다. 원작시나 번역시만으로는 그런 긴장감이 생기지 않는 것이다. 그 양쪽이 있고서야 비로소 서로 의미가 통하는 텍스트(inter-text)로서 '작품'이 성립한다. 그것이 『액막이시집』의 '번역시'이다.

굳이 말할 나위도 없이 원작시의 '한문'은 고대 중국의 문장어(文章語)

---

[2] 지금까지 이부세 마스지의 '번역시' 몇 편이 교과서에 실린 적이 있다. 내 자신이 편집위원이었던 『치쿠마현대문』(ちくま現代文, 筑摩書房)이라는 교과서에서는 교과서명대로 현대문 교재를 모두 모아 그 중에 이부세의 '번역시'를 수록하였다. 다만 여기에 인용한 시는 교과서에 수록된 것은 아니다.

이다. 오언절구(五言絶句)라는 시의 형식뿐만 아니라, 그 당시의 중국 고전문을 응축하여 간결하게 표현한, 법칙에 꼭 들어맞고 합리적인 언설이다. 잘 알려져 있듯이 '한문'에는 시제가 없다. 그것은 어구의 배열을 파악하는 독자의 판단에 따라 의미가 달라진다. 그 간결한 법칙성으로 해서 일본 '고문'의 문말(文末) 호응 관계의 법칙 같은 번거로운 문법 체계는 존재하지 않는다고 한다. 그래서 기원전에 완성된 문장어인 '한문'이 오랫동안 중국 문장어의 지배적인 문체가 되었고, 조선에서부터 일본, 베트남에 이르기까지 넓은 지역에 걸쳐 사용될 수 있었던 것이다.

한편 이부세에 의한 번역시는 카타카나(カタカナ)로 쓰면서 회화체를 집어 넣은 속어조(俗語調)로 이루어져 있다. 우리에게는 확실히 쉽게 친숙해질 수 있는 평이한 문체이다. 그러나 여기에는 듣는 사람을 상정한 듯한 회화체를 넣어, 이를테면 '고원'(故園)은 '내가 있는 곳'으로, '상식'(相識)은 '그리움'으로 번역하여 지극히 내향적인 공동체 감정을 불러일으키는 표현이 되었다. 되찾을 수 없는 시간에 대한 애석함과 멀리 떨어진 고향에 대한 일체감은, 이부세 마스지의 소설 가운데 교재로 많이 다루어지는 『지붕 위의 윈팔』(屋根の上のサワン)[3] 속의 도시 생활자의 고독이라는 주제와 결부되었을 때 이부세 문학의 평가 기준이 구성된다.

그런데 최근 연구에서는, 이 번역시가 이부세의 독창으로 나온 것인지 아닌지 하는 문제가 논의되고 있다. 왜냐하면 흥양관(興讓館) 한문과 출신으로 마스지가 다섯 살 때 돌아가신 아버지 이쿠타(郁太)의 노트에 이 한시를 번역한 원고가 있고, '바쇼옹 오세손 석주 재잠어암 고초'(芭蕉翁五世孫

---

[3] 『屋根の上のサワン』(『文學』1929년 11월호). 이 단편은 중학교부터 고등학교까지의 '국어' 교과서에 많이 수록되어 있다.

石州在潛魚庵稿艸)라는 판권 페이지가 들어 있는 판본에서 이 한시를 일본어로 「구만가」(曰挽歌)라는 제목으로 번역한 원 텍스트(pre-text)가 발견되기도 하였으며, 또 다른 판본으로 「당시오절구만가」(唐詩五絶曰挽歌)나 「당시선화훈」(唐詩選和訓) 등의 존재가 지적되기도 하기 때문이다.[4] 그리고 한시를 훈독하는 것뿐만 아니라, 평이한 일본어로 바꾸어 읽는 번역/수용/패러디라는 감상법이 근세 말기부터 널리 친숙해졌을 가능성도 부정할 수 없다. 그러나 그러한 연구가 깊어지면 깊어질수록, 한시문에 익숙한 이부세의 이른바 '조상의 피'(父祖の血)[5]가 강조되어, 풍토나 지역의 연속성이 그의 문학의 배경으로 거론되고 있다.

'고향'(在所)을 대표하는 작가 이부세 마스지. 서민이라든가, 유머, 애수라는 그의 표상은 비평적 언어와 더불어 이부세의 텍스트를 둘러싸고 있다. 실제 『액막이시집』의 본문 자체가 그러한 해석을 낳는 원천이 되기도 한다. 즉 중국의 한시를 적당한 일본어로 옮긴 번역의 명수라는. 그러나 번역의 명수로 불리게 될 때 한시와 번역시 사이의 차이는 잊어버리고, 그와 같이 '훌륭한 일본어'를 쓰는 사람이라는 평가만이 남게 된다. 사카이 나오키(酒井直樹)의 말대로[6] 보통 투명한 매체로 상정되던 번역의 주체는 일단 표상되면, 모국어의 언어적 공동체로 귀속되는 존재로서 자리 매겨지

---

[4] 大岡信, 『アサヒグラフ別冊 井伏鱒二の世界』(아사히 그래프[화보] 별책·이부세 마스지의 세계)(1992년 6월), 寺橫武夫, 「人生足別離」(인생길이별)(『近代文學試論』, 1992년 12월), 土屋泰男, 「井伏鱒二『厄除け詩集』の「譯詩」について」(이부세 마스지 『액막이시집』의 「번역시」에 대해서)(『漢文敎室』 1994년 2월) 등을 참조

[5] 涌田佑, 「井伏鱒二における '父祖の血'」(이부세 마스지에 있어서 '조상의 피')(『すばる』, 1981년 6월).

[6] 酒井直樹, 『日本思想という問題 飜譯と主體』(일본사상이라는 문제: 번역과 주체)(岩波書店, 1997).

고 만다. 그러므로 과제는 원작시와 번역시 양쪽 문체의 차이를 동시에 배우는 것이다.

그러나 이부세 마스지의 표상은 강한 자력을 발휘한다. 이부세의 소설을 교재로 택하는 일이 적지 않지만, 그 중에서도 폭 넓은 지지를 받아 각 출판사의 교과서에 채록되어 정평을 받은 것이 히로시마의 원자폭탄 피폭 문제를 다룬 「검은 비」(黑い雨)[7]이다. 물론 거기에는 이 소설이 갖고 있는 힘이 전체적으로 잘 작용하고 있다. 하지만 이와 비슷한 걸작으로, 전쟁 후에도 궁성 요배(宮城遙拜)를 그만두지 않는 광기 어린 사관(士官)을 묘사한 「요배대장」(遙拜隊長)[8]이 천황제 비판을 기피하려는 사람들의 심리 때문에 교재로 채택되지 못한 데 비해 「검은 비」가 교과서 교재로 채택된 데는 뭔가 감추어진 '정치적 무의식'(F. 제임슨)이 작용했다고밖에는 볼 수 없다. 즉 「검은 비」를 실음으로 해서 피해자로서의 일본을 전면에 부각시킨다는 이데올로기 효과를 노린 것이다. 이러한 틀 속에 갇힌 이부세 마스지의 표상으로 인해서 그의 번역시 또한 '훌륭한 일본어'로 자리 매겨지게 된다.

장르의 생존 투쟁

그런데 『액막이시집』의 '번역시'를 교과서에 수록할 때 맞닥뜨리지 않으면 안 되는 문제가, '번역시'를 교과서 안에서 어느 자리에 분류해 넣을 것인가 하는 것이다. 즉 '현대문', '고문', '한문'이라는 장르 가운데 어디에 넣을 것인가 하는 문제이다.

---

7) 「黑い雨」(『新潮』, 1965년 1월~1966년 9월, 新潮文庫, 1970).
8) 「遙拜隊長」(『展望』, 1950년 2월, 新潮文庫, 1955).

그러나 지난 몇 년 사이에 문교 정책이 크게 바뀜에 따라 지금 이 분류가 다시 조정되고 있다. 중교심(中敎審)의 답신을 보거나, 현재 진행중인 새 교과서 작업에 대한 문부성의 지침을 보아도 여러 가지 변화가 엿보인다. 그 중에서도 가장 시급한 문제는 한문 교육이다. 한문이라는 장르 자체가 사라져 가고 있기 때문이다.

현재 일본에서 '한문'은 중학교 3학년 교과서에서 4자 숙어 등의 한자 성어와 관련해서 소개되고, 고문과 함께 고등학교 1학년부터 '국어 1'과 '국어 2'의 고전 교육 속에 자리 잡고 있다. 1980년대 초에 행해진 개혁에서 그때까지 '현대 국어', '고전', '한문'으로 나뉘어 있던 교과서가 고등학교 1, 2학년에서는 '국어 1'과 '국어 2'로 통합되었다. 이 단계에서 이미 '고문', '한문'은 대폭으로 축소되었다. 이 정책이 15년간 시행된 결과 많은 사립 대학 입학 시험의 '국어' 교과에서 '한문'이 모습을 감추고, 드디어 고등학교 교육에서 존망의 위기를 맞게 된 것이다. 교육과정심의회의 '중간 보고' 요지[9]에 따르면, 초·중·고등학교 '국어'에 관해서 다음과 같은 지침을 정하고 있다.

문학적인 문장의 독해에 치우친 그 동안의 방침을 고친다. 스피치나 설명, 대화나 토론, 편지를 쓰는 것, 기록이나 보고를 정리하는 것 등이 충분히 행해지도록 한다. 고등학교에서는 사회 생활에서 활용할 수 있는 내용의 과목을 반드시 선택하도록 한다. 워드프로세서 시대를 고려하여 한자 '읽기'는 현행대로 시행하지만, '쓰기'는 고학년으로 옮긴다. 고전은 초등학교에서 문어체의 문장으로 접하게 하고, 중학교에서는 문법이나 문학사에 깊게 들어가지 않는다.

[9] 『朝日新聞』, 1997년 11월 18일 기사에 의함.

'사회 생활에서 활용할 수 있는' 실천적인 커뮤니케이션 교육이 첫 번째로 요구되는 사항이다. '문학적인 문장의 독해'가 후퇴하고, 한자 학습도 '쓰기'는 고학년으로 미루어진다. '고전'은 '접해야 하는' 것은 접하지만, '문법이나 문학사' 교육은 떼어 내려고 한다. 게다가 선택 과목이나 종합 교과의 도입에 따라 각 학년 모두 주당 '국어' 시간 수는 한 시간씩 줄이도록 지도하고 있다. 예를 들면 주 네 시간 정도 '국어' 시간이 주어져 있고, '현대문' 두 시간, '고문' 한 시간, '한문' 한 시간으로 배분하던 것을, 전체 세 시간으로 줄인다면 어느 과목이 사라질지는 뻔하다.

물론 그런 것은 '한문' 교사들만 고민하면 되기 때문에, '한문' 수업에 대한 변변한 추억 하나 없는 내 자신에게는 남의 일이라 해도 지나친 말은 아니다. 그러나 그것을 이부세의 번역시와 관련 지어 본다면, 번역시는 '한문' 과목이 사라지더라도 '현대문' 속에 문제없이 살아날 것이다. 원작시는 언제까지나 덧붙여지는 것 정도로 두면 되는 것이다. 그러나 그렇게 되면 번역시에 담겨 있던 긴장감은 사라지고 만다. 과연 그래도 좋을까? 그것은 단지 이부세 마스지의 '번역시'처럼 교재로 채택된 특수한 경우에만 해당하는 것일까?

역사적으로 보면 일본 중등 교육을 모두 체계화한 20세기 초 교육 개혁 당시 '한문'의 운명은 이미 결정되었다고 할 수 있을 것이다. 당시 '국어 및 한문'이라는 교재는 교과명으로 '한문'을 병렬해서 기록하기는 했지만, 청일 전쟁의 승리로 어느 새 일본이 중화 문명권에서 이탈했다고 믿게 된 정부측 안에서 그 폐지가 논의될 정도였으며, 이에 한문이 차지하던 비중은 뒤집어지고 말았다. 후타바테이 시메이(二葉亭四迷)나 나츠메 소세키(夏目漱石), 모리 오가이(森鷗外), 코우다 로항(幸田露伴)에 비하면, 개혁

후 중등 교육을 받은 시가 나오야(志賀直哉)나 무샤노코우지 사네아츠(武者小路實篤)나 가와바타 야스나리(川端康成)는 '한문' 소양이 아주 낮은 작가였다. 그러나 이후 학교에서 '한문'은 시대착오의 대명사처럼 일컬어졌는데, 그런 와중에서도 '한문' 교사의 고전적 이미지로 해서 '한문'이 결코 소홀히 할 수 없는 위치를 차지했던 것도 사실이다. 장기간에 걸친 '한문'의 위상 하락은 전후에 더욱 가속되었는데, 그럼에도 불구하고 학교라는 공간에서는 '한문'이 하나의 교양주의로서 바로 최근까지도 경원(敬遠)과 존경(尊敬)의 시선으로 비호되면서 최저한의 위상을 유지할 수 있었다. 그러나 이제 그 마지막 보루조차도 무너져 가는 사태가 전개되고 있다.

그런데 똑같이 축소를 강요받으면서도 '한문'과 달리 '고문'이 살아남을 수 있었던 이유는 무엇일까? 이런 물음 앞에서 '한문' 교육의 철폐는 자연히 또 다른 의미를 갖는다. 비중의 중심은 변함없이 '현대문'에 있다 해도, 입시 문제로 출제하고 채점하기가 쉬운 '고문'은 입시에서 사라지지 않고 자리를 지킬 수 있었다. 게다가 국제화라는 슬로건 아래서 일본 고전을 교양으로서 어느 정도 익히고 쌓는 일은 여전히 의무처럼 여겨지고 있다. 이른바 '중국 정신'(漢心)을 몰아 내고 '일본 정신'(大和心)으로 돌아오는 국학의 전통만은 유지되지 않으면 안 된다는 것일까? 이것도 새삼스럽게 말할 것까지는 없지만, 지금 우리가 쓰고 있는 문자의 표기 형태는 고대 중국어인 한자이고, 더욱이 그 한자를 변형해서 만든 히라카나(平假名)를 축으로 삼고 있다. 고대 일본 열도에 살던 사람들은 한자의 충격이 없었다면 문자를 얻을 수 없었을 것이다. 그렇게 생각할 때 최소한 '국어' 교과에 남아 있는 장르들 사이에는 '국어'라고 칭하는 언어적 통일체가 실재한다는 전제 위에서 그 기원을 둘러싼 투쟁이 잠재하고 있다고 할 수 있다.

'국민 문학론'과 '국어'

　전쟁 후 '국어' 교육의 이론적 전개를 생각할 때에 중요한 결절점은 1950년대의 '국민 문학론'에 있다. 문학가와 사상가의 관심을 두루 모았던 이 정치적 논쟁에는 당연히 교육자들도 참여하게 되었으며, 이에 논의의 초점이 '국민 문학'이라는 용어와 함께 '국민 교육'으로 모아졌다.[10] 점령 하에 있던 전후 일본의 '국어' 교육은 미국 실용주의에 기반을 둔 경험주의 입장에서 언어 행위에 초점을 맞추고 시작되었다. 전쟁 전의 교육이 '말하기·듣기·읽기·쓰기'라는 언어 행위 속에서 '읽기'가 중심이 되고, 가능한 한 '쓰기'가 작문으로서 여기저기 들어가 있던 것과 달리, 경험주의는 네 가지 언어 행위를 종합적으로 체험시켜야 한다는 지극히 실용주의적 발상에 입각해 있었다. 일본 사회를 전체주의 파시즘에서 끌어내어 재구축하는 데 있어 한 사람 한 사람이 자신의 말로 자기의 사고나 의견을 표명할 수 있도록 하는 것, 그것이 전후 '민주주의' 실현을 위해 미국이 학교에 부과한 과제였다. 이른바 '먹물 교과서'(墨塗リ敎科書) 시대를 떨쳐 내고 새롭게 편집된 '국어' 교과서는 고등학교용에서조차도 신문이나 라디오에서 흘러나오는 말, 설명이나 보고, 토론할 때의 '말하기·듣기·읽기·쓰기' 능력을 중시하는 쪽으로 단원을 구성했다.

　예를 들면, 타츠노 유타카(辰野隆), 히사마츠 센이치(久松潛一)가 감수하고 코카쿠샤(好學社)가 발행한 교과서로『고등문학』(高等文學),『고등언어』(高等言語)가 있다. 지금도 '국어 1·2', '현대문', '고전' 이외에 '표

---

10) 이하의 기술은 紅野謙介,「文學主義の解體と敎材の多樣化」(문학주의의 해체와 교재의 다양화)(『日本文學』, 1996년 4월)의 기술과 약간 중복된다. 거기에서 나는 문학을 편협하게 축소시킨 고전 중심, 해석 중심의 '문학주의' 교육이 전쟁 후에 성립하게 된 원인을 고찰했다.

현'이라는 교과서가 있는데, 이것이 작문 교육을 위해 수업에서 충분히 활용되고 있다고는 말하기 어렵다. 거기에 비해 '문학'과 '언어'가 거의 같은 비중을 차지하는 교과서로 자리 잡고 있는 것도 놀랍지만, 『고등언어 1』(1952년도)에서는 '말의 문화', '연구와 보고', '문장을 둘러싸고', '창작의 기쁨', '국어의 뼈대'라는 기둥이 세워져 있어, 당시 최대의 미디어였던 라디오, 방송, 연극, 영화 그리고 신문, 잡지에 관해서 수업하도록 되어 있는 것도 놀랍다. 이와 마찬가지로 쿄이쿠도쇼(教育圖書)가 발행한 『고등종합국어』(高等綜合國語)의 2학년용(1952년도) 교재에서는 평론, 에세이, 장편 소설, 단편 소설 등의 단원이 회의 방법이나 편집, 방송, 선전과 광고라고 제목이 붙은 단원과 나란히 놓여 있다. 미디어 리터러시(media literacy)라고 하면 조금 과장이 되겠지만, 적어도 미디어로 사용되는 말이나 표현에 관하여 의식적인 교육을 행하려 했다는 의도는 충분히 짐작할 수 있다.

어떤 의미에서는 오늘날 요청되는 커뮤니케이션 교육으로서의 '국어'는 이 점령기의 '국어' 교육으로 되돌아가는 것이라고 말할 수 없는 바도 아니다. 물론 현실에서 전개된 교육의 실태가 '민주주의'를 비민주주의적으로 밀어붙인 결과로 나온 것이라는 점에서 이것이 현실에서 어떠한 알력을 일으켰는지는 또 다르게 살펴보아야 할 문제일 것이다. 그러나 '국어'가 현실의 언어 생활과 직접 접하면서 그 속에서 '말하기·듣기·읽기·쓰기' 능력을 상호 관련 지어 육성한다는 데 주목한 것은 처음 있는 일이었다. 그러나 이러한 실용적인 '국어'는 머지않아 그 모습을 바꾸게 된다. 그 대의명분은 아메리카니즘으로부터의 탈피였다.

'국민 문학론'의 발단은 중국 문학자인 타케우치 요시미(竹内好)의 제언에 있다. 1950년 1월 코민포름에 의한 비판이 있고 나서, 일본 공산당에서는 당내 투쟁이 격화되었는데, 이 때 주도권을 장악한 주류파가 미 제국주의에 맞서 민족 해방 운동을 벌여야 한다는 방침을 내렸다. 이 당내 투쟁이 『신니혼분가쿠』(新日本文學)과 『진민분가쿠』(人民文學)의 대립으로 나타났고, 주류파가 된 『진민분가쿠』 계열의 문학자 발언,[11] 일본문학협회의 1951년 대회 주제가 '일본에 있어서 민족과 문학'이었던 것, 그리고 역사학연구회가 연 같은 해의 대회 주제가 '역사에 있어서 민족의 문제'였던 것 등에서도 알 수 있듯이, 문학자나 역사학자의 학계 내 노선 투쟁에도 그 불똥이 튀고 있었다. 역사학과 마찬가지로 일정한 정치 전략으로서 '민족의 독립'이라는 정치적 주장을 전제로, 세계 문학에 대한 개념으로서 민족 문학을 제창하고 거기에서 국민 문학을 말해 온 사람'(타케우치)이 나타난 것이다. '국민'이나 '민족'을 선험적으로 전제하는 반역사주의적인 사고에 대해 타케우치는 다른 생각을 갖고 있었다.

"국민이 형성된 것은 근대 이후로서, 근대 국가가 봉건제 속에서 자신을 형성해 오면서 단일한 개인의 국민적 결합이 가능하게 된다. 이 봉건제로부터의 탈피를 떠나서는 국민 문학이라는 것은 의미를 잃는 것이 아닐까? 물론 국민은 역사적인 전통을 가지고 있으므로, 이른바 민중(folk)의 모습은 있지만 국가(nation)는 없었다. 국민 문학이 성립될 경우 역사를 거슬러 올라가 전통을 되돌아볼 수 있기 때문에 그 구별을 확실히 해 두지 않으면 혼란스럽지 않을까 생각한다."[12]

---

11) 타가쿠라 테루,「人民に仕える文學」(『人民文學』, 1950년 11월) 등.
12) 伊藤整·臼井吉見·折口信夫와의 좌담회,「國民文學の方向」에서 한 발언,『群像』, 1952년 8월.

이러한 발언은 근대에 있어서의 '창출된 전통'이라는 E.J. 홉스봄의 지적에 가까운데, 국가(nation)로서의 근대적인 '국민'의 성립이야말로 타케우치가 지향하는 바라는 것을 잘 알 수 있다.

타케우치의 '국민 문학론'은, "근대주의란 달리 말하면 민족을 사고의 통로에 포함시키지 않거나 배제한다는 것이다"라는 단언적인 명제로 잘 알려져 있다. 이 명제는 마치 근대주의에 대한 비판으로서, '민족을 사고의 통로"에 포함시켜야 한다고 주장하는 것처럼 읽힌다. 그러나「근대주의와 민족의 문제」(『文學』1951년 9월호)에서 타케우치는 후타바 테이시메이에게는 존재하지만 '시라카바'(白樺)파[13] 이후에는 잃어버린 '민족과 국민이라는 두 요소'에 관해서 기술하고 있다. 문학사상 "근대 문학의 확립이란, 두 요소의 상극의 지양을 의미하는 것이 아니라, 한쪽 요소를 잘라 버림으로써 이루어졌다는 점에 주의하지 않으면 안 된다"라고 말한 타케우치의 속내는, '민족'을 사고의 통로에 포함시키고 그 위에서 '두 요소의 상극을 지양'하는 것이었음이 분명하다. 그렇게 본다면 공산당 주류파에 의한 '민족 문학론'은 상극이 결여된, 따라서 전쟁중의 민족주의를 뒤집는 것에 지나지 않고, 그것이야말로 '식민지'적인 정치적 언설에 불과하다고 보았을 것이다.

타케우치의 비판은 정치적으로 어떠한 입장에 있든 폐쇄적인 '문단' 또는 마르크스주의적 지식인 공동체로 가득 찬 문학을 향해 있었다. 그러한 문학이 '생활'로부터 비껴나 있다는 점이 지적되었고, 같은 의미에서 '관

---

13) 일본 근대 문학의 일파. 잡지 『시라카바』를 통해 자연주의를 거부하고 인도주의 및 이상주의를 표방함으로써 자연주의 문학 퇴조 후의 타이쇼(大正) 문단을 지배했다. 미술에도 관심을 보여 인상파를 소개하는 데에도 기여했다.—옮긴이.

료 문화' 또한 철저히 비판되었다. 타케우치가 여전히 빛을 잃지 않는 이유는, 그 자신의 말대로 '관료 문화' 가 훌륭한 글만 쓰도록 권장하여 일상적으로 보이는 여러 가지 말이나 표현 속에까지 침투하고 있다는 주장에 대한 비판의 가능성을 열었다는 점에 있을 것이다. 그로부터 문학에 종사하지 않는 사람들 사이에서도 '생활 작문' 에 대한 관심이 생겨났고, 독자의 요구라는 독자론적 지평의 개척도 이루어졌다.

그러나 이러한 비평을 전개하면서도 '국민 문학론' 이 바로 민족의 전통 속에서 '상극의 지양' 의 결과로 나온 근대적인 '국민' 을 전제로 하고 있고, 더욱이 그것을 '국민 문학' 이라는 이름으로 부르는 한, 그 경계의 확정을 끊임없이 강요하는 언설의 장을 만들고 말았다는 점도 부정할 수 없다. 타케우치의 주장은 그가 '국민' 이라는 말에 포함시킨 것을 둘러싸고 끊임없이 해석의 논란을 불러일으켰고, 그러한 논의는 점차 확산되어 개념 일반에 대한 논의로 치달았다. 논쟁에 참여한 우스이 요시미(臼井吉見), 이토 세이(伊藤整), 야마모토 켄키치(山本健吉), 쿠라하라 코레히토(藏原惟人), 카메이 카츠이치로(龜井勝一郎), 후쿠다 츠네아리(福田恒存), 노마 히로시(野間宏), 오다기리 히데오(小田切秀雄) 등이 문단과 논단을 화려하게 장식했지만, 결과적으로는 논의가 열어놓은 가능성의 다양한 결실을 맺지 못한 채 구체적인 방향 없이 고전을 다시 읽고 재평가하자는 쪽으로 돌아가고 말았다.

'국어' 의 균열 속에서

전쟁 후 일본 문학 연구와 국어 교육을 연결한 학술 단체로서 일본문학협회(日本文學協會)가 설립되었는데,[14] 이 때 정식 고교 교사를 지낸 경험도 있고 고대 문학 연구자이기도 했던 마스다 가츠미(益田勝實)가 '국민 문학론'을 낳은 당시의 마르크스주의 정치적 문맥을 배경으로 하여 등장하였다. 일본문학협회의 젊은 리더로서 마스다는 1953년의 시점에서 다음과 같이 발언하였다.

"확실히 말하면 이른바 언어 생활 교육이라는 게 어디까지나 언어 생활 본위인 데에 문제가 있다고 생각합니다. 방송의 청취 방법, 영화 각본을 읽는 방법, 일기나 소설의 문예 형태에 관해 아는 것이 탐욕스러운 지식욕과 격렬한 이상을 추구하는 정신을 가지고, 심하게 말해서 평범한 것은 싫다, 무사의 흉내를 낼 정도가 아니면 아예 포기하고 빈둥거리는 것이 낫다고 허세부리는 청년기 학생들의 흥미 대상이 될 수는 없습니다.…… 우리 민족 문화의 전통을 현상의 입장에서 계승, 극복하여 새로운 인간을 형성하는 데 필요한 장은 어디에도 없습니다. 국어야말로 학과라고 크게 설칠 필요가 조금도 없지만, 학과의 내용에서 본다면 국어가 중요한 임무를 지니고 있다는 데는 이론이 있을 수 없습니다. 하지만 '말하기 · 듣기 · 읽기 · 쓰기'의 언어 생활 교육만으로는 현실과 너무나 동떨어지게 됩니다. 우리 민족의 내일은 누가 짊어질까요."[15]

이 웅변을 듣고 나서, 히로하시 가즈오(廣橋一男)는 「고등학교 국어 교과서 비판 — 평화 교육을 위해서」(『日本文學』 1953년 2·3월 합병호)에서 현

---

14) 일본문학협회에 대해서는 村井紀의 연재 「國文學者の十五年戰爭」(국문학자의 15년전쟁)(『批評空間』 II-16, 1998년 1월호)에서 비판적으로 검토하고 있다. 또 紅野謙介, 「日本文學協會の戰後責任」(일본문학협회의 전후책임)(『日本文學』, 1997년 11월호)도 참조.
15) 益田勝實, 「文學敎育の問題點」(문학교육의 문제점), 『日本文學』, 1953년 1월호.

재 '국어' 교과서의 특색으로 "교재의 약 2할을 차지하고 있는 것이 언어 기술에 관한 것"뿐이며 "번역 문학이 이상하게 많다", "고전에 비해 근대 문학이 너무 큰 비율을 차지하고 있다"고 비판했다. 사이고 노부츠나(西鄕信綱), 마스다 카츠미, 히로스에 타모츠(廣末保) 같은 반아카데미즘파 고전 문학자들은 『고사기』(古事記)나 『풍토기』(風土記), 치카마츠 희곡(近松戲曲)의 재독을 통해서 국학적 전통과는 다른 정치적인 읽기를 과감하게 전개해 나아갔는데, 그러한 급진주의조차도 개별 연구에서 나와 교육의 장으로 옮겨갈 때는, '국민'이나 '민족'이라는 틀 속으로 빨려들고 말았다.

물론 이러한 발언으로 교과서가 '국민 문학'의 틀로 지배된다는 단순한 논리를 내세우고 싶지는 않다. 교과서 편집 하나를 봐도, 의식적으로 '국어' 교육에 관여한 야나기다 쿠니오(柳田國男)의 민속학=국학의 발상과, 경성제국대학 시절에 일본어 교육을 추진한 토키에다 모토키(時枝誠記) 등 국어학자의 발상이 서로 대립한 가운데, 각기 아카데미즘 속에서 정통성을 회복하려는 의도가 얽혀 있었다. 그 결과 '국어'에 있어서의 언어 행위나 미디어 리터러시 교육이 포기되었고, '현대문'에서는 문학 해석 교재가 중심이 되었으며, '고전'에서는 '고문'을 중시하게 되었다. 이러한 '국민'적인 '국어' 교육의 재편에 대해 비판적으로 대처했어야 할 마르크스주의 학자들도 실은 '국민'이라는 이름을 붙여 그것을 실제화하는, 저들과 완전히 똑같은 사고를 공유하고 있었다. 눈앞에 있는 압도적으로 다양한 사람들을 '국민'이라는 하나의 틀로 끌어들여 다수를 만들어 내는 것, 좌우익 양측에서 전개한 것은 '국민'을 전제로 한 그 같은 조직화 투쟁에 지나지 않았다. 지금 새삼스럽게 '자유주의 사관'을 부르짖는 시대 착오자들 속에 과거 좌익 체험자가 있는 것도 쉽게 납득할 수 있을 것이다.

그러나 이러한 '국어' 교육의 '국민 문학' 적 잔재에 대해, '국어' 교과서 편집에 관여하는 대다수 일본 문학 연구자들은 완전히라고 말해도 좋을 정도로 둔감하다. 오히려 그렇게 말하기보다는, '국민 문학'이 있었기에 일본 문학 연구에 직업적으로 종사할 수 있게 되었다고 말하는 편이 정확할지도 모른다. 비평적 자의식을 환기해야 하는 '국민 문학'이라는 이름조차 없애 버리고, 어느 새 '국어'에 의한 '국민' 교육을 위해 문학이 존재한다는 것이 자명한 전제이기라도 한 것처럼.

'국민 문학론'이 그러했던 것처럼 실은 이 소멸 작업에는 세대나 사상의 입장차를 넘어 암묵적인 합의가 그 기능을 발휘하고 있다. 예를 들면 헤이안조(平安朝)의 모노가타리(物語) 문학 연구는 최근 원령(怨靈, もののけ), 이장(異裝), 트랜스젠더(transgender), 경계(境界) 등의 코드를 도입하면서 갑자기 성행했는데, 『겐지모노가타리』(源氏物語)를 정점으로 하는 모노가타리의 세계적 독자성을 드높이려는 위험성이 있음을 부정할 수 없게 되었다. 또 와카(和歌) 연구가 정밀하면 할수록 일본의 미 의식이나 계절감의 언어=문화적인 문맥이 아주 자세히 납득될 수 있는 것으로 전화된다. 특히 서구의 이야기 화법(narratology) 이론을 적극적으로 채용해 온 모노가타리 연구의 최근 성과는 구미에서 추구된 산문의 자유가 이미 일본에서 실현되지 않았을까 하는 논의를 낳기도 한다.

아마 이러한 문학 연구를 배경으로 교육이라는 장치에 빠져 들어갈 때, 우리는 그 근거 없음에 더욱더 참기 어렵게 된다. 어떤 소설을 교재로 채택할 때, 왜 이것을 교재로 채택했을까, 이것을 통해서 무엇을 가르칠 것인가, 그리고 그것은 어떤 의의와 가치를 가질까 등등의 물음을 반복하지 않을 수 없다. 그 물음에 대답할 수 있는 텍스트가 교재로 선택되기 쉬운 것이고, 의의와 가치를 담보로 하는 궁극의 원천이 일본과 일본인, 일본 문화를 생각한다는 내셔널한 문제를 구성한다. 그러나 그러한 가운데 일본과 일본인, 일본 문화라는 범주 자체는 끊임없이 자명해지게 마련이다.

  교실 공간에서 아무런 근거와 의미가 없는 교재의 존재는 허용될 수 없다. 넌센스를 학생과 함께 즐길 여유나 방도가 없기는 다 마찬가지다. 그것은 의의와 가치를 주는 해석 중심주의에서 벗어날 수 없기 때문이다. 어지러이 교차되어 있는 말들에 늘 의미가 채워져 있다고는 할 수 없다. '국어'는 그 기원에서도 또 현재에도 나날이 갈라진 무수한 언어의 뒤섞임으로 존재한다. 오히려 그 갈라짐이나 간격을 전제로 한 것 위에다, 무의미한 언어들을 이것저것 집어 넣고 받음이야말로 언어가 주는 즐거움이다. '수업'이라는 일방적인 명칭에서 방법론을 개발하는 것이 아니라, 상호 행위적인 '학습' 형태를 추구하여 '국어'와 교실 공간에 조용한 균열을 일으키게 하는 바로 그때야말로, 내셔널리티에 한정되지 않고 우연성과 무근거성에 기반을 둔 매우 소중한 고유의 히스토리가 생겨나는 것이다.

어머니를 모욕하지 말라!

서경식(徐京植)

"그는 사람들에게 멸시를 당하고 퇴박을 맞았다. 그는 고통을 겪고, 병고를 아는 사람, 사람들이 얼굴을 가리고 피해 갈 만큼 멸시만 당하였으므로, 우리도 덩달아 그를 업신여겼다. 그런데 실상 그는 우리가 앓을 병을 앓아 주었으며, 우리가 받을 고통을 겪어 주었구나. 우리는 그가 천벌을 받은 줄로만 알았고, 하느님께 매를 맞아 학대받은 줄로만 여겼다. 그를 찌른 것은 우리의 반역죄요, 그를 으스러뜨린 것은 우리의 악행이었다. 그 몸에 채찍을 맞음으로 우리를 성하게 해 주었고, 그 몸에 상처를 입음으로 우리의 병을 고쳐 주었구나…… 그가 억울한 재판을 받고 처형당하는데 그 신세를 걱정해 주는 자가 어디 있었느냐? 그렇다, 그는 인간 사회에서 끊기었다. 우리의 반역죄를 쓰고 사형을 당하였다."(「이사야서」 53장 중에서, 대한성서공회, 『공동번역성서』, 1997)

나의 어머니가 세상을 떠나셨을 때, 자식 둘(나에게는 형)은 정치범으로 한국의 감옥에 갇혀 있었다. 독재자의 죽음으로 희미하게 싹튼 석방에의 기대는 그나마 다른 독재자의 등장으로 짓밟혔다. 계엄군이 광주에 투입되어 수많은 시민을 학살한 것이 1980년 5월 18일, 자궁암으로 인한 대량 출혈로 어머니가 교토(京都) 시내의 한 병원에서 숨을 거두신 것은 5월 20일 미명, 그러니까 광주 학살이 있던 이틀 후였다. "아침까지만 참고 견디세요. 아침이 되면 편해질 거예요." 이런 나의 위안에 어머니는 "아침까지? 아직도 멀었잖니……"라고 대답하셨다. 그것이 어머니의 마지막 말씀이었다.[1]

'위안부'(慰安婦)라거나 '조센삐'(朝鮮ピ)라는 말을 생전의 어머니로부터 직접 들은 기억은 없다. 그러나 어머니는 분명 그 말의 의미를 알고 계셨을 것이다. 일제 시대 말기 조선에서는 젊은 처녀들이 '정신대'(挺身隊)라는 명목으로 끌려가 일본군의 노리개가 되고 있다는 소문이 널리 퍼져, 미처 결혼하지 않은 딸을 가진 조선인 가정들은 커다란 두려움에 떨었다. 그 당시 어머니는 이미 일본에 거주하고 계셨지만, 사교적이며 두목 기질을 가지셨다는 할아버지를 의지해 동향인들이 자주 우리 집에 출입했다고 하니 이 꺼림칙한 소문은 어머니의 귀에도 들어갔을 것이다.

게다가 1960년 경이었을까? 우리는 조그만 가내 공장을 하고 있었는데, 우리 공장 직공 중에 일본군 출신이 한 사람 있었다. 그런데 평상시 온후하고 과묵한 사람이던 그가 식사 때 반주라도 한 잔 들어갈라치면 중국 전선에서 '편의대'(便衣隊)를 어떻게 죽였는지를, 총검이 인체에 깊숙히 밀려

---

[1] 吳己順さん追慕文集刊行委員會 편, 『朝を見ることなく―徐兄弟の母吳己順さんの生涯』(아침을 보지 못하고―서 형제의 어머니 오기순 씨의 생애)(社會思想社現代教養文庫, 1981).

어머니를 모욕하지 말라! 63

들어갈 때의 감촉까지 묘사해 가면서 기분 좋게 떠들곤 했던 것을 나는 지금도 기억하고 있다. 아직 초등학생이었던 내가 그러한 이야기를 듣게 되는 것을 어머니는 지독히 싫어하셨다. 이제 와서 상상해 보는 것이지만, 그 일본군 출신은 필시 '조선삐'를 어떻게 품에 안았는지 따위 자랑도 함께 늘어놓았을 것이 틀림없다.

1965년에 간행된 박경식(朴慶植)의 명저 『조선인강제연행의 기록』(朝鮮人强制連行の記錄)을 나는 고등학교 시절에 읽었다. 그런데 이 책에 기술된 '위안부'에 관한 다음과 같은 대목은 최근까지 나의 기억에 남아 있지 않았다. 참으로 부끄러운 일이다.

군속(軍屬)으로서 동원되어 한쪽 다리를 절단하는 중상을 입었던 재일교포 1세 옥치수(玉致守) 씨로부터 들은 이야기이다.

"옥치수 씨가 타던 배로 동남아 전선으로 끌려간 조선인 여성만도 2천 수백 명에 달했다. 이들은 고향에서 전쟁에 협력할 것을 강요당하여 군수 공장, 피복창에서 일하게 될 거라며 끌려 온 17~20세의 젊디젊은 처녀들이었다. 그러나 사실은 이렇게 수송선에 실려 동남아 각지의 전선에 보내져 위안부로서 일본군의 노리개가 되었던 것이다.…… 옥치수 씨가 탔던 배 중 세 번째로 침몰한 배에만도 150여 명의 동포 여성이 타고 있었다. 도중 오키나와(沖繩)의 미야코지마(宮古島)에서 하선시켰기 때문에 물고기의 밥이 되는 일은 없었지만, 그 후 그들의 운명이 어떻게 되었는지는 알 수 없다."[2]

---

2) 朴慶植, 『朝鮮人强制連行の記錄』(未來社, 1965), 122쪽.

해방 후 재일 조선인 사이에 '위안부'에 관한 기억이 입에서 입으로 전해지고 있었음을 알 수 있다. 그것은 우리 집을 드나들던 동포들의 화제이기도 했을 것이다. 그러나 낮은 목소리로 전해졌을 뿐, 모습도 형태도 없는 '위안부' — 나의 어머니가 얼마만큼 그들의 운명을 당신 처지에 견주어 보셨는지는 다만 상상해 볼 뿐이다.

이미 작년(1996년) 6월, 어느 신문 기사[3]를 보고 나의 가슴속에서는 분노 덩어리가 위험 수위까지 치밀어 올랐었다. 이타가키 타다시(板垣正) 참의원 의원은 한국에서 온 전 '위안부' 김상희(金相喜) 할머니에게 "돈은 받지 않았느냐"며 몇 번이나 힐문했고, "강제로 끌려왔다는 객관적 증거는 있는가?"라는 망언을 했던 것이다. 또 같은 지면에는 '밝은 일본·국회의원연맹'의 회장에 취임한 오쿠노 세이스케(奧野誠亮) 전 법무대신이 "위안부는 상행위"라고 말했다는 기사도 게재되었다.

이타가키 의원은 조선군사령관을 역임했던 전범의 가족이고 일본유족회의 고문이기도 하다. 오쿠노 전 법무대신은 내무 관료 출신으로 패전시에는 미국에 의한 압수를 피하기 위해 공문서를 소각해 증거를 인멸시켰다고 스스로 말한 인물이다.[4] 식민지 지배의 당사자라고도 할 수 있는 그들이 과거의 죄를 시인하지 않는 것이 별로 놀랄 만한 일은 아니다. 그러나 그 기사를 보았을 때 나는 뭐라 말할 수 없는 혐오감이 끓어오르는 것을 느꼈다. 드디어 최후의 일선이 무너졌다는 느낌이었다. 이 파렴치한들은 최소한의 거리낌마저 내팽개치고, 직접 맞대놓고 피해자를 모욕하고 나선

---

[3] 『朝日新聞』, 1996년 6월 5일자.
[4] 自治大學校史料編集室 작성, 『山崎內務大臣を語る座談會』(야마자키 내무대신을 말하는 좌담회)(1960년).

것이다.

 같은 해 여름부터 '자유주의사관연구회'의 후지오카 노부가츠(藤岡信勝)라는 도쿄대 교수가 부끄러움을 모르는 인간들의 합창에 합류했다. 그는 1997년도 채용될 예정이었던 중학교 역사 교과서에서 '위안부'에 관한 기술을 삭제하라고 요구하는 운동을 시작했던 것이다. 같은 해 12월 2일에는 이 도쿄대 교수에 더하여 니시오 간지(西尾幹二), 코바야시 요시노리(小林よしのり), 사카모토 타카오(坂本多加雄) 같은 인물들이 발기인이 되어 '새로운 역사 교과서를 만드는 모임'(新しい歷史敎科書をつくる會)을 발족시켰다. 그로부터 얼마 지나지 않은 어느 날, 한 치과 병원의 대기실에서 무심코 잡지를 펼치면서 내 가슴속의 울화통은 기어이 터지고야 말았다. '새로운 역사 교과서를 만드는 모임'의 발기인 중 한 사람인 야마모토 나츠히코(山本夏彦)는 그 잡지에 '위안부'였던 사람들이 "이제 와서 떠들기 시작한 이유가 돈 욕심 때문이라고 한다면 누구라도 수긍할 것이다"라고 썼던 것이다.[5]

 '돈 욕심 때문'이라니? '위안부'였던 사람들은 차별과 빈곤 속에 시시각각 늙어 가고 있다. 75세가 된 송신도(宋神道) 할머니만 해도 이국 일본에서 주위의 몰이해와 차별을 받으며 친척도 없이 생활 보호에만 의지해 살아가고 있다. 얼마나 불안하겠는가? 돈이 몹시 아쉬운 것은 당연하다. 게다가 그들에게는 보상금을 요구할 정당한 권리가 있다. '돈 욕심 때문'이라 한들 모욕당해야 할 까닭은 없다.

 송신도 할머니는 1993년 4월 5일, 일본에 거주하고 있는, 이전에 '위안

---

[5] 『週刊新潮』, 1996년 12월 19일자.

부'였던 사람으로서는 처음으로 일본 정부의 사죄와 보상을 요구하는 소송을 도쿄지법에 제기했다. 송 할머니는 처음부터 변호인단과 지원자에게 말했다. "나는 사죄를 받고 싶어요. 사죄만 받으면 돼요. 돈이 목적이 아니라는 걸 알아 주세요."[6] 법정에서의 본인 심문 때도 "돈은 필요 없어요. 사죄하는 게 제일 좋겠어요. 사죄하고 두 번 다시 전쟁을 하지 않는 게"라고 분명히 답변하고 있다.

이와 같은 원고의 의향을 받아들여 소를 제기할 때에는 금전적 보상을 요구하지 않고 사죄문의 교부와 국회에서의 공식 사죄만을 청구했다. 원고가 받은 피해는 도저히 금전으로 환산할 수 없는 것이라는 점, 그리고 "차별적인 일본 사회에서는 원고에게 위해가 가해질 우려가 있는 점"도 보상금을 요구하지 않은 이유였다.[7] 그러나 재판이 시작되자 일본의 법률로는 사죄 청구만으로 소송이 성립될 수 없다는 재판관의 의견에 따라 보상금 청구를 추가했던 것이다.

"우리들의 세금으로 생활 보호를 받으면서 먹고사는 주제에 왜 재판 같은 걸 시작하느냐? 불만이 있다면 한국에 돌아가라", "돈 욕심 때문에 재판하는 것이지. 돈은 받았느냐?" 송 할머니는 지역 사람들로부터 이러한 험담을 듣고 있다고 한다.[8]

처음 제소할 때의 원고측 우려는 바로 이타가키, 오쿠노, 후지오카, 코

---

6) 在日の'慰安婦'裁判を支える會(재일 '위안부' 재판을 지지하는 모임)이 발행한 책자, 『宋さんといっしょに—よくわかる在日の元'慰安婦'裁判』(송 할머니와 함께 — 잘 알 수 있는 일본 거주 전 '위안부' 재판), 1997년 5월 16일. 이하 본문 중에 인용한 송신도 할머니의 말은 이 책자에 의한다.
7) 『在日の慰安婦裁判を支える會會報』(재일 위안부재판을 지지하는 모임 회보), 창간호, 1993년 5월 28일.
8) 川田文子(가와다 후미코),「陳述書」, 1997년 10월 15일, 도쿄지법에 제출.

바야시, 야마모토 등의 언동에 의해 현실화되었다. 신문, 잡지, 만화, 강연 등을 통해 공공연히 감행되는 피해자에 대한 모욕에 상당수의 일본인들이 속으로 공감하고 있었을 것이다. 이것이 노골적인 '위해'가 아니고 무엇이 겠는가?

"내 어머니를 모욕하지 말라" — 이 때부터 나는 일본군의 성 노예가 된 모든 전 '위안부'들을 '어머니'라 부르기로 결심했던 것이다.[9] 이는 한낱 감상적인 비유만은 아니다.

어제(1997년 10월 24일) 나는 송신도 할머니를 처음으로 만났다. 아니 슬며시 송 할머니의 모습을 보기 위해 어느 집회에 나갔다가 소개받게 된 것이다. '위안부'였던 모든 사람은 "내 어머니다"라고 여기저기에 글을 쓰거나 말해 왔음에도, 나는 실제로 그들의 모습을 본 적도 목소리를 들은 적도 없었다. 막상 송 할머니 직접 대면해 보니 차마 "저는 당신을 어머니로 생각하고 있습니다"라고 말할 수가 없었다. "자네와 같은 자식 둔 일이 없네. 오랫동안 거들떠보지도 않다가 편리할 때만 뻔뻔스럽게 '어머니'라니." 이렇게 야단을 맞을 것 같았다. 그럴 수밖에 없다. 송 할머니가 어려운 소송을 시작한 지 4년도 넘었지만 나는 다만 마음 졸이고 있었을 뿐, 방청석에 간 일도 한 번 없었기 때문이다. 죄송스러움이 북받쳐 그저 "죄송합니다, 죄송합니다" 하며 용서를 빌자, "자네, 뭘 그렇게 빌고 있어? 도둑질한 것도 아니겠고" 이런 말을 듣고 말았다.

---

9) 서경식, 「もはや黙っているべきではない」(이제는 침묵을 깨야 한다), 『分斷を生きる — 在日'を超えて』(影書房, 1997). 이 글은 '자유주의사관' '새로운 역사교과서를 만드는 모임' 등의 움직임을 우려하는 재일조선인의 어필(1997년 1월 20일)에의 동참을 호소한 것이다. 이 어필에는 '조선인' 1,184명, 기타 900명이 동참했다.

송신도 할머니는 1922년에 태어났다. 나의 어머니는 호적상 1920년생으로 되어 있지만, 엉터리여서 당신은 늘 개띠(1922년)라고 말씀하시곤 했다. 송 할머니의 출신지는 충청남도 논산군, 나의 어머니 고향인 공주군과 인접한 곳이다. 즉 나의 어머니와 송 할머니는 같은 해 같은 곳에서 태어나신 셈이다. 어머니 생전에 두 분이 서로 아는 사이가 되었더라면, 아마도 친자매처럼 친해지셨을 것 같다.

해방 후 한국으로 귀국하신 외할아버지께서는 논산에서 농사를 지으셨다. 약 30년 전, 그러니까 고등학교 1학년 때, 나는 외할아버지를 찾아 그곳에 간 적이 있다.

펑퍼짐하게 펼쳐진 논밭, 갈비뼈가 비쳐 보일 정도로 야윈 누렁소, 혹사당해 등이 빨갛게 벗겨진 조선 말, 농민들 눈은 한결같이 충혈되어 있었고, 그들에겐 사발로 마시는 한 잔의 막걸리와 자포자기적인 홍소(哄笑)가 있었다……이러한 풍경 속에 과거에는 일본인 지주의 것이었다는 저택이 어울리지 않게 훌륭한 모습으로 남아 있었다. 외할아버지도 결코 풍족하지는 않았지만, 그래도 집에는 허드렛일을 하는 아주머니가 한 분 있었다. 무슨 일이 있어도 나와 눈을 마주치지 않으려고 애쓴 그 아주머니가 아침부터 밤까지 쫓겨다니듯 일하며 얻는 대가는 수확 후 쌀 한 가마니라고 했다. 이것이 일 년 치 노동의 보수 전부라는 이야기를 듣고 할 말을 잃고 말았던 일이 기억 난다. 2, 3년 후에 외할아버지께서 위암으로 돌아가셨고, 얼마 남지 않은 논밭은 모두 남의 손에 넘어갔다. 그 아주머니는 어떻게 되었을까?

지금은 많이 변했지만, 내가 다녀갔을 때만 해도 그 땅에는 일제 시대 가난한 조선 농촌의 모습이 그대로 남아 있었던 것일 터이다. 아니 그것은 일제 시대의 빈곤함에 비하면 아무 것도 아니었을 것이다. 당시 조선 농촌에서는 조선총독부에 의해 '산미증식계획'(1920~1934년)이 강행되어 조선에서 쌀 생산량은 약 2할 증가했지만, 조선인 1인당 쌀 소비량은 약 4할이나 감소했었다. 대다수의 조선인 농민은 쌀을 증산하면서도, 자신은 그 쌀을 먹지 못하고 땅을 빼앗기고 몰락해 갔다. 그 절망적인 식민지의 빈곤함 한가운데서 나의 어머니가, 그리고 송 할머니가 태어났던 것이다.

송신도 할머니는 12살 때 부친을 병으로 여의었다. 그리하여 어머니, 여동생과 함께 세 사람만이 남겨진 것이다. 피폐가 극에 달한 당시 농촌에서 한 가정에 유일한 노동력을 상실한다는 것이 무엇을 의미하는지 상상하기 어렵지 않다.

송 할머니는 우리 나이로 16살 때 시집을 가게 되는데, 이것은 아마도 '입을 덜기' 위해서였을 것이다. 결혼 첫날 송 할머니는 시집에서 도망 쳐 친정에 돌아왔지만, 다시 어머니에게 쫓겨나고 말았다. 그 후 송 할머니는 아기를 보거나 빨래를 하는 등의 허드렛일을 하면서 "밥을 얻어먹었다"고 하는데, 참으로 비참한 생활이었을 것이다. 나는 옛날 외할아버지 집에서 본 까무잡잡하고 말이 없던 그 아주머니의 모습을 떠올려 본다.

나의 어머니도 송 할머니도 모두 가난한 조선 농민의 딸이었다.

"지금은 어렴풋이 꿈속의 일처럼 기억 나지요. 집 앞에는 냇가가 있었고, 산기슭의 외딴집이었거든요…… 무척이나 가난해서 먹고사는 게 고작이었어요. 지금도 기억하고 있지만, 나의 외할아버지는 점쟁이였다고 할까…… 손재주가 좋아 소쿠리를 짜거나 농사를 조금 짓기도 하셨지요. 굉장한 구두쇠였어요. 할머니가 설날 떡을 만들어 아이들에게 먹이겠다고 했는데, 절구에 가루가 묻는 게 아까우니까 쓸데없는 짓 말라고 해서 한바탕 부부싸움한 적이 있다고 했어요. 그만큼 가난했다는 이야기거든요."

송 할머니의 아버지는 돌아가셨지만, 나의 외할아버지는 일본으로 건너가셨다. 1920년대 내내 궁핍화된 수십만의 조선 농민들이 살길을 찾아 '만주'의 간도로 혹은 일본으로 흘러갔다. 나의 외할아버지도 그 중 한 사람이었던 셈이다.

"끔찍한 곳으로 끌려가기 전에 (일본으로) 가는 편이 그래도 낫다고 생각하셨겠지요. 일본에 '모집'이 있었으니까……(아버지는) 한창 근로 봉사에 동원되고 있을 때였고, 어차피 갈 바에야 처갓집 마당에 저 땅 파는 것(곡괭이)을 던져 놓고 가자고 생각해서 울타리 너머로 휙 던져 놓고는 가족에게도 어느 누구에게도 말하지 않고 일본에 오셨다고 해요……내 어머니한테도 말 한 마디 안하고 말예요. 어머니께서 그걸 아시게 된 건 (아버지가) 일본에 오신 후였어요. 몹시 걱정하고 있는데, 일본으로 갔다는 기별이 왔다고 해요."

'산미증식계획'의 일환인 수리 사업과 도로 건설 등의 사역에 농민이 내몰렸는데, '근로 봉사'라는 것은 이를 말한 것이다. 아무튼 외할아버지는 가족에게도 알지지 않고 사라지고 말았다. 나중에 일본에서 연락이 있을 때까지 남은 가족은 얼마나 불안했을까? 만약에 그대로 외할아버지가 돌아가셨다면…… 예를 들면 자포자기 상태로 가족을 버린다든지, 노동 현장에서 부상당한다든지, 관동 대지진 때와 같은 학살을 당한다든지 ─ 이와 같은 일은 얼마든지 일어날 수 있었던 일이다. 만약 그렇게 되었다면 송 할머니의 경우처럼 나의 일가도 유일하게 생계를 맡은 일꾼을 상실하게 되었을 것이다.

아무튼 외할아버지는 교토시 외곽의 한 농가에서 허드렛일을 하게 되었고, 고향에 남겨 둔 가족을 불러들였다. 어머니가 현해탄을 건너가 시모노세키에 도착한 것은 만 6살이던 1928년이었다. 이 시점에서 나의 어머니와 송신도 할머니의 운명은 갈라지게 된 것이다.

하긴 일본에 건너갔다고 해서 어머니가 안락한 생활을 보낸 것은 결코 아니다. 오히려 어머니는 겨우 8살의 나이로 남의 집에서 아이를 돌보는 일을 하지 않으면 안 되었다. 게다가 노골적인 민족 차별을 겪어야 했다. 어느 목수 집에서 고용살이를 할 때에는 어머니만이 토방 걸상에서 밥을 먹어야 했다고 한다. 반찬은 언제나 단무지뿐이었다.

"같이 놀고 있다가도 그저 조선인이라는 이유만으로 갑자기 (태도가) 달라지곤 했지묘. '아, 마늘 냄새야. 나 안 놀아' 이런 식이었어요…… '조셍'(조선)이 왜 나쁜 걸까 하고 어린 마음에 혼자서 생각했지요. 나는 학교에도 가지 못했고 옷도 좋은 걸 입지 못하고 더럽기 때문일까 하고 생각도 했어요…… 나에게도 특별한 데가 있는지 (주인집에서) 친숙해져서 귀여움을 받아, '너 말이야, 여기서 착실하게 일해 주면 장롱, 함을 사서 결혼시켜 줄 테니까……' 같은 말을 듣게 되면 이상하게 불안해지는 거예요…… 왜냐하면 나는 조선 사람인데도 무심코 있다간 일본 사람이 되어 버리는 건 아닐까…… 그런 느낌이 들더라구요"

이렇듯 어머니는 일본 아이들이 학교에 다니는 것을 곁눈질로 보면서 어릴 적부터 식모살이로 나날을 보내셨고, 후에는 '오리꼬'(옷감 짜는 여자)로 불리는 견직(西陣織)[10] 여공이 되셨다. 같은 세대 대부분의 재일 조선인 여성이 그러했듯이, 어머니는 소학교 문턱조차도 밟아 보지 못해 만년까지 글자를 읽지 못하셨다. 결혼한 후 태평양전쟁이 시작되면서부터는 아버지가 징용되는 것을 피하기 위해 교토의 슈잔(周山)이라는 마을에서 소작농이 되었지만, 높은 소작료에 더하여 공출이 강요되었기 때문에 말과 글로 다할 수 없는 극빈한 생활을 겪어야 했다.

"논길을 걸어다니기만 해도 '우리 논길을 조셍이 걸어다니고 있네' 라고 했을 정도였고, 산에도 맘대로 갈 수 없었지요. '조셍이 산을 망쳐 놓는다'고 했으니까……옛날에는 나무를 때니까 마른 나무 하나라도 주우러 가야지요 그렇게 괴로운 시절이었지요"

조선헌병대사령부가 작성한 『조선 동포에 대한 일본인 반성 자료』(朝鮮同胞に對する內地人反省資錄, 1933)라는 문서가 있다.[11] 여기에 열거된 78가지 항목의 사례를 보면, 당시 어느 정도나 민족 차별이 일상적으로 자행되고 있었는지를 엿볼 수 있다. 다음은 그 일부분이다. "불이 나서 뛰어갔는데 불난 집이 조선 사람 집이라는 것을 알고 모두 되돌아가 버렸다", "'셍징'(鮮人)[12]의 썩은 머리를 깎을 기계는 없다"며 이발을 거부하고 쫓아 돌려보냈다", "정거장 대합실에서 대합석을 양보하라며 구두로 다리를 찼

---

10) 교토의 니시진(西陣)에서 나는 비단을 일컫는 말로, 일본의 대표적 고급 직물이다.—옮긴이.
11) 미야타 세츠코(宮田節子) 선생으로부터 들어 알게 된 문서이다.
12) 조선인에 대한 멸시적인 호칭.

다", "상품권으로 물건을 산 선인 손님에게 '어디서 주어 왔느냐'고 모욕한다", "떨어진 이삭을 주운 조선 여인을 도둑이라 욕하고 발길질하는 바람에 유산했다", "'여보(ヨボ)¹³⁾ 냄새 나는 두부는 얻어도 먹을 수 없다'고 모독한 부인", "'여보는 돼지우리와 같은 집밖에 얻을 수 없다'며 부지 대여를 거절했다", "'오늘은 조선이 일본에 패한 날'이라며 조선 아이를 욕하는 소학생" 등등.

어머니는 늘 그러한 시절을 '필사적으로' 극복해 왔다고 말씀하셨다. 일제 시대 조선 사람의 생활은 한반도에서는 물론이고 종주국 일본 국내에서도 이와 같이 '노예 수준' 이었다. 이것은 결코 심한 과장이 아니다. 그러나 어머니와 동향이고 같은 나이였던 송신도 할머니는 문자그대로 '노예' 생활의 나날들을 강요받았던 것이다. 그 어떤 우연이 작용하여 운명의 톱니바퀴가 조금만 어긋났더라도, 그것은 바로 나의 어머니의 체험일 수도 있었다.

송신도 할머니는 대전에서 아이를 돌보던 시절에, 낯선 한 중년 여성에게 속아 신의주에서 '고'(コウ, 즉 高氏)라는 조선인 남자에게 팔려 갔다. 중국 천진(天津)까지는 철도로, 거기서부터는 '큰 기선' 을 타고 끌려간 곳이 무창(武昌)이었다. 1938년, 송 할머니가 16살이 되던 해였다. 일본군은 1937년 7월 7일의 노구교(盧溝橋) 사건을 계기로 본격적인 중국 침략 전쟁을 시작했고, 같은 해 말에는 남경(南京)에서 대강간과 대학살을 저질러 놓고 있었다. 30만에 이르는 대병력이 동원된 무한(武漢) 작전을 통해 일본군이 무창을 제압한 것은 같은 해 10월 27일, 송 할머니가 무창에 도착

---

13) 조선어의 호칭을 이용한 조선인에 대한 멸시어.

한 것은 "추울 때였다"고 하니 11월이나 12월이었을 것이다. 송 할머니는 무창에 가는 길에서도 많은 사체를 눈으로 보았다고 한다. 화약 연기와 피 냄새가 뒤범벅이 된 최전선으로 끌려간 것이기 때문에 그것은 너무도 당연한 일이었다.

조선에서 같이 끌려온 7~8명의 여성과 함께 송신도 할머니는 어떤 넓은 건물에 감금되었다. '세계관'(世界館)이라는 일본군 전용 '위안소'였다. 거기가 무엇을 하는 곳인지도 모르고, 첫 월경조차 없었던 16살의 송 할머니는 그러나 곧바로 잔혹한 현실을 뼈저리게 깨닫지 않으면 안 되었다.

우선 '군의관인 하시모토(橋本) 소위'가 '아래 검사'를 했다. 검사가 끝나고 그날 밤, 그 군의관이 방에 들어왔다.

"놀러 온 게야.……검사할 때 본 얼굴이기도 한지라, 도대체 이 남자 무엇을 하려는지 무서웠지.……이리 오라면서, 그거 잡아당겨 봐야 소용없다고 무섭기도 하고 슬프기도 하고, 말은 못 알아듣지, 정말 엄청난 일이었어."

필사적으로 저항해 군의관은 포기하고 돌아갔지만, '카운터의 최(サイ, 즉 崔氏)와 고'에게 난폭하게 두들겨 맞았다.

"머리를 끌어당겨 때리고, 발로 차고, 코피가 터질 만큼 두들겨 맞았어.……너 이년, 빚을 지고 왔으니, 빚 갚고 꺼지든지 하라더군."

송신도 할머니는 이렇게 해서 '위안부'라는 이름의 일본군 성노예가 되었던 것이다.

어머니를 모욕하지 말라! 75

"연달아 들락날락하면서 말야, 시키는 대로 하라느니 뭐라느니 하면서 또 괴롭히지는 않을까, 늘 무서웠어…… 아무튼 말이 통하지 않으니 아주 정신이 없었지. 지금이라면 싫으면 싫다고 말할 수 있지만, 난 학교도 나오지 않아서 배운 게 없잖아. 글자를 읽을 수 없고, 말도 통하지 않고…… 살벌한 군인은 칼을 빼 들고 날뛰지를 않나, 죽인다고 하지를 않나, 하여간 별의별 군인이 다 있었어…… 알몸이 되어라, 그것을 빨아라, 가지각색이었어. 그런 놈들이 많이 있었어.…… 쉴 틈이 없었어. 밖에서 발로 차지를 않나, 빨리 하라고 아우성 치지를 않나, 밖에서 딸따리 치는 놈도 있었지. 하여간 별놈들이 다 있었어. 카운터에게 얻어맞고, 군인에게도 얻어맞아, 정말로 노다지 얻어맞았지. 그래서 성격도 거칠어졌어. 지금 생각해 보면 그럴 수밖에 없었어. 아침 7시부터 저녁 5시까지 사병 시간, 그리고 5시부터 8시까지가 하사관하고 사관. 그 후 8시부터 12시까지가 장교 시간…… 밥 먹을 시간도 없었어. 젊었으니망정이지 보통 사람이었다면 바로 죽고 말았을 거야. 70명 정도를 상대했던 적도 있었지.……생리를 하든, 결핵에 걸려 있든, 말라리아에 걸려 있든 세상 없어도 군인들을 상대해야 했어."

도망 칠래야 지리도 모르고, 글은 못 읽고, 중국어는 물론 일본어도 제대로 말하지 못해 완전히 무력했다. 누구 하나 도와 주는 사람도 없었다. 강요된 행위를 거부하면 가차없이 구타가 쏟아지고, 자포자기 상태로 날뛰는 일본 군인의 칼에 상처를 입기도 했다. 그 후유증으로 송 할머니의 한쪽 귀는 들리지 않고, 오른쪽 옆구리와 발목에는 칼에 맞은 상흔이 남아 있다.

송 할머니는 무창에서 3년을 보낸 후, 한구(漢口)의 해군위안소를 거쳐 악주(岳州), 안륙(安陸), 의창(宜昌), 사시(沙市), 응산(應山), 함령(咸寧), 장안(長安), 포흔(蒲所) 등지의 위안소로 끌려 다녔다. 이들 도시는 모두 일본군의 작전 구역 내에 있는 것으로, 사령부와 주요 부대가 위치한 중요 거점이었다. 이 점에서 송 할머니의 기억은 정확하며 역사적 사실과도 들어맞는다고 역사학자인 후지와라 아키라(藤原彰)는 증언하고 있다.[14] 일본군에 의한 중국인 살육 장면을 강제적으로 목격한 것, 산비탈에 파인, 한 사람이 겨우 들어갈 수 있는 동굴 속에서 '위안'을 강요받은 것 등, 아직도 공개된 장소에서는 입에 담기 힘든 가혹한 경험도 있었다고 한다. 그러한 성 노예 생활을 일본이 패전할 때까지 7년간이나 계속 강요받았던 것이다.

　이렇게 송신도 할머니의 법정 진술을 드문드문 골라서 인용하기만 해도 가슴이 막혀 온다. 더구나 여기서 진술되고 있는 것은 송 할머니가 실제 경험한 지옥의 수백 분의 일에 불과한 것이다. 송 할머니는 그 기억을 봉인함으로써 간신히 살아갈 수 있었다. 잊어버리고 싶었다. 들추어 내고 싶지 않았다. 그러나 용기를 내어 법정에 서서 여기까지 증언해 준 것이다. 이것을 "돈 욕심 때문에" 떠들어 대기 시작했다고 매도하는 자가 있고, 그 야비한 욕설에 고개를 끄덕이는 많은 인간들이 있다. 이는 도대체 어떠한 세계인가?

　노여움, 분함, 슬픔, 죄스러움, 이 모두가 뒤범벅이 되어 가슴이 막힌다.—16세의 소녀에게 가해진 처참한 포학. 국가의 의지에 의해 수천, 수만에 이르는 여성들에게 조직적으로 가해진 이런 포학. 이를 당연한 것이라고 생각한 식민지 지배자의 민족 차별과 성 차별. 더 나아가 현재도 여전히 이를 당연한 것이라고 믿어 의심치 않은 인간들이 이렇게도 많이 존재한다는 사실. 머리로는 '위안부'의 존재를 알고 있으면서, 이토록 오랜 기

---

14) 藤原彰 「鑑定意見書」, 1997년 10월 4일 도쿄지법에 제출.

간 동안 무엇 하나 구체적인 실천을 하지 못했던 나 자신의 깊은 죄. 그리고 일본 국가 범죄의 '앞잡이'가 되어 동포 소녀를 매매하고, 구타하고, 착취하면서 자기 배를 불린 기생충인 '최'와 '고', 그 외 다수의 조선인 범죄자들. 이 모든 것들에 나의 가슴은 막혀 온다.

조선인 '앞잡이'가 있었다고 해서 '두목'인 일본 국가의 책임이 조금이라도 감면될 수는 없다. "'위안부'를 연행한 업자 중에는 '조선인'도 있었다"는 식의 민족 차별 의식에 편승한 책임 회피는 결코 용인되지 말아야 한다. 또 동시에 아무리 '두목'의 죄가 크더라도 '앞잡이'에게는 '앞잡이' 나름대로의 죄가 있다. '두목'의 죄를 추궁하기 위해서라도 이들 조선인 내부의 범죄자에 대한 추궁은 우리들 조선인 자신의 손으로 이루어 내지 않으면 안 된다.

일이 패하자 송신도 할머니 같은 '위안부'들은 전쟁터에 내팽개쳐졌다. 영화 「나눔의 집」(감독 변영주)에는 그때 내버려진 채 지금까지도 중국에서 살고 있는 조선인 전 '위안부'가 더듬더듬 조선말로 고향의 노래를 부르는 장면이 나온다. 송 할머니는 현지에서 제대한 구 일본 군인이 하자는 대로 결혼하여 그를 따라 일본에 건너왔다. 그러나 하카다(博多) 항에 도착하자마자 그 일본 군인은 송 할머니를 버렸다. 그는 전범으로 처벌받을 것이 두려워 민간인으로 위장하기 위해 송 할머니를 이용한 것으로 생각된다. 낯선 이국 땅 일본에 혼자 내버려진 송 할머니가 얼마나 많은 고난을 당했는지는 여기서 일일이 다 기록할 수 없다. 자살을 기도하다 결국 죽지 못했던 송 할머니는 어느 재일조선인 남성의 도움을 받아 그 남성과 함께 동북 지방의 한 지역에서 전후의 일본을 헤쳐 온 것이다.

송 할머니 자신은 '위안부'였다는 사실을 철저히 숨겨 왔다. "아무래도 모양새가 좋지 않거든. 목욕탕에 가면…… 그래서 바늘로 없애려고 찔러도 봤지만, 잘 지워지지 않았지.…… 큰 반창고를 붙이면 보이지는 않았거든.…… 그렇게 숨겨서 목욕탕에 들어가곤 했어." 송 할머니는 무창의 '위안소'에서 가네코(金子)라는 이름을 얻었고, 남자들은 송 할머니의 왼팔에 그 이름을 문신으로 새겼던 것이다.

'귀환 수당'을 받으려고 지방 사무소를 찾아갔지만, 관리가 왜 전쟁터에 갔는지를 물었을 때 '위안부'였다고 대답할 수가 없었다. 더구나 그 수당은 일본 국적이 아닌 자에게는 교부되지도 않았다. 송 할머니가 그런 사실을 알 리도 없었다.

"너무 많은 남자와 '그 짓'을 해 놔서 너의 거기에는 못이 박혀 있겠구나." "너의 구멍은 바께쓰처럼 크다더라."15) 이렇게 독가시 돋친 악담들이 퍼부어졌다. 중국 전선에서 위안소 체험을 하고 돌아온 어느 일본 군인의 짐작으로 어느 사이에 송 할머니가 '위안부'였다는 소문이 지역에 퍼져 버렸기 때문이었다.

'지역 의원인 히라야마(平山)'로부터 "조셍징, 가 버려, 가"라는 말을 듣고, 송 할머니는 너무 분해 그를 후려갈기려 발광한 적도 있다고 한다.

"조셍징, 가 버려." ― 이 얼마나 귀에 익은 대사인가?

나 자신도 어릴 적, 아이들 사이에서 싸움이 벌어질라 치면, 끝에 가서는 언제나 "조셍징, 가 버려, 돌아가 버려"라는 야유에 둘러싸여야 했다. "조셍 조셍 빠까 스르나 오나찌 메시 꾸떼 또꼬 찌가우"("조선놈, 조선놈 하고 업신여기지 마라. 같은 밥을 먹으면서 어디가 다르단 말이냐"라는 뜻. 차별에 항

---

15) 앞의 「진술서」.

의하는 조선 사람의 심한 조선말 억양을 놀리고 비웃는 말로 흔히 쓰였다.―옮긴이)라고 동네 아이들과 학급 친구들이 큰소리로 야유를 퍼부어 댔다. 어른들이 가르치지 않고서 어떻게 아이들이 그러한 대사를 알고 있겠는가?

'조셍' 이란 무엇인가? 왜 '조셍' 인 내가 이 일본땅에 있는 것일까? 어디로 돌아가라는 것일까? 아무 것도 모른 채 울지 않으려고 입을 꼭 다물고 집에 돌아오면, 무슨 말도 하기 전에 어머니는 모든 것을 알아차리시고 덮어놓고 나를 꼭 껴안아 주곤 하셨다. 어떻게 된 일인지 묻지도 않고, 왜 싸웠는지 묻지도 않고, 무슨 이유가 있든 싸움은 안 된다는 따위 따분한 시민 도덕을 늘어놓지도 않고, 다만 무조건 나를 끌어안고 어머니는 낮은 목소리로 몇 번이고 되풀이하셨다. "'조셍' 은 나쁜 거 아냐, 나쁜 거 하나도 없어."

그 어머니의 힘으로 언제나 다시 똑바로 설 수가 있었던 것이다.

어떻게 어머니는 조금의 흔들림도 없이 '조셍' 은 나쁘지 않다고 단언하실 수 있었을까? 어릴 적에 일본으로 건너와 차별과 모멸 속에서 살아오셨고, 학교와는 아예 인연도 없어 조선 민족의 문화와 역사는 물론 글자조차도 배우지 못하셨던 어머니가 어떻게?

더욱이 훗날 자식 둘을 한국의 감옥에 빼앗기게 되면서부터 어머니는 다시 몇 번이나 그 자식들을 껴안지 않으면 안 되었다. "빨갱이, 나쁜 거 하나도 없어"라고

어머니의 보호를 받고, 어머니의 온갖 희생 위에서, 말하자면 어머니의 살을 뜯어먹으며 나는 학교에 다녔고, 글도 배웠으며, 이른바 '지식' 이란 것을 몸에 지니게 되었다. 그리하여 나는 어느덧 말끔한 중산 계급 행세를 하면서 그럴 듯한 소리나 지껄이고 앉아 있는 것이다.

어머니가 세상을 떠난 지 2년 지났을 때였다. 아직 옥중에 있던 형(서준식)이 꿈 속에서 어머니를 보았다며 편지를 보내 온 일이 있었다. 꿈 속의 어머니는 버스 정류장에 혼자 서 계셨다. 너무나도 기뻐 뛰어갔는데, 가까이서 보니 어머니는 울고 계셨다. 코가 빨갰다.

"너희들 모두 훌륭한 사람이 되라고 대학까지 보냈는데, 대학에서 어려운 공부를 하고 와서는 모두들 이 엄마를 무식하다고 멸시하고 있잖느냐! 너희들은 배우지 못한 엄마를 창피하게 생각할 것이다. 그래서 나 혼자서 어디 먼 곳에 가서 살기로 했다."16)

형은 꿈 속에서 하염없이 울다가 꿈에서 깨어나 『이사야서』 53장을 생각했다고 한다.

송신도 할머니를 생각할 때마다 나는 어머니를 생각한다. 그리고 어머니를 생각할 때마다 송신도 할머니와 과거 '위안부'였던 사람들을 생각한다. 모욕당하고, 버림받은 사람들. 남들이 얼굴을 가리고 피해 갈 만큼 멸시받은 사람들. 우리들의 병을 대신 앓아 주고, 우리들의 슬픔을 짊어진 사람들. 이 사람들을 우리도 멸시했다. 식민지 지배하에서, 전후 일본 사회의 차별 속에서, 그리고 민족 분단 체제와 반민주적인 강권 정치하에서, 언제나 짓밟히고 멸시받고 못살게 들볶이면서 살아온 이 사람들. 이들에게는 부도 없었고 지위도 없었고 권력도 지식도 없었다. 바로 그 이유 때문에 이 사람들은 한 점 부끄러움 없이 "우리들 조금도 나쁘지 않아"라고 말할 수

---

16) 『徐俊植全獄中書簡』(西村誠 역, 柏書房, 1992년), 220쪽.

있었던 것이다. 우리의 어머니들은 그 몸에 채찍을 맞음으로써 우리를 성하게 해 주셨고, 그 몸에 상처를 입음으로써 우리의 병을 고쳐 주셨던 것이다.

'지식'을 몸에 지니고 중산 계급 행세를 하는 세월 속에서 어느 새 어머니에 대한 기억마저 잃어 가던 이 방자한 자식이 이제야말로 무조건 어머니를 껴안아야 할 차례임이 분명하다. 왜 '위안부'가 되었는지를 캐묻지도 말고, '협의의 강제 연행' 사실이 있었는지 어땠는지 따위도 천착하지 말고, 다만 무조건 껴안아야 한다. 일본에 의한 조선 '병합' 그 자체가 '강제'에 다름 아니었다. 그때는 모든 조선인이 '대일본제국'의 신민(臣民)으로 '강제 연행' 된 것이다. 그 이상 무슨 논리가 필요하겠는가! 어머니를 향해 던져진 돌멩이를 이 몸으로 막으면서, '정사'(正史)가 묵살하고 은폐해 온 어머니들의 역사를 위하여, 어머니들과 함께 혹은 어머니들을 대신해서, 자식인 내가 목소리를 내지 않으면 안 된다. 물론 글자깨나 터득해 오는 과정에서 시나브로 몸과 마음이 '지식'에 오염되어 버린 이 자식이 결코 어머니들처럼 티없이 맑을 수는 없을 것이다. 그러나 나는 이 알량한 '지식'이나마 한껏 쥐어 짜 볼 작정이다. 그리하여 나는 이 지식의 힘을 가지고서라도 어머니들을 힘있게 끌어안을 수 있게 되기를 간절히 소망한다.

그리고 나는 잊지 않을 것이다. 내가 이렇게 온몸에 힘을 주어 전의를 불태운다 하더라도, 사실은 내가 어머니들을 위해 증언하고 있는 것이 아니라, 지금도 어머니들이 몸을 내놓고 우리를 위해 증언하고 있다는 사실을. 송신도 할머니가 지금도 그러고 계시듯이.

사랑이 식민지를 구할 수 있을까

이연숙(李姸淑)

'대중의 대변자'로서 '자유주의 사관'

 옛날부터 인간은 끝없는 상상력을 통해 상반신은 사람, 하반신은 말인 켄타우로스 같은 기이한 괴물들을 숱하게 만들어 내었다. 후지오카 노부가츠(藤岡信勝)가 부르짖은 이른바 '자유주의 사관'도 이런 기이한 괴물 가운데 포함될 것이다. 원래 '자유주의'는 개인의 자립을 추구하는 사상이어야 하는데, '자유주의 사관'은 '국가의 전략'과 '국익'을 무엇보다 중요시한다. 게다가 냉철한 '리얼리즘'을 추구한다면서 '미담'으로 꾸며진 '마음이 흐뭇해지는 역사'를 엮는다거나, 어떤 '이데올로기'도 믿지 않는다면서 이데올로기로서 성격이 가장 두드러진 '내셔널리즘'을 표방하기도 한다. 도대체 어떠한 사고의 회로를 거치면 이와 같이 지리멸렬한 '역사관'이 만들어질 수 있을까?

 그러나 결국 '자유주의 사관'이 주장하고 싶은 것은 다음과 같은 지극히 단순한 명제일 것이다. 즉 "일본인이 그렇게 나쁜 일을 한 것은 아니다"라는, '그렇게······아니다'라는 형식을 취한 이 명제는 완전한 긍정도 완전한 부정도 아니어서 그 진실성을 증명해 내기가 어렵다. 그런데 이 애매한 명제를 믿도록 하기 위해, '자유주의 사관'을 내세우는 '새로운 역사 교과서를 만드는 모임'의 멤버들은 기호 작용의 수준에서 여러 가지 수사법에 의존한다. 그래서 '도쿄재판 사관', '자학 사관', '암흑 사관' 등의 눈부신 복사물들을 내세웠던 것이다.

그런데 '자유주의 사관'을 주의 깊게 살펴보면 지금까지 정기적으로 나타나곤 했던 '망언'과 내용이 전혀 다르지 않은 진부한 것들임을 알 수 있다. 새로운 것이 있다면 내용이 아니라 도쿄대학 교수나 만화가 등 거기에 참가한 사람들이 좀더 다양해졌다는 것이다. 이런 의미에서 '자유주의 사관'은 사상 마케팅의 산물이라고 할 수 있다. 그 배후에는 책의 매상만을 절대 선(善)으로 숭상하는, 그다지 고상하다고는 할 수 없는 저널리즘이 자리 잡고 있다.

따라서 여기서 문제가 되는 것은 '자유주의 사관'이 받아들여지는 일본 사회의 정신적 토양이다. 물론 '자유주의 사관'을 표방하는 그룹의 저작물이 잘 팔린다고 해서, 이를 읽은 모든 사람이 그들의 정치적 이데올로기에 공감하는 것으로 여길 수는 없다. 오히려 독자들 중에는 무료함을 달래기 위해 새로 만든 '코우단'(講談)[1]이나 '나니와부시'(浪花節)[2]를 듣는 기분으로 이들의 책을 읽는 사람도 있을지 모른다. '코우단'이나 '나니와부시'

---

1) 연예의 하나인 야담(野談) — 옮긴이.
2) 일본의 전통 악기인 샤미센(三味線)을 반주로 하여 보통 의리나 인정을 노래한 대중적인 창 — 옮긴이.

중에도 확실히 '이데올로기'는 들어가 있겠지만, 이는 정치적 관념으로 성숙되기 이전의 무반성적인 정서와 분위기의 산물이라는 점에서 자유주의 사관에 대한 공감과는 문제의 질이 다르다.

이 점에서 모리사키 카즈에(森崎和江)의 다음과 같은 지적은 정곡을 찌른다.

"자국어(自國語)를 절제하여 표현하려는 기분은 일상어가 사상화(思想化)하기 몇 단계 이전의 상태이다. 나는 일본이 이러한 기분을 견뎌 낼 만한 기질을 가지고 있지 않다는 점에서 조마조마하게 생각하고 있었다. 일본인들은 이러한 기분을 단숨에 받아들여 대중을 긴장으로부터 해방시킬 계층을 순식간에 만들어 낸다. 일본인들은 아무도 묵묵히 참고 기다리려 하지 않는다. 대중이 품고 있는 것처럼 보였던 전사상적(前思想的) 상황을 한꺼번에 원래 상태로 되돌리고 만다는 데 그 까닭이 있다. 다시 원래의 요설(饒舌)로 되돌림으로써 일상 언어의 무오류성(無謬性)으로 사람들을 가두고 만다. 또 이와 같은 관점에서 이 자유주의 사관을 바라보지 않으면 안 된다. 조선인의 눈앞에서 그들은 책임의 논리가 소멸되는 추태를 또다시 드러내지 않으면 안 되는 것이다. 아무튼 대중의 대변자를 자임하는 이러한 계층이 나오지 않기를 바라는 마음이다."[3]

그래서 모리사키는 "일본은 서로 다른 종을 분리시켜 버린 뒤의 무관심을 평화라고 느끼고, 동화(同化)의 원리 이외에는 대응 방식을 모르기 때문에, 오히려 눈앞에 나타난 것에 어떻게 대응해야 할지 모르는 데서 오는

---

[3] 森崎和江, 『二つのことば・二つのこころ』(두 개의 언어・두 개의 마음)(筑摩書房, 1995), 197쪽.

섬뜩한 기분에 노출될 필요가 있다"⁴⁾고 말한다.

'자유주의 사관'이란, 이 '눈앞에 나타난 것에 어떻게 대응해야 할지 모르는 데서 오는 기분 나쁨'을 참지 못하고 '일상 언어의 무오류성'으로 태도를 바꾸어 무책임한 '요설'을 전개하는 '대중의 대변자'는 아닐까? 그리고 이 '일상 언어의 무오류성'으로 태도를 바꾸는 것은 현재 여러 곳에서 만연되고 있는 병이 아닐까?

사실 나는 '자유주의 사관'과 전혀 관계없는 곳에서 '자유주의 사관'에 동조하는 식의 발언을 여러 번 들은 적이 있다. 예를 들면 이런 것들이다. "나도 옛날 경성(京城)에 살았지요. 미츠코시(三越) 앞에는 음식을 맛있게 하는 가게가 있었어요. 미츠코시는 아직 있습니까?", "일본이 조선을 식민지로 하지 않았다고 해도, 조선은 러시아의 식민지가 되었을 거예요", "언제까지나 사죄만 하고 있을 수는 없지요. 새로운 사회를 만든다는 로망을 갖고 조선과 타이완으로 건너간 일본인도 많이 있었으니까요"

이것들은 결코 '우익적'이라고 불리는 사람들의 얘기만이 아니다. 심정적으로는 '좌익'이라고 자부하는 사람들도 이런 얘기를 한다. 그렇다. '자유주의 사관'이 받아들여질 수 있는 토양은 이미 만들어져 있다. 오히려 그 토양은 일본이 식민지를 포기한 이후, 한 번도 파헤쳐지지 않고 그대로 온존되어 온 것은 아니었을까?

'뉴 커머(New Comer) 한국인'이란 누구인가

'자유주의 사관'이란 '자국의 긍지'라는 선정적인 깃발 아래, 대외 전쟁

---

4) 森崎和江, 같은 책, 207쪽.

과 식민지 지배를 긍정하면서 '일본'이라는 주체의 정당성을 만들어 내려는 시도라고 할 수 있다. 즉 모든 국가는 자국의 입장에 서서 이해하려는 태도를 가져야 하며, 일본도 역시 그러해야 한다는 것이다. 그리고 그 작업에 비례하는 형태로 다른 나라 입장의 정당성을 낮추고자 힘을 기울인다. 따라서 일본의 '정당함'을 증명하려는 의도로 나온 중국 비판과 한국 비판, 특히 북한에 대한 저질적인 '폭로서'들이 시중에 넘쳐나는 풍조와 '자유주의 사관'은 같은 맥락에 있다.

그런데 최근 일본의 저널리즘은 아주 유용한 무기를 찾은 것 같다. 이는 중국인과 한국인 스스로 자신들의 나라를 비판하도록 하는 것이다.

그 중에서도 가장 화려한 활약을 보이는 이가 오선화(吳善花)일 것이다. 그녀는 『치맛바람』(スカート風)이라는 책을 내고 속편과 그 후속편도 내었다. 이 책들에서 그녀는 한국 사회에 대해 가차없이 비판하고, 일본 문화에 대해서는 편파적인 칭찬을 하고 있다. 이는 자기 사회나 문화에 애착을 갖고 행하는 비판과는 전혀 다르다. 더욱이 최근 오선화는 단순한 한국 비판을 넘어 일본의 식민지주의를 변호하는 듯한 말까지 하고 있다.

오선화는 보수파 논객, 와타나베 쇼우이치(渡邊昇一)와 대담한 내용을 『일본의 교만 한국의 오만』(日本の驕慢 韓國の傲慢)이라는 제목으로 출판했다. 이 책의 내용은 표제와는 달리 거의 '한국의 오만'에 대해서만 이야기한다. '일본의 교만'은 여기에서 단순한 양념에 불과하다. "이토 히로부미(伊藤博文)는 한국을 식민지로 만들 의도가 없었다", "한국 병합은 서양의 식민지화 발상과는 다르다", "'귀화인'은 귀환자이다", "창씨 개명은 일본의 강제가 아니었다" 등 무지와 원망(願望)으로 가득 찬 발언들이 이 책의 기조를 이루고 있다.

'후기'에서 오선화는 이렇게 쓰고 있다.

"많은 일본인과 접하면서 일본인 중에는 '전쟁 이전의 일본에 대한 반성' 의식이 의외로 강하다는 것을 느꼈습니다. 이는 매우 존중하지 않으면 안 되는데, 동시에 세계적인 식민지 시대 역사에서 일본이 취한 행동을 부정적인 관점에서만 문제삼으려는 사람이 많다는 것에 가끔씩 놀라게 됩니다. 왜 그런지 아직까지도 잘 이해할 수 없습니다. 아마 제국주의 대 제국주의 '악당들' 간의 이권 다툼이라는 관점에서 전쟁 이전의 역사를 보는 태도가 강하기 때문이라고 생각됩니다. 이런 식으로 본다면 인류의 역사는 마땅히 악의 역사라고 말할 수밖에 없지 않을까?"5)

이렇게 교묘히 둘러서 말한 문장을 다시 쉽게 풀어 쓴다면, '전세계적으로 식민지화가 진행된 역사'였으니, '전쟁 전 일본'의 '행동'에도 변호받을 만한 것이 있고, '긍정적'인 것도 있다, 즉 '일본은 식민지 시대의 한국에 좋은 일도 했다'는 것이 될 것이다. 이것이야말로 수많은 일본인들이 듣고 싶어하는 말이 아닐까?

또 오선화는 인류학자 최길성(崔吉城)과의 대화 『이래서야 곤란한 한국 —뉴 커머 한국인의 대화』(これでは困る韓國 — ニューカマー韓國人の對話)를 통해 일본인의 속마음을 충실히 대변하고 있다.

처음에 나는 이 두 한국인이 왜 한국을 비판하는 내용을 일본어로 대담하고, 그런 내용을 담은 서적을 일본에서 출판하는지 이해할 수 없었다. 그

---

5) 吳善花·渡邊昇一, 『日本の驕慢 韓國の傲慢』(德間書店, 1993), 224쪽.

런데 이 책을 읽어 가면서 이것은 한국을 중상하고 일본에 아첨하기 위한 버라이어티쇼라는 것을 알았다. 그 객석에는 일본인이 몰려들고 있다.

이 『이래서야 곤란한 한국』이라는 책의 표지에는 '한국을 여는 힌트', '이상한 권위주의를 버려라' 라는 문구가 씌어 있다. 그리고 이 책을 구성하는 각 장의 제목은 이렇다. '전시 위안부는 이렇게 하여 총후(銃後)의 평안을 지켰다', '남존여비 사회는 거짓 인격을 낳는다', '유교 르네상스라니 말도 안 된다', '재일 한국인 차별 아이덴티티의 허구', '이 정도로 위험한 한국 민족주의의 배타성', '일본 문화에 구애되는 태도를 버려라', '권위와 허식에 매달리는 사회에 미래는 없다' ……

이 두 사람은 '종군 위안부'에 대한 논의로 이야기를 시작하고 있다. 그러나 그들은 의도적으로 '종군 위안부'가 아니라 '전시 위안부'라는 명칭을 일관해서 쓰고 있다. 이들의 대화는 '자유주의 사관'을 강력히 후원하는 이야기들로 메워져 있다. 특히 한국 전쟁 당시 미군과 한국군의 '성 폭력'은 가혹했다면서, 직업적인 '매춘부'들 덕택으로 촌민에 대한 성 폭력을 피할 수 있었다는 등의 이야기를 거리낌없이 하고 있다. 이 이야기에서 다음과 같은 결론 두 개를 이끌어 낼 수 있다. 우선 전쟁에는 '위안부'의 역할이 필요했다는 것, 그리고 '위안부'를 필요로 한 것이 일본군만은 아니었다는 것이다. 이것이야말로 '자유주의 사관'의 중심 주장이다. 오선화는 실제로 이렇게 말하고 있다. "전쟁이 일어나면 어떠한 전쟁에서든 성 폭력은 일어나게 됩니다.…… 그런데 웬일인지 전쟁 전 일본의 '종군 위안부'만 문제삼는군요."6)

---

6) 吳善花·崔吉城, 『これでは困る韓國 — ニューカマー韓國人の對話』(三交社, 1997), 13쪽.

더욱 놀랍게도 오선화는 한국의 군사 독재 정권을 변호하는 서비스조차 마다하지 않는다. 그녀는 과거 군사 정권을 이렇게 평하고 있다. "다만 말하고 싶은 것은, 그렇다고 해서 완전 부정은 불가능하다는 것입니다. 군사 정권이 기본적으로 악임에는 틀림없으나, 일본의 식민지 지배가 그러했듯 선정(善政)도 있었습니다. 식민지 지배도 군사 정권도 두 번 다시 있어서는 안 되겠지만, 아무튼 이것들을 완전히 부정한다는 것은 이상한 일이라고 생각합니다."[7]

아무래도 오선화는 '완전 부정' 이라는 말의 의미를 잘못 쓰고 있는 것 같다. 선인가 악인가 하는 것은 사실의 수준에서가 아니고, 어디까지나 이념의 수준에서만 문제삼을 수 있는 것이다. 우리들 자신이 어떻게 살아가야 하는가에 대한 윤리적인 물음 없이, 결코 악과 선의 문제에 접근할 수 없다. 그런데 그녀는 개별 사실만을 따로 떼어 내어, 이를 통해 '선정' 인가 '악정' 인가를 구별할 수 있다고 생각하는 모양이다. 그녀는 윤리의 흔적이라고는 전혀 찾아 보기 힘든 말을 무책임하게 지껄이고 있는 것은 아닐까? 그녀의 논리대로라면 히틀러는 고속도로를 만들고, 스탈린은 모스크바 지하철을 만들었으니까, 히틀러와 스탈린의 행적에는 '선정' 도 있고 "완전 부정은 이상하다"는 주장이 나올 법도 하다. 과연 이러한 논리를 누가 납득할 수 있겠는가? 나는 앞으로 오선화가 "한국 전쟁은 완전히 부정할 수 없다"고 말하게 될 날이 오지 않기만을 진정 바랄 뿐이다.

이 책에는 '뉴 커머 한국인의 대화' 라는 부제가 달려 있다. 신조어인 '뉴 커머 한국인' 에 대해 오선화는 이렇게 설명한다. "부제에 들어 있는 '뉴커머 한국인' 이란 식민지 시대에 뿌리를 내린 재일조선인과는 다른, 우

---

[7] 吳善花·崔吉城『これでは困る韓國 — ニューカマー韓國人の對話』, 222～223쪽.

리 두 사람처럼 1965년 한일 국교 정상화 이후에 일본에 와서 생활하는 한국인을 의미합니다."⁸⁾

더욱이 책표지에는 '뉴 커머 한국인'이 "식민지 시대에 뿌리를 내린 재일 조선인과는 다른 현대의 자유스러운 국제 이주자"라는 경박한 정의를 달아 놓고 있다.

이 정의에 따른다면 나 역시도 '뉴 커머 한국인'의 한 사람이 되는데, 그러나 나는 단연코 그 부류에 포함되기를 사양한다. 과연 '식민지 시대에 뿌리를 내린' 것은 '재일 한국인' 밖에 없을까? 지금 일본과 한반도에 살고 있는 거의 모든 사람들은 일본인이건 한국인이건 식민지 시대에 뿌리를 내렸을 것이다. '종군 위안부'를 둘러싼 오늘날의 상황은 '식민지 시대'의 '뿌리' 그 자체를 드러내고 있는 것은 아닐까? 일본 사회에 뿌리 깊게 남아 있는 민족 차별은 '식민지 시대'가 현재도 살아 있다는 증거가 아닐까?

오선화는 '새로운 역사 교과서를 만드는 모임'의 토론에 참가해 '종군 위안부' 문제에 대한 일본 정부의 대응을 비판하면서 이렇게 발언했던 모양이다. "일본에서 소위 진보파라 자부하는 사람들과 얘기해 보면, 그 사람들은 한국에 대해서도 잘 모르고, 그다지 공부하지도 않는다는 걸 알 수 있다. 다만 일본 비판을 위해 한국의 반일 감정을 이용하고 있을 뿐이다. 일본 정부는 법적인 정의보다 '풍조가 용인하는 정의'를 우선시켰던 것은 아닌가?"⁹⁾라고.

나는 일본 사회에서 저술가로서 자립의 길을 찾은 한국인에 대해 되도록이면 비판하고 싶지 않았다. 그만큼 '오선화'를 거론하는 것은 아주 괴

---

8) 吳善花・崔吉城『これでは困る韓國 — ニューカマー韓國人の對話』, 1쪽.
9) 「新・ゴーマニズム宣言」(신거만주의선언), *SAPIO*, 1997년 2월 26일자.

로운 일이다. 그러나 그녀가 연출하고 있는 역할은 일본인의 자위 행위를 대행하는 가장 추잡한 '위안부'의 그것이라고 생각하지 않을 수 없다.

사랑이 식민지를 구할 수 있을까

다음으로 거론하고 싶은 사람은 츠카 코우헤이(つかこうへい)이다. 나는 이전에 '재일 작가' 츠카 코우헤이에 대해 논한 적이 있다.[10]

그의 발언 내용에 의문이 없었던 것은 아니었지만, 그의 저작을 읽으면서 그 사람의 인품에 대해서는 신뢰를 갖게 되었다. 츠카 코우헤이는 아주 눈물이 많고, 수줍음을 잘 타며, 마음이 온순한 사람이면서도, 사물을 속까지 깊이 들여다 보는 뛰어난 안목이 있다고 생각하였다. 이러한 감정과 사상의 균형 위에 츠카의 연극론이 구성되고 있었다.

그런데 최근에는 눈물이 그의 뛰어난 안목을 능가하게 되어, 눈물의 베일로 현실을 가려 버리고 있지는 않은지 염려스러워졌다. 이러한 점에서 먼저 떠오르는 것은 츠카의 에세이『딸에게 말하는 조국·「만주역전」— 종군위안부편』(娘に語る祖國·「滿州驛傳」—從軍慰安婦編)이다.

우선 츠카 코우헤이의 뛰어난 안목이 잘 살아 있는 희곡,『전쟁에서 죽지 않은 아버지를 위해』(戰爭で死ねなかったお父さんのために)[11]에 대해서 한 마디 하고 싶다. 이 희곡의 주인공 오카야마 하치타로(岡山八太郎)는 전쟁중에 소집 영장을 받지 않았다는 이유로 전쟁에 대한 추억을 자랑하는

---

10) 이연숙,「定位と移動」(정위와 이동),『越境する世界文學』(월경하는 세계문학)(河出書房新社, 1992).
11) つかこうへい,『戰爭で死ねなかったお父さんのために』(つかこうへい作品集 2, 白水社, 1988).

친구들로부터 따돌림을 받고, 부인과 자식들로부터도 바보 취급을 당하는 나날을 보내 왔다. 그런데 사실은 그의 소집 영장을 도둑이 훔쳐 벽장에 숨겨 놓았던 것을 30년 만에 발견하게 되었다. 우체국장은 우편물이 반드시 본인에게 전달되어야만 한다는 직업적 의무감에서 소집 영장을 오카야마에게 배달한다. 30년간 기다려 온 영장이 도착하자 오카야마는 크게 기뻐하며 출항지로 향한다. 항구에는 경찰서장, 우체국장, 촌장, 소방단장 등이 모두 와서 오카야마의 앞날을 축하하고자 기다리고 있었다. 이어 기묘한 출정 축하 장면이 전개된다. 희곡의 마지막 장면에서는 이상한 '남자'가 등장해 오카야마에게 이렇게 말을 건넨다. "너로구나, 바로 너였어. 30년간 마음이 울적했을 것이다. 그러나 고생도 오늘로 끝이다. 너도 이제서야 자식에게 전쟁 체험을 말할 수 있게 되었으니. 오늘부터 너에게는 만주, 웅대한 만주가 기다리고 있다."

그러나 "이제 만주는 없는 것 같은데요"라고 오카야마가 묻자, 그 '남자'는 이렇게 대답한다. "확실히 만주는 이제 없다. 전쟁이 끝난 뒤 중화인민공화국의 일부가 되었으니까. 그러나 최근의 상황을 보아라. 아무개가 중국에 갔고, 아무개도 왔다. 팬더도 바다를 건너왔잖아. 그러니 당분간은 가까운 동아시아 근처에 가서 연습을 해 보는 거야. 싸움질하고 있는 캄보디아도 아주 버린 것은 아니니까. 곧장 만주에 갈 것을 기대한다는 것은 좀 뻔뻔스러운 거 아냐? 그러나 진정으로 시민 레벨에서 국교 회복이 이루어지는 날이 오면 저 만주, 그리운 만주로 몰려 들어가는 거야." 그리고 희곡은 "대일본제국 패배 없으리. 대일본제국 패배 없으리. 자, 출항이다. 지금이야말로 너희들은 죽은 자를 위해 싸운다"는 '남자'의 말에 뒤이어, '남자'를 제외한 전원이 "천황폐하 만세"라고 외치는 것으로 막이 내린다.

이 희곡에는 배를 움켜쥐게 하는 장면이 연이어 등장하는데, 그 저변에는 전후 일본의 현실을 냉철히 바라본 츠카 코우헤이의 비평적인 안목이 빛나고 있다. 이 희곡을 관람한 사람은 누구나 전후 일본 기업의 아시아 진출과 기업 전사들의 활약을 떠올리지 않을 수 없을 것이다. 그리고 현재에는 자위대의 해외 파병 문제가 여기에 또 하나 중첩될 것이다. 이 점에서 츠카의 시선은 앞날까지 내다보고 있다고 말할 수 있다. 여기에서 츠카는 안이한 교조주의적 입장을 취하지 않는다. 츠카는 보잘것없는 한 남성의 형상화를 통해 일본군 병사의 그 오싹하게 만드는 불쾌감과 익살을 연출하면서 이를 반전과 반전이 거듭하는 희극으로 그려 냈던 것이다.

그런데 『딸에게 말하는 조국·「만주역전」―종군위안부편』에서 츠카는 이 희곡을 되돌아보며 이렇게 말하고 있다. "전쟁은 그 당시 일본인에게는 어떤 면에서 일종의 축제였다", "이 축제에 늦게 참가한 한 남자의 비애를 통해 그 익살을……그리고 싶었다"라고.

일본인에게 전쟁은 확실히 '축제'였을지도 모르겠다. 그러나 '축제'에 강제로 참가하여 죽은 사람들에게 전쟁의 의미는 '축제'라는 한 마디로 통용될 수 없을 것이다. 『전쟁에서 죽지 않은 아버지를 위해』라는 풍자적인 제목을 붙인 이 희곡은 '익살' 만이 아니라 웃음 속에서 솟아나는 '기분 오싹한 느낌'을 묘사한 것은 아니었을까? '늦게 참가한 한 남자의 비애'는 그대로 '잔혹함'과 통하는 것은 아니었을까? 이 '오싹한 느낌', '잔혹함'에의 시선이 후퇴해 간다면, 거기에는 '죄없는 서민'을 향한 따뜻한 시선만이 전개되는 한 편의 인정 희극밖에 남지 않을 게 분명하다.

『딸에게 말하는 조국·「만주역전」―종군위안부편』은 이와 같이 눈물 많은 츠카의 단점이 아무런 대책 없이 나타난 작품이다. 이「만주역전」의

주된 줄거리는 군인 '이케다'(池田)와 종군 위안부 '순자'(スンジャ)의 사랑 이야기이다. 반전 운동 경험을 갖고 있는 마음 착한 이케다는 자기 부대에 위안부가 와도 방에만 들어가고 아무 짓도 하지 않고 나오리라 결심하고 있었다. 방에는 아직도 나이 어린 순자가 앉아 있었다. 이케다는 하모니카를 불고 채플린 영화 이야기를 들려 주면서 순자의 마음을 누그러뜨린다. 그런데 시간이 5분 남짓밖에 남지 않게 되자, 이케다는 욕망에 이끌려 순자를 덮치고 두 번이나 그녀의 몸을 범하고 만다. 순자는 이케다의 뜻밖의 행동에 놀라 안경을 집어던지며 이케다를 쫓아낸다. 그 후 이케다는 순자에게 다른 곳으로 달아나자고 하지만, 그는 순자에게 아무런 신뢰도 얻지 못한다. 그런 와중에 종전을 맞이하여 두 사람은 헤어지게 된다. 이케다는 그 5분 사이에 일어난 일 때문에 양심의 가책을 느끼며, 전후에도 계속 순자를 생각하며 살아간다. 한편 순자도 자신을 따뜻하게 대해 준 단 한 사람 이케다를 여전히 잊지 못하고 있었지만, 이미 눈이 멀고 몸은 불치의 병에 걸렸다. 우연히 이케다와 알게 된 '파파'(パパ)는 이 두 사람을 만나도록 주선하고 이들이 도망치는 장면을 재현하도록 '만주 역전'을 기획한다. 단 장소는 일본이다. 드디어 재회하게 된 두 사람은 손을 잡고 마음속의 만주 평원을 언제까지나 내달린다.……

도대체 츠카는 왜 이렇게도 진부한 멜로 드라마를 만들어 냈을까?

이 책 전반부에서 츠카는 지금까지 '종군 위안부'에 대해서 비참한 이야기만 들어 왔는데, 여기에는 오해가 많이 있었다고 고백하고 있다. 이것은 군인 몇 사람의 이야기를 종합해 얻은 감상이었다. 즉 "종군 위안부들이 꼭 비참한 것만은 아니었고 군인과 위안부가 사랑에 빠졌다는 이야기도 있다"는 것이다. 또 강제로 연행된 사람도 있었겠지만, 대부분은 "몸을 팔아

돈을 버는 것을 온당한 이치"로 생각한 사람들이었다고도 한다. 더욱이 "군인은 범하고 위안부는 당하는 관계가 아니라 아주 인간적인 교제가 있었다"는 말도 한다.

이는 '자유주의 사관' 측의 주장과 너무나도 흡사한 내용이 아닌가? 이러한 논리를 펴며 츠카는 "어느 한쪽만이 정당한 것은 아니다. 아마 어느 쪽이든 조금씩 진실이 담겨 있을 텐데, 어디서부턴가 사실에서 미묘하게 어긋나게 되었다"는 결론에 도달한다. 츠카는 역사적 사실에서 빠진 '진실'에 이르기 위해 군인과 종군 위안부의 사랑이라는 장면을 설정한 것이다. 그러나 이 이야기가 다음과 같이 진부한 장면으로 끝맺게 될지 누가 예상할 수 있었을까?

> "공원에 세찬 바람이 불었습니다. / 파파는 춤추는 벚꽃 속으로 사라지는 두 사람의 모습을 바라보면서 가슴이 복받쳐 오는 것을 필사적으로 억누르고 있었습니다. / 공원 숲 반대편에서는 아이들이 떠들어 대는 소리가 들리고, 따스한 봄 햇살 속에서 따라잡기 놀이를 하는 아빠와 아이의 모습이 보입니다. / 모두가 평온한 시간을 보내고 있습니다. / 얼굴에 웃음을 지으며 순자와 이케다를 응원하는 류노스케(龍之介). / 류노스케의 손을 꽉 잡는 칸노(管野)…… 위를 쳐다보면 붉은 빛으로 물든 하늘에 새빨간 태양이 빠빠들을 내려다보고, 달리는 두 사람을 끝없는 밝음과 따스함으로 응원하고 있습니다. / 아마 그때 저 만주 평원에서도 지금과 같은 석양이 두 사람을 비추고 있었을 것입니다."[12]

---

12) つかこうへい, 『娘に語る祖國・「滿州驛傳」― 從軍慰安婦編』(光文社, 1997), 196~197쪽.

이 상투적인 표현의 홍수와 과장되게 꾸며 낸 연극의 한 장면은 도저히 참고 읽어 내려가기가 어렵다. 도대체 무엇이 츠카를 이와 같이 느슨한 표현에 안주하도록 몰아 간 것일까?

'종군 위안부' 문제가 거론되면서 '위안부'의 존재를 옹호하는 사람들로부터 다음과 같은 의견이 터져 나왔다. 우선 '위안부'는 '강제 연행'에 의한 것이 아니라 순전한 '상 행위'에 의한 것이었다, 그리고 '위안부'는 결코 '성 노예'가 아니라 병사들과의 사이에 인간적인 감정의 교류가 있었다는 것이다. 언뜻 보기에 다른 것처럼 보이는 이 두 견해는, '종군 위안부' 문제를 일개 '창부' 이야기로 돌리려는 남성 중심주의 논리에 근거를 두었다는 점에서 결국 같은 견해에 지나지 않는다.

과연 병사와 위안부 사이의 '사랑'이 식민지와 전쟁의 비참함을 구할 수 있을까? 이것은 혹시 로미오와 줄리엣의 사랑 이야기같이 '허용되지 않은 사랑'이라는 맹목적인 이야기로 모든 것을 해소시키려는 책략은 아닐까? 이 때 독자가 느끼는 제멋대로의 카타르시스 속에서 식민지와 전쟁의 참혹한 현실은 아름다운 이야기로 탈바꿈하게 되는 것이다. 이러한 태도야말로 식민지와 제국주의 전쟁을 옹호하는 가장 쉽고도 확실한 수단이다.

츠카는 전에도 『비룡전』(飛龍傳)에서 기동대원과 학생 운동가의 사랑 이야기를 묘사한 적이 있다. 그러나 그 사랑 이야기는 시대 상황과 어울리기는커녕 오히려 대립을 빚어 독자들에게 어떤 카타르시스도 불러일으키지 못하였다. 그런데 이번의 군인과 종군 위안부의 사랑 이야기는 두 사람의 사랑을 모든 시대적 제약을 뛰어넘은 '인간적인 교제'라는 애매한 개념 속으로 용해시키는 데 성공하였다.

츠카는 왜 병사의 이야기만 듣고 '종군 위안부' 상을 만들어 내는 데 그친 것일까? '죄없는 서민'을 잔혹한 병사로 변모시키는 마력을 지닌 것이 전쟁의 본질임을 깨달을 법도 한데, 애석하게도 츠카는 이러한 인식에는 이르지 못한 것이다.

전쟁, 식민지, 종군 위안부. 확실히 이러한 요소들이 얽혀 있는 현상에 대해 '이해할 수 없는 것'은, 일상성에 길들여진 인간의 감각으로는 파악하기 힘든 측면이 그 현상 가운데 자리 잡고 있기 때문이다. 그러나 문제는 이해하지 못하는 것에서보다는, 현상을 직시하지 않고 쉽고 정형적(定型的)인 이야기로 바꾸어 버리려는 태도에서 발생한다. 이에 비하면 과거 츠카가 『전쟁에서 죽지 않은 아버지를 위해』에서 흥분한 경찰서장을 통해 들려 준 다음과 같은 말은 오히려 '종군 위안부' 문제에 대해 많은 것을 이야기하고 있다고 생각한다.

"그래, 종군 위안부는 종군 위안부일 뿐이지. 고교 시절의 첫사랑을 뜻밖에 만나는 일이 가끔 있다지만, 실제로는 거의 없는 거고, 드물게 있다고는 해도, 종군 위안부는 종군 위안부였다고 해 두지 않으면 말이지. 전쟁을 마음 속에 간직하고 있어서야 견딜 수 없지. 이런 것을 술안주삼아 이렇다 저렇다 하며 아주 그럴싸하게 지껄이는 놈들도 있지. 왜 있잖은가, 자동 판매기 때문에 역무원과의 대화가 없어졌다느니, 정서가 메말라 버렸다느니 하며 신문에 투서하는 놈들 말야." 13)

이 경찰서장이야말로 '자유주의 사관'의 훌륭한 선구자이다. 아마 '자

---

13) つかこうへい, 『戰爭で死ねなかったお父さんのために』, 68쪽.

유주의 사관'을 신봉하는 사람들은 모두 '전쟁에서 죽지 않은 아버지'였을 것이다.

시바 료타로의 역사 이야기
『언덕 위의 구름』을 둘러싸고

나리타 류우이치(成田龍一)

　시바 료타로(司馬遼太郞)가 1996년 2월 죽은 이후 그에 대한 갖가지 평판들이 쏟아져 나오고 있다. 생전에 그의 독자는 많은 편이었으나 그의 작품에 대해서는 그다지 거론되지 않았었는데, 지금은 시끄러울 정도로 떠들썩한 평가가 나오고 있다.
　원래 그의 창작 태도도 그렇거니와 다루는 소재의 범위도 다양해서 시바가 죽은 직후에 나온 『주간 아사히』(週刊朝日)나 『쥬오코론』(中央公論) 등 추모 특집호에는 에피소드를 곁들여 시바의 인간상을 소개하기도 하고 작품 세계를 보여 주기도 하는 등 그에 관한 이야기들이 호의적으로 묘사되어 있다. 주위 사람들의 추억을 겸한 논집으로 미우라 히로시(三浦浩)가 편집한 『레퀴엠 시바 료타로』(レクイエム司馬遼太郞, 講談社, 1996)나, 석간 후지(夕刊フジ)에서 편집한 『시바 료타로의 유언』(司馬遼太郞の

遺言, 産經新聞ニュースサービス, 1996) 등이 출판되었고, 텔레비전에서 시바 작품이 영상화되기도 하였다. 그런가 하면 '시바 료타로의 세계'(姬路文學館) 등의 이름을 단 전람회가 개최되기도 하고, 그의 1주기에는 '제1회 유채꽃 기념 심포지움'이 열리면서 '시바 사관'이나 '시바 문학'에 관해서 논의가 이루어지기도 했다.

한편, 잡지 『다이코카이』(大航海, 1996년 12월호)는 '시바 료타로 문화 스터디'를 특집으로 꾸몄는데, 거기에 실린 11편의 논문 가운데는 시바에 대한 비판적 언급이 보이기 시작하고, 『월간 포럼』(月刊フォーラム, 1997년 7월호)은 '시바 료타로와 자유주의 사관'을 특집으로 하여 시바 비판을 본격으로 전개하기도 했다. 잡지 『겐다이시소』(現代思想, 1997년 9월호)가 다룬 '교과서 문제' 특집에도 시바에 대한 비판이 중심을 이루고 있다.

그런 가운데 마츠모토 켄니치(松本健一)의 『시바 료타로』(司馬遼太郎, 小澤書店, 1996)나, 나카무라 마사노리(中村政則)의 『근현대사를 어떻게 볼 것인가』(近現代史をどう見るか, 岩波書店, 1997)처럼, 시바를 정면에서 논박한 작품도 나오기 시작했다.

독자가 시바에게 바란 것은 역사상이나 역사관에 그치지 않는다. 처음부터 그들은 인생의 교훈이나 조직 운영에 대한 힌트 등 시바에게 기대는 바가 다양했다. 그러나 시바가 20세기 말엽인 지금 이처럼 논해지는 까닭 가운데 하나는 긍정적인 의도에서건 비판적인 의도에서건 역사 서술 방법에 관한 문제 의식을 그에게서 찾아보고자 하기 때문일 것이다.

역사를 어떻게 형상화하느냐는 물음은 경우에 따라서는 역사학계의 울타리를 뛰어넘어 널리 일반인 사이에서 논의의 초점으로 떠오르기도 한다. 40년 전에는 토야마 시게키(遠山茂樹), 이마이 세이이치(今井淸一), 후지와라 아키라(藤原彰)가 『쇼와사』(昭和史, 岩波書店, 1955)를 둘러싸고, 체험의 역사화, 즉 역사 서술에 관한 논쟁을 벌인 바 있었다. 이는 이른바 '쇼와사 논쟁'으로, 역사학자와 비전문가 들이 서로간에 자신들의 존재 의의를 의식하면서 동시대사의 기술을 '주체' 차원에서 물은 것이었다.

이 '쇼와사 논쟁'을 하나의 보조선으로 긋고 볼 때, 1990년대 후반인 현재 역사 서술에 관해 묻고 있는 것은, 여러 전문 분야의 입장에서 역사학을 비판하면서 역사 서술의 가능성을 묻고, 기억의 의미를 고찰하며, 세계적인 상황 속에서 역사 수정주의와 대면한다는 특징을 갖는다. 또 여기에는 역사를 구성주의의 입장에서 논하는 태도가 줄면서, '사실'의 진위를 규명하는 것보다는 역사 '서술' 그 자체를 논의의 중심에 두고 있다.

커다란 '역사' 이야기가 끝나고 작은 '역사' 이야기가 진행되는 가운데, 이른바 '자유주의 사관'이 목청을 높이며 등장하여 역사의 기억을 둘러싼 일대 항쟁을 벌이고 있다. 이러한 논의의 한가운데에 역사 서술 방법의 다양한 실천을 시도한 시바가 자리하고 있다. 1988년에 역사가인 카노 마사나오(鹿野政直)는, 이미 "시바 료타로적 역사 세계에 어떻게 직면할까 하는 문제는 역사학에서 하나의 시련을 의미한다"(『「鳥島」は入っているか』(토리시마는 들어가 있는가), 岩波書店, 1988)고 서술한 바 있다. 10년이 지난 지금에 이르러 그에 대한 해답이 역사학 분야를 뛰어넘어 요구되고 있다.

『언덕 위의 구름』의 중심축

"대단히 작은 나라가 개화기를 맞으려고 한다." 이는 『산케이신문』에 1968년 4월부터 1972년 8월까지 연재된 『언덕 위의 구름』(坂の上の雲)의 첫마디이다. 여기에서는 시바의 수많은 소설 가운데 인기가 꽤 높았던 이 작품『언덕 위의 구름』을 살펴보려 한다. 마츠모토는 시바의 작품들을 전기 장편 소설(1950년대), 역사를 무대로 한 영웅 소설(1960년대), 역사 소설(1960년대 말부터 1970년대까지), 문명 비판(1980년대 이후)이라는 네 시기로 나누었는데, 이 구분에 따르면『언덕 위의 구름』은 '역사 소설'에 해당한다. 자주 인용되는 에세이『나의 소설 작법』(私の小說作法, 1964)에서 그 스스로 밝힌 대로, 이 작품은 "높은 곳에서 작품 속의 인물과 그의 인생을 조감한다"는 시바 자신의 창작법에 근거하여 형상화해 낸 작품이라고 말할 수 있다.

『언덕 위의 구름』은, 청일 전쟁 및 러일 전쟁기의 '일본'과 '일본인'을, 해군인 아키야마 사네유키(秋山眞之)와 육군으로서 기병대 창설에 가담한 아키야마 요시후루(秋山好古) 형제, 그리고 마사오카 시키(正岡子規), 이 세 명을 주인공으로 한 소설이라고 우선 말할 수 있다. '우선'이라고 말한 까닭은, 소설의 앞부분에서 시바는 "이 이야기의 주인공은 이 시대의 작은 일본"(「春や昔」)이라고 했는데, 특히 시키가 사망하여 이야기에서 사라지고 난 이후부터는 이 양상이 더욱 두드러지기 때문이다. 이 작품의 배경은 "근대적인 '국가'가 형성되어 누구나 '국민'이 되었던" 시기의 이야기로, 청일 전쟁과 러일 전쟁이 사건의 중심을 이루고 있다.(「후기 I」)

그런데 서두의 첫마디는『언덕 위의 구름』에서 시바의 서술 위치를 잘 보여 준다. 이야기를 하는 시바는 '작은 나라'의 바깥에, '개화기'가 끝난 시점에 있다. 즉 국민 국가 형성기의 '일본' 외부에 위치해 있다. 게다가 소설에서 시바는 "아무튼 우리는 세 명의 인물 뒤를 좇지 않으면 안 된다"고 쓰고 있는데(「春や昔」), 화자인 시바의 등장은 곧 소설 속으로의 개입

을 의미한다. '여담으로'라는, 자기 특유의 어법을 사용하여 시바는 자신의 위치를 명시하면서 소설이라는 형식의 바깥에 서 있다.

소설 내의 '시공간' 바깥에 있는 것, '소설'이라는 형식의 외부에 위치하고 있는 것, 그에 대한 자각과 명시가 『언덕 위의 구름』과 그 이후 시바 작품들에 나타나는 특징이다. 이제 이러한 태도를 검증해 보고, 그것이 갖는 의미를 살펴보자. 아울러 이야기 내용에 비중을 둔 '논의의 중심축'은 무엇이며, 이야기 구조에 역점을 둔 '서술'은 어떻게 이루어지고 있는지를 보자.

『언덕 위의 구름』에서 시바는 '세계'와 '근대'라는 두 개의 중심축을 설정하고 있다. 시바는 요양회전(遼陽會戰)을 들어, "유럽의 전쟁사에서도 이 정도의 대회전은 그다지 많지 않았다. 더욱이 이것은 일본인이 역사 이래 경험한 최초의 대회전이었다"(「遼陽」)고, '유럽의 전쟁사'를 인용하면서 그 규모의 크기를 지적한다. 또 요양회전을 '세계'가 주목하고, 이 회전에 의해서 일본이 '세계 무대'에 등장했다며 이 사건을 세계적인 맥락에 올려 놓는다.

여기에서 시바가 말하는 '세계'란 서양이자 '근대'이다. 일본의 해군 장교가 '야만적인 성격'을 지닌 것에 대해 시바는 "유럽 문명국 해군에게는 이런 바보 같은 광경은 없을 것이다"(「風雲」)라 하고, 청나라는 통일된 국민 의식이 싹트지도 않은데다 "근대적인 군대를 갖출 만한 체질도 아니었다"(「威海衛」)고 한다. 러시아가 다른 나라와의 동맹을 "일방적으로 파기"한 것을 들어 러시아의 서양에 대한 '열등 콤플렉스'를 거론하기도 한다.

결론부터 이야기하자면, 여기에서는 '근대'의 국민 국가가 형성되고 성숙한 정도가 평가의 기준이 되고 있다. 이 시기의 '일본'에 관해서 그는

"일본 역사상 최초의 국민 국가라는 형태는 갖추었지만 국민 의식의 실질적인 내용은 여전히 모호"한 가운데, 청일·러일 전쟁에서 '국민적 기개'가 나타났다는 견해를 보인다.(「旅順口」. 이 부분은 히로세 타케오廣瀨武夫나 야시로 로쿠로八代六郎의 견해에 대한 해석으로서 씌어졌다.「후기 I」에도 같은 내용이 씌어 있다.)

이러한 문맥 속에서 '세계', '근대'라는 논의의 축에 따라 '일본'을 논하고 판정하는 한편, 시바는 '일본에서는' 혹은 '일본에서 말하면'이라는 화법을 동원해 일본 자체를 중심축에 놓는다. "서울에서 인천항의 역할은 도쿄에서 요코하마(橫浜)항이 맡는 역할에 해당할 것이다"(「砲火」)라고 하면서, '일본'을 실체화·균일화·획일화하여 비교의 기준으로 삼고 있다. 후자의 '일본'에서는 국민 국가 일본이 소거되고, 잘 정리된 '일본'이라는 의미가 명확하게 된다. '일본'에 대해서는 '일본'을 대상으로 하는 자세와 '일본'을 기준으로 놓는 태도가 공존하면서 뒤섞여 사용된다.

'세계', '근대' 그리고 '일본'이라는 축이 지시하는 것은 이미 말한 바와 같이 시바가 높은 안목으로 선택한 이른바 국민 국가이다. 시바는 확신에 차서 그 국민 국가를 선택적으로 명시하고 있다. 청일 전쟁을 '낡고 쇠퇴한 질서(청나라)와 막 태어난 질서(일본) 사이에서 행해진 대규모 실험'(「威海衛」)이라고 하듯이, 그는 국민 국가를 기준으로 삼아 청나라와 일본이 각기 이르른 국민 국가의 '질서'를 대비하는가 하면, 전쟁을 국민 국가에서 필연적인 사건(실험)으로 파악한다. 게다가 국민 국가의 서열이나 우열도 필연적인 것으로서 서술의 전제가 되고 있다.

국민 국가 형성기의 이야기는 한편에서 피그말리온(pygmalion, 그리스 신화에서 나오는, 자신이 만든 상에 반한 조각가 ―옮긴이)들의 이야기가 되며,

그런 문맥에서 토고 헤이하치로(東鄕平八郞), 노기 마레스케(乃木希典), 오오야마 이와오(大山巖), 코다마 겐타로(兒玉源太郞) 등의 장군이 등장한다. 인간적인 나약함을 지닌 이런 고유한 이름들이 여러 에피소드와 함께 거론되면서, 이들 건국자들의 이야기를 통해 역사가 실체화되기에 이른다. 그러나 동시에 "이 자그마한 세계의 한쪽 구석에 자리 잡은 촌구석 같은 나라가 처음으로 유럽 문명과 혈전을 벌였다"는 이야기가 뒤따른다.(「眞之」) 『언덕 위의 구름』에서 그려지는 이야기는 국민 국가와 전쟁, 곧 죽음을 둘러싼 이야기이다.

시바는 피비린내 나는 묘사는 되도록 자제하지만, 청일·러일 전쟁에서 빚어진 엄청난 죽음을 결코 그냥 지나친 것은 아니다. '청일 전쟁' 이후로 벌어진 사건들을 다룬 소설 속의 타이틀, 이를테면 「위해위」(威海衛), 「여순구」(旅順口), 「여순총공격」(旅順總攻擊), 「203고지」(203高地), 「흑구대」(黑溝臺), 「봉천으로」(奉天へ), 「회전」(會戰), 「포화지휘」(砲火指揮), 「사투」(死鬪)와 같은 것들은 모두 숱한 전투들과 관련되어 있다. 병사들의 '사기'가 전투에서 승패를 좌우한다는 사실에 바탕을 두고, 시바는 병사들의 '피로'나 '공포'에 주목하면서 "역사상 유례가 없었던 유혈"을 흩뿌리고 "다수의 사상자"를 낸 전쟁을 묘사했던 것이다. 그는 일본의 사료만이 아니라 러시아나 미국 등의 사료까지도 풍부히 동원해 갖가지 에피소드를 소개하며, 전략적 차원에서 실제 전투에 이르기까지 샅샅이 기술하고 있다.

이 국민 국가와 죽음, 국민 국가가 초래하는 폭력을 주제로 이야기하면서, 시바는 "근대 국가란 '근대'라는 말의 환각을 통해 국민에게 복지만 제공하는 것이 아니라 싸움터에서 죽음도 강제하는 것이었다"고 말한다.(「203고지」) 우리는 '복종'하고 '온순'한 존재로 묘사되는 병사가 필연적으로 객체로서만 서술되고 있다는 사실에 주의할 필요가 있다. 거기에서 국민 국가를 바라보는 그의 안목을 살필 수가 있다.

러일 전쟁을 평가하며 시바는 "두 나라의 병사들에게 조국의 명령은 절대적이고, 조국이라는 존재는 그 안에 사는 인간 모두를 규정하며, 조국을 위해 죽는 것이야말로 의심할 여지 없이(적어도 이 당시의 일본인에게서는) 숭고하다고 믿고 있었다"고 말한다.(「遼陽」) 군 사령부의 무능에도 불구하고(또는 바로 그 때문에) "명령에 순응하여 묵묵히 총받이가 되어 죽어 가는"(「遼陽」) 병사들, 바로 이 병사들에게서 그는 "무명의 일본인들의 온순함"을 발견하고 바로 그 점으로 해서 이들을 구제(!)하려 하는 한편, 군 사령부에 대해서는 통렬히 비판을 가했다.

그러나 객체가 된 병사들은 이중의 의미에서 구원되지 못한다. 첫째로 병사들=사망자들이 사태를 모른다고 시바가 단정하고 있는 점에서, 둘째로 병사들=당사자들이 '이 당시'의 틀을 결코 넘을 수 없다고 시바가 인정하고 있는 점에서 그렇다. 첫 번째 점에서 시바는 여순 공격에 관해 "전략적으로 무의미한 전투"라 하면서도, "그래도 여전히 일본 병사는 자신의 죽음이 승리의 길로 이어진다고 믿으며 용감히 전진하여 개처럼 죽어 갔다"고 말한다. 계속해서 "그 사망자들이 그나마 느꼈던 행복은 자신들이 생사를 맡기고 있던 노기 군 사령부가 세계 전쟁사상 찾아보기 힘들 만큼 무능한 사령부였다는 걸 몰랐기 때문에 가능했다"(「여순총공격」)고 쓰고 있다.

병사들=사망자들은 아무 것도 모르는데 모든 것을 알고 있는 시바가, 그 높이에서('진실'을 아는 입장에서) 사태를 그려 내고 있다. 사망자들은

모두 시바의 해석 테두리 안에 넣어져 객체화된다. 이것은 '이 당시' 병사들이 지닌 심성의 특징이라는 점에서, 당사자를 현재의 높이에 서서 서술하는 두 번째 태도와 연속된다. 시바는 당사자의 행동과 사상, 아니 존재를 '그 당시'의 논리로 해석한다. '이 당시', '그 당시'로 테두리를 설정하고 당사자보다 우위에 서서 해석을 내린다. 시바는 그와 같이 할 수 있는 근거를 "한 시대가 지나가는 것은 그 시대를 구축하고 있던 모든 조건이 사라지는 것이다"라는(「權兵衛のこと」) 말 속에 담아낸다.

언뜻 보기에 이 말은 쉽게 이해할 수 있을 법하다. 그러나 시바의 이야기에서는 모든 일이 국민 국가라는 틀을 뛰어넘지 못하고 그 안에서 끊임없이 논리를 재생산해 낸다. '이 당시'의 논리를 그린다는 태도는 '이 당시'의 논리를 설명·추인하면서, '이 당시'와 모순을 빚거나 어떤 예기치 못한 일이 생겨나지 못하도록 미리 봉쇄하면서 꼭 일어나야만 할 일만 기술하겠다는 태도이다. 병사들은 당사자임에도 불구하고 '이 당시'의 논리(국민 국가 형성기의 논리)에 종속되어, 그 틀 속에서 설명되고 해석되는 대상이 된다.

이처럼 시바는 소설 내의 '시공간' 외부에 위치하면서 국민 국가의 논리를 재생산하고 병사들을 객체화하는 이야기를 만들어 내었다. 시바가 제출하는 역사상은 국민 국가가 구성적이라는 점을 명시하면서 국민 국가의 논리를 재생산하지만, 그 재생산의 이야기 자체는 은폐하고 있는 것이라 할 수 있다. 시바는 국민 국가 일본을 구제하기 위해 '당시의' 국제 관계론이나 지정학을 끌어들인다. "19세기부터 이 시대에 걸쳐서 세계의 국가나 지역은 다른 나라의 식민지가 되든가, 그것이 싫다면 산업을 일으키고 군사력을 갖추어 제국주의 국가의 대열에 들어가든가, 그 두 길밖에

없다."(「開戰へ」) "국가는 기본적으로 지리에 의해 제약을 받는다."(그리고 그것은) 각 시대 국가가 갖는 의사 이전의 일에 속한다."(「外交」)……

그렇지만 국제 관계론이나 지정학에 입각해서 국민 국가 일본을 구제하려는 것과 함께 투명화된 국민 국가를 재생산하는 이야기야말로 문제임을 지적해 두고 싶다.

시바 료타로의 서술 방식이 차지하는 위치

지금까지 『언덕 위의 구름』에 나타난 논의의 축을 단서로 검토해 온 것을 그 '서술 방식' 차원에서 고찰해 보자. 『언덕 위의 구름』에는 몇 종류의 서술 방식이 사용되고 있다. 스토리의 서술 방식과 에피소드의 서술 방식, 그리고 해석이나 설명의 서술 방식이 그것이다. 형식면에서 보면 작품 속에 시바가 등장하여 소설의 형식=서술 방식을 다르게 하거나, 또 '다음 해', '뒤'/'이 시대', '이 당시'라는 표현을 많이 써서 소설 속의 시간을 상대화하기도 한다.

앞에서도 말했지만 '여담으로'라는 표현으로 등장하는 서술 방식은, 크게 보면 소설의 형식을 깨뜨리고 또 소설 속의 시간을 초월하는 일화를 들먹인다는 점에서 형식면에서 서술 방식의 다양성을 보여 주는 것이다.

그런데 사건을 기술하는 사이사이에 에피소드를 집어넣어 설명·해석·평가를 덧붙여 다시 사건을 만들고 스토리를 전개해 나아간다는 창작 방법이야말로 시바의 기본적인 소설=역사 서술의 스타일일 것이다. 예를 들면 러일 전쟁에서 황해 해전의 한 장면을 보자. 시바는 러시아의 순양함 '노픽'이 일본 함대의 포위망을 뚫고 도망 가는 모습을 묘사하고 있다. 일본 함대 치토세(千歲)의 추적극과 그 전말, 그리고 구축함 '레시

테리누이'에 대한 에피소드를 기술한 후, 시바는 "러시아인은 결코 약하지 않았다"는 토고 헤이하치로의 일기, 곧 증언을 소개한다. 계속해서 "확실히 그랬다"는 시바 자신의 평가를 붙이고 러시아 군함은 황해에 침몰하지 않고 스스로 '패배의 자세'를 취했다고 거듭해서 설명, 해석을 한다. 그리고 "이것이 일본측에 다행이었다"고 평가한다.

이러한 식으로 묘사되는 '장면'들을 하나씩 쌓아 가면서 시바는 텍스트를 써 나아간다. 스토리/에피소드/설명·요약·평가를 하나의 단위로 장면 하나하나를 묘사하고 이런 장면들을 거듭해 황해 해전 전체를 기술한다. 이와 같이 몇 개의 장면을 포함한 요양 회전, 일본해 해전, 여순 공격 등을 서술하고, 나아가 러일 전쟁을 묘사한다. 풍부한 자료 제시와 이러한 창작 방법이 병행되면서 시바의 역사 서술은 현실감을 지닌 것처럼 보이게 된다.

덧붙여서 시바는 사건을 상대적으로 기술하고 있다. "일본에서의 황해 해전을 세계에서는 압록강 해전으로 부르고 있다"(「渡美」)는 식으로 '일본'이라는 문맥을 상대화하여 넓은 영역에 던져 넣기도 하고, 러시아측의 전쟁사에 있어서 러시아측의 견해와 해석을 소개하기도 한다. 언뜻 보기에 상대적·객관적 서술로 보이는 이야기도 섞여 있다.

『언덕 위의 구름』이라는 시바의 텍스트에서 제시된 역사 서술에는 시바 자신이 말하는 이야기임을 명시한 것과, 역사적 사실에 입각한 이야기, '객관적'인 것처럼 포장된 이야기가 뒤섞여 있다. 여기에서 도마에 올리지 않을 수 없는 것이 '설명'이라는 서술 방식일 것이다. 그것은 시바 자신이 판단하여 평가 내린 '주관'에 관계되는 일을 투명한 것으로 보이게 하고, 그 스스로가 단정한 사항을 '객관적'인 서술인 양 보이게 하는 서술 방식이다.

    시바에게 있어서 설명이라는 서술 방식은 해석/제시, 단정/가정, 특수화/보편화, 요약/설명이 자유자재로 나뉘어 쓰이면서 아주 복잡하고도 집중적으로 사용된다. 그런 가운데 시바의 주장은 '객관적'인 것이 되고, 그의 단정은 '사실화' 된다. 앞에서 말한 순양함 '노픽'과, 구축함 '레시테리누이'의 예에서 보이듯이 "확실히 그랬다", "이것이 일본측에 다행이었다"는 식의 기술은 가치/판단을 포함한 서술이지만, 해당 문맥에서는 '객관적'인 '사실'을 서술한 것으로 기능하고 있다.

    이 장면에 대해 결말을 맺는 상위의 심급자로서 시바는 황해 해전을 설명, 단정하여 "황해 해전은 실패로 끝났다"고 쓴다. 계속해서 그는 "이 싸움은 일본측의 패배가 아니었다고 해도 실패였다"고 말하고, 또 "러시아측에서 봐도 이 싸움은 실패였다"고 적고 있다.(「黃塵」) 스토리의 서술 방식과 에피소드의 서술 방식은 요약·평가로서의 설명 방식이지만, 가치 판단이 배후에 숨겨져 있어 사실/객관적 기술로서 위치를 부여받고 있다.

    이러한 서술 방식의 작위성이 가장 의도적으로 드러나는 것은 가정의 서술 방식과 보편화/특수화의 서술 방식이다. 가정의 서술 방식의 예로서, 요양 회전에서 러시아군의 슈타켈베르크 중장에 대한 서술을 보자. 시바는 이렇게 쓰고 있다. "만약 그가 정확하게 적의 동정을 살피고, 처음에 남하하던 기세로 제2군 사령부까지 칠 정도로 돌진했더라면 일본군은 결코 버틸 수 없는 대혼란에 빠졌을 게 틀림없다."(「黃塵」)

    가정, 곧 '만약'을 역사 서술에 집어넣는 것이 금지되어 있음은 일반적으로 잘 알려져 있다. 그러나 시바는 의식적으로 '만약'을 연발하고 가정을 세워 사건의 다른 결과와 상황을 상정해 보인다. 가정은 사건의 '진짜'

결과를 알고 있고, 결과와 상황이 고정되어 있다는 인식=의식을 전제로 한다. 따라서 가정을 넣는 것은 '결과'가 이미 나와 있는 것을 더욱 강하게 확인하는 일이다. 이런 식으로 시바는 가정을 통해서 슈타켈베르크 중장의 '퇴각'을 확인하고 일본군의 '승리'를 단정하는 것이다. 모든 결과, 곧 '사실'을 인지하고 있다고 확신하기 때문에 가정이 가능한데, 그는 이러한 가정의 역접을 통해서 '사실'을 설명, 제시하고 단정한다.

보편화/특수화의 작위 문제도 살펴보자. 시바는 『언덕 위의 구름』에서도 다른 작품과 마찬가지로 문명론을 다양하게 전개하며, 이 때 보편화/특수화라는 서술 방식을 사용한다. 시바는 일본 사회를 농업 사회로 설정하는데, 여기에서는 유능/무능과 같은 '인색한 가치 기준'은 없고 '착실함과 부지런함'을 '미덕'으로 여긴다고 한다. 이에 반하여 '수렵 세계'는 전체가 하나의 목적을 위해 기능화된 세계로 인간의 유능/무능이 문제시 된다고 한다. 시바에 따르면 군대는 '수렵 사회'의 조직 원리를 가지는데, 수렵 민족이나 기마 민족이 군대를 만드는 일에 능숙하고, 유럽도 마찬가지로 인간 집단의 조직화 감각이 뛰어나다고 말한다.

이상의 준비를 한 뒤, 시바는 "메이지 시대 이후 일본은 아시아에서 처음으로 근대 혁명을 일으키고 특히 군대를 양식화"하지만, 농업 사회에 속해 있는 일본이 "양식의 조직이라는 색다른 것"을 도입하게 된 것은 기마 민족의 계보를 갖고 있기 때문일지도 모른다고 설명한다.(「旅順」) 농업 사회/수렵 사회를 대비적으로 설명하고 또 주제인 군대에 대해 언급하지만, 하나하나의 개념을 보편화(또는 특수화)하여 국민 국가에 대응시키려 하기는 여기서도 예외가 아니다. 또 그 국민 국가의 관계에서 '일본'의 특수화(또는 보편화)를 논한다.

이 예는 '여담으로' 라는 형식으로 이야기되는데, 이 형식 그 자체도 하나의 장치로 기능하고 있다. '여담으로' 라는 서술 방식에서는 시바의 견해가 단정되어 '사실' 화 되고, 문명론적 해석에 근거한 설명이 타당한 것으로 여겨진다. '여담으로' 라는 형식 이외의 서술 방식은 반복해서 시바의 설명, 해석이라고 명시되어 나타나지만, 형식적으로 시바의 서술 방식이 되어 있는 '여담으로' 의 내용은 '사실' 로서 제시된다. 스토리 서술 방식과 에피소드 서술 방식은 픽션에 근거하지만, 설명의 서술 방식과 '여담으로' 는 '사실' 에 대한 기술인 듯이 제시된다. 거기에 보편화/특수화의 작위를 섞으면서 '일본' 이나 '유럽' 의 문명을 실체적인 것으로서 취급한다. 그는 "일본인이 집단으로 흥분할 때 후세의 눈으로 보면 좀 이해하기 힘든 현상이 일어난다"(「列强」), "러시아인은 민족으로서는 좋은 사람들이지만, 그들이 국가를 경영하게 되면 보통은 생각할 수 없는 거짓말쟁이가 된다"(「外交」)고 하면서, '일본인' 과 '러시아인' 을 실체화·고정화하고 그에 대한 일면적인 해석을 여기저기에 써 놓고 있다.

시바는 국민 국가는 근대에 구성된 픽션이라고 생각하고 있지만, '일본인' 은 실체적·실재적인 것으로서 파악한다. 국민의 창출성과 민족의 실재성을 연결하기 위해 제기된 것이 문명론의 주장이고, 이를 위해 서술 방식 차원에서 보편화/특수화라는 수사법, 그리고 서술 형식상의 작위성들을 동원하는 것이다.

. 설명의 서술 방식에서 작위를 가능하게 하는 것은 이미 지적한 시바의 서술적 위치의 외부성이다. 시바는 황해 해전을 "나중에 '황해 해전' 이라고 불리게 된, 일본측에서나 러시아측에서 참담한 결과를 초래한 해전"(「黃塵」)이라고, 사건의 종말부터 묘사한다. 동시에 그것을 말하는 시바의

위치를 명시해 보임으로써 소설 내의 시간을 한정하고, 그러고 나서는 '당시'의 논리의 틀을 가져 와 서술을 시작한다.

그런가 하면 시바는 비밀리에 출몰한 러시아 함대의 동향을 설명하고, 이어서 "배 위의 토고(東鄕)는 전날 밤 여순 함대의 동태까지는 알지 못했다"(「黃塵」)는 식으로 쓴다. 토고에 대해서 이야기하는 시바의 위치는 일본 함대와 러시아 함대의 양쪽을 넘나드는 위치, 양쪽의 외부에 있다. 여기에서 시바의 서술 방식은 당시의 '전체상'을 묘사하려는 자세와 관련되는데, 그것은 사건의 '사후성'에 대한 인식, 곧 외부성에 의해 보증되고 있다. 당시의 '전체'를 넘나들고, '당시의' 사건으로서의 사건을 말하는 것, 이것이 시바의 역사 화법이다.

물론 사건을 중심축으로 놓는 경우가 없는 것은 아니다. 『언덕 위의 구름』에서는 청일·러일 전쟁을 규준으로 하여, '쇼와 시기'의 군부를 비판하는 기술이 많이 나타난다. "쇼와 10년대(1935~45년—옮긴이)의 군사 국가로서의 일본은 군벌이 천황의 권위를 빌려서 일본을 지배하였다"고 하거나, "국민은 그들에게 피고용인, 말기에는 노예처럼 되었다. 러일 전쟁 당시의 국가와 쇼와 10년대의 국가는 질적으로 달랐던 것 같다"(「黃塵」)고 하는 것이 그 예이다.

그러나 시바는 외부, 즉 사후와 전체를 아우르는 시선으로 다음과 같이 서술한다. "사하(沙河) 회전에서 일본군의 사상자는 2만 497명에 달했다. 약 두 개 사단이 전멸한 셈이다. 러시아군의 피해는 더했다. 일본군의 몇 배는 되었다."(「沙河」) 여기에서는 일본군/러시아군을 대비하여 병사의 사상자를 수량화하고 '피해'를 앞세워 비교가 이루어지지만, 사하 회전이라 명명된 사건의 추인(追認)과 자연화가 아울러 이루어지고 있다. 사

하 회전은 시바에 의해 설명, 해설되는 것에 그치고 그 이상은 전개되지 않는다. 사하 회전이 '당시의' '전체'를 지향하는 국민 국가의 높은 안목으로부터 재생산되고 있다. 사건이 '당시의' 논리나 상황을 빠져 나와 일탈하는 일은 상정되지 않는다. 아니 애초에 그러한 사건은 재생산의 서술 방식에 고려될 수 없다. 화자 자신이 이미 사건을 선택하고, 사건의 설명 명, 해석이라는 행위를 선택하고 있다. "러시아는 후세의 역사가가 어떻게 변명할지는 모르지만 극동 지역에 대해 지나치게 농후한 침략 의도를 갖고 있었다"(「開戰へ」)는 단정은 그가 이러한 서술 방식의 위치에 있었기 때문에 가능한 일이었다.

시바 료타로의 문제

마지막으로 『언덕 위의 구름』에서 시바가 제시한 사관과 관련한 논점을 살펴보자. 시바는 "이 나라의 이른바 진보적 학자"의 견해에 대해 여러 차례 언급하면서 이의를 표명한다. 그는 메이지 유신 때부터 러일 전쟁 때까지의 시기를 "이 정도로 낙천적인 시대는 없었다"고 기술한다.(「あとがき 1」) '진보적 학자'에 대한 그의 비판은 첫째로, 확실히 '피해 의식'에 젖어서 보면 이보다 더 '암울한 시대'는 없는데, 그러나 그것은 하나의 '시각'에 지나지 않는다는 것, 그리고 둘째로, 이 시기나 이 시기에 일어난 사건은 "이 작품의 등장 인물들이 놓인 조건하에서 생각해 보"아야 한다는 것(「あとがき 1」)이다. '이 당시'의 논리로 판단하지 않으면 안 됨에도, '진보적 학자'들은 국가상이나 인간상을 선/악이라는 '양극단'으로만 파악하고 있다는 것이다. 그리고 이 두 번째 점에 대해 언급하면서 시바는 "선도 악도 아닌, 인류의 역사 속에서의 일본이라는 국가의 성장 정도

의 문제로서 이것을(청일 전쟁) 고려하지 않으면 안 된다"(「日淸戰爭」)고 적고 있다.

전자는 역사에 대한 서술을 '시각'으로 환원해서 역사 전체를 상대화하고, 후자는 역사에 가치 판단을 넣고 보아서는 안 된다면서 '이 당시'의 조건 아래서 설명하라고 요구하는 것이다. 그러나 시바는 '시각'의 상대화에 의해 자기 '시각'의 절대화를 꾀하고 있을 뿐 아니라 자신의 가치/판단이야말로 투명한 것인 양 서술하고 있다.

당시의 역사가들은 시바 위에 선 사관, '사실'의 확정과 평가를 둘러싼 논의에 의해 시바와 대결하려는 자세를 보인다. 그러나 이것으로는 어떠한 반론도 불가능하다. 그것은 아예 시바에 의해서 '시각'의 하나로서 상대화되어 버릴지도 모른다. 우리가 추구해야 할 것은 시바의 역사 서술 방식을 똑바로 평가하고, 재생산을 구조화하는 서술 방식의 위치를 변혁하는 것이다. 내부에서 내부의 사건과 시스템을 묘사하고 또 타자의 수많은 목소리들을 듣는 것, 이것을 보장하는 서술 방식의 위상을 만들어 내지 않으면 안 될 것이다.

현재의 가치/판단을 역사에 투영해서 '기원'을 찾는 역사 탐구 방식을 거부하는 데 있어서 '이 당시'라는 장치를 두는 것은 귀에 솔깃하게 들린다. 그러나 이 논리를 문제삼지 않는다면 국민 국가의 재생산이 계속되리라는 사실을 『언덕 위의 구름』은 웅변적으로 보여 준다. 병사들=당사자들을 되살리기 위한 방법과 서술 방식이 여기서 주요한 문제로 제기되는 것도 이 때문이다. 이것은 결코 역사 소설의 틀에 한정된 문제는 아닐 것이다.

'자유주의 사관'과 역사 교육

요시에 아키오(義江彰夫)

오늘날 세계 어느 민족이든 자기 사회의 역사를 통사 교과서로 서술하고자 할 때, 국제적인 안목에서 자기 사회와 문화가 걸어온 길을 깊이 이해하고, 세계로 열려 있는 자기 사회의 현재 및 장래를 향해 자주적인 지침을 시사하고자 노력하는 것은, 자국의 특수한 입장과 시점을 넘어 공통의 과제로 되었다.

그런데 최근 3, 4년 사이 논단에 적극적으로 등장하기 시작한 '자유주의 사관'의 논자들은 한결같이 전후, 특히 1990년대에 들어서서 의무 교육인 중학교의 역사 교과서가 이러한 이해와 지침을 전면 부정하는 '자학 사관'으로 일관되어 있다고 비판·규탄하고 있다. '자학 사관'이란 굳이 '자유주의 사관' 논자들의 정의를 살펴볼 것도 없이, 자기 자신을 필요 이상으로 책망하고 다른 사람이 하라는 대로 아양을 떨거나 아첨을 해대는 악자(惡者)로 보는 사관을 가리킨다. 따라서 현행 중학교의 일본사 교과서, 즉 『역사』(歷史)의 대부분이 이 '자학 사관'에 근거하여 서술되어 있다고 한다면, 그것이 단순히 사실(史實)이 아니라는 이유 때문만이 아니라, 국민적 역사 인식의 형성이라는 관점에서 볼 때도 불문에 붙일 수는 없는 일이다.

그러나 이러한 논조가 근래 1, 2년 사이에 한층 목소리를 높여 가고 있어, 나의 마음속에서는 정말로 중학교 의무 교육 과정에서 가르치는 『역사』 교과서의 일본사 기술 부분이 '자학 사관'으로 메워져 있는 게 아닐까 하는 의문이 강하게 머리를 들었다. 그래서 나는 대표적 역사 교과서 몇 종을 살펴보았다. 결론부터 말한다면 역사 교과서가 '자학 사관'으로 서술되었다고 볼 수 있는 근거는 하나도 없었다.

그렇다고 내가 통독한 역사 교과서 모두가 앞에서 말한 조건을 충분히 갖추었으며, 흠 잡을 데가 없을 정도로 이상적이라고 생각하지는 않는다. 확실히 여러 '자학 사관' 논자들의 지적대로, 중학교는 물론 고등학교용 교과서를 포함하여 현행 역사 교과서가 학생들의 마음을 감동시키고 장래에 희망을 줄 수 있기에는 부족한 점이 많았다.

그러나 이 책임을 교과서 집필자에게 묻는 것은 잘못이다. 의무 교육의 현장에서 역사 교과서로 사용되려면 문부성의 검정과 허가를 받아야 하기 때문에, 문부성이 작성한 교과별 지도서의 규준을 만족시켜야만 한다. 더욱이 고등학교 수험에 대응할 수 있는 구성과 서술 양식도 요구된다. 현행 역사 교과서를 읽으면서, 집필자들이 이 검정 제도와 수험 전쟁이라는 두 개의 무거운 조건에 제약받으면서도 필사적으로 학생의 관심을 끌어 내고 그들 각자의 역사 인식을 형성시키는 데 기여하고자 얼마나 고심했을까 하는 점을 다시 한 번 느낄 수 있었다.

그래서 아래에서는 먼저 현행 중학교 교과서 『역사』를 통해 '자유주의 사관'의 논자들이 거의 언급하고 있지 않은 고대사 부분까지를 포함하여 그 요점을 소개하고, '자학 사관'에 빠져 있는지 여부를 검증하고자 한다. 또 '자유주의 사관' 그룹이 만들려고 하는 교과서 원안[1]을 검토하고, 마지막으로 '자유주의 사관' 논자들의 사상적 문제점과 이들이 등장한 현대의 상황, 그리고 우리에게 부과된 과제를 일본 역사를 전공하는 입장에서 밝히려고 한다.

현행 『역사』 교과서 검토

우선 타이카(大化)의 개신(改新)을 둘러싼 기술 부분을 테이코쿠서원(帝國書院)에서 출간한 『중학생 역사』(中學生の歷史)를 통해 살펴보자.

"중국에서는 수나라가 망하고 당나라의 시대가 되었는데, 당은 고구려를 공격하는 등 조선으로 세력을 넓히기 시작했습니다. 한반도에서의 긴장이 높아지면서 일본에서도 정치 체제를 정비해 국력을 증강시키려는 움직임이 일어났습니다. 그러나 국내에서는 쇼우토쿠타이시(聖德太子)의 사후, 소가씨(蘇我氏)의 세력이 한층 강성해지고, 다른 호족(豪族)도 사유지와 사유민을 늘려 서로 싸우고 있었습니다. 이에 나카노오오에노 오우지(中大兄皇子)와 나카토미노 카마타리(中臣鎌足, 나중에 후지와라노 카마타리 藤原鎌足) 등은 645년 소가씨를 멸망시켜 새로운 천황(天皇)을 세우고 나카노오오에노 오우지가 황태자가 되어 중국에서 온 사람들과 합세해 새 정부를 세웠습니다. 그리고 수도를

---

[1] 新しい歷史敎科書をつくる會(새로운 역사 교과서를 만드는 모임) 편, 『新しい日本の歷史が始まる』(새로운 일본역사가 시작된다), (幻冬舍, 1997).

나니와(難波, 大阪府)로 옮기고 천황이 전국의 토지와 인구를 지배하는 이른 바 공지공민(公地公民) 개혁의 기본 방침을 분명히 하여 당나라나 신라와 같은 강력한 국가를 만들려 했습니다. 처음으로 타이카라는 연호를 정한 것을 연유로 이 개혁을 타이카의 개신이라 부릅니다. 그러나 개혁의 실현에는 이후 약 50년 정도 걸렸습니다." (1997년 간행, 36쪽)

당의 고구려 공격을 계기로 침략에 저항할 수 있는 국가 권력 집중의 첫걸음이 타이카의 개신이었다는 논지 어디에도 아양 떨고 아첨하는 자세는 보이지 않으며, 또 사실 이상으로 이 개혁을 사대주의적으로 찬미하거나 긍정하는 태도도 보이지 않는다. 이 기술은 1960년대 이후 활발해진 타이카의 개신에 관한 학계의 성과를 받아들였고, 국제적 시각에 입각하여 자의적인 해석을 극도로 배제하고 포괄적이면서도 구체적으로 타이카 개신의 실태를 학생에게 전달하려는 자세로 씌어 있다.

다음으로 시미즈서원(淸水書院)이 간행한 『역사』(歷史)에 기술된 카마쿠라(鎌倉) 막부(幕府)의 성립부터 조우큐우(承久)의 난까지의 부분을 최소한 발췌해 보자.

"헤이씨(平氏) 일족의 무력으로 상징되던 정치는 귀족과 사사(寺社, 절과 신사―옮긴이)의 반감을 샀다. 각지의 무사들도 자기들의 요구를 그다지 수용하지 않는 헤이씨의 정치에 불만이 커져 갔다.

(이하 헤이씨 멸망까지의 경위는 생략)

요리토모(賴朝)는 가마쿠라(鎌倉, 神奈川縣)를 본거지로 정하고 자기를 따르는 무사를 통솔하는 시소(侍所)를 설치했다. 이어서 정무와 재정을 담당한

정소(政所), 영지 분쟁 등의 재판을 실시하는 문주소(問注所)를 두어 정치 제도를 정비했다.

1185년 요리토모는 조정에 강하게 요구하여 지방별로는 수호(守護)를, 헤이가(平家)가 지배한 장원(莊園)과 공령(公領)에는 지두(地頭)를 두었다.(수호와 지두의 직무에 관한 기술은 생략)

이후 요리토모는 ……오우슈(奧州)의 후지와라씨(藤原氏)를 공격해 멸망시키고 그 장원과 공령에도 지두를 두었다. 수호와 지두에는 어가인(御家人)이 임명되었으므로, 군사·경찰의 측면에서 요리토모의 지배는 전국에 미치게 되었다. 그러나 여러 지방에는 국사(國司), 장원과 공령에는 사사(寺社)와 귀족의 세력도 있었다.

1192년 요리토모는 조정으로부터 대망의 정이대장군(征夷大將軍)에 임명되었다.……

이로써 이후 약700년에 걸치는 무가 정치(武家政治)가 시작되었다.

(요리토모 살해까지의 경위는 생략)

3대 장군이 된 요리이에(賴家)의 동생 사네토모(實朝)는 무사보다도 귀족의 생활과 문화를 즐겨해 어가인의 불만을 초래했다. 사네토모가 요리이에의 아들에게 살해되자 집권(執權, 정소·시소의 장관)이 된 호우죠우씨(北條氏)는 장군의 실권을 빼앗아 정치를 실시하려 했다.(집권 정치)

이에 고토바(後鳥羽) 상황(上皇)은 1221년 막부를 무너뜨리려고 전국의 무사들에게 호우죠우씨를 토벌하라는 명령을 내렸다. 그러나 호우죠우씨는 무사에게 막부가 필요한 까닭을 설명하고 곧바로 교토(京都)에 대군을 보내 상황군을 무너뜨렸다. 상황은 오키(隱岐, 島根縣)로 유배되었고, 상황의 편에 섰던 공가(公家, 귀족)와 무사도 엄중한 벌을 받았다. 이를 죠우큐우의 난이라 한다." (1997년 간행, 60~65쪽)

무사측에서 보거나, 천황·상황·귀족측에서 보더라도 이상의 서술에서 그 누가 '자학 사관'을 발견할 수 있겠는가? 헤이가(平家) 토벌, 오우슈 출병, 죠우큐우의 난으로 단계적으로 무사적 공권력이 되어 간 막부가 조정에 아첨을 떨어 관직을 강청했거나, 반대로 조정이 막부에 자학적 태도로 대했다는 점은 어디에도 기술되어 있지 않다.

이뿐만이 아니다. 이와 같은 무사의 가혹한 토지 지배가 전개되면서 서민은 이에 대해 자학적 태도를 취하기보다는 오히려 사회적으로 성장했음을 다음과 같이 지적하고 있다.

"생산성이 높아짐에 따라 농민의 힘은 강해져 지두의 횡포가 근절될 수 있도록 힘을 모아 장원 영주에게 소송을 제기할 움직임도 나타났다."(같은 책, 67쪽)

그리고 그 대표적 사례로서 키이노쿠니(紀伊國) 아테가와(阿氐河) 장원의 농민들이 올린 청원서의 내용을 칼럼으로 소개하고 있다. 동일한 내용이 니혼분쿄출판(日本文教出版)과 도쿄서적(東京書籍)에서 각각 발행한 『역사』, 테이코쿠서원(帝國書院)이 발행한 『중학생 역사』에도 보인다.

다음으로 서양이 일본에 압력을 가한 역사에 대해 살펴보자. 막부 말기 수호통상조약에 관하여 시미즈서원에서 발행한 『역사』에서는 이렇게 기술하고 있다.

"······ 1858년 대로(大老) 이이 나오스케(井伊直弼)는 해리스와의 사이에 미일 수호통상조약을 체결했다.······ 이어서 네덜란드·러시아·영국·프랑스와도 같은 내용의 조약이 맺어졌다.······ 이들 수호통상조약은 불평등한 조약이었다. 상대국에게만 치외법권이 인정되고 일본에게는 관세 자주권도 주어지지 않았다. 그러나 당시 사람들은 조약의 불평등성을 느끼지 못하고 오히려 개국이냐 쇄국이냐 하는 문제에 관심을 쏟고 있었다."(같은 책, 179쪽)

만약 이 교과서가 '자학 사관'으로 일관되어 있다면 이 불평등 조약을 옳다고 받아들였다고 기술해야 했을 것이다. 그러나 이 기술은 당시 사람들은 느끼지 못했지만 불평등한 조약을 체결하고 말았다는 사실을 객관적으로 그대로 전하고 있다.

마지막으로 근대 제1차 세계대전 후의 일본의 동향에 대해 도쿄서적이 발행한 『역사』의 기술 부분을 발췌해 보자.

"제1차 세계대전이 시작되자 일본은 독일의 중국 근거지 청도(青島)와 독일령 남양제도(南洋諸島)를 점령했다. 또 전쟁 때문에 아시아에서 세력을 후퇴시킨 열강의 틈새를 이용, 중국에서의 권익을 확대시켜 1915년 중국에 21개조의 요구를 강요한 결과, 첫째, 산동성(山東省)의 독일 권익을 인계할 것, 둘째, 여순(旅順)·대련(大連)의 조차 기간을 연장할 것 등의 요구를 인정받았다. 그러나 이는 중국의 주권을 위협하는 것이었기 때문에 중국 민중의 반일 감정이 폭발했다."(1997년 간행, 232쪽)

"1921년부터 다음 해에 걸쳐 미국의 제창으로 아시아 문제와 군비 제한 문제를 둘러싸고 워싱턴회의가 열렸다. 회의에서는 중국의 독립과 영토의 보전, 태평양 지역을 현상태로 유지한다고 결정해 일본은 산동반도의 권익을 중국에 돌려주었다. 또 해군의 군비를 제한했다."(같은 책, 235쪽)

"러일 전쟁 전후의 일본은 입헌정우회(立憲政友會)와 관료·번벌(藩閥) 세력이 교대로 정권을 담당했다. 그러나 1912년 번벌 세력인 카츠라 내각(桂內閣)이 의회를 무시하는 태도를 취했다며 언론인과 지식인 등이 헌정(憲政) 옹호 운동을 일으키자 이를 지지하는 운동이 각지로 확대되어 다음 해 내각을 퇴진시켰다.(제1차 호헌 운동)

제1차 호헌 운동이 시작되고 정당 정치가 발전한 타이쇼(大正) 시대는 민주주의가 주창되고 자유주의의 풍조가 높아진 시기였다.

요시노 사쿠조(吉野作造)는 보통 선거를 통해 민의를 정치에 반영시킬 것 등을 주장했다.(민본주의) 또 헌법학자 미노베 타츠키치(美濃部達吉)는 국가의 주권은 국가에 있고, 천황은 그 국가 기관의 하나라는 헌법학설(천황기관설)을 확립시켰다. 이것들은 정당 내각제의 이론적 근거가 되었다." (같은 책, 238쪽)

"중국에서의 권익을 확보하기 위해 만주를 중국으로부터 분리할 것을 주장한 현지의 군부(관동군)는 1931년 9월 18일 봉천(奉天, 현재의 瀋陽) 교외인 유조호(柳條湖)에서 만주철도를 폭파하고 이를 계기로 군사 행동을 개시했다.(만주사변) 관동군은 다음 해 초에는 만주의 주요 지역을 점령하고 1932년 3월 청조 최후의 황제를 원수로 한 만주국을 세웠다.

이누카이 츠요시(犬養毅) 내각은 중국과의 외교 교섭을 통해 사변을 해결하고자 만주국의 승인에 반대하는 태도를 취했다. 그러나 정당 정치에 불만을 품은 청년 장교와 우익의 움직임이 활발해져 결국 1932년 5월 15일 이누카이 수상은 해군 장교에 손에 관저에서 암살당했다. (5·15 사건)" (같은 책, 252~253쪽)

이상의 인용문에서 분명히 드러난 것처럼 일본의 중국 침략에 대해서는 감정 이입을 극히 억제하며 최근 연구 성과를 적극적으로 취하는 객관적인 기술로 일관하고 있다. 자학적으로 단죄하려는 서술은 어디에도 보이지 않는다. 또 호헌 운동과 여기에서 생겨난 정당 내각(이누카이 내각)의 평화 외교에 대해서도 주의를 기울여 당시 일본에 호전파와 반전파라는 두 흐름이 생겨났다는 점을 지적하고 있다. 이와 같은 기술은 아마 '자학 사관'으로부터는 생겨날 수 없을 것이다.

또 '자유주의 사관' 논자들이 특히 규탄하는 근대 일본의 제국주의적 침략을 다른 나라 이상으로 강조한다는 점은 어떠한가?

"또 1917년 소비에트 정권이 들어서자 러시아 혁명의 영향이 미치지나 않을까 두려워한 일본은 미국, 영국, 프랑스와 함께 시베리아 출병을 감행했다."(같은 책, 232쪽)

"구미 열강의 지배하에 놓인 아시아, 아프리카에서는 제1차 세계대전 이후 러시아 혁명과 민족 자결의 움직임에 자극받아 민족의 독립을 꾀하는 운동이 일어났다. 영국은 인도에게 전쟁에 협력하면 자치를 인정하겠다고 약속했으나 이를 지키지 않았기 때문에, 인도에서는 비폭력·불복종을 주창한 간디의 지도로 완전한 자치를 요구하는 운동이 확산되어 갔다.

일본의 식민지 지배하에 있던 조선에서는 1919년 3월 1일 서울에서 독립을 추구하는 지식인과 학생 등이 일본으로부터의 독립을 선언하는 문장을 발표하고, 사람들은 '독립 만세'를 외치며 데모 행진을 벌였다.…… 이를 3·1 독립 운동이라 한다. 총독부는 무력으로 이를 진압하는 한편, 그때까지의 무단적인 지배 정책을 완화하는 자세를 보였다. 그러나 독립 운동은 이후에도 끊이지 않았다.

중국은 파리강화회의에서 일본에게 21개조 요구를 취소할 것과 독일의 권익을 반환할 것을 요구했지만, 베르사이유조약에 의해 산동성의 독일 권익은 일본이 계승하게 되었다. 이에 대해 1919년 5월 4일 북경의 학생 집회를 계기로 중국 국내에서는 학생과 노동자를 중심으로 한 반일 운동이 일어나고, 급기야 제국주의에 반대하는 국민 운동으로 발전하였다. 이를 5·4 운동이라 부른다. 이 운동을 계기로 손문(孫文)은 중국국민당을 결성하고, 1921년에 결성된 중국공산당과 협력해 제국주의와 군벌에 대항하는 한편, 민족 독립과 국민 혁명을 촉구하는 운동을 확대시켰다."(같은 책, 236~237쪽)

이 인용 부분을 앞의 인용문과 비교할 때 분명히 드러나듯이, 일본사 중심의 역사 기술이라는 제약 때문에 기술된 양에서는 일본에 미치지는 못하지만, 영국·미국·독일·프랑스도 일본과 똑같은 제국주의 열강으로 위치 짓고 있으며, 영국에 대해서는 인도와의 위약이라는 구체적 예까지 들어 제국주의 국가로서의 면모를 기술하고 있다. 여기서도 일본을 사실 이상으로 비하하는 사관을 발견하기는 어렵다.

이상의 검토로 분명한 것처럼, 각종 역사 교과서에서 일본 사회의 역사를 전체적으로 '자학 사관'으로 서술한 것은 어디에도 존재하지 않는다. 분명히 각 교과서에는 과거 일본인이 타민족에게 범한 죄를 환기시키려는 기술은 얼마든지 있지만, 이에 대해서도 사실의 객관적 기술을 넘어선 것은 거의 없다고 해도 과언이 아니다. '자학 사관'을 단죄하는 '자유주의 사관' 논자들이 이 같은 사실을 교과서에서 삭제하라고 한다면, 그 논자는 자유주의 사관에 적대하는 것이 될 수밖에 없다. 자기와 자기 사회가 역사 속에서 범한 죄와 책임을 자각하고 책임 지지 않으려는 자에게는 자유를 논할 자격이 없기 때문이다.

'자유주의 사관' 논자들의 교과서안 검토

지금까지의 검토를 통해 '자유주의 사관' 논자들의 현행 역사 교과서 비판은 내용을 왜곡해 해석한, 자의적인 단죄였음을 확인할 수 있었다. 이는 일본 역사에 대한 단순한 오독에서 나온 것이 아니라, 특정 가치관에 기초한 의도적 행위로 볼 수밖에 없다. 나는 이 문제를 해부하는 일에 있어 '자유주의 사관' 논자들처럼 구체적 근거를 제시하지 않은 채 색안경을 끼고 딱지를 붙이는 형태를 취하고 싶지는 않다.

그래서 여기에서는 '자유주의 사관' 논자들이 구상하고 있는 역사 교과서 원안을 바탕으로 이 문제를 검토해 보겠다. 1997년 7월에 '자유주의 사관' 논자들이 간행한 『새로운 일본 역사가 시작된다』(新しい日本の歷史が始まる, 幻冬舍)에는 "'역사 교과서를 만드는 모임'(歷史敎科書をつくる會)은 어떠한 교과서를 만들고 싶은가" 하는 문제에 대해 토론한 내용을 15개 항목으로 전개, 게재하고 있다. 지면 관계상 중요하다고 생각되는 점만 중심으로 검토해 보자.

먼저 타이카의 개신과 천황 통치의 성격에 대해 논자는, "② 타이카의 개신. 대륙과의 긴장 관계에 대해 언급, 공지공민제(公地公民制)와 장원제, 공적 지배와 사적 지배를 구별해 가르친다"(216쪽)는 항목을 둘러싸고 "단적으로 말하면 대륙에서 긴장이 조성되었기 때문에 대외적인 위협이 일본에서 높아졌다는 것입니다.…… 현재 교과서에는 대륙과의 긴장 관계가 기술되어 있습니다만, 일본이 왠지 당나라를 모방하여 중앙 집권 국가를 만들었다는 식의 서술 방식이고…… 아주 애매합니다"(219쪽)라고 말한다.

그러나 현행 역사 교과서가 대외적인 위협을 정확히 기술하고 있다는 점은, 앞의 테이코쿠서원에서 간행한 『중학생 역사』뿐만 아니라 도쿄서적에서 낸 『역사』도 해당 부분에서 "중국에서는 당나라가 전국을 통일했지만, 당나라도 고구려에 침공을 개시했다. 이 때문에 한반도 각국과 일본은 전쟁을 대비해 국가 건설을 서두르지 않으면 안 되었다"(42쪽)고 명기한 사실만 지적해도 충분할 것이다.

다만 논자는 "이는 역시 분명 대륙으로부터의 침공을 염두에 둔 방위입니다. 대외 방위에 대한 인식이 꽤 강했습니다"(같은 책, 219쪽)라고 반복해서 말하고 있기 때문에 율령 국가의 건설을 국방에 수렴시키려는 의도를 충분히 읽을 수 있다. 그렇다면 그와 같은 견해는 일면적이고 배타적인 내셔널리즘과 서로 통하는 것이라고 말할 수밖에 없다. 율령 국가를 건설하려는 왕권이 이를 계기로 중앙 집권적인 지배 체제를 수립하려고 했다는 것은 의심할 여지가 없다. 그러나 사회 그 자체는 중국·조선 등지에서 도래 또는 귀화한 사람들과 개방적인 관계를 형성하고 있었다. 텐무조(天武朝) 무렵 중국계 신라인이라 여겨지는 도래인 이데이(偉提)는 나스노쿠니노미야츠코 나스노아타에(那須國造那須直)라는 지위를 받았고, 689년에는 나스노쿠니가 시모츠케노쿠니 나스군(평)(下野國那須郡(評))으로 편입됨에 따라 지토조(持統朝)로부터 나스평독(那須評督, 郡領)이라는 지위를 부여받아 동 평(군)의 개발에 종사했다. 700년에 그가 사망하자 그의 후계자가 된 왜인 오시마로(意斯麿)는 유교 지식을 자유자재로 구사해 생전의 공적을 찬양한 육조풍서체(六朝風書體)의 비문을 새겼는데, 그 서두에 이데이가 나스평독으로 취임한 689년(지토 3)을 중국 측천무후(則天武后)의 연호인 '영창(永昌) 원년'을 사용해서 썼다.[2] 이러한 사실은 국가 차원에서는 당나라 및 신라와 긴장·대립하고 있었지만, 사회적 차원에서는 국경을 넘은 교류가 실현되고 있었다는 것을 단적으로 보여 준다.[3] 국가와 사회 사이에는 이러한 차이가 있다. 이런 점을 근거로 하지 않고, 국방 인식만 강조하다 보면 국가와 사회를 일체화하여 국익을 우선 긍정하는 역사 인식을 낳을 우려가 있다.

다음으로, 논자는 공적 지배와 사적 지배의 구별에 얽매여, "요컨대 천황이라는 것은 일본의 공공성의 상징이 되어 있다. 따라서 공지공민제(公地公民制)는 공적인 체계이고, 장원제는 어디까지나 사적인 지배에 지나지 않는다. 깊이 파고 들어가서 보면 무가(武家)의 두령인 미나모토노 요리토모(源賴朝)나 토쿠가와 이에야스(德川家康)도 그런 경우인데, 결국 정이대장군에 임명되지 않으면 공적 지배자는 될 수 없다"(같은 책, 220쪽)고 주장한다.

논자가 말하듯이 장원제가 사적인 지배 체제가 아님은, 천황 위에 서서 정무를 보던 토바법황(鳥羽法皇) 소유 재원의 대부분이 근신국사(近臣國司)들의 손에 의해 공공연하게 기부되던 황실령 장원들에 있었다는 사실 하나를 지적하는 것만으로도 충분할 것이다.[4]

오히려 여기서는 고대로부터 근세에 이르기까지 천황이 공공성의 상징

---

2) 『栃木縣史·史料篇·古代』(栃木縣 1974), 『栃木縣史·史料篇·中世5』(1976).
3) 義江彰夫, 「古代日本人と國際コミュニケーション」(고대 일본인과 국제 코뮤니케이션), 義江彰夫·山內昌之·本村凌二 편, 『歷史の文法』(역사의 문법)(東京大學出版會, 1997).
4) 石井進, 「院政」, 『日本歷史大系1 原始·古代』(山川出版社, 1984).

이었느냐 하는 점을 검토하고 싶다. 고대에서 중세를 거쳐 근세에 이르기까지 천황이 무가의 사회 통치를 승인하였을 뿐 아니라, 신관(神官)·승려·직인·비인(非人) 등에도 직간접으로 영향을 끼치고 있었다는 것은 근년의 사회사가 해명한 부분이다.5)

그러나 그것은 일면에 지나지 않는다. 고대 이래로 여러 가지 형태로 천황이 장악한 공적 통치권을 뒤엎으려는 시도가 있었다. 나라(奈良) 시대 말부터 헤이안(平安) 시대 초기에 대해『고사기』(古事記)·『일본서기』(日本書紀)는, 각 호족들이 통치의 정당성을 얻기 위해 혼인 관계를 맺어 대왕령(大王靈)을 배분하고 각 호족의 영을 흡수하였다는 기술로 채워져 있는데, 이 의미를 거꾸로 생각해 보면 각 호족에도 대왕령이 전해지고 있었기 때문에 가만히 앉아서 제왕이라고 호언해도 거리낄 게 없는 상황이 생기고 있었음(『일본서기』,「홍인사기 弘仁私記」서문)을 알 수 있다.

거의 비슷한 시기에 생겨난 원령(怨靈) 신앙에서는 정쟁에서 패배하여 비운의 죽음을 맞이한 자의 영혼을 모셔 주모자와 책임자 천황의 도리에 벗어난 행위를 열거하는데, 헤이안 중기에 출현하는 최대의 원령(怨靈), 즉 대재부(大宰府)에서 억울하게 죽은 수가와라 미치자네(菅原道眞)의 영혼=천신(天神)은, 천황에 반역하여 동쪽 나라에 독립 국가를 만들고자 한 타이라노 마사카도(平將門)로부터, 하치방가미(八幡神)와 함께 신황의 지위를 부여받게 된다.6)

---

5) 網野善彦,『日本中世の非農業民と天皇』(일본중세의 비농업민과 천황)(岩波書店, 1984); 宮地正人,『天皇制の政治史的硏究』(천황제의 정치사적 연구)(校倉書房, 1981) 등.
6) 義江彰夫,『神佛習合』(岩波新書, 1996).

이후 무가는 하치방 천신을 정신적 지주로 하여 성장을 추구, 카마쿠라 막부를 수립하게 된다. 이 때 천황으로부터 정이대장군에 임명되는 것이 공권력을 잡기 위한 하나의 과정으로서 필요했다는 것은 이미 기술한 바와 같다. 그러나 무가가 잠재적으로 천황 통치에 반역하는 경향을 가지고 있었다고 한다면, 극한 상황 아래서 천황의 공적 통치를 부정하여 제멋대로 구는 일이 벌어지는 것도 이상한 일은 아니다. 1221년의 죠우큐우(承久)의 난에서 막부가 조정의 군대를 물리치고 고토바(後鳥羽) 상황(上皇)을 위시한 세 사람의 상황을 유배시키는 등, 막부가 옹립한 신제후 호리가와(堀河)의 승인도 얻지 않고 이런 일을 독단으로 감행한 것은 그 전형적인 사례이다.

무로마치(室町) 막부가 되자 장군은 공방(公方)이라 불리게 되고, 훨씬 더 공적인 통치권을 장악한 자로 받아들여졌다. 동시에 무연소(無緣所), 공계소(公界所) 등 통치자가 없는 특수한 장소가 지역적 공동성을 뚜렷이 나타내는 장소가 되어,[7] 정(町)이나 촌(村)의 자치 조직, 즉 총(惣)이 전국 각지에 확대되는 가운데 수호(守護)를 위시한 상부 권력 누구의 개입도 거부하는 '자검단'(自檢斷)을 확립시키기에 이르렀다. 이에 따라 사회 저변의 공동체 자체가 완전한 공동성을 주장하는 경우조차 생겨났다.(近江菅浦, 紀伊粉河東村 등)

에도 시대에는 천황의 이름을 빌린 막부와 번에 의해 공동체의 이러한 권한이 박탈되었는데, 그 대신 언론계에서 이 문제가 전면적으로 다루어졌다. 우선 야마가타 반토우(山片蟠桃)는, 왕(천황·장군)이 먼저 있었던 게

---

7) 網野善彦, 『無緣·公界·樂』(平凡社, 1978).

아니고 그보다 앞서 백성에 의한 사회가 생겨났다고 하면서 이 사회의 질서를 유지하기 위해 왕이 추대된 것이라고 『꿈의 시대』(夢の代)에서 주장하였다. 성인(聖人)의 왕도가 세상을 사욕투성이로 타락시켰으므로 백성들은 사욕을 버리고 오로지 농사에 전념하여 만인이 평등한 세상을 만들어야 한다고 주장한 안도 쇼우에키(安藤昌益)의 저술 『자연활진영도』(自然活眞營道) 또한 그 전형적인 예에 속한다.

그런데 논자는 ⑥에서 "민권 운동에 관해서는 그것이 '5개조의 서약문'에 의거하였다는 사실을 기록해야만 한다. 이러한 전제하에 서구 민주주의 사상의 영향에 대해 언급한다"(같은 글, 216쪽)고 지적하고, "'비민주적'인 제국헌법 노선에 대한 대항으로서 민권 운동 이야기가 나오고 있습니다. 그러나 민권 운동이라는 것은 5개조의 서약문이 '만기공론(万機公論)에 따라 결정되어야 한다'고 선언하고 있음에도 불구하고 이를 전혀 실현하지 못했다며 메이지 정부에 대해 항의하는 것을 기본 주장으로 하고 있습니다"(같은 글, 237쪽)라고 보충 설명을 하고 있다.

여기에서 논자가 주장하는 것처럼, 민권 운동의 근거를 5개조의 서약문에 두는 견해는 학문적으로는 전쟁 전의 통설이고, 전후의 연구에서는 민권 운동이 활발해진 데에는 구미의 민주주의 사상의 도입에 말미암은 바가 훨씬 더 결정적이었다는 사실을 규명해 왔다. 다만 구미 민주주의 사상을 이해하는 데에는 이해할 수 있을 만한 토대가 역사적으로 형성되어 있지 않으면 안 되고, 그렇지 않다면 그 정도의 대규모 운동이 전개될 수 없었을 것이다.

그렇다면 이에 대해 5개조의 서약문이 어느 정도 작용했다고는 말할 수 있어도, 그것을 근본 동인으로 삼는 것은 무리일 것이다. 서약문은 유신 정부의 손에서 만들어져 위로부터 쥐어 준 것인데다, 민권 운동이 출현하기까지 10여 년 사이에 전국적으로 학습된 흔적도 없기 때문이다.

이렇게 보면 무로마치 · 전국 시대에 사회적으로 실현되고, 이를 부정한 에도 시대를 거쳐 정인(町人)들 속에서 서민의 주권, 공공성의 수립을 주장하는 언설이 반복적으로 전개되면서 발달한 문화 전달의 경로들을 타고 전국 각지 농촌에서까지 퍼지게 된 것이야말로 자유 민권 운동을 싹 트게 한 역사적 전제라 보아야 할 것이다. 사실 막부 시대 말에는 이 전통을 기초로 해서 민간 유학자들 사이에 사회의 주권, 즉 '공의'(公儀)를 부르짖는 사태가 발생하기도 하였고, 이것이 5개조의 서약문은 물론 자유 민권 운동의 기반이 되었음이 최근의 연구에서도 밝혀졌다.[8]

마지막으로 만주 사변에 대한 평가를 살펴보자.

⑨ 제1차 세계대전 후, 유럽의 반성의 결과로서 국제연맹과 평화주의에 대해서 가르치고, 이것과 현실간의 차이를 시사한 뒤, 만주사변은 부전(不戰) 조약 위반 때문에 비난되었다고 기록한다. 동시에 이것이 중국의 민족주의를 자극했다고 기록한다. 이러한 중일간의 긴장 속에서 지나 사변이 발발했다는 내용을 기록한다. 군부 지배 강화의 원인에 대해서 훨씬 더 구체적으로 서술한다.(같은 글, 217쪽)

이와 같은 논점을 제기한 뒤, '만주 사변은 왜 나쁜가 하는 질의를 받으

---

8) 渡辺浩, 「西洋の 近代 と東アジア」(서양의 근대와 동아시아), 『東アジアの王權と思想』(동아시아의 왕권과 사상)(東京大學出版會, 1997년 수록), 苅部直, 「私欲世界 と公共の政」(사욕세계와 공공성의 정치), 『國家學會雜誌』 104권, 1 · 2호, 1991.

면, 부전 조약 위반이라고 비난되었기 때문이지요…… 실제 민족 자결주의도 충분히 현실적이지 못했고, 일본이나 아시아 여러 나라에서 새로운 국제 정치관은 그다지 현실성을 지니지 못했어요, 라는 식으로 설명하면서 이 만주 사변을 이야기하면 괜찮겠지요"(같은 글, 253쪽)라고 보충 설명하고, 다른 논자도 "만주 사변 후 오히려 국제 질서가 안정되었습니다"(같은 글, 254쪽)라고 강조하여 만주 사변을 긍정하는 논의를 전개한다.

그러나 당시 민족 자결주의가 국제 사회에서 과제로 되지 않았다고 단정하는 것은 사실에 대한 명확한 오인이다. 유럽에서는 1917년에 러시아 제정을 타도한 소비에트 혁명에 촉발되어, 다음 해인 1918년에는 핀란드, 불가리아, 폴란드, 체코, 헝가리 등이 잇따라 민족 자결을 주창하면서 국민 국가를 수립했다. 아시아에서는 조선에서 1919년 일본 식민지로부터의 독립을 외친 3·1 운동이 일어났고, 같은 해 중국에서도 일본과 군벌의 탄압에 저항한 5·4 운동이 일어났다. 중국의 경우 전부터 삼민주의를 주창하여 민족 자결의 혁명 운동을 전개해 오던 손문(孫文)의 지도하에 1927년에는 군벌을 무너뜨리고 국민 정부가 수립되기에 이른다.

이상의 사실 거의 대부분은 중학교 역사 교과서 어느 것을 펼쳐 보아도 다 나와 있다. 만주 사변과 그 후의 중국 침략을 민족 자결 의식의 결여로 정당화하는 것은 전연 성립될 수 없는 논의이다. 또 만주 사변에 의해 국제 질서가 안정되었다는 논의도 성립하기 어려운데, 이에 대해서는 "국제 연맹이 만주 사변에 대한 조사를 실시하여, 1933년 총회에서 만주국을 승인하지 않고 오히려 일본군의 철병을 결의하자, 일본은 국제연맹을 탈퇴했다"(도쿄서적 간행, 『역사』, 253쪽)는 한 교과서의 기술을 제시하는 것만으로 충분할 것이다. 결국 이 주장은 사실을 왜곡해서까지 만주 사변을 긍정하려는 결과를 조장, 우리의 가까운 선조대에서 일어난, 중국을 위시한 아시아 여러 나라에 대한 침략 전쟁의 책임을 방기하는 역사 인식을 키우는 계기를 만들고 말았다.

'자유주의 사관' 논자들이 현재 구상하고 있는 교과서의 일본사 기술이 다른 점에서도 유사한 발상에 의거하고 있음은 이상의 검토에서 거의 다 드러났다. 그렇다면 '자유주의 사관' 논자들이 구상하는 교과서안에 관통하는 관점을 앞의 검토 결과와 결부시켜 살펴보면, '자유주의 사관' 논자들의 사상적 특징은 이미 명확해진다. 마지막으로 절을 바꾸어 이 점에 대해 음미해 보자.

'자유주의 사관'의 특질과 역사 교육의 과제

'자유주의 사관'을 규정하는 특징을 이상의 검토를 바탕으로 정리하면,

① 자기의 이익과 국익을 일체시하고 개인·사회·국가간의 모순을 묵살하는 예정 조화적인 유기체로 보는 관점,

② 일본 사회가 과거에 범한 대외 관계상의 잘못을 되물어 고쳐야 할 일을 '자학'으로서 방기하고 여러 가지 변명으로 긍정하는 관점,

③ 고대부터 현대에 이르기까지 일본의 전체 역사에서 천황을 사회 통합의 상징으로서 적극적으로 위치 지으려는 관점 등을 지적할 수 있다.

①은 '자유주의 사관' 논자들의 본질과 관련되어 있다. 원래 인간 사회는 개인·남녀·지역 사회·여러 가지 경영 및 그 복잡한 복합체·국가 권력 등으로 구성되어, 어느 것이든 이해와 가치관에 따라 대립할 수 있는 계기를 안고 있으며, 각각의 수준에서 커다란 노력을 통해 상처를 나누면서 갈등과 공존을 반복하고 있는 것이다. 이 문제는 다른 민족 사이

에서는 더욱 심각한 형태로 존재한다. 따라서 개인이건 국가건 언제나 타자와 타민족에 대한 죄를 범할 수 있다는 위험에 노출되어 있고, 죄를 범한 경우에는 책임 지고 속죄하는 일이 요청된다.

그런데 이상의 검토에서도 알 수 있는 바와 같이, '자유주의 사관' 논자들 가운데 누구 한 사람도 이 모순과 책임을 문제삼지 않으려 한다. 더구나 그들은 위에서 서술한 토론 속에서 이 같은 자기들의 입장을 내셔널리즘을 초월한 '일본인의 자기 본위주의'(같은 글, 250쪽)라고 규정, 확인하고 있다. 책임을 지지 않는 '자유주의'는 에고이즘에 불과하다. 일본 사회를 이해가 일치한 에고이즘 집단으로 자인하고, 그 관점에서 일본사를 다시 쓰려고 하는 것이다. 일본의 역사가 그 정도로 단순하고 방만하지 않다는 사실은 새삼 반복할 필요조차 없을 것이다. 그러나 인간의 이성 배후 어딘가에는 이와 본질적으로 뿌리가 같은 욕망이 잠재되어 있다는 점도 잊어서는 안 된다. '자유주의 사관'은 인간이 욕망을 제어하지 못하고 자기 중심주의에 빠질 때 사회적으로 얼마나 커다란 공포를 가져 올 수 있는가 하는 점을 분명히 가르쳐 주고 있다.

①의 사관에 서면 필연적으로 파생되는 관점이 ②이다. 국익을 지키기 위하여 전쟁을 일으키는 것은 개인과 국가의 이익도 지키기 위한 것으로, 죄를 범하는 유형의 문제는 아니라고 처리된다. 여기에서 전쟁에 의심을 품거나 반대하는 행위는 국익에 어긋나는 것으로 배제될 것이다. 이런 사관은 태평양 전쟁 당시의 위정자의 사상과 본질적으로 어디가 다른가?

또 이 관점은 사회와 국가가 대립한다는 관점을 갖고 있지 않기 때문에, 사회를 통합하려는 시도에서 빚어지는, 왕권이라는 이루기 어려운 고뇌도 문제삼을 수 없게 되고, 국가 권력의 틀로부터 자유로워질 수 없는 사람들의 고투와 자유롭게 되었을 때의 기쁨도 그려 낼 수 없는 지극히 평범한 역사 서술밖에 할 수 없다.

③의 관점이 일면적이라는 사실은 이미 지적했다. 그러나 위의 두 관점을 고려해 보면 천황을 사회 통합의 상징으로 삼을 수밖에 없는 까닭도 살펴진다. ①과 같이 자기 본위로 타자에 대해 책임을 지지 않는 사관에서서 역사를 서술하는 한, 개인간·경영간·지역 사회간에 현실적으로 존재할 수밖에 없는 이해 대립을 수렴하거나 해소해 주는 자를 사회의 정점에 두지 않을 수 없기 때문이다.

이상과 같이 보면 '자유주의 사관'은 시대착오적이고 극히 위험하다는 사실이 판명될 것이다.

그러나 더 중요한 것은 현재 이 '자유주의 사관'이 일본의 현상태에 불만을 가진 사람들 사이에 어느 정도 받아들여지고 있다는 점이다. 주어진 지면 때문에 이에 대해 구체적으로 서술할 여유는 없다. 다만 사회주의 체제의 붕괴에 따라 냉전 체제 구도도 소멸하였고, 세계 경제의 구조적 불황과 불가분의 형태로 일본의 정치와 사회에 장래가 보이지 않는 복잡하고 불투명한 상황이 연출되고 있음을 상기하면 최소한의 전망은 세울 수 있다. 기존의 관념을 버리고 사회와 인간들의 새로운 움직임에 주목하면 이러한 사태를 전향적으로 타개해 나아갈 수 있는 것이다. 국가 및 민간 차원에서 아시아 여러 나라에 대한 전쟁 책임을 명백히 밝힌다거나, 경제 원조를 한다거나, 또는 한신 대지진의 피해 복구시에 나타났듯이 아시아 여러 나라 사람들이 일본인 피해자들을 지원한다거나 하는, 종래의 사고로는 상상도 할 수 없는 냉정하고 새로운 움직임이 생겨나고 있다. 그런데 종래의 가치관으로만 생각하려고 하는, 따라서 현실에 직면하여 이 새로운 갈등과 공존의 물결이 갖는 장래성 등을 읽으려고 하지 않는 사람들은, 이 새로운 움직임을 앞이 막막한 파국으로 우리 사회를 몰고 가는 기폭제로만 받아들여 이를 거부하려고만 든다. 이들은 오로지 파국으로부터 자기를 지킬 수 있는 마음의 피난처는, 마치 오움 진리교같이 타자를 배척해서라도 자기를 구제하는 것밖에 없다는 위기 의식을 지니고 있는 것 같다.

'자유주의 사관'·'자기 본위주의'는 종교 이외의 것에 의존하여 이와 같은 위기 의식을 회피하고, 자기의 존립 기반을 배외적·국수주의적인 가치 체계 위에 수립하려는 것에 지나지 않는다. 이러한 의미에서 '자유주의 사관'은 극도로 복잡하고 어려운 문제가 산적한 현재 일본의 안과 밖을 냉정히 살피고 서로의 가치관의 차이를 인정하면서 용기와 책임감을 갖고 가능한 것부터 실천하는 일을 포기한, 단편적이고 위험한 사상이라고 말하지 않을 수 없다.

그러나 '자유주의 사관' 논자들의 발언이 비교적 젊은 세대에게도 어느 정도의 관심을 끌고 있는 것은 여기에 위의 상황 인식만으로 설명될 수 없는 또 다른 문제가 있음을 시사해 준다. 단적으로 말하면 중학교 이후의 일본사 교육에 대해 압도적 다수를 차지하는 학생들이 분명한 불만을 갖고 있다는 엄연한 현실을 깨우쳐 주는 것이다. 왜일까?

문제는 중학교 이상의 교육 과정에 이르면 사회과 과목은 어느 것이나 마찬가지로 학생들이 좀처럼 실감하기 어려운 사회 일반의 추상론으로 빠지고 만다는 데 있다. 초등학교 사회과 교육에서는 자기가 살고 있는 동네가 어떻게 생겼는지 스스로 걸으면서 조사하거나 사적을 방문하게 하는 등 체험을 통해 마을의 역사를 배우게끔 지도한다. 그런데 중학교에 들어가면 중학생의 사고와 감성으로는 도저히 따라가기 힘든 추상적 용어를 남발하면서 일본을 축으로 한 세계의 역사 교과서가 이것저것으로 나누어지며, 교사들도 대부분 교과서를 읽고 해설하는 식으로만 가르친다. 중학생 시기는 부자·친구 관계에 눈뜨기 시작하는 동시에 사회에 대해서 눈이 열리기 시작하는 시기이기도 하다. 이 시기 학생들의 사고와 감성에 의거하면서 사회와 역사에 대한 관심을 내발적으로 높이려면, 학생들에게 가까운 지역의 역사와 현대의 구체적인 문제로부터 시작하여 과거의 커다란 역사의 흐름으로 자연히 눈을 돌리게끔 하는 교육 방식이 필요할 것이다.

그러나 실제로 이러한 시도는 거의 이루어지지 않고 있다. 역사 공부를 연호나 인물을 기억하는 정도로만 여겨, 중·고등학교 과정에서 역사 공부에 염증을 느끼는 학생이 의외로 많다. 이 문제를 해결하려고 하지 않는 한, 학생 하나하나가 자기 나름의 개성적인 역사 파악 방법을 몸에 익히기는 불가능할 것이다. 수험을 목표로 교과서 암기만 강요받는 가운데, 학생들은 '자유주의 사관' 논자들의 언설의 조작을 알아 내지 못한 채, 그 역사 쪽이 더 알기 쉽고 재미있다고 생각하게 되는 사태가 생겨날 수밖에 없다. 이것만은 스스로 경계하는 마음으로 확인해 두고 싶다.

제2부
내셔널리즘이라는 중력

'더 나은 일본인'이라는 형상을 넘어서
명예와 애도 앞에

이효덕(李孝德)

논의의 퇴행 · 진지함의 상실 · 사망자의 가림막

　PLO 간부 가운데 단 한 사람의 유태인인 이란 할레비는, 유태인 대학살을 부정하는 역사 수정주의의 출현에 임해서, 프랑스 정치 토론이나 역사를 둘러싼 토론이 빠졌던 혼란에 관해 다음과 같이 적고 있다.[1]

　"솔직히 말해서, 이미 얼마 전부터 나는 화가 몹시 났다. 이제는 잠자코 있을 수 없다. '해도 해도 너무 심하다'는 기분이 드는 것을 억누를 수 없다. 정말 이것은 몇 년 전부터 계속되어 온 일이다. 그러나 사태는 점점 심해져 가고 있다. 좀 더 중요한 문제를 우선시하려고 하는 이 사회가 깨닫지 못하는 곳에서, 논의는

---

1) 이란 할레비에 대해서는 鵜飼哲,「歷史修正主義―ヨーロッパと日本」(역사수정주의―유럽과 일본),『インパクション』, 102호(1990)의 설명에 따름.

무서울 정도로 퇴행하고 있다.

    도대체 무슨 논쟁일까? 처음부터 정말 논쟁이 진행되고 있는 것일까? 또한 이것이 우리들과 무슨 관계가 있을까? 그렇다, 우리들이 사실을 확인할 수 있는 출발점이 되는 것은 바로 이 애매함일지도 모른다. 그러므로 이것 또한 막연한 것이다. 이토록 사태는 뒤얽혀 버리고 말았다. 문제가 되는 논쟁은, 그때 그때 상황에 따라, 어떤 모습으로든 변해 가고 있다. 이것은 무정형으로 이리 저리 떠나며 정처없이 흘러다니는 논쟁이다. 이쪽에서 팔레스틴 문제를 주제로 이야기한다면, 저쪽에서는 이민 문제를 주제로 이야기할 수 있다. 또는 이쪽에서의 논의는 인종 차별의 문제에 관계되어 있는데, 저쪽에서의 논의는 제2차 세계 대전의 역사와 관계되어 있다. 이처럼 무정형의 논쟁이다. 더군다나 틀림없이 이 무규정성 때문에, 이것은 마치 마주 붙잡고 싸우기라도 하듯이 무질서하게 제멋대로 지껄이며 타락하고 퇴폐해 간다. 그것이 의분을 가장하여 행해지고 있는 것이어서 진지함마저 없다는 점은 한층 더 심각한 문제이다.

    사실 이미지나 관념에 있어서 여러 가지 조작이 이루어지고 있다. 거울 속에 비치는 착시 같은 장난처럼 착각이 통용되고, 속임수가 난무하는 것이다. 현재 진행되고 있는 것도 허위의 논쟁이다. 그 배경에는 살아 있는 자와 죽은 자. 이전에 죽은 자들과 오늘날 죽은 자들이 각각 다른 쪽을 숨기는 가림막으로서 소환된다. 그리고 이 무책임한 소란 전체가 오늘날 죽어 가는 사람들의 시체를 덮는 침묵의 수의(壽衣) 역할을 하고 있는 것이다."[2] (고딕 강조는 인용자)

    약간 긴 인용문이었지만 이것은 틀림없이 프랑스 상황을 가리켜 한 말임에도 불구하고 현재 일본의 상황에서 이보다 더 적합한 말이 또 있는지

---

[2] 이란 할레비, 安川慶治 역, 「偽善―利用された修正主義」(위선―이용된 수정주의), 『現代思想』 1995년 1월호, 182쪽.

모르겠다. 몇 개의 단어만 바꾸면 그대로 일본 현재 상황에 적용시키기에 꼭 들어맞아 기분이 나쁠 정도다. 이것은 '종군 위안부'로 업신당한 여성들을 다시 욕보이는 것일 뿐만 아니라, 그들의 존재 자체를 역사 속에서 말살하는 것을 목적으로 하는 퇴행적인 논의이다. 동시에 이 논의는 '자국의 정사(正史)'를 잃어버렸다는 '의분'에서 생긴 것이며, '새로운 역사 교과서'를 만들어 잃어버린 '자국의 명예'를 회복하겠다는 것이므로, '진지함이 없다'는 면에서는 그 심각함이 이미 도를 넘어서 있다.

한편 '일본'의 침략으로 죽은 2,000만 아시아의 사망자보다 '더러운 침략자'로서 죽은 300만 '자국'의 전사자들을 먼저 애도하여 전쟁 후 '일본'의 인격 분열을 해소하고, '우리들 일본인'만으로 국민 주체를 만들어 전쟁 책임을 올바르게 생각하도록 하자는 등 현실적인 실천성 없이 거의 정서에만 아부하는 문학적 기술이 생각밖에 좋은 평판을 얻게 되었다. 이런 말을 하게 된 원인이랄 수 있는 '위안부' 여성들의 존재가—차별과 빈곤 속에서 점점 나이가 들어 차례로 타계해 가는 상황임에도 불구하고—그 책임 주체인 '우리들 일본인'하고는 어느 새 무관한 문제인 양 지나치게 되어, 결국 이러한 '무책임한 소란' 속에서 죽게 내버려 두는 것은 어떤 의미가 있을까? 해도 해도 너무 한다는 느낌을 갖는 것은 나만이 아닐 것이다. 물론 이러한 사태는 예전부터 지긋지긋할 정도로 많이 있었지만 그 정도가 점점 더 심해지고 있다는 걸 결코 나 혼자서만 뼈저리게 느끼는 건 아닐 것이다.

현재와 같은 '일본'의 모습을 만들어 내는 '자유주의사관연구회'나 '새로운 역사 교과서를 만드는 모임'에 대해 새삼스럽게 설명할 필요는 없을 것이다. 그들의 주장은 '일본인'이라면 실제로 느끼는 공동성을 내세우고자 '긍지를 느끼는 자국사'를 만들어 내자는 것으로 결론을 맺는다. '자유주의사관연구회'에서는 건전한 내셔널리즘말고도 일본이라는 국가의 존재와 번영을 최고의 목적으로 하는 국가 기본 방침을 고안하는 전략론의 견해로서 리얼리즘, 모든 이데올로기로부터의 자유, 관료주의 비판 등이 공허한 논쟁으로 끝나고 난 뒤, '도쿄재판 사관=코민테른 사관'과 '태평양전쟁 긍정사관'을 비판하는 제삼자의 입장을 받아들이는 듯하지만, 후지오카 노부가츠(藤岡信勝)의 『오욕의 근현대사』(汚辱の近現代史)를 읽어 보면 단적으로 알 수 있듯이, 실제로는 아시아 태평양전쟁 긍정사관 이외의 어떠한 것도 주장하고 있지 않다. 그러나 이는 실증적인 차원에서도 이미 부정되고 있을 뿐 아니라, 그 실질을 들여다봐도 이런저런 의론들을 조잡하게 끌어 모아 다분히 정서에 호소하고 있는, '자유주의'라는 이름의 지극히 편협하고 배타적인 '국가주의'를 선동하는 것에 지나지 않는다.

'새로운 역사 교과서를 만드는 모임'이 '긍지를 느끼는 자국사'를 만든다는 선언하에 주장하는 내용도 크게 다른 것은 아니다. 단지 이전부터 떠들썩하게 주장되어 온 열광적인 국가주의나 민족주의만으로는 자기들의 생각을 널리 퍼뜨릴 수 없다는 자각에서인지, '자유주의사관연구회'에 비해 이들의 서사는 우리에게 구미를 당기게 하는 측면을 내비치기도 한다. 이를테면 중학생 역사 교과서의 '종군 위안부'에 관한 기술을 '성표현'의 부적절함이라는 문제를 들어 말소시켜 버리려는 것이 새로운 점이라고나 할까?

물론 이러한 일본판 역사 수정주의에 관해서는 다양한 비판의 목소리가 일고 있다. 각지에서 집회와 심포지움이 열리고 여러 종류의 잡지에서도 이 문제를 특집으로 다루었으며, 서적도 다수 간행되었다.[3] 이러한 비판은 대부분 성실한 것이며 커다란 의의를 지니고 있지만, 다른 한편으로는 여전히 마음에 걸리는 점이 없지 않다. 이러한 비판의 상당 부분은 일본판 역사 수정주의에 대해 근본적으로 비판할 수 있다고 쉽사리 생각해 버리는 경향을 띤다는 점이다. 이러한 태도는 역사 수정주의 이상으로 커다란 문제를 낳는다.

'명예'라는 배타성과 '애도'라는 자폐

이 점을 살펴보기 위하여 먼저 '역사 주체 논쟁'으로 불리는 논쟁에 대해 생각해 보자.4)

이 논쟁은 카토 노리히로(加藤典洋)의 잡지 평론글인 「패전후론」(敗戰後論)에서 시작되었다. 이 글에 대해 타카하시 테츠야(高橋哲哉)나 오오고시 아이코(大越愛子)는 여러 논술5)을 통해 카토의 글이 '자유주의사관연구회'나 '새로운 역사 교과서를 만드는 모임' 등을 포함한 커다란 신내셔널리즘의 유파의 하나로 위치 지을 수 있다고 비판하였다. 그러나 주의해야 할 점은 카토가 이러한 논평을 쓰게 된 동기가 '자유주의사관연구회'나 '새로운 역사 교과서를 만드는 모임'에서 내놓는 반동적인 말(구체적

---

3) 岩崎稔, 「歷史敎科書論爭と歷史主體論爭」(역사교과서논쟁과 역사주체논쟁), 『世界』 1997년 10월호에 이러한 문헌이 게재되어 있다.
4) 이 용어는 西島健男이 「歷史主體 論爭―戰後日本の再構想に一石」(역사주체논쟁―전후일본의 재구상에 일석), 『朝日新聞』 1997년 5월 17일자 조간에서 쓴 것인데, 이 논쟁의 쟁점은 '역사의 주체'라는 것의 유무나 현상태에 한정되지 않기 때문에, 이러한 용어는 다분히 문제가 있다.
5) 高橋哲哉, 「汚辱の記憶をめぐって」(오욕의 기억을 둘러싸고), 『群象』 1995년 3월호 및 「哀悼をめぐる會話―『敗戰後論』批判再說」(애도를 둘러싼 회화―『패전후론』비판재설), 『現代思想』 1995년 11월호; 大越愛子, 「もうひとつの'語り口'の問題―どのように歷史的事實と出會うか」(또 하나의 '말투'의 문제―어떻게 역사적 사실을 만날까), 『創文』 1997년 4월호

으로는 구식민지나 아시아 태평양전쟁에 대한 정치가·각료의 문제성 발언)이 전후 '일본'에서 끊이지 않고 나오는 사태를 비판적으로 분석하고자 함이 었다는 점이다. 카토의 말을 옮기면 "우선 필요한 것은 이 사회가 사죄할 수 있는 사회로 되는 것, 즉 사죄의 주체를 구축하는 것이다. 그 방법은 인격 분열을 극복하는 것말고는 없다"[6]고 한다.

실제로, 타카하시가 카토를 비판하는 논의에서는 '위안부' 여성들에 대한 대응이 커다란 논점이었지만,[7] 카토 자신의 논의에서도 "아직도 여전히 예를 들어 조선인·한국인 위안부로 동원되었던 여성들에게 사죄나 배상도 한 번 제대로 하지 않은 것은 물론이거니와, 그에 대한 신속한 대응조차 방치하고 있다"[8]며, 위안부 여성들에 대한 불충분한 대응을 언급하면서 현재 '일본'의 상황을 비판하고 있다. 다시 말하면 카토의 논의는 전쟁 책임이라는 문맥에서만 본다면 (적어도 카토 자신의 의도에서는) 현재의 '일본'을 비판적으로 재구축하기 위한 것으로, 그가 말하고자 하는 바를 축소할 우려가 없지는 않지만, "전쟁 책임을 똑바로 받아들여 좀더 착실한 '일본'을 '우리들 일본인'의 손으로 만들자"는 것이라 정리할 수 있다.

다만 카토의 논의 각각이 지극히 강압적인 이분법을 전제로 하고 있는 데다, 명확한 논리에 기초한 것도 아니어서, 단순하게 정리하기도 어렵지만 그렇다고 단적으로 이해할 수 있는 것도 아니다.(카토에 의하면 이렇게 '실감'을 지니지 못한 사람과 지닐 수 없는 사람으로 구분할 수 없는 것인지도 모

---

6) 加藤典洋, 『敗戰後論』(講談社, 1997) 102〜103쪽.
7) 高橋哲哉, 「汚辱の記憶をめぐって」 참조.
8) 加藤典洋, 『敗戰後論』, 16쪽.

르지만……) 전후 일본은 호헌파(護憲派)라는 '외향적인 자기'와 개헌파(改憲派)라는 '내향적인 자기'로 인격 분열되었다는 논의는 역사를 지나치게 단순화한 것으로, 다양하게 있을 수 있는 또는 있을 수 있었던 언설을 폭력적인 이분법으로 환원시키고 있다. '일본'의 300만 죽은 자에 대한 애도를 통해 아시아의 2,000만 죽은 자를 애도하고, 전쟁 책임을 사죄하기 위하여 '우리들 일본인'으로 주체를 구축한다는 주장도 솔직히 알 듯 모를 듯하다. 애도해야 할 '죽은 자'를 이렇게 이분법으로 나누어 구별하고 순서를 정하여 전쟁 책임 문제를 생각한다는 발상 자체가, 많은 논자들이 비판하고 있듯이, 아무리 생각해도 설득력 있다고는 여겨지지 않기 때문이다. 가령, 전쟁터에서 죽은 조선인과 대만인, 또는 대만이나 북방 소수 민족의 황군 병사나 일본군에게 학살된 오키나와(沖繩) 사람들에게 어떠한 위치를 부여할 수 있는지를 생각해 보는 것만으로 족하다. 무엇보다 카토가 말하는 애도가 어떠한 실천에 의한 것이고, 그것으로 어떻게 확실하게 전쟁 책임을 질 '주체'를 만들어 낼 수 있는 것인지 전혀 알 수가 없다.

　이러한 논리적인 파탄에도 불구하고, 카토의 논의가 호의적으로 받아들여지는 이유 중 하나는, 앞에 서술했던 "전쟁 책임을 똑바로 받아들여 좀더 착실한 '일본'을 '우리들 일본인'의 손으로 만들자"는 (지극히 정서적인) 호소가 밑바닥에 깔려 있다는 것이다. '일본인'의, '일본인'에 의한, '일본인'을 위한 전쟁 책임을 지극히 평범한 관용구로 집약할 수 있는 이 논의의 논리적인 파탄이야 어떻든, 결과적으로는 적지 않은 수의 '일본인'의 '실감'에 그의 논의가 강한 호소력을 가지며, 그렇기 때문에 '공감'을 부르게 되었을 것이다.

그러나 이 "좀더 착실한 '일본'을 '우리들 일본인'의 손으로 만들자"는 구호 자체는, 앞에 서술한 일본판 역사 수정주의로 받아들여질 수 있지만,[9] 또 일본판 역사 수정주의를 비판하는 사람들 가운데서조차 찾아볼 수 있는 것이다. 그리고 이것은 때때로 '우리들 일본인'의 '명예'라는 논제와 함께 문제시되고 있다. 가령 "아시아 사람들의 신뢰와 국제 사회 속에서 일본인으로 명예를 얻기 위하여 전쟁 책임을 지지 않으면 안 된다"는 말처럼 말이다. 카토도 "그렇지만 분열한 인격이 스스로 이 분열을 극복하는 일이 가능한 것일까? 그것은 알 수 없지만 다만 하나는 확실하다. 만약 이것이 가능하지 않다고 한다면, 침략 전쟁을 하고 패한 나라의 국민인 우리에게, 하나의 인종인 일본 **국민으로서의 명예, 긍지**가 있을 수 없다. 저 지킬과 하이드의 어쩔 수 없는 분열처럼, 한 사람의 인격으로 되돌아가는 방법은 없을 것이다"[10](고딕 강조는 인용자)라고 하여, 전쟁 책임의 문제는 그대로 '우리들 일본인'의 '명예'와 직결한 문제라고 파악한다.(여기에서 말한 '일본 국민'은 귀화한 구식민지 사람들을 포함하지 않는 것으로, '일본 국민'이 아니라 '일본 국민인 일본인'으로 보는 쪽이 정확할 것이다.) 물론 일본판 역사 수정주의자들이 열광적으로 부르짖는 반동적인 '명예'를, 이것을 비판하는 사람들의 양심적인 '명예'와 동질의 것이라고 볼 수 없으며, 카토가 호소하는 '일본 국민으로서의 명예'가 그 자체만으로 (지금까지 외쳐 온) 국수주의적·애국주의적인 그것과 동일하다고도 생각하지 않는다.

그러나 그들의 논의에 명확한 '차이'가 나기는 하지만, '우리들 일본인

---

[9] 카토의 논의와 일본판 역사 수정주의의 공통성·친화성에 관한 비판적인 고찰은 高橋哲哉「ネオナショナリズム批判のために」(네오내셔널리즘 비판을 위해),『現代思想』1997년 9월호 참조
[10] 加藤典洋,『敗戰後論』, 52쪽.

의 명예'라는 말처럼 배타적인 집단 가치를 전제로 하는, 어떤 동일한 패러다임이 공유되고 있음을 지적할 수 있다. 바꿔 말하면 '명예'를 거론하는 '우리들 일본인'이라는 특정 집단이 가져야 하는 올바름이 아무런 전제 없이 요구되고 있다는 점에서, 각 논의의 전제나 그 논자들의 자세가 공통성을 띠고 있는 것이다. 그리고 주의해야 할 것은 이 '일본인의 명예'는 절대로 비(非)일본인이 아니라 '우리들 일본인'에 귀속하는 자가 그 귀속을 전제로 해서만 얻을 수 있는 권리로서, '우리들 일본인'에 대하여 호소하는 일밖에 할 수 없다는 점이다. 즉 여기에서 말하고 있는 '명예'는 어디까지나 '일본인'의, '일본인'에 의한, '일본인'을 위한 '명예'임에 틀림없고, 전쟁 책임의 문제는 '일본인성(性)'의 문제로 모아져, 말하자면 '일본인'의 마음속에 '더 나은 일본인'이 되기 위한 '명예' 쟁탈전으로서 논의가 이어지게 되는 것이다.

물론 모든 논자가 이러한 패러다임에 편승하여 논의를 전개하는 것은 아니며, 이러한 패러다임에 비판적인 논의도 많다.[11] 다만 주의해야 할 것은 이 '더 나은 일본인'이라는 당위 아래에서 '현실'을 비판적으로 논의할 때, 많은 사람들이 이 '이야기'를 '실감'하고 공유하게 되며, 좀 심하게 말하면 그 패러다임에 제압되어, 비일본인과의 관계 속에서 비로소 의미를 가질 수 있는 '일본인의 명예'가 비일본인은 대상으로 하지 않은 채 다루어져, 현실의 '타자'에게 향해져야 할 대응의 가림막으로서 기능하게 되는 것이다.

---

11) 예를 들면, 酒井直樹, 川村湊, 守中高明 의 대담, 「共同性 批判としての 戰後詩」, 『現代詩手帖』, 1997년 9월호; 齋藤純一, 「死者への哀悼/經驗の聲」(죽은 자에 대한 애도/ 경험의 목소리), 『みすず』 440호 (1997) 등 참조 이 글에서는 이러한 논의를 많이 참조하였다.

정확히 '아시아'나 '아시아 사람들'이라는 형태로 대상이 명시되어 전쟁 책임을 논하는 것은 있지만, 그 '아시아'나 '아시아 사람들'은 어디까지나 추상적으로 말해질 뿐, 전쟁 책임을 전제로 해서 어느 정도 구체적으로 이미지화하고 있는지는 분명하지 않다. 생각해 보면 아시아인이 아닌 사람 가운데도 전쟁 피해자가 있기 때문에(위안부 중에 네덜란드 여성이 있었던 것이나, 아시아 지역에 거주하던 비전투원이자 비아시아인 피해자들을 생각해 보라), 이런 식의 언급은 어디까지나 '일본인'의 모습을 드러내기 위한 것이라 해도 과언은 아닐 것이다. 실제로 앞에서 서술한 "아시아 사람들의 신뢰와 국제 사회 속에서 일본인으로서 명예를 얻기 위하여 전쟁 책임을 지지 않으면 안 된다"는 호소는, 때로 '아시아의 공생'이라는 호소와 함께 일컬어지는 경우가 많은데, 이 때에도 당연히 아시아 지역 내에 속해야 하는 '일본'은 '아시아'로부터 벗어나 독립해 있는 것으로 전제되는 듯하고, 당연히 있어야 할 구체적인 대상(=피해자)도 '아시아'라는 지역명으로 막연히 제시된 채 끝나고 만다.

이 점은 카토가 말하는 '애도'에 관해서도 꼭 들어맞는다. '일본'이 300만 명의 죽은 자에 대한 애도를 통해서 아시아의 2,000만 죽은 자를 애도하고, 전쟁 책임을 사죄하기 위하여 '우리들 일본인'으로 주체를 구축해야 한다는 주장에는 실감으로 파악되는 '일본인'이 전제되어 있지만, 어느 시체가 자국인(=일본인)의 사망자이고, 어느 시체가 아시아인 사망자인지를, 누가 어떤 입장을 가지고 어떻게 정의할 수 있을지 의문이며, 그런 일이 가능하다고도 생각하지 않는다. 우선 '일본'과 '아시아'라는 대비 자체가 전쟁 책임의 대상을 한정하는 방법임을 인정한다 해도, 그런 범주화는 대단히 문제가 많다. 그렇게 되면 '타자'와의 사회적인 관계 속에서 비로소 의미를 갖게 되는 '일본인'이라는 범주가, 이 관계성을 버리고 실감만을 앞세워 그저 '애도'하는 것만으로 권리를 주장할 수 있게 되어, 결국은 '타자'를 잘라 내는 결과를 빚고 만다. '일본인'이 '더 나은 일본인'이 되기 위하여 대조되는 대상인 '아시아'는 어디까지나 참조되는 데 그치는 것이다.

정말로 '타자'를 쳐내 버린 채 있을 법한 '일본인' 본연의 자세를 '일본인'에 대해서만 이야기한다는 것은 무슨 의미가 있을까? '일본인의 명예'라는 논의에서 '일본인'인 자와 '일본인'이 아닌 자를 선별하고, 가해자와 피해자의 응답 속에서 비로소 의미를 가질 수 있는 전쟁 체험을 '일본인'이 '더 나은 일본인'이 되기 위한 경험으로 일방적으로 회수해 버리는 것이 과연 어느 정도나 의미있는 일일까? 카토가 말한 '애도'라는 것 역시나 '자국의 사망자'와 '아시아의 사망자'라는 표현을 쓰면서, 애도되는 자와 애도하는 자를 억지로 선별하여 범주화하고 '애도'할 수 있는 자의 권리를 주장하는데, 이는 '타자'와의 관계를 잘라 버리고 배타적이고 자폐적인 논의로 빠지는 것이라고 생각하지 않을 수 없는 것이다.

'일본인'의 역사성

'국민'이라는, 사람들 사이의 구체적인 대면 관계를 초월하여 만들 수 있는 통일체를 '상상의 공동체'라고 논한 이는 베네딕트 앤더슨인데,[12] 이 통일체는 어디까지나 타자를 통해 반사되는 형식으로밖에 상상될 수 없다는 사실을 확인해 둘 필요가 있다. 앞에서 서술한 바와 같이 '일본인'

---

12) 베네딕트 앤더슨, 白石隆·白石さや 역, 『想像の共同體—ナショナリズムの起原と流行』(상상의 공동체—내셔널리즘의 기원과 유행)(リブロポート, 1987).

이란 비일본인과의 사회적 관계 속에서 의미를 갖는 것이지, 결코 자신이 스스로 확정하여 말할 수 있는 것은 아니다. 바꿔 말하면 '타자'를 전제로 하지 않고 '일본인'만을 전제로 하는 논의는 이러한 사회적 관계를 부인하는 것으로밖에 볼 수 없다. 가령 과거 위안부였던 사람들의 호소는 '일본인'이라는 역사성을 묻는 것에 지나지 않지만, 이 호소가 '더 나은 일본인'이라는 형상을 구축하는 논의로 일본인에게 받아들여질 때 이 위안부들의 호소나 존재는 무시될 수밖에 없지 않을까? 즉 '타자'로부터의 호소를 자기 존재의 문제로만 받아들이게 될 때, 그것은 단지 자위적인 독백으로 끝나고 마는 게 아닐까 하는 것이다.

또 이러한 독백은 호소하고 있는 현재의 '타자'와의 관계를 부정하는 데서 그치지 않고, 거꾸로 부정되어야 할 '타자'를 만드는 일이 되기도 한다. 예를 들면 앞에서 서술했듯이, 전사한 조선인과 대만인, 또 대만이나 북방의 소수 민족으로 구성된 황군 병사나 일본군에게 학살된 오키나와 사람들은, 이 '일본인의 명예'에 절대로 포함될 수 없다. 이 중에서 조선인만 한정시켜 말한다면, 일본 군국주의자들이 직접 싸움터로 끌어 낸 조선인은 50만 명에 이르는 것으로 추정되는데, 그때의 사망자는 공개된 숫자가 2만 2,182명으로, 실제로 20만 명이나 되는 조선인 군인과 군속은 현재 생사조차 확인되지 않고 있다. 더욱이 일본 패전 후, 연합국에 의해 전범으로 재판받아 유죄를 선고받은 조선인 군속은 148명이고, 그 중 23명이 사형 집행을 받았다.[13]

'일본'을 위하여 전사하고 '일본'의 죄를 속죄하기 위하여 처형된 이들

---

13) 여기에 기재한 숫자는 徐京植 『分斷を生きる—'在日'を生きる』(분단을 산다—'재일'을 산다)(影書房, 1997), 142~143 쪽을 참조한 것이다.

사망자들은, '일본인의 명예'를 위하여 죽거나 살해되었음에도, 절대로 '일본인의 명예' 속에 자리 잡을 수 없다.

그렇다고 해서 그 당시 '일본인의 명예'는 잘못된 것이고, 일본판 역사수정주의자이건 그 비판자이건 그들이 현재 거론하는 '일본인의 명예'는 올바르다는 식으로 말해서 해결될 수 있는 문제는 아니다. 현재 한국인들로부터는 일본인화한 한국인이라 하여 부정적인 대우를 받고, 현재 '일본인'들로부터는 '외국인'으로 취급받는 이들 원래 '일본인' 사망자들은, 결코 단순한 '아시아의 사망자'로 애도하여 끝낼 수가 없다. 카토가 말한 것처럼 '더럽혀진 일본인 사망자들'을 애도할 수 있는 것이 '자국의 일본인'뿐이라면, '더럽혀진 원래 일본인 사망자들'은 누가 애도하는 것일까? 전쟁 전이나 전쟁 당시에 원양 어업용 선박의 항해사로서 '일본'에서 생활하고, 태평양전쟁이 끝날 무렵 해군 수송선 선원으로 징용되어 레이테만으로 가 '일본인'으로 전사한(그러나 전사 통지서조차 가족에게 전달되지 않았다) 나의 할아버지는 어디에서 장례식을 치를 수 있는 것일까? 게다가 전쟁 후 '일본'으로 귀화한 적지 않은 수의 조선인·중국인은 같은 민족에 속한 사람이든 '자국' 사람이든 애도할 권리조차 가지지 못하는 것일까?

이러한 '일본인의 명예'나 "우선 일본인이 일본인 사망자를 애도한다"는 논의에 결정적으로 빠져 있는 것은, 이 논의가 전제로 하는 '우리들 일본인'이라는 '실감'이 사실은 지극히 역사적인 것이고, 동시에 이 역사성을 망각하는 것이 가능하다는 인식이다. 바꿔 말하면 '일본인'은 반드시 비일본인과의 관계에서만 의미를 가진다는 사실을 알면서도 그냥 지나칠 수 있다는 것이다.

'일본인'이라는 형상은 근대가 낳은 산물이 아니라,[14] 메이지 시대 근대 국가 '일본'의 형성기에, 곧 '서양'과 자신을 견주면서 오키나와인이나 아이누 등 북방 소수 민족을 동화하고, 청일·러일 전쟁을 거쳐 대일본제국을 형성하던 시기에 조선인·대만인을 비롯한 식민지하의 사람들을 동화시키는 제국주의 확대 과정에서 만들어졌다. 그럼에도 불구하고 '일본인으로서 명예'나 '우선 일본인에 의한 일본인의 애도'라는 논의에는 결정적으로 이 '역사'가 빠져 있는 것이다. 다시 말해서 '일본인'은 반드시 비일본인과의 관계 속에서 만들어지는 법인데도, 이 비일본인과의 관계가 '과거'에 어떻게 만들어졌고, 또 그것에 의해 '일본인'은 스스로를 어떻게 만들어 왔는지가 '일본인으로서의 명예'나 '우선 일본인에 의한 일본인의 애도'라는 논의에서는 사라지고 없는 것이다.

아이누나 오키나와인, 조선인이나 중국인, 동남아시아의 사람들에게 휘둘렀던 식민지 시대의 폭력을 거론하며 '일본'을 비판하고 아무리 공생이나 연대를 주장한다 해도, '일본인'의 자명성과 역사를 근본에서부터 되묻지 않는다면 그들이 말하는 '타자'는 '더 나은 일본인'을 구축하기 위한 재료 이상의 것이 되지 못한다. '일본인' 자신이 정말로 이러한 과정을 거쳐 '일본인'이 되었으며 또 '일본인'임을 스스로 확정하려 했는데도 이런 역사가 여기에서는 완벽하게 억압되어 있으며, 이에 '일본인'이 말하는 '타자'는 어디까지나 '더 나은 일본인'을 위한 '타자'로서만 존재하는 것이다.

여러 가지 경제적·정치적인 관계가 세계적인 규모로 재편성되기를 요구받고 있는 지금, 식민지주의와 밀접한 관계를 갖고 있는 '일본인'이라

---

14) 酒井直樹, 『死産される日本人·日本語』 (사산된 일본인·일본어)(新曜社, 1996); 富山一郎 「國民の誕生と'日本人種'」(국민의 탄생과 '일본인종'), 『思想』 1994년 11월호 등의 논의를 참조

는 의미를 이러한 새로운 관계 속에서 되묻고, 구식민지 사람들에게만이 아니라 '일본인'인 사람들에게도 강요되어 온 '일본인'이 되는 것의 역사를 다시 한 번 생각해 볼 필요가 있는 것은 아닐까? 세계 정세의 변화와 더불어 점차 부각된 식민지주의의 잔재에, 단지 '더 나은 일본인'이 되고자 대응하는 것이 아니라, '타자'의 호소와 그 응답 속에서 '일본인'이 되는 것은 어떠한 의미를 갖는지 또 어떻게 그 책임을 떠맡을 수 있는지를 철저하게 생각하여 실천해야 하지 않을까?

'타자'의 호소와 응답 속에서

사람은 누구나 자기 자신과 직접 관계가 없는 '과거'의 책임에 대해 "그런 것은 모른다"고 딱 잘라 거절할 권리를 가지고 있을지 모른다. 그러나 딱 잘라 거절하는 것만으로는 무엇인가를 시작할 수도 마칠 수도 없다. 무엇보다 이러한 대응이 자의적으로 발동하게 되면 결국은 폭력으로 흐를지도 모르는 그 대응을 회피하고자 배타적인 공동성을 만들고 '타자'를 끊임없이 선별하여 배제하는 일이 일어나게 된다. 더 나은 동료들만으로 이루어진 공동체를 강박적으로 만들어 내는 것밖에는 다른 방법이 없다고 생각하는 것이다.

'책임이 없다'는 것이 결코 '책임을 지지 않는다'는 것과 똑같은 의미를 지니는 것은 아니다. '위안부' 문제로 말할 것 같으면, "그것은 과거의 일로 자신에게는 직접적인 책임이 없다"는 말은 고발자인 위안부들과의 관계에 한해서만 '관계가 없다'고 거부하는 것이다. 직접적인 책임이 없기 때문에 오히려 이 호소에 응하고 또 생각하여 직접적인 책임이 없음을 증명하는 길도 있을 수 있는 것이다.

아주 기본적인 것부터 생각해 보자. 어째서 위안부들은 일본 국민에게 일본인들이 저지른 50년 전의 '과거'를 고발하고 있는 것일까? 1980년대 한국은 여성 운동과 세계적인 페미니즘의 움직임에 발맞춰 '종군 위안부' 문제를 범죄라는 관점에서 받아들이는 패러다임 변화가 일어나고, 위안부들에 대한 사죄와 보상을 요구하게 되었는데,[15] 왜 그녀들은 전후 50년이 지난 지금 굳이 사죄와 보상을 요구하는 것일까? 잠정적으로 제시되고 있는 이른바 '위로금'이라 할 만한 비공식적인 돈을 받기 거부하고 왜 꼭 사죄를 요구하는 것일까? 아무리 큰 사죄나 보상으로도 '과거'가 완전히 속죄될 수 있는 것은 아니며, 혐오스러운 '기억'이 지워질 수 있는 것도 아니다. 경제적인 보상만을 요구했다면 그 '위로금'을 말없이 받는 것만으로 모든 것은 끝난다.

그러나 그녀들이 단순한 고발을 넘어 일본인, 일본 국민에게 계속해서 호소하고 있는 것은 비록 충분하지는 않더라도 '현재'에서 '과거'를 되살리고 싶기 때문은 아닐까? 사죄든 보상이든 어떠한 방법으로든 확실하게 납득이 가는 절차를 요구하고 있는 것은, 절차라는 협동 작업을 통하여 '과거'의 혐오스러운 기억에 불과했던 관계를, '과거'와는 다른 '현재'로 새롭게 연결시켜 구해 내고 싶기 때문이 아닐까? '과거'는 도저히 잊을 수 없겠지만, 새로운 관계를 세우는 것으로 '과거'를 상대화하거나 용서하며 스스로 구원할 수 있는 계기를 직접 만들고 싶다고 생각하기 때문은 아닐까? 그리고 이 호소에 응하는 것은 그녀 자신들의 '과거'를 구하는 계기가 되는 것만이 아니고, 곧바로 피해자와 가해자의 대립을 뛰어넘어

---

15) 이러한 패러다임 변화에 관해서는 上野千鶴子, 『ナショナリズムとジェンダー』(내셔널리즘과 젠더)(青土社, 1998)의 논의를 참조.

'미래'를 구하는 것과도 관계가 있는 것은 아닐까? 이런 그녀들의 호소에 대해 '과거' 일에 책임이 없다고 거부하는 것과 책임이 없기 때문에 응답하며 계속 대응한다는 것, 어느 쪽이 더 보람과 가능성을 느낄 수 있는 일일까?

1997년 8월 18일에 사망한 로사 헨슨 씨는 필리핀 사람으로서는 처음 실명으로 '위안부' 체험을 고백한 여성인데, 1943년 4월, 15세의 나이로 일본군에 연행되어 아홉 달 동안 성적 노예로서 감금되었던 나날들에 대한 회상을 다음과 같이 맺고 있다. "이젠 용서합니다. 하지만 잊을 수는 없습니다." 16) 이런 말을 할 수 있었던 것은, 여러 가지 장애나 저항에도 불구하고 로사 헨슨 씨의 뒤를 이어 170명의 위안부들이 계속 자기 이름을 밝힐 수 있기까지 그녀들을 지탱하고 도와 준 사람들의 노력이 있었기 때문이다. 그녀가 '용서한다'고 말할 수 있기까지 이것을 가능하게 할 수 있었던 것은 바로 사람들과의 교류가 있었기 때문이다. 하지만 위안부들 중 대부분은 '과거'를 용서할 권리나 기회조차 빼앗기고 있는 것이 현재의 실정이다. 그리고 이것은 '위안부' 문제에만 그치는 것이 아니라, 지금까지 단절되고 억압되어 온 무수히 많은 식민지주의의 잔재 모두에 다 해당된다.

그러기 때문에 더더욱 '더 나은 일본인'이라는 형상은 다시 생각해 보지 않으면 안 된다. 선천적인 '일본인으로서의 명예'나 '우선 일본인에 의해 일본인 사망자를 애도'한다는 독백도 부정하지 않으면 안 된다. 타

---

16) 「惜別 フィリピン元慰安婦 ロサ・ヘンソンさん」(석별 필리핀 전 위안부 로사 헨슨 씨), 『朝日新聞』 1997년 9월 30일자 조간.

자'와의 관계를 부인한 채, '현재'에 있어 본질적으로 관계되는 '타자'의 '과거'를 묵살한 채, 그렇게 아무런 전제도 없이 '더 나은 일본인'임을 지향할 수는 없는 것이다. 말할 수 있는 자와 말할 수 없는 자를 엄격히 구별하면서, 단지 '일본인' 안에서만 적절하게 공유하기 위하여 이야기되고 또 이야기되어 온 '더 나은 일본인'을 위한 '내셔널 히스토리'가 비판적으로 초월되지 않으면 안 되는 것은 그 때문이다.

참회의 가치도 없다

오오고시 아이코(大越愛子)

전쟁과 젠더

1991년 김학순 할머니의 증언 이후, 일본의 전쟁 책임 문제와 전후 책임 문제는, '전쟁과 젠더(gender, 性)'라는 새로운 문제에 직면하게 되었다. 전쟁의 가해와 피해라는 구조 속에는 젠더가 교묘히 들어가 있고, 거기에 복잡하게 뒤얽힌 문제들이 있다는 것은 일찍이 예감된 바 있지만, 냉전 체제에서는 전쟁을 하나의 필요악으로 여기는 생각이 우세하였고 그 사이 이 문제는 불문에 붙여졌다. 그러나 냉전 체제의 붕괴 후, 이제는 이데올로기로 미화시킬 수 없는 전쟁의 생생한 현실이 노골적인 형태로 드러났다. 전쟁의 현실은 폐허 속에 나뒹구는 사체, 공포로 굳어진 아이들의 눈, 성 폭력에 노출되어 있던 여성들의 몸 그 자체임이 확실하다.

이러한 현대의 전쟁 현실은 50년 전의 전쟁 기억을 떠올리게 하였다.

패전이라는 하나의 분기점을 교묘히 이용하여 패전과 그 후 미국군의 점령 체험에 의거하여 피해자 의식 체제를 형성하고, 그 이전의 침략 전쟁이라는 사실을 철저하게 은폐하려 했던 국가적 사기가 하나 둘씩 허물어져 내렸다. 일본의 침략 전쟁으로 인해 아시아 각지에 그대로 방치되었던 엄청난 수의 시체와 무참히 파괴된 촌락, 그리고 병사들의 어이없는 욕망의 희생물이 된 여성들의 몸이 다시 생생한 형상으로 나타났다.

'위안부'(慰安婦)라는 이름을 강요받은 여성들은 자신의 신체에 각인된 이 호칭이 기나긴 침묵의 세월을 거친 후에도 결코 지울 수 없는 것이었다는 '분노의 말'을 그 가해 국가를 향해 내뱉었다.

'낮에는 병사가 오고, 밤에는 장교가 왔습니다. 차례차례 상대하면서 기절하거나 하면 물을 끼얹고, 의식이 돌아오면 또 상대를 시켰습니다. 거기다 장교들은 매우 난폭했습니다. 그들은 언제나 군도를 빼들어 우리를 위협하고 조롱하였으며, 칼 끝으로 제 몸 여기저기를 찔러 댔습니다. 내 몸은 지금까지도 그때 입은 상처투성이입니다.…… 하지만 무엇보다도 참기 힘들었던 것은, 나를 잠들지 못하게 했던 것입니다. 가혹한 생활로 몸은 극도로 지쳐 있었고 항상 수면 부족에 시달렸지만, 그들은 내가 잠들 것 같으면 칼 끝으로 찌르거나 하여 절대로 잠들지 못하게 했습니다.'[1]

여기에 전쟁과 젠더의 극한적인 모습이 있다. 군대라는 비인간화의 장치를 체현하고 있으면서, 황군(皇軍)이라는 권력을 방패로 음흉한 욕망을

---

[1] 戰爭犧牲者を心に刻む會(전쟁희생자를 마음에 새기는 모임) 편, 『私は「慰安婦」ではない』(나는 '위안부'가 아니다) (東方出版, 1997), 53쪽.

부추겨 무방비의 여성들을 강간한 군인들. 국가가 공인한 '위안'이라는 이름의 성 폭력으로 갖가지 고통을 신체에 각인시켜 온 여성들.

국가 공인의 전쟁 범죄와 성 범죄라는 다수의 '전쟁론' 속에서 그 동안 무시되어 온 이들 여성들은 거침없는 웅변을 통하여 전쟁이라는 지옥을 토로하였다. 피해자인 증언자들은 무엇보다도 먼저 이 전쟁 지옥을 직시할 것을 요구한다. 가해와 피해의 구도, 죽이는 자와 죽임을 당하는 자, 범하는 자와 당하는 자, 욕망에 흥분하는 자들의 오만함과 그들에게 '위안'을 제공하라고 강요당하는 자의 무념의 명확한 대비. 이러한 전쟁 지옥을 직시하지 않고 전쟁을 논하는 것, 이러한 증언자와 동시대인임에도 불구하고 이들의 증언을 무시해 온 것이 앞으로도 계속 용서받을 수 있을까?

주목해야 할 것은 이 참담한 전쟁 현실을 직시하는 일에 있어 젠더상의 차이가 생겨난다는 것이다. 단순한 생물학적 성(性) 차이에 기초하는 것이 아니라, 사회적·문화적으로 구성된 '남성'과 '여성' 사이의 젠더의 차이이다. 즉 남성 중심적인 성 폭력 용인 체제에 긍정적인 '남성'과, 남성 중심 사회의 해체와 성 폭력의 철폐를 지향하는 입장에 서려는 '여성' 사이의 차이이다. 생물학적으로는 여성이지만 '남성'적 가치관으로 살면서 남성들의 성 폭력을 이해한다거나 '여성'들의 운동에 냉소적인 여성도 있다. 반대로 '여성'의 주장에 공감하여 지원을 아끼지 않는 남성도 물론 많다.

현재 고발하는 '여성'들에 대해서 '남성'들의 반격이 시작되고 있다. 압도적인 권력 구조를 이용하는 그들의 전략은 매우 다각적이다. '남성' 중심 체제를 긍정하고 성 폭력도 너그럽게 인정하는 자칭 자유주의 사관파로부터, 성 폭력 용인 국가 체제를 고발하는 운동에 부정적인 평가를 내림으로써 자유주의 사관파를 거들고 있는 '국민 기금'(國民基金)파, 그리고 '여성'들의 고발을 이해하는 듯한 제스처를 취하면서 그 고발의 의미를 뒤틀거나 살짝 바꾸어 추상 논리 속으로 해소시키려는 지식인들.

앞의 두 가지의 논리가 정치적인 색채를 띠고 있음은 명백하지만, 문제는 언뜻 보기에 비정치적인 것으로 가장한 후자이다. 비정치적 탈이데올로기를 멋대로 호칭하는 그들의 이론이 얼마나 정치적·이데올로기적인지 그리고 이것이 얼마나 '남성' 옹호 논리인지를 분명히 할 필요가 있다.

『패전후론』이 의미하는 것

1997년 후반기에 히트한 「원령 공주」(もののけ姫)라는 애니메이션 대작과 카토 노리히로(加藤典洋)의 『패전후론』은 우리에게 암시하는 바가 있다. 두 작품 모두 불합리하다고 느꼈던 분노의 폭발로 상처받은 '선량한 일본인'의 마음을 풀어 주기 위한, '속이 깊고 아름다운' 작품이다. 그러나 이 '마음을 풀어 주는' 일이란 그것으로 '결코 마음을 풀 수 없는 사람들'을 배제한다는 점에서 얼마나 잔인하고 무책임한 것인지를 이 두 작품은 드러내 보이고 있다.

카토의 마음 풀기 시도는 일본 패전과 미국의 점령 때문에 인격 분열을 일으키고 '역사 형성 주체'가 아님에도 불구하고 전쟁 책임과 전후 책임을 추궁당하며, "모욕당하고, 자존심을 손상당해 온" 일본인, 그 중에서도 패전 후 세대인 카토 자신과 같은 세대의 '남성'들에게 향해 있다. 그러나 식민지 범죄, 전쟁 범죄에 대한 분노와 한을 부르짖고 인간의 존엄성 회복을 추구하는 피해자들의 마음에는 어떻게 마주 대할 수 있을까 하는 발상은 그에게 전혀 없는 것 같다.

이러한 전쟁 피해자에 대한 카토의 무관심은 『패전후론』이라는 표제로 나타나고 있다. 이것은 『전쟁론』이 아니다. 그는 패전이라는 한정된 시기로부터 출발하여, 패전 전에 있었던 사실과 침략 전쟁을 은폐하려는 조작을 하고 있다. 패전이라는 전쟁의 종결 시점을 설정함으로써, 전쟁이 계속되었다면 반드시 있었을 사망자 사이의 차별, 명예로운 자국의 전사자와 적국의 사망자 사이의 가혹한 차별을 없었던 일로 만들고 있다. 이것은 죽이고, 빼앗고, 강간한 병사들을 '패자'라는 수동적 범주 속에 집어넣으려는 시도이다.

이러한 카토의 책략은 절대로 카토 자신의 독창적인 것은 아니다. 바로 문자 그대로 패전시 국가적인 규모로 획책된 장대한 책략이었다는 점을 상기하고 싶다. 그의 표현에 따르자면 카토는 1980년대 거품 경제기에 이상한 대국(大國) 의식에 젖어 가해 책임 의식마저 보이려 했던 경솔한 일본인에게 엄숙한 얼굴로 경고를 하고 있는 것이다. 그는 일본이 패전국이라는 사실과 점령군의 위협 아래에서 헌법을 부여받고 이것을 강요받은 결과 비틀리고 더럽혀지게 된 국민이라는 점을 반복해서 이야기한다. 이 말은 피해자 의식에 안주하는 것이 패전 국민의 올바른 자세라는 것을 나타내고 가해 책임 의식의 말소를 기도하는 것이다.

이러한 기도를 위하여 카토가 자주 사용하는 단어는 '비틀림', '더러움', '오점', '잘못' 등, 개념 규정이 애매하고 묘한 정서를 불러일으키는 말들이다. 이 말들을 주문처럼 사용하여 그는 진부한 논리를 새롭게 치장하여 혼란을 던지고 있다.

"전쟁을 거쳐 세계가 이렇게 더럽혀졌음에도 불구하고 왜 사람들은 더럽혀지지 않는 것을 바라는 것일까? 일본의 전후는 아마도 이 '더러움'을 통하여 20세기 후반 이후의 세계의 보편성에 연결되어 있다. 이 '더러움'에 외부는 없다…… 우리에게 남겨진 것은 더럽혀진 존재로서, 더럽혀진 장소로부터 '진짜'와 '좋은 것'을 향하는 길, '선(善)으로부터 선(善)을'이 아니라, '그 이외에는 방법이 없다'는 이유로, '악(惡)에서부터 선(善)을' 만들어 내지 않으면 안 되는 외부가 없는 길이다. 그런데 이 '더러워진 세계'를 새로운 길의 소멸이라는 사태로 생각해 보면, 1940년대 독일, 이탈리아, 일본이라는 정의에 완전히 지고 만 패전국으로 사상 처음 나타났다. 그 이후 이 '더러움'이 조금씩 세계로 확대되어 지금 전세계를 뒤덮고 있는 것이다."[2)]

뭔가 생각하게 만드는 듯한 문장이긴 하다. 여기에서 그는 "세계여, 모두가 더럽혀지면 무섭지 않다"는 '더러움'의 공동체 구상을 진술하고 있다. 그러나 자신 또는 일본의 더러움을 다른 나라에도 전이하여 전세계의 더러움을 점점 더 격하게 말하고 일본의 더러움을 애매하게 만들어 버리는 강력한 수사는 소름이 끼칠 정도이다. 덕분에 이제는 '더러워진 아버지를 용서하라'는 말이 나오는 등 '더러움'이 크게 유행하게 되었다.

그런데 그가 말하는 '더러움'이란 도대체 무엇을 가리키고 있는 것일까? 그는 패전 후 일본에서 일어난 그가 말하는 '비틀림' 현상을 '더러움'이라고 말하고 싶어하는 것 같은데, 왜 '비틀림'에 그치지 않고 '더러움'이라는, 일본적 문맥에서는 종교적인 색채를 지닌 표현을 사용했을까? 그는 그 이유를 결코 분명히 하지 않았다. 그러나 여기야말로 그의 교묘한

---

2) 加藤典洋, 『敗戰後論』 (講談社, 1997), 76〜77쪽.

속임수가 들어 있다고 생각된다. 그 속임수에 많은 일본인이 걸려들 것을 무의식적으로 바라는 논리를 쓴다는 점에서 이는 전통적인 것이다. 이 전통적인 속임수의 근원에 그가 홀려 있는 부분이 곳곳에 있다. 그가 강력하게 믿고 있는 논리, "틀릴 수 있는 것이 올바른 것보다 무한하다"는 논리를 정당화하는 장면이 그 한 예이다.

"문학은 틀릴 수 있다는 것 속에서 무한을 본다. 틀릴 수 있는 한, 거기에는 자유가 있고 무한이 있다. 현상학이 가르치는 불가의성 역시 틀릴 수 있다는 사실에 근거한 사고법이지만, 그것과 이 문학의 가오성(可誤性)의 존재 방식 사이에는, '선인(善人) 역시 왕생을 말하는데 하물며 악인이야'라는 신랑(親鸞)의 『탄니쇼우』(歎異抄)에 나오는 선인과 악인 사이의 차이가 있는 것이다. 신랑의 글에는 왜 '선행을 쌓은 선인이 왕생할 수 있는데, 어째서 선행에서 거리가 먼 악인이 왕생할 수 없는 것일까? 악인은 더욱 힘차게 왕생할 수 있다'는 말이 나오는 것일까? 여기에서도 틀릴 수 있는 것은 그것이 하나의 진실로 향하는 길, 선행을 쌓아 찾아가는 것과는 다른 또 하나의 길인 것이다."3)

위와 같은 부분에서 카토가 틀린 것의 자기 정당화에 문학을 이용하고 있는 것, 그에게서 전쟁은 문학에 지나지 않는다는 사실을 알 수 있다. 그러나 그도 역시 문학만으로는 약하다고 느꼈는지, 즉흥적으로 공부한 듯한 현상학을 들고 나온다. 이 현상학이 말하는 것은 틀린 것의 정당화가 아니라 틀릴 수 있는 주관이 갖고 있는 문제성일 텐데, 그 부분에 그다지

---

3) 加藤典洋, 『敗戰後論』, 214쪽.

자신이 없었는지 결국은 최후의 수단으로 신랑의 '악인정기설'(惡人正機說)을 인용하고 있다.

그의 '패전후론'이 지금 많은 지식인들 사이에서 화제가 된 이유는 분명하다. "그의 논리는 이해하기 어렵고 지리멸렬하다. 그러나 어딘가 공감할 만하다. 거기에는 겉보기에 좋지는 않지만 실감이 있다"고 어느 좌파 지식인은 말한다. '전쟁 책임'에 대해서는 자기 나름대로 생각하고 있으나, '위안부'들이나 그 지원자 '여성'들이 묻는 문제에 직면하는 일은 회피하고 싶어하는 '남성' 지식인들. 그들의 떳떳하지 못한 마음에 딱 들어맞는 것이, "피해자의 목소리를 대변하여 선인인 척하는 것보다도 오히려 더러움을 떠맡아 악역을 택하는 쪽이 더 낫다"는 변명인 것 같다.

카토의 『패전후론』은 전체가 이러한 변명으로 가득 차 있다. 그 변명을 현대적으로 치장하기 위하여 문학이나 현상학, 더욱이 한나 아렌트(Hannah Arendt)까지 들고 나온다.

내가 『패전후론』의 본론에 대해서 분명히 하고 싶은 것은 그가 사용하는 자기 기만의 형태이다. 그것은 그의 독자적인 것이 아니라, 오히려 일본적 자기 기만이라고 말할 수 있는 것이다. 그것은 일본적 불교의 창시자인 신랑에 그 원형을 두고, 근대 이후 일본주의적 사상가들에게 재평가되어 '전향'을 정당화하는 데 이용되었다. 그것은 전후 곧바로 타나베 하지메(田邊元)에 의해서 전쟁 책임을 회피하기 위한 논리로서 '참회도'(懺悔道)라 이름이 붙기도 했던 것이다. 그 이후에도 이것은 일본적인 것을 긍정하는 논리로서 계속 거론되어 왔는데, 지금 새롭게 문학적 수사라는 의상을 걸치고 화려하게 재생된 것이다.

그러나 이 논리가 아무리 치장을 한다고 하더라도 내용은 구태의연한 자기 변명의 논리일 뿐이다. 또 이것은 실감적 자기의 근거를 묻는 것이 아니라, 자기에게 안주하고 타자에 대한 책임을 결코 떠맡지 않으려는 철저히 내향적인 논리이다. 이제 우리는 이 논리가 과거로부터 현재까지 어떠한 영향을 끼쳤는지 새삼스럽게 되물을 필요가 있다.

일본적 내셔널리즘

신란은 13세기의 종교가인데, 그가 왜 현대의 사상적 상황과 관계가 있다고 하는지 젊은 세대는 이상하게 생각할지도 모른다. 신란은 근대 이후 남성 지식인이 의거할 수 있는 최후의 안식처로서 신성시되고 있는 거물급 사상가라고 해 두자. 특히 그의 '악인정기설'(惡人正機說)은 '악의 자각'에 기초해서 종교적 구원을 논한 것으로 지금도 여전히 강력한 영향력을 지니고 있다. 그런데 흥미로운 것은 지금까지 신란을 비판하는 남성 지식인이 아주 드물다는 사실이다. 이런 경향은 우익이나 좌익이나 가릴 것이 없다.

그러다가 근래에 들어 신란에 대한 신랄한 비판이 나타나기 시작하였다. 그러한 비판들은 페미니즘 불교 비판의 맥락에서 나오고 있다. 그 대표적인 논객인 미나모토 쥰코(源淳子)는, 신란의 사상은 반체제를 가장하고 있지만 현실 체제에 동화해 가는 일본적 부권(父權) 이데올로기의 전형이라고 지적하며 다음과 같이 말하고 있다.

"신란에게는 부정해야 할 대상에 대한 항의가 없다. 오히려 신란의 부정은 철저히 자기를 향하고 있을 뿐, 사회적인 여러 가지 모순이나 권력을 향한 것은 아니었다. 그의 '주상신하배법위의'(主上臣下背法違義)라는 문장의 전후를 다시 읽어 보면, 그 결말은 '유념불은신불치인륜조'(唯念佛恩信不恥人倫嘲)라는 데 이른다. 그는 '부처님의 은혜'(佛恩)를 '자연'으로 인식했던 것이다. 저항하는 것 없이, 어디까지나 '자연히'이다. 이것은 바로 신화적인 언설이었다."4)

신랑 본인에게 가해진 비판에 대해서는 여기서는 깊이 다루지 않는다. 다만 미나모토의 지적대로, 많은 남성 지식인에게 "좌절과 게으름, 태만함 등을 비난하지 않고 위로"를 주었다는 신랑의 사상이 갖는 의미, 또 일본의 근대화, 특히 일본적 내셔널리즘의 맥락에서 신랑의 사상이 이용된 방식에 주목하고자 한다.

"국가라는 정치적인 상상의 공동체를 존립·통합·독립·발전을 도모하려는 사상"5)이라 정의되는 내셔널리즘에 대해 여러 가지 견해가 있지만, 그 많은 것들 속에 빠져 있는 것이 각국의 고유한 문화에 의거하여 발현되는 다양한 내셔널리즘의 양태에 관한 분석이다. 앤더슨이 지적하듯이, 국민 국가의 형성이 출판 자본주의와 결부된 결과, 문명화 이데올로기를 동반한 구미의 내셔널리즘과, 식민지화의 위기 의식 속에서 조잡하게 형성된 천황제 국가, 일본의 내셔널리즘은 쉽게 동일시할 수 없다.

일본의 근대화는 '화혼양재'(和魂洋才)라는 슬로건을 내걸었던 것과 같이, 처음부터 압도적인 기세로 촉진된 구미화·서양화 정책에 위기 의식을 지니고 출발하였다. 이 때문에 일본의 내셔널리즘에서는 유입된 기독교와 구미 사상에 대항할 수 있는 전통적 일본 사상의 발굴이 급선무였다.

4) 源享子, 『フェミニズムが問う佛教』(페미니즘이 묻는 불교) (三一書房, 1997), 91쪽.
5) 栗原彬 외 편, 『二十世紀思想辭典』(弘文堂, 1997), 680쪽.

이 때문에 내셔널리즘은 국민 의식이나 일상 생활에 기초해서 성숙된 것이 아니라, 강제적으로 날조된 관념적인 것이 되었다. 일본주의 내셔널리즘이라는 관념 이데올로기를 강력히 비판한 토사카 쥰(戶坂閏)이 1935년에 출판한 저작 속의 다음과 같은 지적은 실로 선구적이다.

"왜냐하면 일본주의적 이데올로기만큼 범주적인 면에서 박약한 관념 체계는 없기 때문이다. 박약한 점의 첫째는, 일본주의가 즐겨 사용하는 여러 범주(일본·국민·민족 정신·농업·'신'의 길, '신'·'천황'·기타 좋은 구절들)가 언뜻 보기에 일본 대중의 일상 생활과 직접 관련되어 있는 것처럼 보이지만, 사실은 실제의 일상 생활과 친화·유사 관계가 조금도 없다는 것이다.…… 일본의 국수주의 이데올로기가 범주를 사용하는 방법에 있어 드러내는 약점은 오히려 그 고대주의라고도 말해야 할 만한 것 속에 가로놓여 있다. 국수주의적인 체계를 만드는 데는 현대의 국제적인 (보통 외래 구미 사상이라고 불리는) 범주가 적절하지 않았기 때문에 일부러 고대적 범주를 들고 나온 것이다. 국학(國學)적 범주나 '절대주의'적 범주가 이것이다."6)

촉진되어야 만 할 구미화와, 이것에 대항하여 날조된 국수주의 이데올로기 속에서 허공에 매달리는 모습, 그것이 일본 지식인의 모습이었다. 그들은 이 이율배반 속에서 굴절될 수밖에 없었다. 그 굴절의 정당화를 위하여 이용한 것이 종교적 의식이다. 토사카의 지적대로, 근대 일본의 여러 이데올로기에는 종교적 색채가 농후하다. 이것은 체제적 이데올로

---

6) 戶坂閏,『日本イデオロギー論』(일본 이데올로기론)(岩波書店, 1977), 128쪽.

기만이 아니라, 마르크스주의 등 반체제 이데올로기에서도 마찬가지다.

니치렌(日蓮)과 나란히 일컬어지는 신랑의 종교 사상은, 이율배반으로 갈라진 근대 일본 지식인들을 융화하는 데 큰 역할을 수행했다고 할 수 있다. 이율배반을 예정 조화로 살짝 바꾼 니치렌이 우익 내셔널리즘에 적합한 반면, 이율배반 속에서 살아간다는 죄업으로부터 구제될 수 있다고 이야기하는 신랑은, 마르크스주의와의 대결이나 전향 체험을 겪지 않으면 안 되었던 좌익 지식인의 내셔널리즘에 적합했던 것이다.

가령 타이쇼(大正) 시대의 휴머니스트로서 출발, 마르크스주의에 대한 열등감으로 괴로워하다가 열렬한 일본주의자가 된 쿠라타 햐쿠죠(倉田百三)는, 일본이 침략주의에 가담한 죄악을 신랑의 사상을 빌어 정당화시켰다. 그는 『탄니쇼우』(歎異抄) 해석 중에서, 선악이나 착취·피착취에 관한 마르크스주의자의 이해는 이 세상의 약육강식의 실상을 모르는 겉치레라며 이렇게 서술하고 있다.

"이 관계를 파악할 수 없는 사람은 생명의 숨길 수 없는 일면인 '지옥'의 두려움에 접촉하지 않는 자이다. 일본의 만주에 대한 관계와 같은 것도 마르크스주의자 및 인도주의자는 단순히 제국주의의 침략이라고 비난하고 말 뿐이지만, 그것은 일본 민족의 생존상 그렇게 하지 않고서는 있을 수 없었던 한층 심각한 사정을 나타낸 것이다.…… 장애가 없는 길은 인도주의로는 얻을 수 없으며, 선악으로도 얻을 수 없다. '선악을 논하지 않고, 선악을 행하지 않고', 다만 한결같이 염불을 할 때에만 얻을 수 있는 것이다."[7]

---

[7] 倉田百三, 『法然と親鸞の信仰』(호넨과 신랑의 신앙)下(講談社, 1977), 118~120쪽.

'악의 자각으로부터의 출발'이라는 종교적으로 심원하게 보이는 표현을 사용하여, 침략 전쟁조차도 민족의 생존욕의 표현이라고 정당화하고 있다. 침략 전쟁이라는 행위에 대한 죄악감을 느끼고 있는 것 같기는 한데, 그 죄악감은 오히려 '선'의 추구가 시작되는 것으로 긍정되어야만 할 것이 된다. 이것은 정의의 편에 서 있는 듯 침략 전쟁에 반대하거나, 착취당하는 자에 대해 동정보다 훨씬 심오한 인간관에 기초하고 있다는 것이다.

어쩔 수 없는 생존 본능 때문에 침략 전쟁이라는 '악'을 행하였지만, 침략 전쟁말고는 '선'으로 가는 길이 열리지 않는다는 좌절된 내셔널리즘은 그 출발점에 담긴 자기 기만 때문에 점차 더 큰 기만을 거듭할 수밖에 없었다. 여기에서 '선의의 침략 전쟁'이라는 신화나, '순결무비(純潔無比)의 황군'이라는 환상이 날조된 것이다.

'악의 자각'에 기초한 좌절된 내셔널리즘은 노골적으로 대일본제국의 국권 발동을 추구하는 우익 내셔널리즘에 결코 뒤지지 않는 위력을 발휘했다. 이것은 악을 재정비하고 자기 변명을 반복함으로써, 고난 속에서도 굳건히 '정의'의 길을 걸어가는 사람들을 억지로 끌어내고, 그들의 한결 같은 마음에 냉소를 퍼부으며 침략 전쟁을 정당화하는 대중적 기반을 다졌다. 이 '악'을 재정비하는 일에는 악의 피해를 받는 입장에 놓인 사람들, 즉 아시아인들의 관점이 들어설 수 없었다.

'악의 자각'에 기초한 내셔널리즘은 패전 후에도 여전히 살아 남았다. 이러한 내셔널리즘은 좌절, 패배, 전향을 오히려 그 자양분으로 삼았기 때문이다.

참회도와 전쟁 책임

타나베의 '참회도'는 전쟁에서 패색이 짙은 1944년에 구상한 것이지만, 『참회도의 철학』(懺悔道の哲學)으로서 결실을 맺은 것은 1945년이다. 타나베는 전쟁하 언론 탄압 상황에서 계속 침묵을 지키면서도, 학도병 동원시에는 학생을 전쟁터에 내모는 것에 대해서는 부끄럽고 창피하다는 생각을 가지고 있었다. 그는 패전과 더불어 철학자로서의 책임이 무엇인가를 놓고 심사숙고했다. 당시 히가시쿠니(東久邇) 내각이 내건 표층적인 일억총참회론(一億總懺悔論)에 반발했던 타나베는 신랑의 사상에 이끌려 '악의 자각'에 기초한 '참회도'를 제기하기에 이르렀다.

"나는 수년 전부터 군부를 위시한 지배 계급이 국민을 어리석게 생각하여 이성을 억압하고, 도리를 무시한 채 극도로 비합리적인 정책을 강행하였으며, 이것이 이 시기의 국제 도의에 어긋나 국가의 신의를 실추시킨 것에 대하여 극도의 분개를 느끼고 있었다. 그러나 그 책임은 단순히 그것을 억지로 감행한 특수한 부문에만 귀속시켜서는 안 된다. 나는 그것이 궁극적으로 이를 저지할 수 없었던 국민 전부가 짊어져야 할 연대 책임이고, 그 중에서도 정치와 사상에 있어서의 지도층이 직접 당사자 다음으로 가장 큰 책임을 져야만 한다고 통감하고 있었다. 이른바 지식인의 방관자적 태도가 결코 승인되어서는 안 되며, 따라서 우리가 결국 연대하지 않으면 안 된다는 신념이 강하게 나를 지배했다. 이 연대감에 입각한다면, 참회도가 누구에게라도 또 언제라도 어쩔 수 없이 반드시 요구된다는 것은 의문의 여지가 없을 것이다."8)

---

8) 田邊元, 『懺悔道の哲學』(참회도의 철학)(岩波書店, 1946), 7쪽.

타나베의 참회도는 비합리적인 국가주의가 함부로 설칠 수 있도록 허용한 국민에게 그 연대 책임을 묻고 있다. 전쟁을 범한 악을 일부 사람의 책임으로만 여기지 않고, 국민 전체가 이 책임을 떠맡아 '악의 자각'으로 이어져야 한다고 말하는 것이다. 이 '악의 자각'에 기초할 때에만 전환이 생기고, 새로운 출발이 시작된다는 것이다.

"그러나 참회의 핵심은 전환에 있다. 고통이 환희로 바뀌고 부끄러움이 감사로 바뀌는 것이 그 본질이다. 우리 나라가 지금 할 수 있는 길이 참회밖에 없다는 것은 단순히 절망을 의미하는 것이 아니라, 부활로 전환할 수 있는 희망이 있음을 의미한다. 이와 같이 참회가 다른 힘으로 전환할 수 있다고 확신하므로, 나는 이것을 국민 여러분에게 알릴 수밖에 없다. 참회도를 나 개인만의 철학으로 할 것이 아니라, 여러분의 철학이 될 수 있도록 이것을 제공하는 것은 나의 보은이 되는 일이기도 하다."[9]

타나베는 참회도를 새로운 국가 건설의 기반으로 삼고자 했다. 하지만 위의 인용에서도 분명히 나타난 바와 같이, 그의 참회는 침략 전쟁의 피해자를 향한 것은 아니었다. 그의 뇌리에 침략 전쟁에 의해 살해당하고 약탈당하고 강간당한 사람들의 입장은 전혀 들어 있지 않다. 그러므로 이 참회는 곧바로 환희로 전환하게 된다. 그것은 어디까지나 안으로 향하는 도덕적 또는 종교적 참회였기 때문이다. 만약 실제 싸움터의 희생자가 된 아시아인들을 떠올렸다면 그들에 대한 법적·정치적 책임에 직면하지 않

---

9) 田邊元, 『懺悔道の哲學』, 214쪽.

으면 안 되었을 것이며, 이러한 공적 책임을 느끼고서 사죄를 하지 않은 채 환희 따위로 이어지기는 어려웠을 것이다.

하지만 타나베 자신은 참회도가 단순한 내향적 논리에 불과하다는 사실을 전혀 깨닫지 못하고, 오히려 그것이 세계로 열린 논리라고 자화자찬 하였다. 그는 참회가 필요한 것은 일본만이 아니라면서, "민주주의 국가나 사회주의 국가 또한 그 나름대로 참회해야 할 것이 있다", "참회도는 단지 우리 국민의 철학만이 아니라 인류의 철학이기도 하다"[10]고 주장하고 있다. 악은 모든 국가에 있기 때문에 모든 국가가 참회함으로써 절대 평화로 전환할 수 있다는 것이다.

내향적인 논리가 내향적인 채로 쉽사리 세계로 비약하고, 참회할 만한 내용을 불명확하게 만들어 버린 전형적 예가 바로 이것이다. 타나베 자신의 개인적 성실함을 의심할 수는 없지만, 그의 논리가 피해자요 희생자인 2,000만 아시아인들을 아예 무시하고 은폐하고 망각하기 위한 논리로 기능했다는 사실을 묵과해서는 안 될 것이다.

전쟁 책임을 아시아인들에게 향하지 않고, 일본 국내의 문제로 돌리는 경향은 전후 일본 사회의 기본 틀이 되었다. 이 때문에 전쟁 책임론은 항상 알맹이가 없는 것이 되었다. 그 이유로는 패전이 미국에 의해 초래되었다는 것, 미국의 압도적 무력에 의한 지배가 아시아에서 일본군의 갖가지 폭력을 보이지 않게 만들고 일본인에게 피해자 의식을 심어 주었다는 것을 들 수 있다. 하지만 가장 큰 요인은 '전쟁 악'의 근원이 된 천황제의 온존을 위해 사용된 장대한 속임수일 것이다. 천황은 '인간 선언'을 하는

---

10) 田邊元, 『懺悔道の哲學』, 216쪽.

식의 수법으로 참회를 하고, 천황의 이름하에 자행된 범죄를 '현인신'(現人神)의 범죄로 살짝 바꾸어 버리고 만 것이다. 천황도 또한 내향적 논리에 의거, 교묘한 속임수로 태도를 바꾸어 면책을 꾀했다고 할 수 있다.

'악의 자각' 과 젠더

'더러움'의 자각을 제기하여 이를 세계화하고, 자신들이 더럽힌 대상을 은폐하려는 카토의 논리 전개는 타나베의 논리를 모방한 것에 지나지 않는다. 그러나 그에게는 타나베만큼 뼈저리게 겪은 전쟁 체험도 없고 논리적 강인함도 없어서 이 이론은 천박하기만 하다.

이미 서술한 한 바와 같이, '악의 자각'에서 출발하는, 언뜻 보기에 성실한 듯이 보이는 그의 '어조'는 국가의 악을 외면으로부터 고발하지 않고 스스로 내면화하여, 결과적으로는 국가에 악이 없다는 점을 긍정하게끔 만드는 굴절된 일본적 내셔널리즘의 '어조'이다.[11] 이러한 '말투'가 '위안부' 문제를 통해서 일본의 전쟁 책임이 문제시되는 이 시대에 다시 출현하고 있다는 사실이 갖는 의미는 크다. 전쟁 전 일본의 '악의 자각'은 구미화 정책이나 침략 전쟁으로 치달은 국가 악을 용인하는 데에, 패전시에는 전쟁 범죄를 은폐하는 데에 사용되었다. 전후 50년이 지난 지금 다시 이러한 '악의 자각'이 출현하는 것에 새로운 의미가 있다고 한다면, 그

---

11) 이와 같이 일본형 내셔널리즘을 비판하는 듯한 태도를 보이면서 일본 국가의 전쟁 범죄를 고발한 윤정옥(尹貞玉) 등의 한국정신대문제대책협의회의 입장도 한국 내셔널리즘이라 규정하여 양자 모두에 문제가 있다고 평가하는 여성론자도 있다. 이것은 국가라는 미명하에 식민지주의에 의거하여 자행된 전쟁 범죄를 추궁하고 역사를 되묻고자 한 대책협의회 여성들의 치열한 싸움에 대한 부당한 언사이다. 그것은 또한 그녀들의 '국가 규모로 행해진 여성의 인권 침해'에 대한 고발이라는 획기적인 논점을 가리는 것이라 할 수 있다. 이에 대해서는 女性·戰爭·人權學會 편, 『女性·戰爭·人權』(三一書房, 1998)을 참조

것은 종래 은폐되었던, 국가가 공인한 악으로서의 성 폭력, 성 범죄를 고발하는 일로 향해야 하지 않을까?

하지만 카토가 말한 '더러움'의 의식은 현재 가장 시급한 문제를 향해 던진 질문은 아니다. 그리고 『패전후론』 독자의 대다수가 이 사실을 깨닫지 못하는 이유도 카토가 사용한 속임수 때문이다. 이것은 근대 이후 일본적 근대화가 갖는 이율배반에 의해 분열되어 온 일본인이 자기 정당화를 위하여 사용해 온 속임수이다. 이 모순을 결코 사회 문제로는 부각시키지 않고 내면적 문제로 끌어들여, 그 모순이 초래한 악을 내적으로 자각하는 사람만이 사려 깊은 입장에 있다는 식으로 자기 긍정을 꾀하는 속임수이다. 이 속임수의 가장 큰 문제는 이미 발생한 악의 피해자를 직접 대면하지 않으면서, 자신들의 처지를 대변하는 그럴듯한 말로 날조하여 자족한다는 데 있다.

카토가 지적한 패전 후의 '더러움'이 언뜻 보기에는 신선하게 보이는 것은, 점령군이 만들어 준 헌법을 수동적으로 지키면서 천황의 전쟁 책임을 추궁하는 의무를 다하지 못한 전후 세대 '국민'의 '더러움'을 지적함으로써 그들의 떳떳치 못함을 드러내 보였다는 점에 있다. 그는 이 '국민'의 '더러움'을 씻지 않고는 '국가'의 악을 추궁할 수 없다고 말한다. 그리고 그는 이 '더럽혀진 자기' 의식을 한나 아렌트의 '의식적 패리어'(pariah, 천민)에 맞추어, '더러움'의 철저화에 의한 반전을 이야기했던 것이다.

이 '국민'의 '더러움'론은, 수많은 전쟁 범죄 가운데서도 가장 개별적인 도덕을 묻고 있는 '위안부' 문제에 대해 어떻게 대응해야 할지 몰랐던 계층에게 공감을 불러일으켰다. 특히 성 폭력과 성 범죄에 대해 확고한 태도를 보일 수 없는 '남성'들에게는 '자기 변명을 위한 사상'이 되었다. 그들은 '더럽혀진 것'이 성 폭력 체제를 부정할 수 없는 '남성'들만이 아니라 국민 전체라고 받아들이고, '더러움'이라는 공동의 환상 속에서 '위안'을 찾기 시작한 것이다.

하지만 이러한 카토의 속임수는 결국 '국민'과 '국가'를 쉽사리 일체화해 버리는 것으로, 가장 '더러운' 범죄를 저지른 국가의 죄를 벗겨 주는 것이다.12) 또 '위안부' 문제를 통해 제기된 '전쟁 범죄와 젠더'라는 새로운 논점을 재차 은폐하려고 하는 점에도 주목해야 한다. 그것은 이제 겨우 명확해진 국가 공인의 '남성' 성 폭력과 성 범죄 같은 전쟁 책임 문제를 무화시키려는 의도를 가지고 있다.13)

나는 '더러움의 자각'이라는 그럴듯한 '말투'가, 악의 자각이 당사자의 책임 은폐를 위해서 쓰이는 문화적 토양 위에서 피어난 것이라는 점을 강조하고 싶다. 그것은 오히려 '국가'의 악에 대한 추궁을 회피하고, '더러움'을 국민한테로 돌려 국민이 '더러움'을 받아들이도록 강요하는 입장이다. 이것은 헌법을 다시 고친다는 명목 아래, 자국민 중심주의에 입각한 헌법 개정으로 나아가 국민 국가를 재건하려는 의도임에 틀림없다. 이러한 의미에서 '의식적 패러어'를 통해 국민 국가의 한계를 분명히 한 아렌트의 공동성은, 오히려 카토의 논리와는 대극에 선 입장이라 할 수 있는 것이다.

---

12) 국가에 대한 책임 추궁을 포기하고 악의 자각에 의거한 국민 주체의 재건을 통해 문제를 해결하려는 카토의 자세는 그의 스승인 츠루미 순스케(鶴見俊輔)의 '국민 기금' 옹호론과 연결된다.
13) 카토에게 '타자의 사상'이 빠져 있는 것은 현대에 들어와 가장 큰 '타자의 사상'이라 할 페미니즘에 직면하기를 회피한다는 점에서도 분명하다. 그는 젠더에 무감각하다. 타카하시 테츠야와의 결정적인 차이도 이 점에 있다.

현대는 '문명', '국가', '사회'의 악이 다양한 영역에서 논의되는 시대이다. 그러나 그 '악의 자각'이 내면성으로 돌아가 악의 은폐로 향하는 것이 허용되는 시대는 아니다. 자행된 '악'의 구조를 철저히 규명하고, '악'을 행한 당사자의 책임을 추궁하여, '악'의 철폐를 꾀하는 실천 이론의 형성이 요청되고 있다. '여성'들은 이 요청을 짊어지려 하고 있다. '여성'들은 피해자와 직면하는 데 주저하지 않고, 스스로가 속해 있는 국가의 악을 받아들일 각오를 보이면서, 그러나 이 '악'에 안주하는 것이 아니라 '악'을 돌파하는 지평을 열려고 한다. 이에 비하면 전통적인 '남성' 논리를 구사하여, '국가 악'의 재생산을 용인하는 입장에 근거한 '어조' 등은 참회할 자격조차 없다 하겠다.

국민의 심상 지리와 탈국민의 이야기

강상중(姜尚中)

지정학적 혼란과 국민의 재정의

'자유주의 사관'으로 대표되는 퇴영적인 '자위 사관' 관련 서적이 서점의 한 구석을 거리낌없이 독점할 수 있게 된 것은 언제부터일까? 눈으로 확인할 수 있게 된 것은 걸프 전쟁 이후이다. 실제로 '자유주의 사관'의 제창자인 후지오카 노부가츠(藤岡信勝)의 『근현대사 교육의 개혁』(近現代史敎育の改革, 1996)과 『오욕의 근현대사』(汚辱の近現代史, 1996)의 프롤로그는 걸프 전쟁의 충격으로부터 시작하고 있다.

예를 들면 이러하다. "일본인 대다수가 헌법 제9조의 이상주의를 마음의 피난처로 하여 심정적 평화주의에 흠뻑 빠질 수 있었다." 또는 "걸프 전쟁은 평화 교육을 기반으로 해 온 헌법 제9조의 '평화주의' 이상이 국제 정치의 현실 속에서 파탄 났음을 보여 주는 충격적인 사건이었다." 요컨대 후지오카의 서술에 의하면, 걸프 전쟁은 일본의 '전후 민주주의'가 안고 있는 결함을 폭로한 경악할 만한 대사건이었다.

그러면 '전후 민주주의'의 치명적인 결함이란 무엇일까? 후지오카는 이것을 대강 다섯 가지로 나누어 말한다. 첫 번째로 민주주의와 (국가) 권력은 물과 기름처럼 결코 섞이지 않는다고 보는 굳은 확신. 두 번째로 국가 운영 수행상의 결단과 실행력의 결여. 세 번째로 '일국 평화주의'라는 자국만의 평화에 만족하여 국가 안전 보장의 문제를 등한시해 온 것. 네 번째로 개인의 권리만이 비대화되어, 국민으로서의 의무가 최소한으로 억눌려 온 불균형한 왜곡. 다섯 번째로 자유주의(liberalism)를 소홀히 한 채 '민주주의'를 무턱대고 믿는 것. 이상이 바로 후지오카가 지탄한 '전후 민주주의'의 결함이다.

이러한 결함투성이인 '전후 민주주의'를 반대로 뒤집어 보면 무엇이 보일까? 후지오카가 말하고 싶은 것은 이것말고 아무 것도 없다. 한 마디로 말하면, '전후 민주주의', 특히 그 토대가 된 평화헌법의 심한 속박으로부터 국가라는 리바이어던(leviathan, 원래는 거대한 해수라는 의미이지만, 여기서는 독재 국가의 뜻—옮긴이)을 틀림없이 '자유'롭게 해, 그 명확한 국가 의지의 결단에 기초해서 냉전 이후 국제 정치의 중요 주자가 되자는 것이 후지오카의 진의일 것이다.

이를 위해서 무엇이 필요할까? 이는 아마 위에서 말한 '전후 민주주의'의 네 번째 결함과 관련이 되어 있을 텐데, 이른바 국민 의식의 '개작(改作)이 그것이다.

왜 이것이 중요할까? 후지오카가 경애하는 시바 료타로(司馬遼太郎)의 말을 빌면, 근대 국가가 국민 국가이고, 국민 국가란 "국민이 자기와 국가를 동일시하고, 게다가 국민은 서로 등질이라는 국가"[1]라고 할 때, 이러한 국민이 적극적으로 국가와 스스로를 동일화하고, "더 나아가서는 국가를 위하여 싸우는" 국민으로의 변신이 필요하게 되기 때문이다.

후지오카에게 '시바 사관'과 결정적인 만남의 계기가 되었던, 러일 전쟁을 다룬 『언덕 위의 구름』이라는 에피소드가 여기에서의 국가의 구체적인 이미지를 말해 준다. 러시아 발틱함대를 맞아 싸우는 토고 헤이하치로(東鄕平八郞) 휘하의 연합 함대 전함인 시키시마(敷島)의 수리에 종사한 수리공들의 영웅적인 분투 모습에 대해서 후지오카는 이렇게 말하고 있다. "싸움터의 병사뿐이 아니다. 국가의 큰 일을 위하여 사회 밑바닥의 조선 노동자까지 사력을 다해서 일했다. '국가'의 관념을 근원적으로 빼앗긴 전후 일본인은 이러한 장한 마음을 순수하게 바라볼 수 없게 되었다."[2] 걸프 전쟁의 충격(trauma) 이후, 후지오카가 회복하고 싶어했던 것은 이러한 국가 관념이었다.

그러나 후지오카에 따르면, 전후 일본은 오직 경제 하나만의 가치에 치우쳐 버린 결과, 국가라는 관념을 잊고 공동성 그 자체조차 의식하지 못할 만큼 정신적으로 뒤떨어졌다고 한다. 이러한 '국가의 정신적 해체'를 진행시켜 온 마인드 컨트롤이야말로 "자국과 자민족을 경멸하고 업신여기고 나쁘게 말하는" 도착적이고 자학적인 역사관이라는 것이다. 구체적으로는 '도쿄 재판=코민테른 사관'이다.

후지오카가 '자유주의 사관'이라 하여 '자유주의'라는 용어를 쓰는 까

---

1) 司馬遼太郞, 『この國のかたち(二)』(이 나라의 형태 2) (文春文庫, 1993), 16쪽.
2) 藤岡信勝, 『近現代史敎育の改革 — 善玉惡玉史觀を超えて』(근현대사 교육의 개혁 — 선악 사관을 넘어)(明治圖書, 1996), 100쪽.

닭은 어떠한 독단이나 편견에 얽매이지 않고 역사를 재평가한다는 데 있다고 주장하는 것 같다. 실제 '도쿄 재판=코민테른 사관'과 대극에 있다고 하는 하야시 후사오(林房雄) 등의 '대동아전쟁 긍정사관'을 몇 가지 형태로 비판하여, 균형을 맞추려는 자세를 보이고는 있다. 그러나 『근현대사 교육의 개혁』에 이어 출판된 『오욕의 근현대사』를 살펴보면, 그가 뱀이나 전갈을 보듯 몹시 싫어하는 것은 분명히 '도쿄 재판=코민테른 사관'이다. 이러한 사관이 실재하는지 어떤지, 또 이것이 구체적으로 무엇을 의미하고 있는지는 뚜렷하지 않다. 요컨대 이것은 일본인으로서의 국민의 자기 형성을 방해하여, 자국 역사의 긍지를 부정하려는 '반일'적인 역사관 모두를 가리킬 것이다.

여기에서 분명한 것처럼, 후지오카는 걸프 전쟁 이후 가장 현실적인 쟁점을 국민의 역사 기억에 집중시켜 논쟁을 벌이고 있는 것이다. 이 점은 예를 들면, "자국 근현대사 교육 방식이야말로, 그 국민이 만들어 내는 가장 중요한 조건이다", "근현대사에서 제일 중요한 주인공은 일국의 국민이고, 그 국민이 만들어 내는 국가이다. 근현대사란 무엇보다도 국민과 국가의 내력에 관한 이야기이다"라는 발언에 잘 나타나 있다.

그런데 베르그송은 정보 기기로 외면화될 수 없는 기억을 상기하여 재인식하는 능력으로서의 순수 기억을 이야기한 바 있다. 만약 이 상상적 기억이 인간에게서 특별한 의미를 가진다면, 역사의 기억 또한 이와 같이 상기하여 재인식하는 능력에 달려 있다고 말할 수 있다. 이것은 외화된 기억 같은 습관적 기억과 달리, '지금, 여기'라는 현실성 속에서 비로소 가능한 창조(재-창조)적인 행위이다. '자유주의 사관'이 모방으로 가득 찬 진부한 언설임에도 불구하고, 논쟁의 파문을 넓힐 수 있었던 것은 이렇게 가장 현실적인 역사 기억의 문제를 우리들 눈앞에 던져 놓았기 때문이다. 다시 말해 '지금, 여기'가 무엇인지를 각자가 필연적으로 재확인할 수밖에 없도록 만든 것이다. 이것은 원근법적인 배치가 무너져 버린 전후의 언설 공간 속에서 자신의 위치를 확인하지 않으면 안 되는 위기감을 동반하고 있다. 이렇게 위기감을 느끼는 것을 가리켜 '지정학적인 혼란'이라고 부를 수도 있지만, 이것은 비단 일본만의 특이한 현상은 아니다.

지정학적인 혼란은 훨씬 더 세계적인 차원에서 말하면, 냉전의 종말과 함께 미국의 헤게모니하에서 확립된 지정학적인 세계 질서의 경제적·이데올로기적인 '탈영역화'가 극적인 형태로 진행되고, 국가간 시스템의 사회적 공간의 세 요소(triad, 주권 국가·영토적 통합·공동체적 동일성)의 안정성이 흔들리기 시작한 것과 관계가 있다. 그러므로 어떤 원리주의 (fundamentalism)가 대두할 기회가 왔던 것이다.

이 뒤틀린 관계를 어느 정치지리학자는 다음과 같이 정식화하고 있다. "냉전의 지정학적 질서상의 내부 폭발에 의해 전후 세계 질서의 분열이 눈에 띄게 분명해진 것과 동시에, 사회 공간적인 동일성으로서 '서방측'이나 '유럽', '미국'이라는 것이 지닌 의미가 위기에 빠지고, 지정학적인 혼란을 경험하기에 이른다. 그러나 탈영역화는 동시에 분열된 구질서의 신조나 관습, 실천이나 이야기의 단편을 활용하여 질서의 재영역화를 위한 조건을 만들어 내게 되었다. 지정학적 혼란의 경험으로부터, 세계적인 유동화의 한복판에서 동일성(identity)을 다시 안정화시키고 그 재영역화를 도모하기 위하여 국가와 영토, 공동체적 동일성에 대한 새로운 비전을 만들어 내려고 한다." [3]

미국의 경우를 들면, 새뮤엘 헌팅턴의 『문명의 충돌』이 그 전형적인 언설이다. '문명의 충돌'이란 「미국 국익의 침식」4)이라는 최근의 논문에서도 알 수 있듯이, 미국의 전통적인 국익과 아이덴티티를 뒤흔드는 '내부의 적', '마음에 들지 않는 타자'와의 '문화 투쟁'(Kulturkamp)을 외부로 투사한 세계적인 '재영역화' 프로젝트인 것이다. 이것은 문화 본질주의적인 적대 관계를 선동하는 것, 미국의 국가로의 통합과 공동체적인 동일성을 다시 정의하려는 것이다.

일본에서는 국민의 이력으로서 '정사'(正史, official history)를 일으켜 세우려는 시도가 그러한 재영역화의 프로젝트로 나타내고 있다. 후지오카도 참여하고 있는 '새로운 역사 교과서를 만드는 모임'의 호소문에는 확실히 '정사'라는 말이 그 핵심어로 쓰이고 있다. 게다가 주목할 만한 것은 국가와 동일한 국민의 기억을 과거의 폐허 속에서 구해 내고, 이것을 '정사'라는 화환으로 장식하려는 욕망에 비교적 젊은 세대의 작가나 수필가들이 부화뇌동하고 있는 점이다. '정사'에 대한 욕망이, '국민'과 비국민' 사이를 확실히 구분하고 국민의 의미를 재정의할 것을 요구하는 것은 분명하다. 이것은 과격한 표현을 쓴다면, 역사의 기억을 둘러싼 '내전'(內戰)으로의 돌입을 암시한다고 할 수 있다.

전후 50년, 언설의 공간이 이렇게 냉랭한 광경을 보일 정도로 황폐하게 되어 버렸다는 사실을 새삼스럽게 확인해 두고 싶다. 그러나 결코 우연히 그렇게 된 것은 아니다. 이것은 전후 직후부터 발생해 온 것으로 이해하지 않으면 안 된다.

---

3) Gearoid O. Tauthail, *Critical Geopolitics*, p. 230.
4) Samuel Huntington, "The Erosion of American Interests," *Foreign Affairs*, 1997. 10.

시작의 신화와 제국의 망각

　미국의 일본 연구자인 캐롤 글럭(Carol Gluck)은, 일본의 '전후'는 몇 개의 서로 다른 전후의 복합체라고 지적한 바 있다.[5] 그의 이야기 가운데서 가장 지배적인 것은 '신화적 역사로서의 전후'와 '전전(戰前)'의 역전으로서의 전후'라는 말이다. '신화로서의 전후'는 1945년 8월 15일 정오 정각에 천황이 직접 방송을 하여 마치 '제로 시간'과 같은 절대적 비연속, 곧 전쟁중과 전쟁 후의 단절이 시작되었다는 신화이다. 이 '8월 혁명설'에 따르면, 일본을 파국적인 전쟁으로 몰아넣은 전쟁 전의 반봉건적인 군국주의 체제와 그 정신적 지주 전부로부터의 해방이 주창된다. 따라서 전후는 이러한 전전의 모습을 역전시킨 '반(反)과거'로서 의식된다.

　이와 같은 유형의 전후를 받아들이는 형태로서, 공산주의로부터 좌파 자유주의에 이르는 '진보적 전후'가 민주적인 변혁과 평화주의의 사상 및 운동을 담당하게 된다. 아울러 이러한 전후의 초기 형태에는 공감하면서도, 이후의 고도 성장과 함께 눈에 띄게 이탈해 가는 '중류 계급의 전후'가 국민의 압도적 다수를 차지하게 된다. 이것은 동질, 중류, 그리고 균질한 사회로서의 민주주의를 의미하고 있다. 물질적·사회적인 부에 있어서의 평등이라는 목표는, 실제로는 '사(私)생활의 해방을 촉진시키고, 사회 전체가 커다랗게 팽창된 몸통으로 구성된 단일한 '제등(提燈)형 사회'라는 이미지를 정착시켰다. 이 대규모 아메리카니즘에로 붕괴되어 간 것이야말로, 마루야마 마사오(丸山眞男)의 말을 빌면, 국가주의와 비정치적인 감성적 해방으로의 분극화라는 전후 근대 일본의 선험적인 상황임

---

5) 캐롤 글럭, 「近代としての二十世紀日本の 戰後 を考える」(근대로서의 20세기―일본의 '전후'를 생각한다),『世界』, 1997년 11월호

에 틀림없다. 후지오카가 국가에 대한 관념을 잊은 정신적인 열등화라고 개탄하는 경제 일원적인 가치로의 치우침이 이에 해당한다고 말할 수 있을 것이다.

그러나 이러한 아메리카니즘으로의 일원화가 전면적으로 진행된 것은 아니고, 그 침투도 생활의 현장에서 갖가지 교류 과정을 거치며 '일본적인 것'과 절충하면서 진행되었다. 또는 반대로 아메리카니즘에 촉발되어 '일본적인 것'이 재발견되고, 그것이 문화적 내셔널리즘의 저변을 넓혀가기도 했다. 그리고 중류 계급의 전후는 굳건한 이미지로서의 일본인＝국민의 표상을 지렛대로 하여 새로운 성(gender)·역할을 재정의함과 동시에, 구식민지 출신자를 중심으로 한 이질적인 소수자들을 주변화해 갔던 것이다. 이러한 의미에서 전쟁 전의 '국체'(國體)라는 중심을 잃고 사회의 옛 보금자리로 분산·환류해 간 내셔널리즘은, 국가의 직접적인 구심력은 잃었지만 민족적인 등질성의 관념은 계속 유지해 왔다.

이러한 중류 계급의 전후를 가능하게 한 것은 그 사이 국제적인 여건 때문이었다. 이른바 '냉전으로서의 전후'라는 것이 그것이다. 그 중에서 전후 일본은 미국과의 '종속적인 독립'을 선택함으로써 '자국의 평화'라는 국제 환경에 의지하게 되었다. 일본의 밖에서는 한국전쟁으로부터 베트남전쟁의 종결에 이르기까지 국지적인 열전과 내전이 반복되었음에도 불구하고, 일본 중류 계급의 전후는 '사' 생활의 번영을 구가할 수 있었다. 그것은 "1945년에는 극동 전쟁의 틀림없는 '승리자'였던 미국이 1970년대에는 어떤 의미에서는 장기간에 걸친 최대의 '패배자'로 보일[6] 정도로

---

[6] 크리스토퍼 손(Christopher Thorne), 『太平洋戰爭とは何だったのか』(태평양전쟁이란 무엇이었는가)(草思社, 1989), 380쪽.

경제 대국 일본이라는 인상을 지웠다. 그러나 '종속적 독립'과 '사' 생활 중심의 평화와 번영이라는 뒤틀림은 해소되지 못한 채 계속 제자리걸음을 하게 된다.

냉전의 끝과 전후 50년이 겹쳐지고 게다가 추구해야 할 근대가 신기루가 아니고 이미 달성된 현실로서 의식됨에 따라, 그러한 뒤틀림의 반동은 용수철처럼 한꺼번에 튀어오르게 되었다. 또 첫 번째 유형이 전후의 신화성으로 나타나게 되었다.

'15년 전쟁기'를 문제삼은 미국의 역사가 존 다우어는 전후 부흥에 대한 제국의 플러스 유산에 대해 말하고 있다. 일본에서도 전시 동원 체제의 강행적인 '근대화'와 전후 시스템 사회와의 역사적 관련을 세계사적인 공시성 아래서 밝히려고 하는 '수정주의'적인 1930년대론조차 등장하게 되었다.(山之內靖)

이러한 논의가 시사하는 바는, 전쟁의 목적이나 이데올로기와는 별도로 근대 전쟁, 특히 세계 전쟁과 그 전시 체제가 체제 변혁적인 작용을 불러일으키게 되었다는 사실이다. 미타니 타이이치로(三谷太一郎)는, 청일 전쟁, 러일 전쟁, 제1차 세계대전, 제2차 세계대전으로 계속되는 근대 일본과 아시아를 둘러싼 복수의 전시 체제와 전후 체제의 역사를 관련시켜 다음과 같이 지적하고 있다.

"'전쟁은 혁명의 연장이다'라는 테제는 근대 전쟁의 모든 경우에 타당한, 일반성을 가진 테제라고 생각한다. 이것은 아마 일본에 대해서도 예외는 아닐 것이다. 일본 근대사에서도 전쟁은 여러 가지 의미에서 전쟁 전 체제에 대해, 국내적으로나 대외 관계로나 변혁에 영향을 미쳐 왔다. 이것은 국내적으로는 민주화와 군사화(또는 반대로 비군사화)로서 나타나고, 대외적으로는 식민지화(또는 반대로 탈식민지화)와 국제화로서 나타났다."[7]

이러한 의미에서 1905년(러일 전쟁)부터 1945년(종전)까지 40년간의 '마의 계절'은 근대 일본의 '기형아'(鬼胎)였다[8]는, 시바 료타로의 귀에 솔깃한 역사관은 복수의 전시 체제와 전후 체제의 역사로서의 근대 일본의 발걸음을 기분 좋은 내셔널 히스토리로 편집하려는 의도를 갖고 있는 것이다.

시바에게 있어서 메이지 국가의 형상을 완전히 바꾸게 한 이 40년간은 "메이지 헌법하의 법 체제가 실수로 잉태한 기형아"에 지나지 않고, 이러한 의미에서 전후는 마치 발광한 것처럼 역사의 역전으로서 메이지 국가의 건전하고 투명해 보이는 내셔널리즘으로의 복귀를 의미한다. '국민적 작가'인 시바 료타로의 역사관은, 어떤 의미에서 전후의 역사적인 이야기를 가장 대중적인 형태로 대표한다고 말할 수 있을 것이다. 이것은 바로 전후의 첫 신화를 알기 쉽게 표현한 것이다. 즉 국민 및 천황은 군국주의의 희생자이고, 종전 후는 "일본 국민 사이에서 민주주의적 경향의 부활, 교화"를 통해 "국민이 자유롭게 표명하는 의사"[9]에 따른 평화적인 정부가 수립될 수 있다는 연합국측의 이야기와 맞아떨어지는 것이다.

이와 동시에 이 구도는 맥아더헌법 초안의 발포에 앞서 실시된 1946년

---

7) 三谷太一郎, 『近代日本の戰爭と政治』(근대 일본의 전쟁과 정치)(岩波書店, 1997), 31쪽.
8) 司馬遼太郎, 「雜貨屋 の帝國主義」, 『この國のかたち(一)』 ('잡화점'의 제국주의)(文春文庫, 1993).
9) 「ポツダム宣言 1945年 7月 26日」(포츠담선언 1945년 7월 26일), 歷史學硏究會 편, 『日本史史料・現代』(岩波書店, 1997), 145쪽.

초의 이른바 '천황의 인간 선언'과 딱 맞아떨어지고 있다. 이 조서(詔書)는 마치 GHQ(연합군 총사령부)가 작성한 구도와 부합하는 문서처럼 '5개조 서약문(御誓文)'으로 시작되고 있으며 1945년을 기점으로 한 단절과 연속의 복합성을 다음과 같은 문장으로 선언하고 있다.

"짐과 국민 사이의 유대는 시종 상호 신뢰와 경애를 통해 맺어진 것으로, 단순한 신화와 전설에 의해 생기는 것이 아니다. 천황을 현존신으로, 또 일본 국민을 다른 민족보다 우월한 민족으로서, 멀리는 세계를 지배해야 할 운명을 가진다는 가공의 관념에 기초한 것도 아니다." 10)

여기에 전후라는 제3의 개국은 메이지 국가가 완수할 수 없었던 제2의 개국을 성취한다는 내셔널 히스토리로 전화하게 되었다. 이 결과 식민지 지배의 시작과 '대동아전쟁'의 기억은 명확히 단절되어 전쟁의 명칭도 '태평양전쟁'으로 바뀌었으며, 진주만 공격과 원폭 투하 두 가지 모두를 무화시키는 '교묘한 도덕 계산식'이 성립하게 되었다. 이와 같이 과거의 일부를 앞배경으로 내세우고, 다른 부분을 뒷배경으로 몰아내는 역사의 이야기가 '현저한 (식민지) 제국의 건망증'을 초래한 것은 필연이었다. 그리고 이 망각된 기억은 냉전 속에 얼어 붙은 채로, 전후 50년 동안 방치되어 온 것이다.

이러한 전후 시작의 신화와 일본의 근대에 대한 내셔널 히스토리는 파

---

10) 「天皇の人間宣言 1946年 1月 1日」(천황의 인간선언 1945년 7월 26일), 『日本史史料·現代』, 162~163쪽, 米谷匡史, 「丸山眞男と戰後日本」(마루야마 마사오와 전후 일본), 『丸山眞男を讀む』(마루야마 마사오를 읽는다)(情況出版, 1997), 137쪽.

탄할 수밖에 없었던 전시 체제와 전후 체제의 광대한 범위로부터 눈을 돌리고 말았다. 전쟁의 선언과 종결을 알리는 조서에서 주장하고 있는 '억조일심'(億兆一心)과 '일억중서'(一億衆庶)라는 표현에서 여실히 나타나는 바와 같이, 전시 체제는 일억에 가까운 '제국 신민'의 3할을 차지하는 식민지 이민족의 동원 없이는 잠시도 작동할 수 없었던 것이다. 이런 의미에서 전후의 내셔널 히스토리는, 이민족을 배제하고 그러한 배제에 이르는 역사를 망각하는 것으로 겨우 성립할 수 있었다. "일본의 경우에는 비군사화와 구별되는 탈식민지화 그 자체의 국내 영향은 비교적 작았다. 즉 탈식민지화 고유한 문제가 비군사화 일반의 문제로 해소되었다. 더구나 탈식민지화는 냉전의 진행과 중복되었다. 점령 정책의 전환에 의해 촉진된 일본의 정치적·경제적 재건은 냉전의 요청에 응하는 것이었다. 이것은 일본의 구식민지 및 점령지의 탈식민지화에도 영향을 미치고, 냉전의 전략적 필요로 냉전에 있어서의 일본의 역할을 방해하지 않는 한도로 동결되었다. 이제 냉전의 종결에 의해 일본에서 해결하지 못한 탈식민지화(말하자면 탈식민지화의 제2단계)가 시작되었다고 해석해야만 할 것이다." 11) 이와 같은 미타니의 문제 제기는 전쟁의 얼어붙은 기억에 생겨나는 갈라진 틈을 향해 있다.

그러면 이 문제 제기에 응할 수 있는 역사 이야기는 어떤 것일까?

국민의 심상지리와 탈국민의 이야기

지금 내 앞에는 『전시하 재일조선인 자료집』(戰時下在日朝鮮人資料集,

---

11) 三谷太一郎, 『近代日本の戰爭と政治』(근대 일본의 전쟁과 정치)(岩波書店, 1997), 76~77쪽.

1997) 전3권이 놓여 있다. 이 자료집은 전시기인 1935년 1월에 창간되어 '대동아전쟁'이 한창이던 1943년 10월까지 계속 간행된 재일조선인 주체의 언론 매체 기록이다.[12] 그 배부처는 일본 '내지'(內地)에 그치지 않고, 한반도의 주요 도시, '만주'와 중국 지역에까지 미쳤으며, 그 당시 한반도에서 발행하던 『경성일보』(京城日報, 일본어판)나 『매일신보』(每日新報, 조선어판)와 같은 주요 어용지를 제외하면, 이 정도로 장기간에 걸쳐 간행을 허가받은 조선인 언론 매체는 드물었다고 할 수 있다. 지면은 조선인의 황민화 정책에 대응해, 협화회(協和會)의 사업 활동이나 전시 동원 정책에 대한 총독부의 광보(廣報) 등을 빈번하게 게재하여, '친일파' 어용 매체로서의 성격을 역력히 보이고 있다. 따라서 전시하 조선 민중의 목소리를 대표했다고는 도저히 말할 수 없을 것이다.

그러나 신문이 권장하는 내용이 주로 황민화 정책을 지지하는 것이었음에도 불구하고, 기타 부분을 통해 재일 조선인의 굴절된 민족 의식이나 고뇌를 읽어 내는 일이 결코 불가능한 것은 아니다. 예를 들면 다음과 같이 황군 병사를 지원한 조선인 청년의 인상기(1939년 11월 25일)를 들 수 있다. 「반도 지원병의 내지 인상기」와 「황국에 태어난 기쁨을 통감한다」는 작은 제목 사이에 다음과 같은 설명 기사가 삽입되어 있다. '멀리 바다를 건너 지난 6일 처음 동경에 온 조선 지원병 훈련소 생도 3백 명의 마음에 끌린 것은 감격적인 내지 인상기이다. 참된 마음을 군복으로 감싼 반도 건아의 용솟음치는 정열은 애국의 붉은 문자이다." 아울러 전술한 '반도 건아'의 수기는 이러하다.

---

12) 外村大, 「『東亞新聞』解說」, 『戰時下在日朝鮮人資料集』 제3권 (綠蔭書房, 1997), 247~253쪽.

"우리들의 내지 여행 목적은 일반 학생 단체의 수학 여행과는 완전히 의미가 다른 것입니다. 그 하나는 이세신궁(伊勢神宮) 참배, 궁성요배(宮城遙拜)이며, 또 하나는 저희들을 내지의 여러분들에게 보여 드리고, 더 강한 내선일체의 성과를 거두려는 것에 있습니다.…… 신국 일본의 소중함과 황국이 더욱 번창할 것을 기원하고, 일시동인(一視同仁)의 성은에 대해 만분의 일이라도 보답해 드려야 한다고 굳건히 결의했습니다. 저희들은 훈련소에서 매일 아침 동방 요배를 하는데, 이 때 눈앞에 계시는 것 같은 기분이 들어 황국 신민의 서사(誓詞)를 읊으며 신민의 신념을 굳건히 하고…… 니쥬바시(二重橋)에 나아가서 정중하게 요배했을 때는 다만 감격의 눈물을 흘렸습니다."

'일본인'이 되고 싶다는 갈망은 확실히 식민지라는 강제와 억압의 현실 없이는 있을 수 없다. 그러나 더 좋은 '제국 신민'이 되려는 식민지 '반도인'의 욕망이 단순히 강제에 그치지 않고 자발적인 계기에 의해 움직였다는 사실도 부정할 수 없을 것이다.

그러나 실제로 『토아신문』(東亞新聞)의 여러 곳에서, "선량하게 황민화된 반도인"이 "내지인"의 차별적인 언사에 의해 "부당하게 취급"되어 대단히 실망했다는 기사와, 내지인들의 차별을 고백하는 인터뷰 등을 찾아볼 수 있다. '일본인'으로서의 죽음에 대한 선구적인 결단과 날마다 변함없이 동정받아야 하는 차별, 이 양자의 이율배반성을 '내지인' 이상으로 '일본인'이 됨으로써 극복하려고 했던 것처럼, 조선인 지원병의 일방적인 구애도 비슷한 모방 욕망이 격렬한 어조로 토로된 것이다. 실제로 『동아신문』의 논조는 황민화 정책을 고무하면서도 때로는 정책 담당자조차 말할 수 없을 정도의 철저하고 격렬한 의견이 표명되어 있기조차 하다.

확실히 여기에는 '반도인'이 '내지인' 보다 애국적인 '일본인'일 수 있는 가능성이 열려 있다. 그러나 이것은 늘 배반당해, 이념적 공동체로서의 '일본인'은 언제나 '내지인'을 이상으로 생각할 뿐이다. 그리고 이 결코 달성되지 않는 이념으로서의 '일본인'을 향해, '내지인'이 아닌 '반도인'은 '탈자'(脫自)를 무한히 반복하게 된다. 역력한 민족 차별이라는 이 부정하고 싶은 사실은, '내지인'은 실제로 '반도인'이 '일본인'으로 될 수 있다고 믿지 않으며, '내지인'만이 '일본인'이라고 생각하는 '내지 일본주의'13)의 수인(囚人)이라는 점을 의미하고 있다. 그리고 바로 이 차별 때문에 '일본인'이 되겠다는 선구적인 결단으로도 이룰 수 없는 '탈자'의 욕망이 더욱 강화되어 가는 것이다.

이와 같이 '반도인'의 '내지인'으로의 결사적인 도약이 '반도인'의 자주적인 욕망이 될 때, 전시하의 제국은 그 통합을 달성할 수 있는 것이다. 그러나 이념적으로 보면 거기에는 '일본인'의 파괴가 생길 가능성이 항상 존재하고 있다. 이 파괴의 가능성은 '일본인이라는 내부'가 얼마나 자의적인 경계에 의해 지켜지고 있는가를 드러내는 순간이기도 했다. '내지인'='일본인'이라는 '내지 일본주의'만으로는 제국 통합은 파탄될 수밖에 없기 때문이다. 전후와 같은 단일 민족적 내셔널 히스토리는 제국적인 국민의 이념으로서는 성립할 수 없었던 것이다.

이와 관련하여 '일본인'의 국민으로서의 심상 지리(心象地理)를 가장 쉽게 기술하고 있는 문부성 발행 책자 『심상소학지리서』(尋常小學地理書) 제1권(1938년 3월 간행)의 첫머리 '제1 대일본제국'은 다음과 같이 쓰여

---

13) 酒井直樹,「日本人であること」(일본인이라는 것),『思想』882호 (1997).

있다. "우리 대일본 제국은 아시아 주의 동부에 위치하고, 일본열도와 조선반도로 이루어져 있다." 그리고 국민에 대해서는 "총국민 수는 약 1억으로 그 대부분은 야마토(大和) 민족이고, 조선에는 약 2,300만의 조선인, 대만에는 약 500만의 중국 민족과 10여 만의 원주민이 있다. 또 호카이도(北海道)에는 소수의 아이누인, 사할린(樺太)에는 소수의 아이누인과 기타 원주민이 있다. 여러 외국에 거주하고 있는 야마토 민족은 약 100만 명이다"라고 설명되어 있다. 더욱이 지방 구획은 "혼슈(本州)를 칸토(關東)・오우우(奧羽)・쥬부(中部)・킨키(近畿)・쥬고쿠(中國)의 다섯 개 지방으로 나누고, 이것에 시코쿠(四國)・큐슈(九州)・호카이도(北海道)・타이완(臺灣)・조선(朝鮮)의 각 지방을 더"하여, 전국을 11개 지방으로 나누었다고 되어 있다.

이러한 제국적 '국민의 성상(icon)'으로서의 지리적 공간이, 앞에 소개한 「반도 지원병의 내지 인상기」와 같은 시대 '일본인'의 심상 지리를 지탱했던 것이다. '반도인'의 '내지'로의 동화나 이세신궁 참배와 궁성 요배는 이와 같은 '일본인'으로서의 성상을 신체에 깊이 새겨 넣는 국가적 의례였다. 이러한 의례를 통해 '일본인'으로의 '신생'을 바라는 주체가 '반도인' 속에 나타났을 때, 제국적 통합을 지탱하는 심적 기제(機制)는 그 내부 분열의 계기를 외부로 이전시키는 것에 성공했다.

그러나 동시에 이것은 표면상으로야 어떻든 내지인, 즉 '일본인'의 역사와 그 기억으로서의 내셔널 히스토리가 내면으로부터 파탄을 보일 수밖에 없었던 순간이기도 하다. 따라서 전쟁의 역사는 이러한 민족적인 것의 경계선이 노출될 수밖에 없는 아슬아슬한 한 순간 한 순간의 연속이기도 했다.

전후의 시작은 바로 그러한 국민의 혼성적인 편성을 '내지 일본주의'로 폭력적으로 수축시키면서 식민지 제국 이전으로 복귀해 가는 것이었다. 앞의 '천황의 인간 선언'은 그 국가적 선언문이다. 그리고 시바 사관식으로 말하면, 1940년의 '마의 계절'이 내셔널 히스토리에 있어서의 '기형아'라고 한다면, '종전'과 함께 '반도인' 이외의 아무 것도 아닌 타자로서 잘라 버려진 '일본인'은 또 하나의 잊혀진 '기형아'임에 틀림없다. 이 '기형아'에 대한 기억은 폭력적인 망각과 민족적인 것으로의 '재영역화' 속에서 갈 곳을 잃고 계속 헤매지 않으면 안 되었던 것이다. '조선인 B·C급 전범'의 기억은 이 혹독한 전후의 시작을 알리는 묘비명이라 말해도 좋을지 모른다.

나는 때때로 그러한 전범으로서 전후를 살았을지도 모르는 친가의 숙부 뻘되는 분의 사진 한 장을 떠올릴 때가 있다. 암갈색으로 빛 바랜 사진에는, 헌병 완장을 두르고 일본 군도를 찬 '반도인'의 긴장한 표정과 그 옆에 어린아이를 안은 '내지인' 배우자의 슬픈 듯한 모습이 찍혀 있었다. '종전' 직전에 '자결'을 각오한 마지막 앨범이었다. 이 '반도인'은 살아남고, 처자를 '내지'에 남겨둔 채 '반도'로 귀환했는데, 머지않아 동란이 터지면서 소식이 끊겨 생이별한 채 전후를 보내지 않으면 안 되었다고 한다. 해방과 내전 그리고 군정 지배 속에서 새로운 역사를 걷기 시작한 옛 '일본인'은 그 '내지'에서의 기억을 모두 말살하고 신생 국가의 민족주의자로서 살았다고 한다. 이 에피소드가 결코 희귀한 사례는 아니다. 그것은 어디에나 있는 '반도인'의 전후(戰後)였다. 그들에게서 그 전쟁의 기억이란 무엇일까? 어느 새 그 기억이 어떠한 것인지 물을 수 있는 기회는 영원히 사라지고 말았다. 그러나 '일본인'의 내셔널 히스토리가 그 기억을 말살하게 되었다는 것만은 틀림없을 것이다.

내셔널 히스토리의 감미로운 이야기에 취한 또는 그것을 부활시키려는 이 시대야말로, 타자의 타자성을 송두리째 배제한, 제국의 시대와는 또 다른 의미에서의 '마의 계절'이 아닐까? 역사는 바로 내셔널리티를 돌파함으로써 기억되는 것이다. 이러한 이야기의 실마리를 '내지인'이나 '반도인'이나 새롭게 발견해 나아가는 것말고는 도리가 없다. 세계적인 '지정학적 혼란'을 다시금 내셔널 히스토리라는 '재영역화'로 회수해 버리지 않도록 하기 위하여.

민족 · 역사 · 애국심
'역사 교과서 논쟁'을 역사적으로 상대화하기 위하여

카와모토 타카시 (川本隆史)

전후 역사학과 '자유주의 사관'의 공통성—오오타 마사쿠니(太田昌國)의 분석

『정의론』(正義論, 1971)이라는 대작을 세상에 발표하여 사회의 올바른 모습(=사회 정의)을 둘러싼 논의의 지평을 새롭게 연 존 롤즈(John Rawls)라는 미국의 논리학자가 있다. 그 책의 서평을 준비하던 나의 눈에 『탈정의론』(脫正義論, 「新・ゴーマニズム宣言スペシャル 신거만주의 선언 스페셜」), 幻冬舍, 1996)이라는 한 책의 도발적인 타이틀이 눈에 띄었다. 저자인 코바야시 요시노리(小林よしのり)의 글은 『동대일직선』(東大一直線)부터 조금씩 읽어 왔고, 이른바 『거만주의 선언』(ゴーマニズム宣言)에서 그가 보여준 활약도 학생들한테서 전해 들어 그런 대로 호감을 가지고 있었다. 그러나 이번 작품은 달랐다. 약물 피해로 인한 에이즈 소송(HIV 소송)을 지원하는 학생들에게 코바야시는 "푹 빠져 있는 자신의 '정의'(正義)에서 탈

출해라. 지금은 '탈정의'의 시기다!"라고 외치는데, 이러한 그의 주장의 클라이맥스에 이르러 나는 "잠깐 기다려 달라"고 말하고 싶었다. 정의론을 본업으로 해 온 나에게 영업 방해가 되기 때문에 그러는 것은 아니다. 'HIV 소송을 지지하는 모임'에 가담한 자신의 '정'(情)과, 운동을 정치적으로 이용하려는 사람들이나 순진한 학생들이 제기한 '정의'라는 이항 대립적인 도식은 지나치게 단순하지 않는가? 도대체 코바야시는 '정의'를 벗어나 어디로 가려고 하는 것일까? 이런 여러 가지가 거슬렸기 때문이다.

예상대로 그 후 코바야시는 '새로운 역사 교과서를 만드는 모임'의 발기인 모임에 이름을 올리고, "경박한 '정의'를 의심하라"고 큰 소리로 외치면서 '종군 위안부'의 강제 연행은 없었다는 거창한 캠페인을 전개하기 시작했다. 그러한 그의 변신을 곁눈질로 바라보면서도 어떻든 『롤즈―정의의 원리』(ロールズ―正義の原理, 『現代思想の冒險者たち』 제23권, 講談社, 1997)를 탈고하고, 그 서문에서 "사회 정의를 바라는 운동이 모두 좌절·변질되었다는 성급한 결론을 내리며 '정의'와 결별하는 태도"를 보이는 일에 위화감을 밝혔던 나에게, 이 책의 청탁 의뢰가 왔다. '탈『탈정의론』―코바야시 요시노리 비판'이라는 테마로 뭔가 쓸 수 있을 것 같아 청탁을 받아들이고, 자료를 모아 글을 구상하던 차에 우에스기 사토시(上杉聰)의 『탈거만주의선언―코바야시 요시노리의 '위안부' 문제』(脫ゴーマニズム宣言―小林よしのり批判, 東方出版, 1997)가 출간되었다. 이 역작을 통해 코바야시에 대한 비판이 거의 이루어졌기 때문에 나 같은 사람이 나설 자리는 없어지고 말았다.

테마나 논의의 범위를 어떻게 바꿀까 고심하던 바로 그때, 설립 준비 단계부터 관여해 온 '피플즈 플랜(Peoples Plan) 연구소'가 토론회 '자유주의 사관 비판―우리의 역사관을 새롭게 한다'[1]를 개최(1997년 10월 4일)하였다. 토론회장에서 오오타 마사쿠니의 보고를 들은 나는 '자유주의 사관'을 전후 일본의 역사학·역사 교육의 흐름 속에서 다시 자리 매김해야 할 필요성을 뼈저리게 느꼈다. 이하의 글은 그러한 상대화의 준비 작업에 관한 내 나름의 연구 노트이다.

먼저 오오타의 문제 제기를 소개한다. 보고의 전반부에서 오오타는, 코바야시 요시노리 및 그의 『탈정의론』에 담긴 메시지를 적극적으로 평가하는 전공투(全共鬪) 세대의 논객들(코하마 이츠오小浜逸郎, 타케다 세이지 竹田靑嗣, 하시츠메 다이자부로橋瓜大三郞 등)[2]이 주요 대상으로 하는 독자층의 공통된 감각을 "종래의 이상주의나 운동의 원리에 대한 환멸"로 특징짓고 있는데, 이것은 나도 충분히 납득할 수 있는 설명이었다. 이어서 오오타는 "'자유주의 사관'은 우리들이 의거해 온 역사관과는 전혀 다른 세계에서 통용되고 있을 뿐인 망언일까?"라고 물었다. 그 해답을 찾기 위하여 그가 (아마 살을 에는 심정으로) 읽은 타케우치 요시미(竹內好)의 문장

---

[1] 이 개요는 『ピープルズ·プラン研究所ニュース』(피플즈 플랜 연구소 뉴스) 제3호(피플즈·플랜 연구소 준비회, 1998년 4월)에 게재되어 있다. 이 연구소에 대한 문의는 001-81-3-5273-8362로 하기 바람.

[2] 전공투란 전학공투회의(全學共鬪會議)의 약칭으로, 1968~1969년 사이의 대학 분쟁에서 기존의 학생 자치회 조직과는 별도로 여러 신좌파 당파와 학생이 각 대학에 만든 투쟁 조직을 말한다.―옮긴이; 여기서 오오타가 문제삼은 작품은 小林よしのり, 小浜逸郎 외, 『ゴーマニスト大パーティ 3―從軍慰安婦·脫正義論大論爭』(거만주의자 대파티 3―종군위안부·탈정의론대논쟁)(ポット出版, 1997)과 竹田靑嗣·小林よしのり·橋瓜大三郞 『正義·戰爭·國家―自分と社會をつなぐ回路』(정의·전쟁·국가―자신과 사회를 잇는 회로)('ゴーマニズム思想講座', 徑書房, 1997)의 두 책이다. 코하마 등의 자세를 오오타는 이렇게 비난했다. "코바야시가 묘사하고 있는 낭만적 표현의 폭력성을 알게 된 뒤에도, 여전히 그것에 대한 분노나 비판을 표출하지 않고 그의 시민 운동 혹은 좌익 운동에 대해서만 의문시하는 방식, 그것으로 오히려 그를 구제하려고 하는 방식에 일종의 속임수 같은 것을 느끼게 됩니다."

하나는 다음과 같은 것이었다.

"조선이라는 국가를 멸망시키고 중국의 주권을 침해하는 난폭함은 있었지만, 어쨌든 일본은 과거 70년간 아시아와 함께 살아왔다. 거기에는 조선이나 중국과의 관련 없이는 살 수 없다는 자각이 있었다. 침략은 좋지 않은 것이지만, 그러나 침략에는 연대감의 왜곡된 표현이라는 측면도 있다. 무관심으로 다른 사람을 내버려 두는 것보다는 어느 의미에서는 건전함조차 있다.……대동아전쟁의 침략적 측면은 어떻게 변명해도 부정할 수 없다고 생각한다. 그렇지만 침략을 증오하는 나머지 침략이라는 모습을 통해 나타난 아시아적 연대감까지 부정하는 것은 뜨거운 물 때문에 갓난아기까지 놓쳐 버리는 것이 되지 않을까 두려워하는 것이다. 그것으로는 일본인은 언제까지나 목적 상실감을 회복할 수 없기 때문이다."3)

위의 인용문을 들었을 때 나는 내 귀를 의심했다. 타케우치 요시미나 우에하라 센로쿠(上原專祿), 에구치 보쿠로(江口朴郞) 등 우리가 동지나 선배로 존경해 온 평론가・역사가들의 근대 일본 역사 서술에 누락된 부분과 왜곡된 부분이 꽤 많이 내포되어 있었던 것이다. 오오타의 발제는 이를 깨닫게 해 주었다. 예를 들면 "일본이 일으킨 전쟁이……토착적이고 자생적인 민족 독립 운동을 북돋우거나 일으켜 세울 수 있는 기회를 주었다고 여겨지는 점도 부정할 수 없다"4)는 타케우치 요시미와 동일한

---

3) 竹內好, 「日本人のアジア觀」(일본인의 아시아관)(공동통신사가 배포한 전국의 지방지 1964년 5월호에 처음 게재). 『日本とアジア』(일본과 아시아) (『竹內好評論集』 제3권, 筑摩書房, 1966) 84쪽. (현재는 『竹內好全集』 제5권, 筑摩書房, 1981, 118~119쪽).

주장을 내발적인 문제 의식에 기초하여 검토하는 작업이 거의 이루어지지 않았던 것이 아닌가? 이렇게 오오타는 반성한다. 계속해서 그는 타케우치나 우에하라, 에구치 등과 '자유주의 사관' 일파의 문장을 각각 저자명을 숨기고 나열할 경우에 양자의 차이를 정확하게 구별하기 어려울 것이라고까지 단언한다.

시바 료타로를 인용하면서 '건강한 내셔널리즘'을 주장하는 후지오카 일파와 타케우치 등은 '공통성'을 지니고 있다!—이러한 사태를 정확히 인식하지 않으면 '자유주의 사관'에 대해 유효한 반론을 전개하는 것조차 어렵다. 이렇게 호소하려는 오오타도 돌파구를 찾으려 노력하는 모양인데, 그의 고뇌를 타인의 일처럼 내버려 둘 수 없다. 십대 후반 무렵에 타케우치 요시미의 책을 읽고 역사학에 뜻을 두었던 나였기 때문이다.

세계사의 형성과 민족의 자각—우에하라 센로쿠와의 재회

대학 1학년 때, 나는 서양과 일본의 파시즘을 비교하는 세미나 형식의 강의를 비교적 열심히 들었고, 역사학을 전공하는 대학원생 선배들로부터 책을 사는 방법이나 책을 읽는 법의 기초를 배웠다. 당시 여기저기서 사 모았던 고서 속에는 오오타가 고등학교 시절 애독했다는 우에하라 센로쿠 편집의 『일본 국민의 세계사』(日本國民の世界史, 岩波書店, 1960)도 물론 포함되어 있었다. 원래 이 책은 1956년도부터 고등학교 사회 교과서로 사용되었는데, '역 코스'가 한창일 때 교과서 검정에서 두 번이나 불합격 판정을 받은 후, 일반 서적의 형태로 시판되었던 복잡한 사정이 있

---

4) 竹內好,「アジアにおける進步と反動」(아시아의 진보와 반동),『岩波講座 現代思想』제5권, 岩波書店, 1957). 竹內好,『日本とアジア』, 125쪽(『全集』제5권, 68~69쪽).

는 책이다. "우리들 일본 국민이 미래에 어떻게 살아 나갈까 하는 문제에 직면해 매일매일의 행동을 지탱하는 생활 의식을 확립하고 싶다는 바람에 기초하여 세계 사상의 형성을 시도해 본" 이 책에는 "미일안전보장조약의 반대, 아시아 여러 나라와의 제휴, 특히 중일 관계 타개의 문제"를 이해하고, 세계사의 움직임에 "적극적으로 대처하는 주체성"을 가져야 한다는 행동 강령까지 씌어 있다. 우에하라의 학문에 있어서 근본 모티브라고도 말할 수 있는 '세계 사상의 형성'이란 "우리들 자신의 생활 의식을 출발점으로 하고, 그것을 직접 또는 간접의 매개로 삼아 사건을 있는 그대로 받아들이며, 상태를 있는 그대로 이해하는 주체적인 정신 활동"[5]을 말한다. 그의 이론은 역사 교육의 현장에도 강력한 영향력을 미쳤지만, 우에하라 등에 의한 '세계 사상의 형성'에는 심각한 결함이 있었다. 그것은 이 역사 교과서에도 일본의 식민지 지배와 그에 대한 저항(1919년 서울에서 시작된 '3·1 독립 운동' 등)에 관한 기술이 빠져 있다는 점이다. 따라서 윤건차(尹健次)가 비판한 것처럼, "우에하라의 '일본 국민' 론도 결국은 일본 국민의 민족으로서의 역사적 책임의 구조나 질에 대한 분석을 포기한 채 성립된 것"[6]이다.

나는 그런 문제점이 있는 것도 전혀 모르고 모처럼 사들인 그 책을 거의 읽지도 않은 채, 역사학에서 논리학으로 관심 영역을 옮겨 갔었다. 하지만 '사망자와 생존자의 공존·공생·공투(共鬪)'를 찾으려고 한, 만년의 우에하라가 벌인 특이한 투쟁 방식을 알고 있었기 때문에 그에 대한

---

5) 上原專祿, 『日本國民の世界史』(일본 국민의 세계사) (岩波書店, 1960), 4쪽.
6) 尹健次, 「戰後日本のアジア觀」(전후 일본의 아시아관)(『岩波講座 日本通史』 별권 1, 岩波書店, 1995), 271~272쪽.

흥미는 지속되었다. 그래서 이후 그의 『민족의 역사적 자각』(民族の歷史的自覺, 創文社, 1953)을 고서점에서 입수해 그 가운데 제3부인 「새로운 윤리」 부분을 읽었다. 오오타의 보고를 계기로 하여 이번에 처음으로 이 책의 제1부인 「민족의 자각」을 전부 읽었다. 거기에는 다음과 같은 구절이 들어 있었다.

"태평양전쟁의 참담한 종말과 관련하여, 타이쇼(大正)·쇼와(昭和) 시대에 인위적으로 형성된 애국심이 해체되었다. 연합국, 그 중에서도 미국에 의한 정치적 지배가 시작되었다.…… 그리고 새로운 교육 이념으로서 휴머니즘과 민주주의를 내세웠다. 이리하여 '신교육'이 시작되었다. 이 '신교육'에서는 민족의식의 형성, 애국심의 함양 등의 문제는 전혀 없다고 해도 좋을 정도로 의식적·무의식적으로 등한시되었다.…… 신교육은 일본 민족이 제2차 세계대전 후 인류의 한 구성원으로서, 또 태평양전쟁으로 인해 황폐해진 경제·산업·사회의 재건에 당면한 민족으로서, 당연히 자각하지 않으면 안 될 역사적·정치적 과제라는 것이 도대체 무엇인지를 아이들에게 인식시키고 자각시켜 그 과제를 해결하는 주체가 되도록 의식시키는 교육과는 아주 거리가 먼 것이었다고 해도 과언이 아니다. 이와 같은 역사적 과제를 의식하는 것을 통해서만 올바른 민족 의식이나 조국 감정이라는 것도 형성될 수 있을 것이다. 그러나 '신교육'에서 민족 의식 형성의 문제나 애국심 육성의 문제는 설자리를 거의 상실하고 있는 것처럼 보인다." [7]

---

[7] 「祖國愛と平和」(조국애와 평화)(『道德敎育』, 1952, 제1권 제5호), 『民族の歷史的自覺』(민족의 역사적 자각), 47~48쪽.(현재는 『上原專祿著作集』 제7권, 評論社, 1992, 47쪽).

위의 인용문에서 '신교육'이란 말을 '자학 사관'으로 바꾸어 '새로운 역사 교과서를 만드는 모임'의 취지서 등 일련의 선언서와 비교해 보면, 양쪽의 유사점은 한눈에 들어올 것이다. 이것은 타케우치 요시미를 사례로 들어 오오타가 시사한 그대로였다. 그러나 그렇다고 하더라도 우에하라를 '자유주의 사관'파와 똑같이 취급하거나, 그의 '세계 사상'이 내셔널리즘을 내포하고 있다는 점만을 들어 그를 일방적으로 비난할 수만은 없다. 오히려 반 세기 전에 그가 한탄한 '올바른 민족 의식이나 조국 감정'의 내실을 해명하는 것이 우리의 '생활 의식'과 관련하여 중요한 과제가 아닐까? 하나자키 코우헤이(花崎皐平)가 '자유주의 사관'의 천박함을 공격한 에세이에서[8] 사무엘 존슨의 경구 한 구절을 인용한 것처럼, "애국심은 악당의 최후의 가리개"에 불과한 것일까? 그렇지 않으면 조지 오웰의 말에 근거하여 츠루미 순스케(鶴見俊輔)가 내세운 '애국심'(즉 '특정 지역과 특정 생활 양식에 대한 헌신'이라는 의미의 향토애)이야말로 '내셔널리즘'(각 집단을 선악의 두 부류로 나누고 오로지 자신들이 속해 있는 집단의 이익만을 추구하게 만드는 정신 습관)에 대한 대항축이 될 수 있을까?[9] 나는 이 양자택일 부분부터 밝히고 싶다.

원래 이 논집의 목적은 '국익 중심주의'나 '자국의 정사(正史)' 편찬에 대한 비판을 기조로 '내셔널 히스토리'를 뛰어넘으려는 다양한 시도를 규합하는 것이었다. 생각할 수 있는 극복 방향으로는 세계적인 것과 지역적

---

8) 花崎皐平,「愛國心は惡黨の最後の隱れ蓑」(애국심은 악당의 최후의 가리개),『インパクション』(임팩션) 제102호 (1997년 4월호).
9)「オーウェルの政治思想」(오웰의 정치사상) (1970)『鶴見俊輔著作集』제3권 (筑摩書房, 1975), 375~377쪽. (현재는『鶴見俊輔集』제9권, 筑摩書房, 1991, 63~65쪽).

인 것의 두 가지—스토아 학파 이후의 '코스모폴리터니즘'인가 아니면 오웰류의 '향토애'인가—가 있을 것이다.(양자가 반드시 양립 불가능한 배치 관계에 있다고는 할 수 없지만.) 여기에서 '자유주의 사관'이나 코바야시 요시노리의 지지층이 이상주의에 대한 환멸을 공유하고 있다는 오오타의 견해를 상기해 보자. 만약 그것이 올바른 지적이었다면 '내셔널 히스토리'를 극복하기 위해 '코스모폴리터니즘'이나 이를 지탱하는 '인간성'의 이상을 명확히 내세우는 일이 더욱 긴요하다. '역사 교과서 논쟁'이 전개된 시기 전후에, 미국에서 '애국심 논쟁'을 제기한 마사 누스봄도 바로 그러한 논법을 전개하고 있다.[10]

나는 누스봄의 '코스모폴리터니즘' 노선에 전적으로 동감하는데, 그녀의 분전을 다른 나라 이야기로 끝내지 않기 위해서, 또 '자유주의 사관' 그 자체를 역사적으로 상대화해 가기 위해서도 다음과 같은 사례 연구가 도움이 될 것이라 생각한다. 즉 우에하라의 학구적 흐름 속에서 '세계사의 형성'과 '민족의 자각'이 어느 정도 긴밀히 연결되어 있었던 것인지—또는 그의 본래 영역은 어디까지나 전자에 있고, '민족의 자각'은 일본의 독립이나 강화 문제에 대한 일종의 태도 표명 혹은 시론의 영역을 넘지 않는 것인지—를 시대 상황에 의거해 해독하는 작업이 바로 그것이다. 우에하라는 독일의 휴머니스트들에 있어서 '인간성의 자각'과 '민족의 자각'이 동시에 생겼다고 말하고 있지만,[11] 우에하라 및 그를 신봉하는 역

---

10) '애국심 논쟁'에 대해서는 졸고 「愛國心とコスモポリタニズム」(애국심과 코스모폴리터니즘), 『思想』 1998년 3월호)과 「リベラリズムの兩意的遺産—偏愛的ウォーラーステイン論」(리버럴리즘의 양의적 유산—편애적 월러스틴론), 『大航海』 제21호, 1998년 4월호)에서 간단히 언급하였다.
11) 『民族の歷史的自覺』, 28쪽. (『上原專祿著作集』 제7권, 31쪽).

사 교육자 사이에 '인간성'과 '민족' 간의 긴장 관계가 과연 어느 정도 자각되었는지는 의문의 여지가 있다. 만약 반대로 우에하라 등이 주도해 온 전후의 역사 교육에 있어서 '세계 사상의 형성'과 '민족의 자각'이 목표로서 열거는 되었지만, 양자의 내재적인 관련성은 지극히 미약한 것이었다고 해 보자. 그 경우 전자에서 분리된 '민족의 자각'을— '세계사의 형성'이라는 '커다란 이야기'가 종결되었다는 시대의 분위기를 타고—일방적으로 강조하는 언설이 나타난다고 해도 전혀 이상하지 않다. 이러한 전후 역사 교육의 틈을 이용해 널리 퍼진 것이 다름 아닌 '자유주의 사관'이라 보아도 무방할 것이다. 이 가설의 방증을 위해 또 한 사람의 전후 역사학의 대가를 등장시켜 보자.

『역사와 민족의 발견』과 '국민적 역사학' 운동—이시모다 쇼우의 행적

여기서 소개하려는 역사가는 이시모다 쇼우(石母田正)이다. 『일본 국민의 세계사』를 구입하던 무렵에 나는 명저로서 평판이 높던 『역사와 민족의 발견』(歷史と民族の發見) 정(正)·속(續)(東京大學出版會, 1952, 1953)을 손에 넣었다. 선배인지 누군지 어떤 사람의 추천을 받고, 역사학을 공부하려는 사람으로서 마음가짐을 다지려는 뜻에서 그 책을 구입했다. 구입하자마자 나는 곧바로 정편의 본론 앞에 씌인 「위기에 있어서의 역사학의 과제—곽말약(郭末若)의 주장에 덧붙여」를 읽었다. 나는 이 책에 1971년 10월 2일이라고 책을 다 읽은 날짜를 써 놓았는데, 책의 여백에는 치졸한 의문점이나 감상들도 기록했고, 본문에는 수많은 방점과 선들을 그어 놓았었다. 대학 2학년이었던 나는, 예를 들면 다음과 같은 부분에 감명을 받으면서도 반발한 흔적을 남기고 있다.—'민족의 의식을 심기 위해서 또 대중이 민족이라는 것을 자각하기 위해서는 역사를 통할 수밖에 없습니다.…… 대중의 경험을 조직화하고 계통화하는 작업, 이를 대중이 직접 체험하지 않았던 민족의 경험에까지 범위를 넓혀 거기에서 교훈을 얻고, 민족과 조국에 대한 애착과 자신과 긍지를 획득하려고 하는 것, 이 작업을 거치지 않는다면 민족이라는 의식은 대중의 것이 될 수 없다고 생각합니다. 이 작업은 역사학의 고유한 임무입니다.…… 대중 안에 역사가 배양되어 온 것, 대중 안에 잠재하고 있는 올바른 민족 의식을 학문이 일깨워 조직화하지 않으면 안 됩니다."12)

이시모다도 또한 "민족과 조국에 대한 애착·자신·긍지" 또는 "올바른 민족 의식"을 단련시키는 것이 역사학의 목표라고 확정하고 있다. 지금 다시 읽어 보면 정편에 실린 서문이 우에하라 센로쿠에게 보내는 서간체 형식으로 씌었고, "자주적 존재로서의 민족의 위기라는 의식"의 희박함을 개탄한 그에게 공감했던 내용이 씌어 있다는 점이 우선 눈에 들어온다. 그리고 이웃에 사는 한 부부와의 잡담이 "결국 생활이 어렵다는 이야기였습니다"라는 에피소드나 심야 라디오 뉴스의 대다수 내용이 살인, 자살, 동반 자살 등 어두운 사건을 전한다는 예를 들어, 전후의 해방감 속에서 "과거의 일본에 대한 애착을 일시적으로 잃어버렸다고 생각합니다"라고 고백하고, "나는 민족을 발견하는 것을 자기 역사의 발견의 표현이라 생각합니다"라고 서문을 맺으려 한 이시모다의 생각도 느낄 수 있었다. 더구나 타케우치 요시미가 이 책을 "역사학만이 아니라 모든 학문의 변혁을 위한 귀중한 실험 보고"13)라고 절찬한 연유도 알 수 있었다.

12) 『民族の歷史的自覺』, 28쪽.(『上原專祿著作集』 제7권, 31쪽).
13) 『日本讀書新聞』 1952년 3월 26일자 서평.(『竹內好全集』 제12권, 1981, 231~233쪽).

1950년대 초, 우에하라, 이시모다, 타케우치 이 세 사람은 '민족·역사·애국심'을 둘러싼 연계 활동을 전개하였다. 여기에서 『역사와 민족의 발견』이 쓰이고 읽혔던 당시의 문맥을 간단히 회고해 보자. 대외적으로는 1950년 6월에 발발한 한국전쟁과 그 다음해 9월의 샌프란시스코 강화조약(및 미일안전보장조약)의 조인이 민족의 독립과 평화를 바라는 많은 사람들의 의분을 불러일으켰다. 또 대내적으로는 공산주의자 숙청과 일본 공산당의 '민족민주혁명방침'(1951년 채택)이 팽팽히 맞서는 가운데, 동맹 파업이나 노동 쟁의가 격화되는 것을 시작으로 1952년 5월의 '피의 메이데이'에 이르는 불온한 정치 정세가 조성되었다. 그러한 긴박한 상황 하에서 집필된 에세이집이 바로 『역사와 민족의 발견 — 역사학의 과제와 방법』(정편)이다. 그 이론적 배경이 되었던 것은 1951년 역사학연구회의 통일 주제인 '역사에 있어서의 민족 문제'와 다음해인 1952년부터 민주주의과학자협회(약칭 '민과')가 제창한 '국민적 과학의 창조와 보급' 및 '새로운 학풍'임에 틀림없다. 이 '국민적 과학'의 일환으로서 '대중 속으로'라는 슬로건을 내세우고 '국민적 역사학'을 추진하는 운동이 젊은 층의 연구자·교육자들에 의해 전개되어 갔다.[14] 이 과정에서 지도적인 역할을 담당한 것이 '민중이 있는 곳, 생활이 있는 곳에는 어디라도 풍부한 역사가 있다. 학자나 교사의 시선이 미치지 않는 곳에서 영위되고 있는 역사를 민중 스스로가 쓰지 않으면 안 된다"[15]고 역설한 이시모다의 작품들이었다.

---

14) '국민적 역사학' 운동의 전개 과정에 대해서는 遠山茂樹, 『戰後の歷史學と歷史意識』(전후 역사학과 역사의식)(岩波書店, 1968)과 역시 그가 쓴 『石母田正著作集』 제14권에 쓴 해설을 참조했다.
15) 『歷史と民族の發見』 正, 284쪽. (『著作集』 제14권, 23쪽).

이 운동은 민중의 축제나 민란을 소재로 한 '종이 연극' 팜플렛의 제작으로부터 시작되어 농촌 지역 조사나 공장의 동아리들과의 교류 등 실천 활동으로까지 확대되었다. 거기에 합류한 것이 무차쿠 세이쿄(無着成恭)의 『메아리 학교』(山びこ學校) 간행(1951년 3월)을 계기로 고조된 '생활 글짓기 운동'과 '민족의 긍지와 독립심을 가진 일본인'의 육성을 목표로 정한 역사교육자협의회 제3회 대회(같은해 10월. 테마는 '평화와 애국의 교육')였다. 참고로 말하면 『역사와 민족의 발견—인간·저항·학풍』(속편)에서는, 젊은 날 아미노 요시히코(網野善彦)의 이름이 이러한 '국민적 역사학'의 모범생으로서 널리 세상에 알려졌다. 츠루미(鶴見) 지역 노동학교에서의 교육 체험을 보고한 아미노 요시히코의 글에서와 같이, 이시모다는 "노동자에 대한 성실함과 겸허함, 자신의 실패를 솔직히 인정하고, 비판을 통해서 배우고 고쳐 나아가는 불굴의 의지, 학문 본연의 자세나 계급적인 견해를 자신의 것으로 만들어 가는 노력"을 계속하라는 점만을 강조하였다.16)

'국민적 역사학' 운동은, 1953년 8월부터 4개월에 걸쳐서 1만 명을 동원한 오카야마 현(岡山縣)의 원형 고분 발굴 작업에서 그 절정에 이르렀는데, 동시에 이 운동을 실제로 맡았던 주최측으로부터는 불평이 잇따랐다. "국민 속으로 가기 전에 우선 서재나 연구실에서 공부하지 않으면 안 된다"는 목소리나 "농촌이나 동아리에서 얻은 것을 어떻게 역사학으로 구체화할 것인가라는 전망—양자 관계의 법칙화—이 긴급한 문제"라고 호소한 쿠로다 토시오(黒田俊雄, 「'國民的科學'の問題と歷史研究」, 「歷史評論」

---

16) 『歷史と民族の發見』續, 151~155쪽. (『著作集』 제14권, 266~270쪽).

46호, 1953년 6월) 등의 비판이 그 대표적인 것이다. 그리고 극좌 모험주의 측면을 스스로 비판한 일본공산당대회(1955년 7월)가 불러들인 혼란 때문에 대부분의 활동가가 '국민적 역사학' 운동에서 손을 떼 버렸다. 어느 논자의 평가에 따르면, 이 운동은 "확실히 1951~1952년의 정치 상황 속에서 한창 고조되던 위기 의식에 의해 지탱되었고, 그 나름대로 이유가 없지도 않았지만, 명백히 안이하고 성급한 정치주의에 근거하고 있었다. 그리하여 역사를 직접 사람들의 마음에 감각적으로 호소한다는 오류를 범하고, '민족' 그 자체의 역사 이론이나 전쟁 전의 일본 제국주의, 전쟁 책임과 '민족' 문제와의 관련 등에 대해서는 역사적 검토 그 자체도 거의 깊이 있게 연구되지 못했다.[17]

이시모다는 1956년의 논문인 「역사과학과 유물론」[18]에서 『역사와 민족의 발견』은 실존주의적·관념론적 경향을 포함하고 있어서 유물론으로서 철저하지 못했다고 반성했는데, 오오타 히데미치(太田秀通)는 이에 대해 '청산주의적 냄새'가 나며 '성급한 자기 비판'이라고 정확히 지적했다.[19] 더욱이 이시모다는 1960년에 접어들어 다음과 같이 자기 비판을 하고 있다. 즉 그는 "민과의 과학 운동은 1951년 이후의 정세 속에서 전체로서는 '정치주의적'이라 일컬어지는 오류를 범했다. 그 주요 책임은 민과 내부에서 활동한 우리들이 짊어져야 한다"고 말했다. 하지만 그는

---

17) 永原慶二, 「戰後日本史學の展開と諸潮流」(전후 일본 사학의 전개와 제조류), 『岩波講座 日本歷史』 제24권(岩波書店, 1977), 15쪽.
18) 『講座歷史 1 國民と歷史』(강좌역사 1 국민과 역사)(大月書店, 1956). 이 글은 『著作集』 제13권, 1989, 61~100쪽에도 들어 있다.
19) 太田秀通, 「石母田正氏の自己批判について」(이시모다 쇼우의 자기비판에 대하여), 『歷史學研究』 1956년 7월호.

이에 대한 책임을 '학문과 인민과의 관계'로 추상화하고 더욱이 '학문과 (일본 공산)당과의 관계'를 언급하면서 누군가를 몹시 꾸짖는 투로 이렇게 쓰고 있다.

"사회과학은 당이(따라서 인민이) 제기하는 여러 문제를 학문의 문제로 전화시킴으로써, 또 당은 과학에 기초하여 정책을 세움으로써 과학과 현대와의 살아 있는 관련을 유지하고 발전시킬 수 있으며 또한 그럴 필요가 있다. 이러한 전체의 내적 연관 속에서 과학과 정치의 관계, 학문의 자립 문제가 제기되고 있는 것이다.…… 정치주의적 오류를 범했기 때문에 이번에는 학문의 자립을 강조하려는 단순한 태도는 문제의 역사적 성격을 보지 못한 것이라고 말할 수밖에 없다."[20]

이시모다는 스스로가 적극적으로 관여한 활동에 "과학 운동으로서의 많은 실패와 오류가 생겼다"고 인정하면서도, 이에 대한 대답으로서 "학문의 자율 문제를 연구실로 도피함으로써가 아니라, 반대로 현실과의 살아 있는 관련을 통해 해결해 나아가지 않으면 안 될 것"이라고 반복해서 말하고 있다. '국민적 역사학' 운동의 성립 기반에 인민을 계몽의 단순한 객체로만 보는 '계몽주의'를 극복하려는 주체적인 흐름(그 결집 축으로서의 각종 '동아리' 운동)이 있었다는 사실을 알면서도, "문제는 그와 같은 우리의 운동 그 자체를 전체 속에 위치 지을 수 있는 하나의 일관된 이론이

---

[20] 「'國民のための歷史學 おぼえがき ― 啓蒙主義とその克服の問題」('국민을 위한 역사학' 각서―계몽주의와 그 극복의 문제)(이 글은 원래 井上淸 등 공편, 『現代史の方法』, 上, 三一新書, 1960에 실렸다. 『著作集』 제14권, 347~383쪽, 인용은 372쪽).

부족했다"고 단정하고, 마지막까지 '경험주의'를 극복할 수 없었던 이론적 취약성에 '실패와 오류'의 원인을 환원시킨다. '국민적 역사학'의 제창자가 수년에 걸쳐 방대한 인간적 에너지를 투입했던 학문적 성과를 이상과 같이 총괄한다고 할 때, 나는 그에 대해 부정적인 느낌을 가질 수밖에 없다. 민과계의 연구자들이 이 운동을 확실히 총괄하지 못했던 것이, 현재의 '새로운 역사 교과서를 만드는 모임'이 생겨나도록 허용한 것이 아니겠는가? 후지오카 노부가츠의 전력[21]을 생각해 볼 때 그렇게 의심하는 것도 억지는 아닌 듯싶다.

진정한 '애국심'과 국가의 상대화―아미노 요시히코(網野善彦)의 고투

'국민적 역사학' 운동의 담당자로서 이 운동을 총괄한 글로는, 우메다 킨지(梅田欽治)의 「'국민적 역사학' 운동의 유산―1950년대의 『역사평론』의 역사」(「國民的歷史學 運動の遺産―1950年代の『歷史評論』の歷史」, 『歷史評論』 1963년 3월호)나 카토 분조(加藤文三)의 『돌을 가르는 물보라―국민적 역사학과 역사교육』(石間をわるしぶき―國民的歷史學と歷史敎育, 地歷社, 1973)이 있는데, 두 논문 다 그리 만족스럽지는 못하다. 전자는 "민중의 문화 운동, 즉 역사학이 저지른 오류"를 인정하고, "결과적으로 학문의 경시―실용주의, 정치주의에 빠졌던 것은 역시 학문과 정치의 관계에 대해 올바른 파악을 할 수 없었기 때문"이라고 지적하고 있는데, 이것은 앞의 이시모다의 논지와 조금도 다를 바가 없다. 후자는 "운동 속에는 오류

---

[21] 小山俊士, 「藤岡信勝の軌跡を追いかける―敎育觀とその轉回」(후지오카 노부가츠의 궤적을 추적한다―교육관과 그 전향), 天野惠一 편, 『「自由主義史觀」を解讀する』('자유주의사관'을 해독한다)(社會評論社, 1997) 참조.

나 조급함, 약점이 있었다.…… 역사학이 널리 국민과 연결되어 운동을 전개할 때, 과거의 국민적 역사학 운동으로부터 이어받을 만한 유산은 무엇인지가 끊임없이 회고되어, 그 자체가 전후 역사학 연구의 대상으로 되었다"며 자부심을 갖고, "나는 '국민적 역사학' 운동이 '좌절' 했다는 것을 몰랐고, '좌절감' 은 전혀 없었다"고 정리할 뿐 '오류' 의 척결을 꾀하지 않았다.

내가 주목하고 싶은 것은 과거 이시모다가 극찬한 아미노 요시히코의 그 다음이다. 일본 공산당의 방침 전환으로 운동 그 자체가 붕괴하기 전인 1953년 여름, 그는 "내 자신의 공허함, 내용이 없음" [22]을 크게 깨달음으로써 "좌익 운동 속에서의 좌절" [23]을 경험한다. "실제로 위험한 장소에는 가지 않고, 회의에서 회의로 나날을 보내며, 말로만 '혁명적' 이라 떠들고, '봉건 혁명, 봉건 제도란 무엇인가?' 등에 대해 어리석고도 부끄러운 문장을 득의양양하게 쓰고 있던 그 무렵의 나 자신은, 자신의 공과 명예를 위하여 다른 사람을 병이나 죽음으로 내몰았던 '전쟁 범죄인' 그 자체였다.…… 그와 같은 용서할 수 없는 내 자신의 모습을 확실히 자각했다." [24] — 42년 후 아미노는 이렇게 참회하고 있다. 그는 이후 상민문화연구소(常民文化硏究所)를 거쳐, 고등학교 교단에 서서, '전후의 전쟁 범죄' 를 속죄하기 위해 연구와 교육을 '중노동' 처럼 계속했다. 그가 처음 가르친 학생이 던졌던 두 가지 질문 — "선생님은 천황의 힘이 약해져서 사라지게

---

22) 網野善彦, 『中世東寺と東寺領莊園』 (중세 토우지와 토우지령 장원)(東京大學出版會, 1978), 31쪽.
23) 網野善彦・鶴見俊輔, 『歷史の話』 (역사 이야기)(朝日新聞社, 1994), 102쪽.
24) 網野善彦, 「戰後の 『戰爭犯罪』」 (전후의 전쟁범죄), 岩波書店 編集部 編, 『戰後を語る』 (전후를 말한다) (岩波新書, 1995), 10쪽.

될 것이라고 설명했는데, 왜 그래도 천황은 없어지지 않았나요?", "왜, 헤이안(平安) 말기와 카마쿠라(鎌倉) 시대에만 훌륭한 종교가가 배출되었나요?"—을 뇌리에 새겼던 그는 오랜 탐구 끝에 걸작인 『무연·공계·낙―일본 중세의 자유와 평화』(無緣·公界·樂―日本中世の自由と平和, 平凡社, 1978)에서 그에 대한 답변을 내놓고 있다.

더욱이 아미노는, '민족'이나 '문화'와 같은 마르크스주의의 약점을 굳이 받아들여, 이시모다의 『중세적 세계의 형성』(中世的世界の形成, 1946)이 언급하지 못했던 "일본 사회의 기저에 존재하는, 묵인해서는 안 되는 무언가"를 밝히려고 한 '국민적 역사학' 운동의 처음 뜻을 높이 평가하면서도, 다음과 같은 회한을 엿보이고 있다.

"이 때 이 운동은 처음부터 그것을 해결할 수 있는 역량을 가지고 있을 리 없었다. 문제는 제기될 뿐으로, 그 소재조차 명확하지 않았으며, 그것을 모색하려는 시도가 이제서야 시작되려는 상황이었다. 그럼에도 불구하고 이 운동의 주도자들은 성급하게 사람들을 서재로부터 끌어내는 일에 전력을 쏟았고, 고투 속에서 생겨나려 했던 것을 운동 그 자체의 힘으로 압살하기조차 했다.…… 운동 그 자체는 처음부터 본질적으로 황폐와 피로만을 누적시키는 것임이 분명했다. 그래서 내 자신은 그때 압살자 그 자체였다."25)

"1949년부터 1953년 전반기에 걸쳐서 내가 범한 오류와 그 사회적 책임"26)을 말하며 학술 논문에 일일이 주를 달아 온 아미노의 성실함을 부

---

25) 網野善彦, 『惡黨と海賊―日本中世の社會と政治』(악당과 해적―일본 중세사회와 정치)(法政大學出版局, 1995), 42쪽.

정하는 것은 아니다. 하지만 "운동 그 자체는 처음부터 본질적으로……"라는 식으로 단정해 버리면 이시모다가 빠졌던 '청산주의'의 전철을 밟게 될 수밖에 없고, 그 자리에 없었던 사람은 아무 것도 말할 수 없게 된다. 자신의 좌절은 '개인적인' 일이고, 그 일에 대해서는 '전범'이라고 자기 고발하는 데 머물면서, 이후에는 '아미노 사학'(網野史學)의 성과를 가지고 떳떳하게 심판을 받고 싶다고, 그는 필시 그렇게 생각하고 있었을 것이다. 그러나 "개인적인 것은 정치적이다"라는 페미니즘의 암호를 빌린다면, 아미노의 개인적인 사정도 (이미) 역사적인 고찰 대상인 것이다. 그래서 단편적인 기술이 아니라, '국민적 역사학' 운동을 축으로 한 그의 개인사와 전후 역사학을 꼭 대조하면서 살펴볼 필요가 있을 것이다. 아미노가 존경하는 시부사와 케이죠(澁澤敬三) 또한 그것이 설령 '실패사'였다 해도 그것을 천하에 공표해야 한다고 요구하지 않았는가?[27]

이시모다로부터 문제시된 뒤, 아미노가 느꼈다는 이시모다의 작업에 대한 '다소의 위화감'[28]이란 구체적으로 어떤 것일까? 또 키시다 슈(岸田秀)에게 '새로운 역사 교과서를 만드는 모임'과의 관계를 따져 물은 아미노가 암시한 '진정한 의미의 애국심'[29]이란 '국가를 상대화하는 의식'과 어떠한 관련을 갖고 있는 것일까? 이러한 문제를 아미노와 함께 탐구함으로써 '역사 교과서 논쟁'을 전후의 역사 속에서 상대화시키고, 최소한

---

26) 網野善彦, 『中世東寺と東寺領莊園』, 30쪽.
27) 網野善彦, 「'運動としての地域史研究' をめぐって」('운동으로서의 지역사 연구'를 둘러싸고)(『岩波講座 日本通史』 별권 2, 岩波書店, 1994) 113쪽 참조.
28) 網野善彦・鶴見俊輔, 『歷史の話』(朝日新聞社, 1994), 105쪽.
29) 網野善彦・岸田秀, 「對談・國民國家を越えて」(대담・국민 국가를 넘어), 『大航海』 제20호, 1998년 2월), 123쪽.

'민족·역사·애국심'이 상대편의 장식어로 악용되지 못하도록 논의의 토대를 정비해 가고 싶다.[30]

---

30) 당초 계획으로는 우에하라 및 이시모다의 검토 작업에 이어, '일본의 내력'이나 '국민의 이야기'와 같은 테마로 논단에 데뷔한 사카모토 타카오(坂本多加雄)의 언설을 분석할 예정이었는데, 시간과 지면에 쫓겨 여기서는 충분히 다루지 못했다. 사카모토에 대해서는 이 책의 이와사키 미노루(岩崎稔)의 논고로 대신하고, 내 스스로도 다른 원고를 준비중에 있다. 그 작업을 통해 "첫 번째는 비극, 두 번째는 익살극"이라는 누군가의 경구가 설득력을 갖고 다시 부상할 것이다.

망각을 위한 '국민의 이야기'
'내력론'의 내력을 생각한다

이와사키 미노루(岩崎稔)

'국민의 이야기'의 유혹

1996년 말, '자유주의사관연구회'를 중심으로 한 일본판 역사 수정주의자들이 역사 교과서에 겨우 변명 정도로 기술되어 있는 '종군 위안부' 항목을 삭제하라고 외쳤을 때, 그 '호소인' 중에는 각슈인(學習院)대학의 사카모토 타카오(坂本多加雄)의 이름도 들어 있었다. 나는 내 주변 사람들로부터 '의외의 일'이라는 말을 몇 번이나 들었다. 왜일까? 『시장·도덕·질서』(市場·道德·秩序, 創文社, 1991)라는 저작으로 '산토리 학예상'을 수상한 신보수 진영의 논객으로서, 정치 사상사 분야의 '지적인 달성도'에 있어서는 거론할 가치도 없는 후지오카 노부가츠에 비하면 사카모토는 일개 정치꾼과는 그 질이 다르다고 생각했기 때문이었을까? 실제로 사카모토에 대해서 『쇼쿤!』(諸君!) 등의 잡지에 게재된 것을 제외하면 그의 글은 의외로 그다지 비판을 받지 않았다.

그러나 이런 사카모토가 이 서명의 '호소인'으로 가담한 것이 돌연히 노망이라도 들어 한 행동이 아니라는 사실은 이후 그의 활동 과정을 통해서 분명히 알 수 있다. '새로운 역사 교과서를 만드는 모임'에는 종래 우익 운동에 가담했던 부류와 그들과는 다른 이력을 가지고 새로 참가한 부류가 합류했는데, 양자는 그렇게 원만치만은 않은 관계 속에서도 그런 대로 야합하여 구심력을 유지하고 있다. 이러한 조직이 운영될 수 있는 이유는 바로 사카모토가 모임의 중심에 위치하고 있기 때문이다.[1]

이번의 일련의 움직임 속에서 사카모토의 주장이 지금까지의 교과서 비판이나 과거 하야시 후사오(林房雄) 등의 대동아전쟁 긍정론과는 구별되는 어떤 현저한 특질 하나를 구체적으로 체현하고 있는 것이 아닐까? 더구나 사카모토가 주장하는 논점은 전후의 계몽주의가 안고 있던 약점을 교묘히 이용하고 있는 것은 아닐까? 나는 그런 생각들이 들었다.

아래에서는 1950년 태생인 이 정치학자의 주장에 대해 그가 직접 '종군 위안부' 문제에 관해 발언한 정치적인 폭론(暴論)뿐만 아니라, 사상사가로서의 저술 일부도 부분적으로 검토해 보고자 한다.

왜 이러한 작업이 굳이 필요한 것일까? 확실히 말해 두지만 그것은 그의 작업이 흥미롭기 때문도, 사상사 연구에 도움이 되기 때문도 아니다. 사실대로 말하면 급히 날조되어 팔린 이 보수적 이데올로그(ideologue)의 독자성이야 어떻든 상관없다. 다만 그것은 현재 일본의 역사 수정주

---

1) 아마노 케이이치(天野惠一)도 사카모토를 "'자유주의 사관' 제2라운드의 새로운 이데올로그"라고 부르고 있다. 「坂本多加雄の天皇制論」(사카모토 타카오의 천황제론), 『インパクション』106호, 「特集: 現代·新·保守論壇を讀む」(1998).

나 이에 공감하는 사람들의 감정을 휘몰아 '국민의 이야기'에 대한 욕망을 일깨우게 한다는 점을 염두에 두면서, 사카모토의 주장이 어떤 전형성을 나타내고 있으며, 사카모토의 발상을 음미함으로써 이 '국민의 이야기'에 대한 욕망에 맞서 우리가 어느 수준에서 대결해야 할지를 확인해 두고 싶기 때문이다. 사카모토가 주장하는 이야기의 유혹은, 구체적인 정치적 발언에 있어서 설령 사카모토처럼 결정적인 과오는 저지르지 않고 있다 해도 잠재적인 형태로 암묵적으로 반복되고 있다. 이런 의미에서 그의 주장은 그렇게 간단히 처리될 수 없는 문제를 포함하고 있다.

'내력'이라 불리는 '이야기'의 역사 서술

우선 사카모토가 '종군 위안부'에 관한 기술을 교과서에서 삭제하라는 주장을 어떻게 정당화하고 있는지 살펴보자. 이는 '새로운 역사 교과서를 만드는 모임'이 편집한 『새로운 일본의 역사가 시작된다 — '자학 사관'을 넘어』(新しい日本の歴史が始まる — '自虐史觀'を超えて, 幻冬社, 1997)라는 한 권의 책을 보면 알 수 있다. 이 책은 혐오감을 느끼지 않고서는 도저히 계속 읽어 내려갈 수 없는 악질적인 팜플렛인데, 사카모토의 「역사 교과서는 어떻게 씌어야 할까?」라는 논문은, 그들이 말하는 '새로운 교과서' 편찬을 향한 일종의 강령과 같은 글이다. "원래 학교 교육에서 사용되어야만 할 교과서의 역사 기술은 어떤 것이 되어야 하는가?" 사카모토가 특히 강조하는 것은 '국민 의식의 육성'이다. 물론 우익이나 보수가 '국민 의식'을 강조하는 것은 이제 와서 새삼스레 놀랄 일은 아니다. 그러나 사카모토의 일본 '국민 의식'에 대한 주장에는 과거의 그것과는 다른 특징이 있다. 다음 구절을 살펴보자.

"한 사람의 개인이 다른 사람으로부터 '너는 어떤 사람이냐?'는 질문을 받고 단지 현재 시점에서의 성격, 속성, 신념을 표명하는 것만으로는 과거와의 차이가 문제된다. 인생의 다양한 시절에 자기에게 생긴 변화 과정을 그 나름대로의 논리 정연한 '이야기'를 통해 설명하고 나서야 비로소 스스로에게 자기가 '어떤 사람'인지가 새삼 자각되고, 또 타자로부터도 이해될 수 있다. 즉 '국민'도 또한 이 개인의 경우처럼 '우리들'에 대한 '이야기' 속에서 자신의 모습을 확인하고, 그러한 '이야기'를 공유함으로써 '국민'이 될 수 있는 것이다. 실제로 우리는 미국 국민이건 이스라엘 국민이건 그들 자신의 '이야기'를 들음으로써 그 국민이 '어떤 사람'인지를 더 깊게 이해할 수 있다."(『새로운 일본 역사가 시작된다』, 200~201쪽)

이 문장에 사카모토의 주장이 정확히 표현되어 있다. 우선 사카모토는 우리들이 '어떤 사람일까?'라는 문제에 "인생의 다양한 시절에 자기에게 생긴 변화 과정을 그 나름대로의 논리 정연한 '이야기'(物語)를 통해 설명하는" 존재라는 대답을 준비하고 있다. 여기에서 말하는 '이야기'를 사카모토는 다른 논문에서는 '내력'(來歷)이라고 부르고 있다. 이것은 개인이 자신의 인생과 정체성(Identity)을 '타자'의 시선 앞에 이러이러하다고 쓰는 것이며, 더구나 그것은 언뜻 보기에 대화적인 구조 속에서 제시되는 것이다.

또한 여기에서 그 전제는 개인의 정체성과 '우리'라 불리는 '국민'의 정체성이 동일한 구조를 갖는다는 것이다. 이 등식은 당연한 것처럼 처리되고 있다. 즉 '우리'는 '미국 국민'이나 '이스라엘 국민'과 병립하는 국민적 단체라는 단위에서 '이야기'를 해야 하고, 그렇게 하지 않으면 안 된다. 쉽게 말해서 개인은 "'우리'에 대한 '이야기' 속에서 자신의 모습을 확인하고 그러한 '이야기'를 공유함으로써 '국민'이 될 수 있다"고 단언하고 있다. 이는 특히 냉전 이후의 변동하는 세계 속에서, 또 '기적의 경제적 성공'이라는 신화가 붕괴해 버린 이후 일본 내의 언설에 현저히 나타난 불안스런 방향 상실 상태에서는 귀가 아주 솔깃해지는 이야기일 것이다.

그렇다면 '내력'이라고 불리는 이 '이야기'는 도대체 어떠한 것일까? 사카모토는 『상징천황제도와 일본의 내력』(象徵天皇制度と日本の來歷, 都市出版, 1995)에서 이 개념에 대해 "인간은 한 면에서는 '선택하는 자기'이지만, 더 깊은 수준에서는 '이야기하는 자기'이고 이를 통해 자기 동일성을 보유한다"고 설명한다. 여기에서 무엇보다도 중요한 점은 사카모토의 이 '내력'이라는 관점이, 전후의 역사학을 규정해 온 강좌파(講座派)의 틀에 대해 역사학 내부로부터 내재적 비판으로서 제기된 논점과 의도적으로 혼동을 불러일으키기 위한 장치가 되고 있다는 점이다. 더구나 그는 국민 국가라는 존재가 그때마다 현실의 가치 의식이나 이해에 깊이 관련되면서 만들어진 '허구'이고 '상상의 공동체'에 불과하다는 이야기도 약삭 빠르게 집어넣었다. 물론 이 경우 왜 국민 국가에 있어서 상상력이 갖는 당치도 않은 폭력성이 주제화되어야 하느냐는 논점은 사라지고 없다. 베네딕트 앤더슨 이후 국민 국가를 '상상의 공동체'로 규정하는 것은 이제 거의 양식화된 논점인데, 사카모토만이 아니라 이 논점에 의거해 탈정치화된 낙천주의에 빠지는 일이 적지 않음에도, 사카모토는 이를 확고한 신념으로 규정하며 조작하고 있는 것이다.

그러면 국민 국가와 그 역사 서술이 '허구'라는 주장의 논지는 다음과 같은 의미로 바뀔 수 있다.

"원래 국가나 국민이라는 관념은 어떤 의미에서는 허구이다. 그것은 인민이나, 민중, 국제 사회와 같은 개념이 허구인 것과 마찬가지이다. 하지만 인간은 아마 허구 없이는 살 수 없는 존재이고, 특히 국가나 국민이라는 허구는 현재의 세계 각국, 특히 일본 주변의 여러 나라에서는 여전히 강력한 리얼리티를 갖고 있다. 이러한 국가들로 구성된 국제 사회에 대처하기 위해서도 허구로서의 국민이나 국가의 유지에는 여전히 인위적인 노력이 필요하다는 점이 중요하다."
(『새로운 일본의 역사가 시작된다』, 203쪽)

국민 국가의 정사(正史)도 '허구'=이야기라고 논리를 이어 가면서, 오히려 그렇기 때문에야말로 거기에는 '인위적인 노력'을 통한 보호가 필요하다고 한다. '허구'라는 기제(機制)의 의미가 이렇게 해서 역전되는 것이다.

확인해 두고 싶다. 역사 서술을 '이야기'의 하나로서 일단 상대화하는 작업은, 역사학 그 자체가 가끔 불문에 붙여 온 차원에 대한 반성이다. 즉 특권적인 지위를 가지고 말하는 역사가 또는 내레이터의 위치, 가치관, 이야기되는 '사실'에의 '이론 부하성'(理論負荷性)이라는 문제로 제출되는 것이다. 그것이 여기에서는 '허구'이기 때문에 오히려 그 허구성 안에서의 내적인 확증이(진리성이 아니라 당사자에 있어서의 진실성의 자기 도취적인 확증이) 우선되어야 한다는 논리로 바뀐다. 어떻게, 누가, 어디에서 말하고 있는가 등의 발화(發話)에 담긴 권력, 헤게모니를 묻는 기본 전제는 사카모토에 의해 개념 그 자체가 '횡령'되어 무효화되고 만다.

모든 '이야기'는 그때마다 '허구'일 수밖에 없다. 그렇다면 그것은 '학문적 실증성'이나 '과학적 객관성'을 내걸었던 계몽적인 언설 또한 일의적 원리나 원칙에 의해 선험적으로 그 진리성, 과학성을 확정할 수 없다는 것이고, 그것은 바로 '사실'의 '재구성성'이라는 차원으로부터 '표상 가능성'을 둘러싼 비판적인 물음을 시작하지 않으면 안 된다는 것이다. 그러나 사카모토는 여기에서 가치 상대주의의 뉘앙스만을 최대한으로 끌어내, 해당 발화가 '허구'인 한에서는 발화에 대해 내레이터가 받게 될 심한 비판으로부터 면제될 수 있는 것처럼 그것을 이용했던 것이다.

게다가 사카모토의 「역사 교과서는 어떻게 씌어야 할까?」라는 글은 일관성조차 없다. 거기에는 일단 '이야기'로서 위치 지워진 것이 새로이 국민으로서의 플롯 속으로 회수되어 버린다. 문제는 "교육으로부터 윤리적 가치 판단 일반을 배제해야 할지 아닐지가 아니라, 그것이 어떤 수준의 평가나 가치 판단과 관계되어야 하고 또 관계되어서는 안 되는지에 있다"며 "정통적인 의미에서의 '일본사'라고 불리는 것을 기초로 삼지 않으면 안 된다"고 말하기 때문이다.

> "물론 정통적인 역사를 구성하는 사건이나 인물 범위의 경계 영역은 애매하다. 그럼에도 불구하고 우리의 마음속에는 '일본사'라 불리는 것에 대해 그 나름의 관념이나 이미지가 있는 것이 아닐까?" (『새로운 일본 역사가 시작된다』, 200쪽)

즉 역사 서술은 결국 상대적인 것이고 모든 것이 허구인 한, '우리들 일본인'이라는 신념에 의거하는 것이 가장 적합하다는 것이다. 이 '우리들 일본인'이라는 빈번히 나오는 '주어'야말로 사카모토의 이야기 안에서 실천적으로 재생산되고, 또 반대로 사카모토의 주장을 뒷받침하는 것에 불과하다. 이러한 역사 서술론의 귀결로부터 반전하여 '정통적인 일본사'의 타당성을 구해 내면서 사카모토는 다음과 같이 말한다.

> "'국민'의 이야기는······ 국경을 초월한 '계급', 일상 생활의 주체로서의 '민중', 각 지역의 '주민', 경우에 따라서는 '민족'을 각각의 주인공으로 삼는 이야기와는 구별된다. 즉 계급 투쟁사, 민중사, 지역사는 그 자체로는 '국민'의 역사가 될 수 없다. 그러나 '국민'의 역사는 그러한 역사 모두를 무시하는 것이 아니라, 오히려 필요에 따라 그것을 적당히 집어넣으면서 성립하는 것이다. 즉 각각의 이야기 주인공이 보이는 미덕이나 속성이 다양한 대립이나 갈등을 겪으면서 동일하게 '국민' 관념의 실질을 장식하는 다양한 특질 속으로 통합되고 또 통합되어 가는 것이 현재의 시점에서 이야기되지 않으면 안 된다."(『새로운 일본의 역사가 시작된다』, 203~204쪽, 고딕 강조는 인용자)

국민사는 민중사든 새로운 역사학이든 각기 역사 서술의 다양성을 인정하여 "필요에 따라서는 이를 적당히 집어넣으면서" 결국 모든 것을 자신 속으로 포섭하는 것이 된다. 다양성은 "동일하게 '국민' 관념의 실질을 장식하는 다양한 특질 속으로 통합되고 또 통합되어 간다"는 목적을 위해서만 요청된다. 그러나 우리가 분명히 문제삼아야 할 것은 이러한 국민사가 역사 서술을 통해 무엇을 배제하고, 무엇을 은폐하였으며, 무엇을 망각하려고 하는 것인가 하는 점이 아닐까?

그러나 사카모토가 맨 처음에 말한 '내력'론의 한 구절로 되돌아가기 전에, 먼저 이 '내력' 론의 내력이라 할 만한 것에 대해 살펴보자.

'영웅'의 이야기

사카모토의 저작으로는 『시장·도덕·질서』, 『야마지 아이잔』(山路愛山, 吉川弘文館), 『지식인—타이쇼·쇼와 정신사 단장』(知識人—大正·昭和精神史斷章, 讀賣新聞社), 『근대일본정신사론』(近代日本精神史論, 講談社學術文庫), 『새로운 후쿠자와 유키치』(新しい福澤諭吉, 講談社現代新書) 등이 있다. 이 작품들을 통독해 보면 사카모토의 내력론은 야마지 아이잔 등 메이지 시대 사상가들을 둘러싼 여러 논문 속에 이미 확실한 형태로 나타나 있다. 예를 들면 『야마지 아이잔』은 사카모토가 구체적인 매개 없이 아이잔으로의 자기 이입을 통해 만들어진 '이야기'이다. 그 책에서는 아이잔의 발화 그 자체를 자신의 변화된 수준(meta level)에서 해명하고 있지 않다.

그러나 아이잔의 논리가 사카모토에게 내재되어 있다는 점에서 철저한 일관성을 보인 것이 아니냐는 이론(異論)이 성립될지도 모른다. 잘 알려져 있는 바와 같이, 야마지 아이잔은 1890년대 이후 토쿠토미 소호우(德富蘇峰)와 유사한 길을 걸으면서 '평민주의'적 입장에서 시사적인 발언을 계속한 재야의 한 언론인이다. 아이잔은 때로는 관학을 비판하고, 때로는 키타무라 토우코쿠(北村透谷)와의 '문학 상섭 논쟁'(文學相涉論爭)에 관계하여 일관되게 국민적 주체의 의식화에 기여한 논설을 써 나아갔다. 사카모토는 이 메이지 시대의 국민주의와 한치도 어긋남 없이 그 세계 속에 빠져 있다. 아이잔을 이야기하는 그 자체가 사카모토의 '내력' 이야기와 그대로 중복되는 것처럼.

내력론과의 관계에서 특히 유의해야 하는 것은 아이잔에 있어서 혹은 그 동시대인들에 있어서 일관되게 중시되었다는 '영웅'의 관념이다. '영웅'이라는 것은 아주 걸출하고 특이한 인물만을 의미하는 것은 아니다. 『근대일본정신사론』에서도 서술하고 있듯이 특히 사카모토가 중시하는 것은 메이지의 일정 시기까지, 그것이 '평민주의'의 주장과 미묘하게 다르면서도 내재적으로 연관되어 있다는 것이다. 사카모토가 소호우의 사례에 의거해 말하는 바와 같이, "'평민' 한 사람 한 사람이 '영웅'처럼 탁월한 '개인'이 된다는 의미에서 특정 '개인'만을 '영웅'으로 특별히 존경할 필요가 없다"는 것이 중요하다. 영웅이라 해도 그것은 어디까지나 '좁은 촌락에서의 영웅'이고, 때로는 '공사장에서의 영웅'이라든지 '사업으로 돈을 번 영웅' 정도의 이야기이다.

"『서국입지편』(西國立志編)에서 말하는 '평민주의'도 아래로부터의 내셔널리즘이라는 주장을 동반하고 있다. 그것은 '개인'의 노력이 국가 전체의 발전에 기여한다는 사고 방식을 배경으로 하고 있다. 거기에 이른바 '멸사봉공'(滅私奉公)의 이미지가 희박하고 극히 능동적·주체적인 자세가 보이는 것은, 여기에서의 '사람들 모두가 영웅'이라는 말에 나타나고 있듯이, 사람들 모두가 다른 사람으로부터 칭찬을 받고 또 스스로도 전체를 내다보는 것과 같은 공적인 공간을 매개로 국가를 받아들일 수 있었기 때문일 것이다."(『근대일본정신사론』, 149쪽)

아이잔이 혹시 일반인에게 '영웅 숭배'의 시대였던 '메이지 시대'가 '영웅' 이야기를 국민의 계몽을 위해 필요로 한 것은, 동시에 메이지 사회의 변화 속에서 초기에 가졌던 정신이 고갈되었다는 인식이 있었기 때문이라고 사카모토는 말한다. 그리고 그 중요한 변화에 대응하기 위해 아이잔이 한 일은 역사 서술을 통한, 국민사를 통한 청년의 계몽이라는 실천이었다. 아이잔에 있어서 "역사 서술이란 독자에게 '영웅 숭배'의 기분을 환기시키고 역사상의 '영웅'에 대한 자기 동일화를 쉽게 할 수 있는 역할을 하는 것"이다. 이런 종류의 역사 서술이야말로 사카모토가 주장하는 역사 교과서의 원형인 것이다.

> "메이지 사회가 제도적으로 완성되고 사람들의 정신이 '노화'되고 있는 것은 아닌지 우려하고 있던 아이잔에게서, 역사 서술의 노력은 인간의 내부에 항상 새로운 가능성이 잠재되어 있다는 것을 과거의 사례를 통해 확인하는 일이었다. 그리고 그와 같이 역사를 서술함으로써 동시대 사람들에게 '영웅'적 정신을 불어넣고자 한 것이다. (아이잔의 저서인) 『호우타이고우』(豊太閤)(토요토미 히데요시豊臣秀吉의 경칭―옮긴이)의 다음과 같은 구절은 아이잔의 그러한 의도를 잘 보여 준다. '우리가 토요토미에 대해 자세히 연구하려는 것은 그를 통해 일본 인민 안에 잠재되어 있는 가능성을 발견하고, 아울러 이른바 무사도라는 것을 사실적으로 증명하여 영웅교(英雄敎)의 세례를 나의 어린 독자에게 베풀고 싶다는 것에 지나지 않는다.'"(『야마지 아이잔』, 251쪽 이하)

사카모토는 이 아이잔에게 자신을 겹치게 놓고서는 국민적 영웅의 이야기를 현대에서 반복하려고 한다. 이것이 사카모토 타카오 자신의 '내력' 혹은 그의 '내력'론의 '내력'이다. 사카모토는 묵살되어 온 야마지 아이잔을 자기를 고무시킨 '좁은 촌락의 영웅'으로서 발견해 낸 것이다.

인용문에도 분명히 나타나 있는 것처럼 사카모토는 아이잔의 이러한 주장이 특히 메이지 유신 초기의 기개를 잃고 점차 조직화된 사회로 되어 가는 시대에 '부패하고 타락해 가는' 사회 의식에 대한 초조함과 비판으로부터 생겨났다고 보고 있다. 메이지에 대한 평가는 다른 문장에서 메이지 정신의 상실과 타락이 국민 국가의 불건전화를 초래하고, 결국 쇼와의 전쟁 패배라는 좌절로 이어진다는 도식을 동반하고 있다.

"(쇼와에 이르자) 군부 관료를 포함한 당시의 지도자는 '질서의 시대'에서 태어난 '학력 엘리트'이고, 확립된 지식의 체계를 습득해 관료제의 단계에 발맞추어 나아가면서 정점의 위치에 이른 사람들이었다……. 그들이 쇼와의 불안정한 '환경'에 충분히 대응할 수 없었던 요인 중의 하나는 바로 이 때문이 아니었을까?"(『시장·도덕·질서』, 237쪽)

말할 나위도 없이 이러한 '건전한 메이지'와 일탈로서의 쇼와의 전쟁이라는 주장은, 최근에는 시바 료타로의 이야기를 통해 널리 보급된 발상과 일치한다. '국민의 이야기'에 대한 욕망을 강요함과 동시에 그것을 가장 크게 위협한 쇼와 시기의 서술을 위하여, '영웅' 정신의 변형이라는 장치가 메이지의 서술 부분에 넣어진 것이다.

'자생적 시장 질서론'이라는 발상

'건전한 메이지 내셔널리즘'의 쇠퇴는 동시에 '창업'과 '혁신'의 시도로 가득 찬 '영웅적' 기개가 변질되는 과정이기도 하다는 사카모토의 주장에 대해 살펴보자. 이 과정과 관련, 『시장·도덕·질서』에서 사카모토는 후쿠자와 유키치(福澤諭吉), 나카에 초우민(中江兆民), 토쿠토미 소호우(德富蘇峰), 코우토쿠 슈우수이(幸德秋水) 등 네 사람을 논하고 있다. 사카모토의 주장에서 특징적인 것은, 정치학에서 마루야마 마사오(丸山眞男)의 후쿠자와에 대한 이해를 대단히 의식하면서, 후쿠자와의 '독립론'으로부터 근대로의 가치 지향이나 계몽적인 뉘앙스를 탈색시켜, 마치 하이에크(F.A. von Hayek)의 논의로 직결하기라도 하듯이 후쿠자와의 독립론이 시장 사회의 '자생적 질서 형성 능력'과 관련된다고 보는 점이다. 그의 관심은 후쿠자와의 독립론이 '결과의 평등'이 아니라 '기회의 평등'에 관한 논의라는 점을 어떻게 하면 적극적으로 구체화시킬 수 있을까 하는 데 있었다. 예를 들면 후쿠자와의 논의는 현대 복지 사회의 급부 시스템에 대한 비판으로 연결된다. '시장 사회'라는 관점은, 사카모토에 의하면, 마르크스주의적 견지가 후쿠자와의 문명관에서 발견해 내지 못한 점이었다. 사카모토는 교환이라는 것으로 명확히 확정되는 상호성의 주장, 더욱이 슘페터의 '기업가 정신'을 후쿠자와의 문명론 속에서 발견한다.

사카모토에게서는 시장 사회와 국민 국가 질서의 동시 성립을 해명하려는 관점을 찾아볼 수 없다. 더구나 이 일본의 근대화 과정에서 성립한 식민지 공간의 문제 등은 한 번도 언급되지 않았다. 그것은 '외부' 또한 언제나 국민 국가의 테두리 안에서 구성되어 동형적·대칭적으로 이해되기 때문이다. 바로 '자생적' 질서라는 것으로 연관성을 지탱하는 국민적 주체가 있다는 메커니즘은 '자연스러운' 것이 된다. 시민 사회에서의 공정과 정의의 감각은 '평등'이라는 관념이 갖는 반(反) 사실적인 계기와 함께 완전히 증발하고 만다. 그리고 '독립론'이 만들어 낸 사회의 무질서를 재질서화하기 위하여 국가의 독립과 동시에 이와 관련된 '가족적 우애'를 모범으로 삼는 '정애'(情愛)의 문제가 전개된다. 그러나 후쿠자와 이외의 세 사람에 대해서는 예를 들면 코우토쿠 슈우수이의 '혁명' 론 해석 등에서 잘 나타나는 것처럼, 사카모토는 메이지 시대 지식인들이 일본의 근대화에 대해 제기한 여러 비판을 주로 '전통' 사상의 문맥으로 환원하여 해석할 따름이다. 이것은 사카모토의 입론에서, 타당한 근대적 가치가 사전에 '시장 사회'의 자생적 질서 형성 능력으로 국한된 데 따른 귀결이기도 하다. "사상적 노력이란 '전통'에 의해 규정된 인식과 이해의 테두리 속에 새로운 인식의 지평을 열 수 있는 가능성을 탐구하는 것을 의미한다. 왜냐하면…… 우리는 무엇보다도 '전통'의 한가운데에서 그 사고를 개시하기 때문이다. 이러한 새로운 가능성의 탐구야말로 '전통'에 대한 '재해석'과 '재구성'이다. 새로운 관념이나 언어의 체계에 대한 숙달은 '재해석'과 재구성'의 노력과 더불어 처음으로 의의를 지닌다"(199쪽)고 그는 말한다. 이 말 자체는 해석학적인 주장으로서는 타당한 것처럼 보인다. 그러나 여기에서도 사카모토는 실제 이 재해석과 재구성에 있어서의 비판의 계기를 증발시키고 말았다. 그것은 전통을 하나의 '층'(層)으로서 실체화하고, 더욱이 그 서술을 통해 "오늘날 우리들 사고의 무의식적 전제를 밝히는"(203쪽) 것이 목적이라고 반복해서 말할 때 확실해진다. "우리들 자신이 '해석' 그 자체를 가능하게 한 '전통'에 여전히 속해 있다"(202쪽)고 말함으로써, 예를 들면 코우토쿠 슈우수이의 문제 제기 또한 일본 내력의 일부로 집어넣어도 해가 없는 것처럼 이해하는 것이다.

전후 계몽과 '내력론'

사카모토의 주장은 일종의 역사 구성주의에 의한 '횡령'에 지나지 않고, 또 이 '횡령'은 자유주의 사관파가 높이 치켜세우는 시바 료타로의 '러일 전쟁까지의 건전하고 활력 있는 일본'이라는 도식에 들어맞는 '영웅' 이야기나 자생적 시장 질서론과 관련되어 있다는 점을 확인했다. 하지만 이러한 '횡령'이 지닌 또 다른 맥락을 살펴보아야 한다. 예를 들면 그것은 『상징천황제도와 일본의 내력』 속에서 사카모토가 (유럽적 주권의 절대성과는 달리) 일본에 '고유한' 통치의 관념이 존재한다는 논의의 결론으로서 마루야마 마사오를 인용하는 데서 잘 나타난다.

"……마루야마 마사오는 '다스림(しらす)'에 대비되는 '모심(まつ[祭]る)'의 용법에 대해 이를 꼭 종교적 의미에 한정하지 않고, 넓게 '봉사'의 의미로 해석해야 한다고 말하고 있다. 그에 따르면 일본의 정치 문화에서는 이 '모심'의 내용이 윗사람을 위하여 정치의 실질적 처리나 결정을 내림으로써 '봉사'한다는 의미이고, 더구나 그 주체의 지위가 점차 내려가는 경향이 있다. 이에 반해 '다스림'의 주체는 점차 그 실질적 결정 과정을 초월해 오로지 '모심'의 내용을 승인하고 '정통성'을 부여하는 주체로 되어 간다고 서술된다.('정사政事의 구조') 이 마루야마의 견해는, '국체'(國體) 관념이 갖는 역사적 · 동태적 구조를 아주 요령 있고 간략하게 표현한 것이다. 일본의 헌법은 '국체'에 관한 이와 같은 해석 아래서 상징 천황 제도를 정했다고 이해할 수 있다. 더구나 그것은 일본 헌법을 과거 일련의 헌법의 연속선상에서 파악하는 것을 의미한다." (『상징천황제도와 일본의 내력』, 117쪽)

사카모토가 마루야마 마사오를 이와 같이 이용하는 데 주목할 필요가 있다. 여기에서는 성숙된 시민적 주체성을 자발적으로 구성할 수 없는 일본 정치 구조의 일반적 형태를 비판한 마루야마의 문맥이, 동일한 구조를 오히려 일본의 고유성이라고 칭찬한 사카모토의 그것으로 바뀌었다. 그럼에도 불구하고 이를, 양자를 일치시키기 좋아하는 사카모토의 악질적인 강탈이라고 규정하고 끝나는 것으로 충분할까? 왜곡에 의한 것이지만 양자가 부합하게 된 것은 오히려 마루야마가 1960년대 이후 '고층'(古層)론(역사가 아무리 변해도 변하지 않는 것이 있다는 주장—옮긴이)이라는 입론에 의거함으로써 오히려 '일본'이라는 존재를 실체적으로 산출하고 만 점과 관련이 있는 것은 아닐까? 사카모토는 바로 이 점을 교묘히 이용해 '횡령'을 한 것이다.

이러한 '횡령' 솜씨는, 사카모토가 '전통'이라는 관념을 이용하는 것에서 여러 번 눈에 띈다. 앞에서 다룬 『시장·도덕·질서』에서 코우토쿠 슈우스이를 논한 제4장도 마찬가지이다. 위에서 본 것과 같이, 거기에서 사카모토는, '메이지 사회주의' 또는 '무정부주의'의 내용을, 오로지 '일본'의 '전통' 관념이라는 문맥으로 해소해 버리고 만다. 그에 의하면 "…… '전통적 생성 관념'은 오늘날 우리들 사고의 근저에 흐르고 있을지도 모르는 '역사 의식의 고층(古層)'(!)을 가리키고 있다"(197쪽)고 한다. 여기에서도 마루야마의 저작 중 일부분은 실제로 사카모토의 논리를 정합적으로 뒷받침하고 있다.

또는 이렇게 말해도 좋다. 사카모토는 앞에서 본 시장 사회의 자생적 질서라는 의미에서의 '자연성'을 강조할 때, 마루야마에게 가장 잘 드러났던 '작위'(作爲)라는 관점을 거절했다. 그러나 카사이 히로타카(葛西弘隆)가 지적한 것처럼, '자연'으로부터 '작위'로라는 마루야마의 『일본정치사상사연구』의 주제가, 특히 1960년대 이후 재차 '작위'로부터 일본의

'자연'으로 역전했다고 한다면, 이 변화가 이미 사카모토적인 '횡령'을 가능케 하는 길을 열었던 것은 아닐까?2) 게다가 그것에 의해, '작위'로서의 국민적 주체의 기제 그 자체는 점차 명시적으로 주제화할 수 없게 되어 버린 것은 아닐까?3) 이것은 입론 방법의 변화에 머무르지 않는다. 마루야마 마사오가, '메이지의 건전한 내셔널리즘'을 한정적이긴 하지만 상정하고 있다는 점에서, 마루야마는 사카모토와 '공통'의 문제를 처음부터 갖고 있었던 게 아닐까? 국민적 주체의 독립이라는 사태 그 자체를 안에서부터 해체하는 일에서 마루야마에게 남아 있던 심각한 한계가, 사카모토에게서 가장 무참한 모습으로 귀결된 것이 아닐까? 그렇다면 단독 강화와 1960년대 안보에 대해 내셔널리즘으로 무장한 반대 운동에 마루야마가 정치적 참여를 한 일과 '종군 위안부' 문제에 대한 사카모토의 처신 사이에서조차, 어느 차원에서는 병행 관계를 떠올릴 수밖에 없는 게 아닐까?

물론, 폭력 상징의 반복으로서 사건의 존재 그 자체를 부정하는 사카모토 타카오와, 의심할 여지도 없이 전후 계몽주의의 가장 '양질'의 지성인 이었던 마루야마 마사오를 현재적인 관점에서 한 묶음으로 엮어 재단하고 싶지는 않다. 하지만 '국민의 이야기'를 재생산하는 메커니즘의 편재성과 집요함에 대한 철저한 대결을 회피할 때, 어떤 덫이 입을 벌린 채 기다리고 있는지 그에 대한 경고로서 이들이 서로 부합하는 측면을 이해하

---

2) 葛西弘隆, 「丸山眞男の '日本'」(마루야마 마사오의 '일본'), 酒井直樹・브레트드 배리・伊豫谷登士翁 편, 『ナショナリティの脱構築』(내셔널리티의 탈구축)(柏書房, 1996)을 참조
3) '작위'와 '자연'이라는 대비에 대해서는 예를 들면 小畑淸剛, 『レトリックの相剋』(수사의 상극) (昭和堂, 1994)이 사카모토의 논의를 적극적으로 평가하고 있다. 여기에서 '시미즈 이쿠타로 (清水幾多郞)=비코'라는 논점과의 논리적 상극을 밝히려는 코바타(小畑)의 관심 때문에 '마루야마=후쿠자와'라는 기축이 오로지 '작위'의 입장으로서 강조되었다. 이 때의 사카모토의 후쿠자와론은 '자연'이라는 별도의 관점을 도입한 시도로 평가되었다.

지 않으면 안 된다. 반복하지만, 사카모토는 "지금까지 비교적 많은 메이지 시대의 사상 연구자들에게서 볼 수 있었던 것처럼 '근대의 정치관' 이나 '근대적 인간관'의 개념"을 '평가 개념'으로도 '사실 검출적 개념'으로도 도입하지 않고, 마루야마의 장치를 아무런 문제가 없는 것처럼 이용하고자 했다. 그러나 이러한 무해화는 또한 전후 계몽주의가 일관적으로 문제삼지 않았기 때문에 생겨난 것이기도 하다. 마치 '이야기'에 대한 포스트 모더니즘의 낙관주의가 '내력' 론의 출현에 어느 정도 관련이 있는 것처럼.

"너는 누구냐?"라는 물음

내셔널 히스토리에 대한 사카모토의 욕망에 있어서, 과거 '종군 위안부'를 강요당한 여성들의 처절한 고발은, 역사 구성주의 장치나 마루야마 정치학의 어떤 입론에도 도저히 환원시킬 수 없는 근본적인 '부정'이었다. 처음에 인용한 글에서, 사카모토는 "너는 누구냐?"라는 질문을 제기한다. 그럴듯한 질문이기는 하지만, 그에게는 새삼스럽게 '국민'이라는 주체로서 할 수 있는 대답만이 준비되어 있다. 이 물음은 실은 숨겨진 규범적 당위이다. "아무도 아니다"라는 대답이 거기에서는 이미 금지되어 있기 때문이다. 그 때문에 '너'는 '미국 국민'이나 '이스라엘 국민'일 수밖에 없으며, 나는 '일본인'일 수밖에 없다. 그런데 사카이 나오키(酒井直樹)가 지적했던 대로, '국민'이란 그것이 아무리 자연적인 것으로서 경험적 구체성을 띤다 해도, 결국 '사산(死産)할 수밖에 없는 관념[4]이다. 그

---

[4] 酒井直樹, 『死産される日本語·日本人 ― '日本'の歷史, 地政的配置』(사산된 일본어·일본인 ― '일본'의 역사, 지정적 배치)(新曜社, 1996)을 참조

렇기 때문에 그러한 사태를 사후에 보상하는 것으로서, 이 '국민'은 자기가 누구인지 강박적으로 횡설수설하기 시작한다. 이러한 연관 속에서, 사카모토가 말하는 '국민의 이야기'는, 결국 '자기' 쪽에서, '자기'가 누구인지를 강제로 확정하기 위하여 엮어 낸 것이다. '발설의 장'에 필연적으로 동반될 수밖에 없는 권력 관계를 일절 사장시키고 성립된 이러한 '자기 이야기'는, 모든 이야기가 '이야기되지 않은 것', '소거된 것'을 통해서밖에 드러나지 않는다는 사실을 무시한다. 이러한 '이야기'가 소거하는 것은 다름 아닌 억압된 자가 토로하는 '부정'의 가능성이다. 사카모토가 '구성주의'나 '문화 다원주의' 입장을 취하는 것도, 그러한 입장을 취하는 것이 자칫 서로 다른 문화 사이에 차이가 생기게 되어도 헤게모니를 문제삼지 않아도 되는 절호의 면죄부가 될 수 있기 때문이다. 사카모토가 말하는 '내력'이 '힘 솟는 역사'나 '성공한 사람의 이야기'에 그치지 않고 일반 대중에게 다가오는 것도 그 때문이다.

그런데 원래 "너는 누구냐?"라는 이 질문이야말로, 과거 '종군 위안부'를 강요당한 여성들이 우리에게 들이대는 외침이 아닐까? 그렇기 때문에 사카모토의 물음은 묻지 않기 위해서만 연출되고, 그가 말한 "그 나름대로 말이 되는 '이야기'"란, 이 희생자들의 존재 그 자체에 대한, 정신분석학에서 말하는 '부인'(否認)이라는 행위가 될 수밖에 없었다.

여성들의 삶을 끝없는 폭력으로 이중 삼중으로 파괴한 '너는 누구냐', 전후 50년에 걸쳐 그 존재조차 신경 쓰지 않았던 '너는 누구냐', 더욱이 평화와 민주주의를 지키기 위해 싸우는 척하면서, 그때마다 암묵의 '국민의 이야기'를 엮어 온 '너 또한 누구냐'는, 물음의 대상은 바로 우리들, 그리고 이 글을 쓰고 있는 내 자신이기도 하다. 사카모토는 이 물음 앞에 서지 않기 위하여, 혹은 이 물음의 존재 그 자체를 없애기 위하여, '내력'을 이야기하고 메이지 시대의 '건전한 내셔널리즘'을 되뇐다. 그의 '내력'이란 '부인'의 메커니즘을 짐짓 가장하고 있는 것에 지나지 않는다.

그녀들의 처절한 고발에 어떻게 응답할 수 있을까? 그 싸움에는 '국민의 이야기'의 그 귀찮아 하는 내색에 맞서는 일도 포함되어 있을 것이다. '건전한 내셔널리즘'이라는 일종의 융화는 있을 수 없다. 이 점을 계속 회피한다면, '국민의 이야기'가 또 다른 모습으로 우리의 발 아래로 기어오르는 것에 여전히 둔감한 채로 있을 수밖에 없을 것이다.[5]

---

[5] 이 글은 도쿄외국어대학에서 열린 WINC(Workshop in the Critical Theory)의 1998년 2월 월례회의 보고 원고를 수정 가필한 것이다. 모토하시 테츠야(本橋哲也), 오오카와 마사히코(大川正彦)를 비롯한 친구들에게서 귀중한 비판과 도움을 받았다.

잡지 미디어와 내셔널리즘의 소비

요시미 순야(吉見俊哉)

도쿄의 한 지역 사회 대학(Community College)에서 교편을 잡고 있을 때, 나이 든 한 남성 수강생으로부터 질문을 받고 당황했던 적이 있다. "일전에 내셔널리즘에 대해 신문에 쓰셨더군요"라고 그는 물었다. 마침 『아사히신문』(朝日新聞) 칼럼에서, 최근 근대를 이해하는 데 전제로 삼아 온 국가적 테두리를 비판적으로 파악하려는 작업이 진행되고 있음을 소개한 직후였기 때문에 아마도 그 기사를 읽었을 것이라고 생각했다. 그러자 그는 "일본이 아시아 국가들에게 굽실굽실 사죄만 한다는 것은 부당하다, 국가로서의 역사에 좀더 긍지를 가져야 한다고 쓰셨죠?"라고 계속 이야기를 했다. 나는 놀라 즉각 부정했지만, 그는 무언가 이해할 수 없다는 표정으로 "그렇습니까? 그래도 무언가 그런 걸 쓰시게 될 것 같다고 생각했습니다만……"라고 말을 더듬었다. 도대체 왜 이러한 오해가 생긴 것일까? 확실히 그 기사 앞에는 편집부가 '내셔널리즘에 대해서'라는 작은 제목을 붙여 놓았기 때문에, 그가 이 '내셔널리즘'이라는 용어에 반응했을 가능성이 높다. 아마 그는 '내셔널리즘'이라는 말을 그저 "국가로서의 역사에 긍지를 가져야 한다"는 주장으로 읽어 버리는 사고의 틀에 익숙해져 있었던 건 아닐까? 신문이나 잡지, TV에서 이야기되는 '내셔널리즘'에 관한 이야기들은 그에게는 당연하게도 '국가의 역사'의 정통성을 재구축하는 이야기로 이해되었을 것이다.

이러한 사고를 전혀 예외적인 것으로 볼 수 있을까? 확실히 나를 아연하게 만든 이 질문자의 경우는 극단적인 사례에 속할지도 모른다. 그러나 오늘날 내셔널리즘은 특히 그 대중적인 소비의 수준에서는, 이와 비슷한 방식으로 읽히고 이야기되고 있지 않나 싶다. 여기에서 문제가 되는 것은, 결코 논의의 내용 그 자체가 아니다. 일정한 미디어 환경과 그 안에서 유통되는 정보들이 특정한 말이나 이미지와 결부된 매개체를 통하기 때문에, 사람들은 각자가 소속해 있는 집단이나 세대의 틀에 따라 '능동적'으로 정보를 읽고 어떤 이데올로기적 상황을 구축해 가는 것이다. 주의해서 보아야 할 것은, 언설의 내용만이 아니라, 그것이 어떠한 미디어 환경 속에서, 어떠한 장소에서, 누구에게 소비되고 있는가, 그때 사람들은 각각의 사회적인 위치(지위)에서 어떠한 사고의 틀을 작동시키고 있는가, 또한 여기에서 정보의 양이 사고에 대한 압력으로서 어떻게 작용하고 있는가 등의 과정 전체이다.

상품으로서의 국가주의(내셔널리즘) 언설

예를 들면 여기에 쇼각칸(小學館)에서 나온 『사피오』(*SAPIO*)라는 잡지,

1998년 2월 4일자가 있다. 이 잡지는 코바야시 요시노리(小林よしのり)가 『스파!』(*SPA!*)의 연재를 중지한 뒤, '신거만주의(新ゴ－マニズム) 선언'을 연재한 잡지이다. 잡지의 스타일은, 마치 『브루투스』(*BRUTUS*), 『타잔』(*Tarzan*) 등 매거진 하우스계의 그라비아(gravure, 사진 요판술)와 『쇼쿤』(諸君!), 『세이론』(正論) 등 이전부터 보수계 논단지가 융합된 것 같은 체제를 하고 있다. 이 2월 4일자의 표지에는, 선글라스를 낀 키타노 타케시(北野武, 비트 타케시)가 먹구름이 가득 낀 하늘로 대포를 향해 놓은 군함을 배경으로 서 있고, "'애국심'은 금기가 아니다"라는 특집 제목을 눈에 띄도록 노란색으로 부각시키고 있다. 부제는 "일본만 회피해 온 내셔널리즘 논의, 그 '금단의 문'을 열다!"였다. 그리고 이 특집의 첫 페이지에서는, "세계화, 균일화된 세계에서 문제는, 자기 민족이 누구인지 그 '뿌리'를 캐는 것이다. 세계는 바야흐로 각국의 국민들이 '뿌리'를 찾아 나아가는 '동일성(identity) 게임'의 시대에 들어서고 있다"는 주장을 내걸었다. 특집 첫머리의 「비트 타케시 '애국심'을 이야기한다」라는 인터뷰 기사는, 키타노 타케시의 베니스 영화제 그랑프리 수상작 「하나-비」(HANA-BI)의 주제가 '애국심'이라고 논하고 있었다. 이 기사의 앞부분에는 다음과 같이 씌어 있다.

"키타노 타케시/비트 타케시는 언제나 전후 민주주의나 일본 헌법, 혹은 절조를 잃은 현대 일본인에게 독설적 비판을 뿜어 왔다. 그 내용은 많은 언론인에 의해 반복해서 이야기되어 온 것과 그다지 다르지 않다. 그러나 그의 독특함은 그러한 비판을 자신의 생활 방식을 통해 구체화해 왔다는 점에 있다. 그러한 그의 심정을 투영한 영화 「하나-비」가 국제 무대에서 절찬을 받았다. 일본인이 상실하고 있는 '무언가'에 외국인이 공감한 것이다."

아론 제로가 정확히 지적한 바와 같이, 분명히 「하나-비」에는 지금까지 키타노의 영화에서는 확실히 거부되었던 내셔널한(국가적인) 이야기가 '일본인, 키타노 타케시'의 작가성에 대한 강조와 함께 나타나, 결과적으로 "작가 대 관객이라는 영화의 권력 구조를 '일본'이라는 국가적인 이야기를 통해 형성하는 위험성"을 내포하고 있다.[1] 그러한 키타노 작품의 미묘한 변화를 끌어들여, 이 인터뷰 기사는 키타노에 의한 국가적인 이야기의 내실이 '애국심'이라고 총괄하려 한다. 인터뷰가 타케시에게서 어떠한 발언을 끌어내려 했는지는 다음과 같은 질문을 나열해 보는 것만으로도 분명할 것이다.

"시종일관 타케시 씨는 전후 민주주의라든가 평화헌법이라는 것이 무언가 협잡 같다는 낌새를 채고, 의심스러운 것을 탐지하고 있다./ 타케시 씨는 이전부터 자위대는 확실히 군대로 만들라고 주장했지요./ 『신쵸』(新潮) 45에서 '비트 타케시의 여론 조사'라는 흥미로운 시도를 하고 계시더군요…… 그 안에 '북조선이 공격해 온다면 어떻게 할 겁니까?'라는 질문이 있었는데, '나라를 지키기 위해서 총을 들고 싸우겠다'는 사람이 54퍼센트나 되었습니다…… 그 경우 실제로 총을 들고 일본해(동해 — 옮긴이)의 해안선 근처에서 공격 자세를 취했을 때, 일본인은 무엇을 생각할까요?/「하나-비(HANA-BI)」의 주인공인 니시(西)도 내셔널리스트(민족주의자)로서 죽어간 것이 된다./ 책임을 진다는 것은 아무래도 '사랑하는 것'과도 연결되는데, 그런 의미에서는 '애국심'

---

[1] 「'日本人' 北野武」('일본인' 키타노 타케시), 『ユリイカ』(유리이카), 1998년 11월 임시 증간호

도 책임을 지는 방법의 하나라고 말할 수 있지 않을까요?"

실제로 비트 타케시의 발언도, 거의 대부분 이 질문자의 의도에 따라 이루어지는데, 앞에서는 전후 민주주의를 비판하고 뒤에서는 '책임을 진다'는 것을 '애국심'과 결부시켜 이야기하고 있다. 잡지는 그러한 발언 가운데 특집 의도에 맞는 것을 고딕체로 강조해 전면에 내세웠고, 안의 지면에서도 "민주주의에는 여고생의 헐렁한 양말과 같은 어설픔이 있다", "요즈음 '단란한 가정'에 위험을 느끼지 않을 수 없다", "로페스(呂比須)를 보면, 전쟁 전의 일본인이 저렇지 않았을까 하는 기분이 든다", "일본인은 '국제화'라는 이름하에 정신을 팔아먹고 말았다"는 등의 말이 눈에 확 띄도록 표제어로 구성되어 있다.

특집의 다른 기사에서도 이와 똑같은 것들이 보인다. 예를 들면, 일련의 특집 기사 가운데 일본 공산당 시이 카즈오(志位和夫)의 이야기가 두 쪽에 걸쳐 실렸는데, 그 중 "우리 일본 공산당은 일본을 진정 세계에 자랑할 만한 나라로 만들고 싶다는 의미에서 애국의 입장에 서 있다"는 발언을 강조하는 식이다. 사람들이 월드컵을 '내셔널리즘'의 인위성을 깨닫고 상대화하는 기회로 받아들인 야마자키 코우이치(山崎浩一)의 논의와 같은 것은, 분명히 특집 전체의 의도와 빗나가는 측면이 있다. 그런데 여기에는 스포츠는 '애국심'을 기피해 온 일본인 사이에서 내셔널리즘을 숙성시킬 수 있는 유효한 회로라는 표제가 붙여진 채 야마자키의 논지가 무리하게 끼워져 있다. 그리고 이들 기사에 이어, 「이것이 다른 나라와 같은 '애국심'이다」라는 표제하에, "자기 나라에 긍지를 가지고 있습니까?", "전쟁이 일어나면 나라를 위해서 싸우겠습니까?", "국가를 위한다면 죽을 수 있습니까?" 등의 문항으로 세계 10개국을 대상으로 조사한 앙케이트 결과를 게재하고 있다. 각국의 표본이 30명에 지나지 않아 이 결과에 얼마만큼 신뢰성이 있는지는 의문이지만, 어쨌거나 기사의 주된 의도는 일본인들 사이에 엿보이는 '애국심의 결여'가 국제적으로 보아 현저하다는 것을 통계적인 측면에서 증명하려는 것이었다.

『사피오』는 다른 호에서도 '철저 연구, 국가의 사죄 방식', '인권주의란 무엇인가' 등과 같은 특집을 잇달아 편성하고 있다. 따라서 앞에서 예로 든 특집은 그저 하나의 예에 지나지 않는다. 정도의 차이는 있지만 같은 잡지의 거의 모든 지면들이 앞에서 개관한 것과 비슷한 특집들로 구성되어 있다. 특히 이러한 경향은 이 잡지의 특별 코너로 코바야시 요시노리의 '신거만주의 선언'이 연재되고 나서부터 훨씬 더 명료하게 된 것으로 보인다. 게다가 다른 잡지, 예를 들면 슈에이샤(集英社)의 『바트』(Bart) 같은 잡지에서도 비슷한 경향이 나타난다. 따라서 지금까지 살펴본 스타일은 단순히 어느 한 잡지의 스타일이라기보다도, 1990년대 이후 일본의 잡지들에 나타난 하나의 조류로 보아야 할 것이다. 더욱이 이러한 그라비어적인 잡지에 종래부터 있어 온 논단지 『쇼쿤』, 『세이론』, 『보이스』 (Voice) 등을 첨가하면, 최근 10년 사이에 보수계 미디어는 적어도 그 수와 영역을 지속적으로 증가시켜 왔음을 알 수 있다.

참고로 쇼각칸이 『사피오』를 창간한 것은 1989년인데, 공개적인 발행 부수는 20만 부에 이른다. 또 슈에이샤의 『바트』는 1991년에 창간, 공개 발행 부수는 11만 부이다. 같은 해 코우단샤(講談社)가 창간한 『뷰우즈』 (Views)는 공개적인 발행 부수가 11만 부. 요미우리(讀賣)신문사에서 나온 『이것이 요미우리』(THIS IS 讀賣)도 1990년 창간되어, 공개 발행 부수가 10만 부에 이른다. 즉 1990년대 내셔널리즘 논의가 부상하는 데 일익을 담당한 보수계 잡지들이 1990년 전후에 잇달아 창간되었음을 알 수 있다. 물론 그러한 보수주의의 주요 매체는, 무엇보다도 공개 발행 부수가 약 60만 부로서 엄청난 독자 수를 자랑하는 『분게이순슈』(文藝春秋)이다. 이와 더불어 분게이순슈사의 『쇼쿤!』(1969년 창간, 공개 발행 부수 12만 부)이나 산케이(産經)신문사의 『세이론』(1973년 창간, 공개 발행 부수 10만 부), PHP연구소의 『보이스』(1977년 창간, 공개 발행 부수 19만 부) 등이 1960년대 말부터 1970년대에 걸쳐서 창간되었다. 이들 잡지는 전체가 하나의 무리를 이루면서, 1990년대의 내셔널리즘적 논조를 받쳐 주고 있다. 『분게이순슈』를 빼고는 가장 오래된 『쇼쿤!』의 창간이 1960년대 말이듯이, 이러한 류의 내셔널리즘 논의가 세를 불려 온 것은 대강 1970년대 이후임을 알 수 있다. 물론 그 이전에도 잡지들 가운데 내셔널리즘적인 주장이 전혀 보이지 않았던 것은 아니지만, 1980년대 말 이후 점차 그 결속력을 보여 온 보수계 미디어의 현상은, 1960년대까지의 그것과는 상당히 다른 성격을 지니고 있다고 봐야 한다.

전환점으로서의 1980년대

이 점을 알아보기 위하여, 전형적인 보수계 잡지인 『쇼쿤!』을 예로 1970년대 후반부터의 변화를 살펴보자. 말할 것도 없이 『쇼쿤!』은 보수계 논단 중에서도 매파 부류에 속하는 미디어이다. 『아사히(朝日)신문』이나 전후 민주주의에 대응하여 반복해서 자기 의견을 표명하면서 과민한 적의를 드러내는 것이 이 잡지를 특징 짓는 중요한 스타일이 되었다. 그러나 이 『쇼쿤!』의 논조를 1970년대 중반부터 살펴보면 꽤 명료한 스타일의 변화가

1980년대 초반에 생겼다는 것을 알 수 있다. 원래 판권을 갖고 있는 분게이 순슈사의 성격을 보더라도 이 잡지가 보수적 경향이 강한 것은 사실이지만, 1970년대 말까지『쇼쿤』은 그 이후 자기들이 '보수'임을 공공연하게 드러낸 이후 보여 준 스타일을 자각적으로 확립한 상태는 아니었다. 예를 들면 1976년 1월호에서는 '일본인과 국가', '일본학의 재발견'이라는 주제가 다루어졌는데, 1980년대에 이 잡지에 같은 주제가 다뤄질 때하고는 경향이 아주 달랐다. 그것은 어디까지나 교양 수준의 스타일로 '일본 문화'나 일본열도에서 '국가'의 내력이 논의되었을 뿐이다. 그 이후 1970년대 말에 이르기까지 이 잡지에서 같은 주제가 논의될 때의 기조는, 기본적으로 아오키 타모츠(青木保)가 일본 문화론에 대해 '긍정적 특수성의 인식'이라는 틀로 바라보던 시기로서,[2] 스기모토 요시오(杉本良夫)가 일본 문화론을 '일본 예찬론'으로 몰아 간 제4기 시기에 대응했던 것처럼[3] 전형적인 '일본 문화론'의 패턴을 띠고 있었다.

그런데 이 잡지는 1980년을 경계로 극히 노골적인 공격성을 드러내게 되었다. 이 전환점을 그은 것은, 같은 해 7월호에 게재된 시미즈 이쿠타로(清水幾太郎)의「지금이야말로 국가이어라. 핵의 선택」이라는 논문 때문이다. 잘 알려져 있는 바와 같이, 시미즈는 이 글에서 일본의 핵 무장을 주장한다. 그러한 주장이 나올 수 있었던 배경에는, 1960년 안보 투쟁이 내셔널리즘이라는 에너지로 뒷받침된 대중 운동이라고 받아들여졌으나, 1960년대 이후로는 그러한 내셔널리즘의 기반 자체가 사라지고, 오히려 내셔널리즘을 부정하는 사회 의식이 마련되어 왔다는 상황 인식이 깔려

---

[2] 青木保,『「日本文化論」の變容』('일본문화론'의 변용)(中央公論社, 1990).
[3] 杉本良夫,「日本文化という神話」(일본문화라는 신화),『日本文化の社會學』(岩波書店, 1996).

있었다. 시미즈의 논문에 이어 8월호에는 에토 쥰(江藤淳)의 「1946년 헌법—그 구속」이라는 논문이 게재되고, 또 다음해인 1981년 2월호에는 "당신은 '우경화'를 어떻게 생각합니까?"라는 질문에 이시하라 신타로(石原愼太郎)로부터 니시베 스스무(西部邁)에 이르는 논자들의 답변이 이어지는 기획이 세워졌던 것처럼, 전후 민주주의나 평화주의에 의식적으로 칼날을 들이대는 것을 볼 수 있다. 이러한 흐름 속에서 1982년 가을에 일본의 중국 침략에 대한 고등학교 역사 교과서의 기술 내용을 둘러싸고 중국과 마찰이 일면서 논란이 벌어지자, 이 잡지는 제1차 일본판 역사 수정주의라고도 부를 만한 논조 중에서도 최우익의 입장을 떠맡았다.

이 1982년 가을에 제기된 논의들을 다시 읽어 보면, 1990년대 중반에 등장한 '자유주의 사관'은 많은 점에서 이 시기 보수파들의 주장을 재탕하고 있는 것에 불과함을 알 수 있다. 우선 그 특징이라 할 수 있는 점을 들어보면, (1) '자학사관'이라는 논점의 강조 (2) 주요 신문의 보도에 대한 반발, 그 두 가지이다. 예를 들어 시미즈 하야오(志水速雄)는 1982년 10월호에 게재된 "교과서 문제를 어떻게 생각합니까?"라는 앙케이트에, "전후 일본의 자학적 사관의 모든 왜곡들이 이번 사건의 밑바탕에 깔려 있다. 이를 계기로 전후 역사 교육을 재검토할 필요가 있다"고 대답했다. 또한 소노 아키라(曾野明)는 전후의 일본에서는 "어느 교과서든 다른 나라에서는 그 예를 찾을 수 없을 정도로 자학적으로 과거 일본의 행동을 비판하고 있다"고 말했고, 카츠다 요시타로(勝田吉太郎)는 동시대의 역사 교과서는 "농후한 마르크스주의 사관에 전승국의 일방적인 일본 단죄를 결합시킨 자학적인 일본 근세사·현대사에 불과하여, 차세대 일본을 짊어질 청소년에게 민족의 긍지를 품지 못하도록 한다"고까지 말하고 있다.

이와 나란히 이들 논자들이 입을 맞추어 비난했던 것은 『아사히신문』을 비롯한 매스컴의 보도 체제였다. 「교과서 문제·대신문의 범죄」, 「신문이 크게 육성한 작은 오보」, 「3대지·NHK 편집 간부에게 묻는다―돌변의 논리를 반박한다」 등과 같은 제목에서도 알 수 있듯이, 이 시기부터 이미 보수파에 의한 '역사 교과서' 비판은 다른 한편으로 이들 '대신문'에 대한 비판이기도 했다.

하야시 마사유키(林雅行)가 상세히 밝힌 바와 같이, 1980년대 초부터 등장한 이러한 '교과서 비판'의 배경에는, '반공'을 내건 종교 단체, 개헌파 문화인, 재계 인사 등으로 1981년에 조직된 '일본을 지키는 국민회의' (日本を守る國民會議)와 같은 움직임이 있었다.[4] 그리고 이들 개헌 우파에 의한 역사 및 사회과 교과서에 대한 비판은, 1980년대 후반을 통해 여러 차례 『쇼쿤!』의 지면에 모습을 나타냈다. 예를 들면 1986년 3월호에서는 코가와 히로시(粉川宏)가 「현행 교과서를 불 태워라―사회과 교과서에 나타난 역사의 왜곡」이라는 글을 써, 전쟁 전의 국정 교과서와 현행 교과서를 비교하면서 후자가 "'유물사관'과 '도쿄재판 사관'에 의해 먹칠"당하고, 더욱이 TV의 광고 수법에 의해서 단편화되었다고 비판하고 있다. 이어서 같은 해 여름에는, 앞의 '국민회의'가 작성한 고교 일본사 교과서가 검정에서 합격한 것을 두고 많은 신문이 비판적으로 보도했는데, 『쇼쿤!』에서는 이에 대한 반비판적인 논객들을 배치해, 「'아사히'나 '외압'으로 왜곡된 역사 교과서」, 「세계의 교과서가 묘사한 '전쟁'」, 「한국이 '검열'한 일본의 역사」와 같은 논문을 주욱 실었다. 더욱이 1988년 2월호에

---

4) 林雅行, 「'自由主義史觀' 登場の時代と背景」('자유주의 사관'의 등장 시대와 배경), 『ひと』 1997년 7월호.

서도 같은 취지에서 타카하시 시로(高橋史朗)의 「아사히와 일교조(日教組)가 '역사'를 결정하는가?」라는 논문을 싣고 있다. 이렇게 1980년대 후반을 통해, 당초에는 바깥에서 '자학사관'을 비난의 대상으로 삼았던 논자들이 차츰 스스로의 '자학주의 사관'을 전면에 내세우기 시작했음을 알 수 있다.

  이상의 것을 가지고 보더라도, 1990년대 중반에 다시 떠오른 '자유주의 사관'의 '역사 교과서 비판'이 실질적으로 새로운 주장을 담고 있지 않다는 것을 쉽게 알 수 있다. 적어도 『쇼쿤!』을 비롯한 보수계 미디어의 텍스트에 초점을 맞출 경우, 논조의 전환점은 1980년대 전반이고, 1980년대 말부터 1990년대에 걸쳐서 일어난 변화는 질적이라기보다도 양적인 변화였다. 이 경우 1980년대 전반의 전환이 어떠한 것이었는지가 문제가 된다. 한 마디로 말하면 그것은 1970년대까지의 내셔널한 이야기가 기본적으로는 일본 문화론, 즉 실체적으로 '일본 문화'에 고유한 '본질'을 추정하고, 거기에서 역사를 해석하고자 했던 것에 비해, 1980년대의 내셔널한 이야기는 전후의 점령과 안보 체제 속에서 국가의 '본질'이 이미 상실되고 말았다는 입장에 서서, 그러한 '본질'을 점점 더 잃어 가는(그들은 그렇게 생각한다) 미디어로서의 '교과서'나 '신문'에 맹렬한 반발을 표출하는 것이었다. 즉 그들은 1980년대 이후의 네오 내셔널리즘이 처음부터 모두 '연기'(演技)였고 '허구'였음을 충분히 이해하면서, '전후'라는 언설의 공간을 형성해 온 신문, 교과서 등 모든 미디어의 허구성을 소리 높여 폭로하는 한편, 상대적으로 자신들의 입장을 우월한 지위로 끌어올리고자 했던 것처럼 보인다. 그들이 1980년대 초부터 자신들의 논의에 담긴 연기적 측면을 확실히 어디까지 자각하고 있었는지에 대해서는 의문이 남지만, 적어도 1990년대까지 몇몇 신보수주의자들 사이에서는 이러한 교활한 허구성이 자각되고 있었음을 알 수 있다.

세계화 속의 내셔널리즘

그러나 뭔가 전달하려는 쪽의 언설이 전혀 새롭지 않다고 해도, 그 언설을 매개하는 미디어의 배치나 이를 전달받아 소비해 가는 쪽의 상황을 보면, 1980년대까지와 1990년대 사이에는 역시 중요한 변화가 일어났음을 알 수 있다. 실제 1990년대 중반의 '역사 교과서 비판'이 내용적으로는 여러 가지 점에서 1980년대 중반부터 보수주의자들이 행해 온 교과서 비판의 재탕에 불과한 것으로 생각됨에도 불구하고, 많은 미디어가 어떠한 형태로든 이에 대해 언급하지 않으면 안 되는 분위기가 조성되었다는 점이 오히려 문제시되어야 할 것이다. 이와 같은 종류의 논의를 마치 시대의 화제인 것처럼 부상시키는 집합적인 의식과 미디어의 상호 작용이야말로 우리가 캐묻지 않으면 안 된다. 그러한 관점에서 1990년대에 이루어진 논의들을 개관하면, 걸프 전쟁부터 오옴 진리교 사건을 거쳐, 페루의 일본대사관 공관 점거 사건에 이르기까지, 이 수 년간 일이 있을 때마다 보수계 미디어를 중심으로 사람들의 불안 심리를 자극하는 내셔널리즘적인 논의가 되풀이되어 왔다는 점이 마음에 걸린다.

페루의 일본대사관 공관 점거 사건을 둘러싼 논의를 예로 들어보자. 이 사건을 둘러싼 현지 보도나 논평이 월간지들을 일제히 떠들썩하게 만든 것은 1997년 2월 무렵부터이다. 그 하나로, 『분게이슌슈』1997년 2월호의 「현대 국제파 작가, 혼신의 현지 보고」라 이름 붙인 후카다 유우스케(深田祐介)의 「황금과 재물의 도시」(黃金と生け贄の都)는, 도저히 '혼신'이라는 말이 붙을 만한 내용이 못 되고, 페루 사회에 대한 차별적인 시선을 드러낼 뿐이었다. 그런데 거기에서 강조된 것은 후지모리 대통령이 "일본인의 이상형에 가깝다"는 주장이었다. 후카다에 의하면, 그는 "'뜻을 어떻게 달성하는가'라는 메이지인의 기개를 지니고 있다." 이러한 후지모리의 일본인성 강조는 현재 일본의 '야무지지 못함'을 비판하고, 국가의 '각오'를 촉구하는 논조와 표리를 이루고 있다. 『쇼쿤!』, 『세이론』, 『산사-라』(サンサーラ) 등의 잡지에는 「하시모토(橋本) 총리에게 묻는 '국가의 각오'」, 「페루 인질 사건으로 본 일본의 얕보임」과 같은 제목들이 나열되면서, 이 사건은 "일본의 독자적인 위기 관리 능력을 세계에 나타내는 절호의 기회"였음에도 불구하고, "게릴라에 대항하여 한 걸음도 물러서지 않는 강경한 자세"의 후지모리와는 대조적으로, 일본 자신은 "여차하면 꽁무니를 빼고 마는 겁쟁이"로밖에 보이지 않았다고 비판하고 있다.

이들 논조의 배경에는 일본이 현재 급속히 이뤄지고 있는 세계적인 구조 조정으로부터 뒤쳐지고 있지는 않는가 하는 초조함이 있다. 예를 들면 노다 노부오(野田宣雄)는 『이것이 요미우리』 1997년 3월호에 「페루 인질 사건으로 본 국가의 쇠퇴」라는 글을 써서, 세계화의 진행이 "종래의 일본인과 같이 민족·국가·영토를 일체의 것으로 받아들이는 감각으로는 대응할 수 없는 사태"를 차례로 발생시킨다고 적고 있다. 노다에 의하면, 이번 사건은 일본열도와 민족을 하나로 결합시키는 종래의 사고를 재고하도록 요구한 것이다. 노다는 세계화로 인해 국가의 윤곽이 모호해져 가는 가운데 일본인이 유태인이나 중국인처럼 국경을 초월한 네트워크를 구축하지 못하며, 어디에도 국가를 대신할 "안정된 결합 관계를 발견하지 못한 채, 국제 사회의 거대한 노리개로 되어" 가지 않을까 염려한 것이다.

아울러 여기에서도 일본의 국가로서의 '심약함'을 꾸짖고, 국경을 초월한 '민족성'을 통해 국가의 위기를 극복해 가자는 주장을 하고 있다. 이들 논의는 일본측의 내셔널리즘적인 불안을 바다 건너 후지모리 대통령에게 투영하는 일에는 열심이었지만, 중남미 사회 속에서 '일본'이 어떻게 보이고 있는지는 전혀 보지 않았다.

아르쥰 아파듀라이(Arjun Appadurai)는 세계화 속에서 여러 가지 다른 차원의 탈영역화가 상호 모순이나 차이를 포함하며 진행된다고 날카롭게 지적한 논문에서, 이 과정의 일환으로서 국가와 국가간의 괴리 또는 부정합이 동시에 진행된다는 점을 지적하고 있다. 이 부정합은 국내적으로는 다양한 민족(ethnicity)에 의한 분리 독립화 움직임으로 나타나고, 국제적으로는 베네딕트 앤더슨이 '원격지 내셔널리즘'이라 명명한 것처럼, 국경을 초월한 국가의 의식이 활성화되는 쪽으로 나타나고 있다. 오늘날 내셔널리즘은 세계적인 자본의 전개나 노동력의 이동, 미디어의 네트워크와 불가분하게 연동하면서 국경을 초월하여 떠오르고 있으며, 이 상황은 필연적으로 국민 국가와 모순 또는 불화를 일으키고 있다.[5] 페루 사건을 둘러싼 보수계 미디어의 발언은, 기존의 국민 국가가 세계화 속에서 발생한 여러 문제에 적절하게 대처하지 못한 데 대한 초조함을 도착적인 방식으로, 국경을 초월한 민족성을 주장하는 것으로 연결시키고 있다. 그들의 주장은 과거 일본인론보다도 더욱 공허하게 '일본인'성을 강조하는 것에 불과하지만, 이러한 내셔널리즘이 전세계적인 문맥 속에서 정체성(identity) 전략으로서 이야기되고 있다는 점에서 주의할 필요가 있다.

---

5) Arjun Appadurai, *Modernity at Large* (Minnesota UP, 1997).

실제로 1990년대 이후의 보수계 미디어에 의한 내셔널리즘 논의에서는, 반아메리카리즘적인 주장이 급속하게 확산된 것처럼 보인다. 요시다 유타카(吉田裕)도 후지오카 노부가츠의 논의에 드러난 결함과 그 변설(變說)에 대한 적절한 비판을 가하는 가운데, 후지오카의 논의에 담긴 특징으로서 "반미주의적으로 뚜렷하게 기우는 역사 해석"이 엿보인다는 점을 강조하고 있다.6) 또 니시베 등이 참여한 신보수주의 잡지 『하츠겐샤』(發言者)는 1996년 9월호에서 '미국—이 거대하고도 텅빈 나라'라는 반아메리카니즘 특집을 편성하고 있다. 그 책의 첫머리에 나오는 니시베와 이시하라 신타로의 대담에서는, "일본인이 패전으로 기겁을 하여, 스스로 미국인 이상의 미국인이 되고 말았다"는 비판이 반복해서 언급되고 있다. 이러한 관점은 협의의 신보수주의자들을 넘어 상당수의 사람들에게 동의를 얻은 듯한데, 예를 들면 『츄오코론』(中央公論) 1996년 4월호의 나카자와 신이치(中澤新一)와 세토우치 쟈쿠초우(瀨戶內寂聽)의 대담「종교의 세기로」에서도 "결국 미국에 완전히 패한 것은, 전후 50년이 지난 작년쯤이에요…… 전쟁에 패해 50년 전에 종전했지만, 그때는 아직 일본인이 있었지요. 그렇지만 그로부터 50년 사이에 미국의 교육 정책이 정말로 공을 세웠지요"라는 주장이 세토우치한테서 나왔다. 전후 일본 사회의 미국화를, 일본인에 의한 일본인성 상실과 비역사화의 과정으로서 총괄하려고 하는 발상, 이것이야말로 이시하라 신타로나 오움 진리교로부터 역사 교과서 비판자들에 이르기까지 공통된 것이고, 1990년대 내셔널리즘의 배경 음악이 되었다.

---

6) 吉田裕, 「閉塞するナショナリズム」(폐색되는 내셔널리즘), 『世界』 1997년 4월호

이러한 반아메리카니즘의 새로운 부상이 오늘날 세계화의 진행과 서로 관련된다는 점은 새삼스레 지적할 필요도 없다. 강상중(姜尙中)은 독일의 '역사가 논쟁'과 비교해도 저급한 수준에 머무는 현재의 '자유주의 사관'이, 단순한 복고적 내셔널리즘으로 처리될 수 없다는 점을 정확하게 지적하고 있다. 강상중이 간파한 것처럼, "국가와 동일한 국민의 기억을, 과거의 폐허에서 구출하고, 그것을 '정사'(正史)의 꽃다발로 장식하려는 욕망이 새로운 세대의 관심을 모으고 있다. 이것은 그와 같은 내셔널리즘이 냉전의 종결과 함께 시작된 (새로운 세계화의 물결이라는) 대전환 속에서 새로운 정체성의 유력한 근거가 되고 있음을 말해 준다."[7)]

강상중은 제1차 세계대전 이후 확산되어 온 국가적인 것의 미학화(美學化)가, 19세기 후반부터 나타나기 시작한 세계화 및 일상 세계의 모조화라는 추이와 함께 생명이 얻고 자라나게 되었음을 확인하고 있다. 따라서 세계 각지에서, 그리고 일본에서 진부한 형태로 일어나고 있는 '국민에 대한 재정의'는 오늘날 세계화 속에서의 정치의 미학화라는 새로운 차원을 나타낸다고 하겠다.

내셔널리즘을 소비하는 사회

그런데 1990년대 일본 사회에 널리 퍼지기 시작한 내셔널리즘적인 불안 의식이 세계화의 급속한 진행을 배경으로 하고 있음은 분명하지만, 우리는 이 과정을 동시에 어느 일정 장르의 미디어에 의해 복합적으로 매개된 언설의 소비 과정으로 파악할 필요가 있다. 거시적인 상황을 배경으로

---

7) 姜尙中,「ナショナリズムの逆襲」(내셔널리즘의 역습),『大航海』15호.

하면서도, 각각의 언설은 신문이나 월간지, TV까지를 포함한 미디어의 기반 속에서 고유한 구성을 가진 독자들에 의해 소비되고 있다. 실제로 1990년대의 내셔널리즘 논의를 떠맡고 있는 『쇼쿤!』, 『세이론』, 『보이스』로부터 『사피오』에 이르는 보수계 잡지는 (1) 대부분이 1970년대 이후에 창간되었으며, 1990년대 전후에 새롭게 창간된 것도 있다 (2) 집필자인 보수계 논객은 잡지 상호간에 상당히 중복된다 (3) 독자는 압도적으로 남성이 많은 기업 샐러리맨 중심이다 (4) 세대별로는 독자층이 그다지 현저한 편중을 보이지 않는다 (5) 공개적인 발행 부수가 대부분 10만 부부터 20만 부 사이라는 등의 몇 가지 공통된 특징을 갖고 있다.

이 가운데 뒤의 세 가지에 대해서는 다시 검토해 볼 가치가 있다. 이것은 어디까지나 공개적인 데이타에 불과하지만, 예를 들면 『쇼쿤!』의 경우, 남성 독자가 전체의 94%를 차지하고, 20대가 14%, 30대가 17%, 40대가 17%, 50대가 18%를 차지한다고 한다. 또 『보이스』의 독자로는 회사원이 62%를 차지하고, 30대 17%, 40대 21%, 50대 28%라고 한다. 이 데이터를, 예를 들면 『세카이』의 경우 학생 28%, 사회원 19%, 공무원 18%, 교원 15%라는 독자층의 구성과 비교해 보자. 일련의 보수계 미디어가 어떠한 사회층에 의해 유지되고 있는지 분명해진다. 확실히 『사피오』와 같은 잡지에서는, 젊은 연령층의 비중이 더 커질 거라고 예상된다. 지금으로서는 이 잡지의 독자층에 대해 알 수 있는 데이터가 없기 때문에, 참고로 『브루투스』(BRUTUS)의 독자 구성을 보면, 남성 74%, 회사원 50%, 학생 18%이고, 20대가 60%를 차지하고 있다고 한다. 『사피오』의 경우에도 경향은 이와 비슷한데, 남성 회사원의 비율이 좀더 커질 것이다. 1970년대에는 패션과 소비 행동의 영역에서 여러 가지로 실험된 그래픽 잡지의 스타일이, 1980년대 이후 기업이나 정치, 경제 등의 영역에까지 확장되었다. 처음에는 여성지 분야에서 보인 이 움직임은, 이어서 남성 비즈니스 잡지, 경제 잡지, 국제 정보 잡지로 확대되어 가고 있는 것처럼 보인다. 그러한 가운데 과거에는 30대 이상의 남성 회사원에게 떠맡겨진 신보수주의가, 점차로 20대 학생이나 회사원에게까지 침투해 가는 것이 아닌가 짐작된다.

물론, 이것은 단순히 잡지가 독자에게 미친 영향 때문에 생긴 것은 아니다. 미디어의 언설과 독자의 독서 사이에는 언제나 끊임없는 상호 관계가 있는 법이고, 어느 한편이 다른 한편을 한 방향으로 규정하는 일은 있을 수 없다. 하지만 1980년대 말부터 1990년대에 걸쳐, 이른바 포스트 모던적인 신세대 문화와 신보수주의의 논단 미디어간에 일종의 융합 현상이 일어나고 있는 것처럼 보인다. 1980년대까지는 『쇼쿤』에서 아무리 공격적인 내셔널리즘을 부르짖어도, 잡지 미디어 전체의 언설 공간 속에서 그것들이 차지하는 비중은 얼마 되지 않았다. 그러나 1990년대 들어서 그때까지는 일부 보수계 논단지 속에서만 유통되던 논의의 스타일이 TV나 만화로부터 그래픽 월간지나 주간지에까지 확산되는 것처럼 보인다. TV에 대해서 말하면, TV 아사히 계열의 '아침까지 하는 생방송'(朝まで生テレビ)이 이러한 변화를 가장 확실히 체현하고 있다. 과거와 같은 중·장년 남성층을 대상으로 한 토론 프로그램이나, 이른바 청소년 취향의 교육TV의 토론 프로그램과는 달리, '아침까지 하는 생방송'을 비롯한 새로운 토론 방송은 정규 출연자들이 지나칠 정도의 연기를 보이는가 하면 이항 대립적인 문제를 설정하여, 1990년대에 이루어진 정치적 언설과 미디어 문화의 관계가 많이 달라졌음을 상징적으로 보여 준다. 또한 만화의

경우, 코바야시 요시노리의 『거만주의선언』이 이러한 변화를 의식적으로 체현하고 있다는 것도 쉽게 알 수 있다.

이와 같이 보수계의 논단지로부터 그라비아 잡지, 만화, TV까지 서로 얽혀 있는 가운데, 상당히 폭 넓게 이야기되고 있는 1990년대의 내셔널리즘은, 다음 두 가지 의미에서 반동적=방위적인 언설로 이루어지고 있다고 말할 수 있다. 첫째로, 이미 진술한 바와 같이 이 언설들은 최근의 세계화 진행과 국경을 초월한 문화 복합화의 흐름을 이어받으면서, 그러한 상황에 맞서 내셔널한 역사와 문화의 정통성을 재구축하려 하고 있다. 1990년대 이후의 보수계 논단은, 내셔널리즘적인 주장을 국제 정세의 변화와 되풀이해서 결부시켜 왔다. 서두에서 언급한 『사피오』가 국제 정보지로 이름 붙고, 세계화 속의 정체성 게임 전술로서 '애국심'을 내세웠던 것처럼, 최근의 내셔널리즘 논의들은 세계화에 대한 대항적인 언설로서, 스스로를 대중 소비 가능한 상품으로 만드는 것이다. 둘째로, 이 언설은 최근 페미니즘의 확대나 젠더(性)의 경계를 재편하는 움직임에 대해서도 반동적=방위적인 위치에 서 있다. 앞에서 서술한 바와 같이 『쇼쿤!』에서 『사피오』에 이르는 독자층의 압도적 다수는 남성이고, 이러한 독자층의 편중과 이들 미디어가 전개하는 내셔널리즘 언설 사이에는 내재적인 관계가 있는 듯이 보인다. 이 점은 종군 위안부를 둘러싼 보수파의 지극히 부당한 주장에서 현저하게 나타나는데, 이런 논의들은 국가의 역사를 어디까지나 남성 중심주의적인 시각으로 재구축하려 한다는 것을 스스로 폭로하는 셈이다. 더욱이 코바야시 요시노리의 『거만주의선언』에서는 꽤 초기의 것부터 일종의 남성 중심주의가 저변에 흐르고 있다고 생각하지 않을 수 없다.

요시노 코우사쿠(吉野耕作)는 종래 내셔널리즘 연구자들의 관심이 엘리트에 의한 언설의 생산과 교육을 통한 국가의 관리 및 전달 과정에 치우치고 있음을 비판하면서, 오히려 미디어나 문화 중개자에 매개되어 내셔널리즘 언설이 대중적으로 소비되는 과정을 비판적으로 분석하는 일이 중요함을 강조하고 있다. 요시노가 주목한 것은 일본인론과 같은 내셔널한 문화적 차이에 관한 언설이, 일본 기업들이 발행하는 이질 문화 매뉴얼에서 어떻게 상품화=대중화되고, 나아가 그것이 일본의 비즈니스맨들 사이에서 어떻게 사용되는가 하는 것이다. 대기업의 이질 문화 매뉴얼 분석과 기업인 인터뷰를 통해, 그는 문화 내셔널리즘의 소비자로서 기업인의 중요성을 밝히고 있다.[8] 그렇다면 요시노의 논의에 따라 지금까지 서술해 온 1990년대 이후의 내셔널리즘의 소비에 대해서 어떠한 분석을 발전시킬 수 있을까? 최근의 내셔널리즘 언설이 내포하고 있는 세계화에 대한 반동적 기제와 남성 중심주의는, 사람들의 일상적인 커뮤니케이션 수준에서는 어떻게 해석되고 이야기되는 것일까? 지금까지의 논의를 참고하면서, 우리는 이러한 언설의 소비 과정에 대해 더욱 정밀한 분석을 해 나갈 필요가 있다. 그것은 또 서론에서 언급한 남성의 오해를 사회학적인 문맥에서 파악해 가는 것이기도 하다.

이 글에서는 이 점에 대해 지극히 불완전한 견해를 제기했을 뿐이다. 하지만 다시 한 번 강조하고 싶은 것은, 정치적인 언설을 매개하는 미디어와 독자에 의한 언설 소비의 현장에서 내셔널리즘을 문제화할 필요가 있다는 점이다. 내셔널리즘을 일부 사상가의 이야기로서만이 아니라, 오

---

8) 吉野耕作, 『文化ナショナリズムの社會學』(문화 내셔널리즘의 사회학) (名古屋大學出版會, 1997).

히려 기업의 비즈니스맨으로부터 주부, 교사, TV 탤런트나 잡지의 기고가까지 빠짐없이 포함한 모든 층의 제도화된 문제로 다시 파악할 필요가 있다. 당연히 이 경우 내셔널리즘 언설로 다루어야 할 범위는 협의의 논단을 넘어, 만화나 애니메이션, TV의 시대극과 와이드 쇼, 광고, 영화, 패션이나 대중 문화를 둘러싼 언설까지 모두 포함하지 않으면 안 된다. 이러한 여러 차원의 언설이 일상에서 어떠한 계층에 어떻게 수용되고 있으며, 그것들은 서로 어떠한 모순과 뒤틀림을 내포하고 있는가, 그리고 이러한 내셔널 담화(National Discourse) 전체가 세계화가 급속하게 진행되는 1980년대 말 이후 어떻게 변용되고 있는가를 묻지 않으면 안 된다. 또 이러한 논점과 병행하여 이들 내셔널 담화가 어떠한 젠더 관계를 언설 소비의 과정 안에서 구축해 왔는지도 밝혀야만 한다. 요시노의 비판에도 보이는 것처럼, 특히 일본의 내셔널리즘 연구에서는 대중 문화나 하층 문화, 사람들의 일상 의식 수준에서의 언설 소비에 대해서는 충분하게 분석하지 못했다. 이 점을 극복하기 위해서는 근현대 일본의 역사에서 미디어 문화와 일상 의식에 대해 비판적이고 구체적인 연구를 착실하게 수행해 나아가는 수밖에 없다.

제3부
기억을 자아내는 의지

부정론의 시대

타카하시 테츠야 (高橋哲哉)

홀로코스트 부정론과 일본판 부정론

　홀로코스트 부정론(holocaust denial)이라는 것이 있다. 홀로코스트, 다시 말해 나치 독일에 의한 유태인 대학살은 없었으며, 아우슈비츠수용소 가스실에서 유태 민족 절멸 작전이 실행되었다는 것도 꾸며 낸 이야기라는 주장이다. 역사학계에서는 그것의 학문적 의미를 인정하지 않고 악질적인 유언비어로 받아들이고 있으며, 독일과 프랑스 등 유럽 제국에서는 반유태주의로 연결되는 인종 증오를 선동하는 범죄로서 형사 처벌 대상이 되었다. 그러나 전후 얼마 지나지 않아 일부 사람들이 홀로코스트 부정론을 주장하기 시작한 이래, 그 주장은 구미 각국에 뿌리를 뻗고, 오늘날은 미국의 '역사재평가연구소'(IHR)를 중심으로 국제적인 네트워크를 형성해 선전 활동을 전개하고 있다. 프랑스의 역사가 피엘 비달=나케

에 따르면, 홀로코스트 부정론의 논지는 대략 다음과 같다.[1]

1. 홀로코스트는 없었다. 절멸 작전의 상징인 수용소의 가스실도 없었다.
2. 나치의 '유태인 문제의 최종 해결'이란 절멸이 아니라, 유태인의 동방 이송 또는 추방이었다.
3. 나치즘에 의한 유태인 희생자 수는 600만이나 500만이 아닌 훨씬 소수(20만, 100만 등)이고 게다가 그것은 학살의 희생자가 아닌 전쟁중의 불가피한 희생자에 불과하다.
4. 제2차 세계대전의 책임이 독일에는 없다. 독일에 있다면 유태인에게도 있다.
5. 1930년대, 1940년대에 인류의 중대한 적은 나치 독일이 아니라 스탈린 지배의 소련이었다.
6. 홀로코스트는 연합군, 주로 유태인들, 특히 시오니스트 선전 활동에 의해 날조된 것이다.

홀로코스트—또는 쇼아(Shoah)—라고 불리는 기본 '사실' 그 자체를 부인하는 1, 2, 3, 6과는 달리, 4, 5는 홀로코스트 그 자체를 부인하려 하지는 않는다. 실제로 1986년 서독에서 일어난 역사가 논쟁(Historikerstreit)에서 에른스트 놀티가 취한 입장은 홀로코스트의 기본적인 '사실'을 받아들이면서 나치즘을 '아시아적 야만'인 스탈린의 소련 방위에 대한 반응으로 간주하여 독일의 전쟁 책임과 홀로코스트의 범죄성을 '상대화'하고자 한 것으로서 4, 5에 가까운 요소를 담고 있다.[2]

1) P. 비달=나케, 石田靖夫 역, 『記憶の暗殺者たち』(기억의 암살자들) (人文書院, 1995), 39쪽 이하.

그러나 놀티는 그 후 부정론에 접근하는 움직임도 보였고, 부정론과 넓은 의미의 수정주의(revisionism) 사이에 결정적인 단절이 있는 것도 아니다.[3] 전쟁 책임의 상대화는 사건 그 자체를 부인하는 것과 같지도 않거니와 양자는 종종 서로 상반되기까지 한다.

그런데 일본에도 이 부정론의 시대가 찾아왔다. 때마침 아우슈비츠수용소 해방 50주년 기념일 직전인 1995년 1월, 분게이순슈사(文藝春秋社)가 발행하는 잡지『마르코폴로』(マルコポーロ)에「전후 세계사 최대의 금기 ─ 나치 '가스실'은 없었다」라는 타이틀의 기사가 실렸다. 여러 유태인 단체의 항의로 잡지의 회수, 편집장 해임, 잡지 자체의 폐간, 분게이순슈사 사장의 교체로까지 발전한 이른바 '마르코폴로 사건'은 IHR을 중심으로 한 구미의 부정론이 유명 출판사의 잡지를 통해 일반인에게 유포되었다는 점에서 새로운 상황의 시작이라고 말할 수 있다. 어느 역사가는 만약 이러한 주장이 버젓이 통용된다면 히로시마·나가사키의 피폭자가 모두 죽은 어느 날, "히로시마에 원폭 투하는 없었다"는 '특종'이 보도되어도 이상하지 않을 거라며, 나치 시대와 원폭에 관한 확실한 지식이 축적되지 않고 사람들의 기억이 더욱 퇴색하면, '결국 '보도·출판의 자유'를 방패로 미디어라는 매체가 '수정주의'와 같은 논의를 선전하게 될지도 모른다"는 우려를 표명했다.[4]

---

2) J. 하버마스, E. 놀테 외, 三島憲一·德永恂 외 역,『過ぎ去ろうとしない過去 ─ ナチズムとドイツ歷史家論爭』(사라지지 않는 과거 ─ 나치즘과 독일역사가논쟁)(人文書院, 1995) 참조
3) D.E. 릿프슈타드, 瀧川義人 역,『ホロコーストの眞實』(홀로코스트의 진실)下 (恒友出版, 1995), 179쪽 이하
4) T. 바스티안, 石田勇人 외 편역,『アウシュヴィッツとアウシュヴィッツの噓』(아우슈비츠와 아우슈비츠의 거짓)(白水社, 1995), 169쪽 이하.

'마르코폴로 사건'은 그러나 서곡에 지나지 않았다. 일본의 부정론 시대는 홀로코스트 부정론의 등장에 의해서가 아니라 일본의 침략 전쟁과 식민지 지배에 관한 본격적인 부정론의 등장에 의해 막을 열었다고 할 수 있을 것이다. '자유주의사관연구회'를 주재한 후지오카 노부가츠(藤岡信勝)가 논단에 등장한 것은 1996년이었는데, 그해 여름부터 남경 대학살, '종군 위안부' 문제를 중심으로 격렬한 '자학사관' 비판이 개시되어, 12월에는 니시오 간지(西尾幹二)를 회장으로 하고 후지오카를 부회장으로 한 '새로운 역사 교과서를 만드는 모임'이 발족되었다. 이 일련의 움직임을 그들의 주장대로 단순히 전후 일본에서 억압받아 온 '건전한 내셔널리즘'의 복권 시도로서만 본다면 이는 인식 부족일 것이다. 오히려 여기에서는 '건전한 내셔널리즘'이라는 이름 아래 어떻게 '불건전'한 부정론이 홀로코스트 부정론과 동일한 시기에 노골적으로 때로는 은밀한 레이시즘(racism, 민족, 인종 차별주의)과 함께, 또는 특징적인 섹시즘(sexism, 성 차별주의)과 함께 등장했는가를 보지 않으면 안 될 것이다. 후지오카는 '자유주의 사관'은 '도쿄재판 사관'이나 '코민테른 사관'을 배제함과 동시에 또 한편에서는 '대동아전쟁 긍정사관'에도 서지 않겠다는 점을 반복해서 표명했다. 그러나 실질적으로 그의 논의는 대부분 '자학 사관' 비판으로 채워져 있으며, 사료와 증언에 의거해 재구성된 기본적 '사실'을 부인하는 홀로코스트 부정론 수준의 최악의 수정주의에 가깝다는 데 주의하지 않으면 안 된다.

구체적으로 살펴보자. 후지오카와 니시오의 공저인 『국민의 유단』(國民の油斷)을 비롯한 이들의 저서에 나타난 논의는 다음과 같은 주장을 포함하고 있다.[5]

1. 남경 대학살은 없었다. 성 노예제(sexual slavery)로서의 일본군 위안소 제도는 없었다.
2. '종군 위안부'란 성 노예가 아니라 '단순한 상 행위', '매춘부'에 불과하다.
3. 남경 사건의 중국인 희생자 수는 중국측이 말하는 30만도, 일본의 역사 교과서가 채용하는 십 수만에서 20만도 아니며 '최대한 만 명'으로, 일반 시민 사상자는 안전구 국제위원회(安全區 國際委員會)의 보고가 '전부 옳다고 해도 47명'에 불과하다.
4. 조선의 식민지화와 중일 전쟁의 책임은 일본에는 없다. 책임은 오히려 러시아와 구미의 위협에 위기 의식을 갖지 못해 근대화가 늦은 조선과 중국측에 있다.
5. 일본의 아시아 진출 시기에 동아시아 여러 나라에서 진정한 위협은 일본이 아니라, 러시아(소련) 및 구미 열강이었다.
6. 남경 대학살, '종군 위안부' 문제는 '국내외의 반일 세력'의 선전 활동에 의해 날조된 것이다.

홀로코스트 부정론을 주장한 비달 나케의 정리와 비교해 보면, 양자가 얼마나 비슷한지 한눈에 알 수 있을 것이다.

위의 주장은 '종군 위안부' 문제를 제외하면 전혀 새로운 것이 없다. '자학사관'이라는 용어를 포함해 이전부터 주장해 온 '대동아전쟁 긍정 사관'을 되풀이한 것에 지나지 않는다. 남경 대학살 부정론은 1970년대 처음으로 『분게이순슈』와 『쇼쿤』(모두 『마르코폴로』와 같은 분게이순슈사 발

---

5) 西尾幹二・藤岡信勝, 『國民の油斷』 (PHP研究所, 1996).

행)에 등장하였으나, 그 후 연구가 진전되면서 학살 그 자체를 부정할 수는 없게 되었다. 부정론자는 희생자 수를 적게 계산함으로써 '대학살'이 마치 날조라는 인상을 주려는 전략에 힘을 쏟고 있다.[6] 후지오카는 '자유주의사관연구회' 발족 후, '종군 위안부' 문제로 일대 캠페인을 개시하기 전에 먼저 남경 대학살에 논의를 집중시켰는데, 그 논의는 종래의 부정론자들을 통해 이미 파탄한 '설'을 다시 문제삼은 것에 불과하다.[7] 과거 좌익이었을 때에는 "일본 제국주의·군국주의의 범죄는 헤아릴 수 없을 정도로 죄가 깊다"는 전제에서 "읽거나 들은 숫자 중 가장 큰 숫자를 신용하기로 했다"며 50만 명 학살설까지 믿었다던 그가, 지금은 돌변해 부정론자의 여러 '설'을 태연히 받아들이거나 축적된 연구 내용을 무시하고 자기가 보고 싶은 것만 보려 드는 부정론자의 면목을 그대로 드러내고 있다. 십 수만에서 20만, 중국측 주장으로는 30만 명이라는 남경 대학살 당시 사망자 수가 "제각각"이어서 "아무런 근거도 없다"고 비난하면서도, "폴 포트의 학살은 200만에서 300만 명"에 달했다고 태연하게 쓰고 있다.(200만일까, 300만일까? 그 숫자의 '근거'는 무엇인가?) '종군 위안부' 문제도, '삼광(三光) 작전'[8]도, 말레이반도의 학살도 모두 마찬가지로 '날조'라고 단정하는 것이다.

  홀로코스트 부정론과 유사한 점은, '날조'의 배후에 보편적인 '음모'의

---

6) 藤原彰,「南京事件研究の戰後史」(남경사건연구의 전후사), 松島榮一·城丸章夫 편,『自由主義史觀の病理』(자유주의사관의 병리) (大月書店, 1997), 130쪽 이하 등 참조
7) 笠原十九司,「南京大虐殺の眞實とは何か」(남경대학살의 진실은 무엇인가), 藤原彰·森田俊男 편,『近現代史の眞實は何か』(근현대사의 진실은 무엇인가) (大月書店, 1996), 70쪽 이하 등 참조
8) 三光 작전: 중일 전쟁시 일본군이 자행한 비인도적인 작전에 대한 중국측의 호칭. 삼광이란 죽이고(殺光), 약탈하고(搶光), 불태우는(火燒光)것을 말한다. ─옮긴이

존재를 확신하고 있다는 점에서도 드러난다. 후지오카와 니시오의 경우, '음모'의 주체는 "일본의 번영을 시기하는 여러 외국" — 구사회주의 국가와 소련, 미국을 비롯한 서구 열강, 중국과 조선이라는 일본에 대항한 '세 개의 적의' —과, 역사 교과서의 기술을 통해서 이러한 여러 외국의 '간접 침략'에 손을 빌린 '반일적 일본인' — '코민테른 좌익'과 '시민파 좌익'으로 구성된 —특히 '일본의 반일 매스컴'이라고 한다. 후지오카는 말한다. "이 문제(위안부 문제)야말로, 일본 국가를 정신적으로 해체시키는 결정타로서 국내외 반일 세력으로부터 제기되고 있기 때문이다. 단적으로 말해서 이것은 국제적인 세력과 결부된 장대한 일본 파멸의 음모인 것이다." '자유주의사관연구회'와 '새로운 역사 교과서를 만드는 모임'이 대두하자, "새로운 움직임에 대항하는 반동도 각종 모략을 동반해 굉장해질 것이다. 그들은 틀림없이 외국 세력과 결탁하여 계속해서 일본 국가 파괴 책동을 기도해 갈 것이다. 이 풍조가 승리하면 21세기에는 일본이라는 국가는 존재하지 않게 될 것이다.[9] '유태인 음모'설이든 '반일 세력의 음모'설이든 이러한 음모설의 보편적인 특징은, 그것이 피해망상인지 아니면 다른 유언비어인지 확연하지 않다는 점에 있다. 어느 쪽이든 거기에서 지배적인 것은 도착적인 피해자 의식과 타자에 대한 불신, 악의의 투사(投射)임에 틀림없다.

독일의 전쟁 책임을 면제하고 반대로 유태인에게 그 책임을 전가한 홀로코스트 부정론의 도착(倒錯)이 일본판 부정론에서는, 식민지 지배 책임과 전쟁 책임을 가해국 일본에 인정하지 않고 피해국 조선과 중국에 떠맡

---

9) 藤岡信勝, 『自虐史觀の病理』 ('자학사관'의 병리)(文藝春秋社, 1997), 78쪽, 41쪽 등.

기려는 전도(顚倒) 행위로 나타난다. 한반도는 가만히 두면 러시아나 구미 열강의 각축장이 되고, 일본의 안전을 위협하는, "항상 일본을 향해 들이대어진 흉기"였다. "따라서 조선은 일본을 비난하기 전에, 당시 스스로가 타인에게 폐를 끼치지 않는, 자기 관리 능력을 지닌 확고한 근대 국가였는지 아닌지를 반성하는 일이 우선"이라고 그는 말한다.[10] '피해'를 입은 것은 조선이 아니라 일본이다. 따라서 '반성' 해야 할 쪽은 일본이 아니라 조선이다. 여기에 그치지 않고 일본은 식민지에서 선정을 베풀었으므로 오히려 감사를 받아야지 사죄해야 할 이유는 없다고까지 말한다. "'일시동인'(一視同仁)이라는 것도 지금은 좋지 않은 말이 되었지만, 이것은 요컨대 식민지 사람들도 일본인과 동등한 수준으로 끌어올리려 함이었다. 요컨대 사람을 좋아함(好人)이다. 그러므로 일본의 식민지 지배는 기본적으로 유럽과는 전혀 다르다. 그것은 자기들과 같은 수준으로 끌어올리려는 것이었다. 유럽인이 세계를 유럽으로 만들려 했다면, 일본인도 자신들 지배력이 미치는 범위를 전부 일본인 사회로 만들려 했다고도 말할 수 있다.[11]

식민지화한 한반도 및 기타 지역을 "전부 일본인 사회로 만들고자 했다"는 사실을 "인애(仁愛)를 베푸는 것", 일본인의 '평등 지향'과 '호인'(好人)에서 나온 선정으로 믿어 의심치 않는 나르시시즘(자만심). 타민족 사회를 '전부 일본인 사회'로 만드는 것이 민족성의 말살, 문화적 민족 절멸(ethnocide)에 불과하다는 사실을 전혀 이해하지 못하는 인종 차별주의. '황민화 정책'을 추진한 당시 지배층의 사고와 한치의 차이도 없는 멘

---

10) 西尾幹二·藤岡信勝, 『國民の油斷』(PHP硏究所, 1996), 85쪽 등.
11) 藤岡信勝·濤川榮太, 『歷史の本音』(역사의 본심), (扶桑社, 1997), 234쪽 이하.

탈리티. 일본의 식민지 지배는 "유럽과는 전혀 다르다"고 주장하면서도, "유럽인이 세계를 유럽의 것으로 만들려 했다면, 일본인도 자신들의 지배력이 미치는 범위를 전부 일본인 사회로 만들고자 했다"고 말하는 거리낌이 없는 논리의 혼란. "제도로서의 차별은 없었다"는 것도 식민지 지배를 운운하는 기초적 지식이 결여되어 나온 말인지? 만약 그렇지 않으면 무서울 정도의 유언비어라고 말하지 않을 수 없다.

일본판 부정론은 식민지 지배를 "식민지 사람들도 일본인과 동등한 수준으로 끌어올리고자 하는 것"이라고 여기는 일본판 오리엔탈리즘, '문명'이라는 미명하에 자행되는 타자의 부정과 일치한다. 일본＝문명, 중국・조선＝야만이라는 도식을 부정론자는 현재에 대해서도 동일하게 적용한다. 니시오에 따르면, "여전히 중국과 조선은 서구적인 기준으로 한다면 문명을 알지 못하고, 150년 전과 마찬가지로 근대화되지 않은 나라"이기 때문에, "냉전 붕괴 후의 동아시아의 사태는 점차 청일 전쟁 전의 상황으로 돌아가고 있다." "노대국(老大國)은 야만이고 문명을 갖추지 못했지만 무력은 지니고 있어 말을 듣지 않게 되었으며, 이런 상황에서 점차 일본이 어떻게 자립 자존해 나아갈 것인가 하는 중대한 국면에 직면하였다." "일본은 모든 야만에 대해 고독하게 대처하지 않으면 안 되었다."[12] 앞으로 21세기에 걸쳐서 "역사가 국제 정치의 최대 투쟁"이 된다고 말하는 '새로운 역사 교과서를 만드는 모임' 회장의 말은 사실상 "새로운 청일 전쟁에 대비하자"라고 호소하는 것처럼 들린다. '냉전 붕괴 후' 구 유고슬라비아에서, 권력・매스 미디어・지식인이 일체가 되어 "사람들의 눈

---

12) 西尾幹二・藤岡信勝, 『國民の油斷』, 236쪽 이하.

을 민족의 미화된 역사로 향하도록 만들자"라는 주장이 나오거나, "과거의 재인식"(이반 쵸로비치)이 민족 정화 전쟁을 준비했다고 말하는 것은 결코 우연이 아니다.[13]

'자국사' — 내셔널 히스토리 — 의 '부(負)의 기억'으로부터의 정화를, 비일본인 및 '반일적 일본인'이라는 이중적인 타자로부터 '일본인' 그 자체의 민족적 정화를 통해 실시하고자 하는 일본판 부정론을 그 위험성의 경계를 포함하여 '민족 정화 사관'이라 부르고 싶다.

부인·증언·침묵

홀로코스트 부정론자의 논법은 여러 가지인데, 비달 나케는 그 첫째로 다음을 들고 있다.[14]

"유태인에 의한 직접적인 증언은 모두 거짓이거나 꾸며 낸 이야기이다."

유태인 생존자의 증언을 모조리 거부한 '포괄 부정'(blanket denial)은 부정론의 '시조'인 폴 라시니에 이후의 상투적인 수단이었다. 대부분의 경우 유태인 생존자는 돈을 노려 위증하고 있다고 공격받았고, 그 뒤에는 독일로부터 한없이 배상금을 쥐어 짜 내려는 시오니스트의 음모와 유태인의 세계 지배 음모가 있다고 한다.[15]

'종군 위안부'의 증언에 대한 일본판 부정론자의 견해도 완전히 똑같

---

13) I. 쵸로비치,「過去の燒き直し」, N. 스테파노프·M. 벨츠 편, 佐久間穆 역,『ボスニア戰爭とヨーロッパ』(보스니아 전쟁과 유럽)(朝日新聞社, 1997), 78쪽 이하.
14) P. 비달=나케, 石田靖夫 역,『記憶の暗殺者たち』, 45쪽.
15) D.E. 릿프슈타드, 瀧川義人 역,『ホロコーストの眞實』(홀로코스트의 진실) 上, 132쪽, 224쪽.

이 정식화할 수 있을 것이다.

　'위안부'의 직접적인 증언은 모두 거짓이거나 꾸며 낸 이야기이다.

　이러한 포괄 부정이 '위안부' 문제를 '사상누각'이라고 규정하는 후지오카 노부가츠의 논의에 자주 출몰한다. '위안부'들이 자기의 이름을 밝히게 된 동기가 "위안부는 민간업자가 데리고 다닌 것으로 군대와는 관계가 없다"고 말하는 일본 정부의 '거짓' 때문이었다는 사실 등은 한 번도 생각해 보지 않고, 여성들의 증언은 돈을 노린 '거짓'이며 그 배후에는 '국내외의 반일 세력'이나 '반일적 일본인'의 음모가 있다고 단정한다. "일본의 운동가가 조선의 여성에게 재판을 걸어 이기게 되면 돈을 받을 수 있다고 부추겨 매춘부들을 이용했다는 것이 이 사건의 진상이라고 생각한다."……"저 할머니들을 틀림없이 감언으로 유혹하고 거짓 증언까지 시켜 자신들의 정의감을 만족시키려는 도구로 삼은 것이다. 증언이 너무나도 날조된 것이기 때문에 그 증언이 확실히 거짓이라는 것은 담당 변호사도 인정하고 있다. 일본인의 운동을 위해 조선인이 거짓말을 했다는 사실을 장래 역사에 남기게 되는 것이므로 이는 용서할 수 없는 범죄 행위가 아닐까?"[16]

　한편, 자기의 주장에 유리한 일본인의 증언에 대해서는 완전히 대조적인 태도를 취한다. 예컨대 과거 '조선 총독부의 관리'였다는 어떤 일본인이 투고글에서 한 진술, "그런 일(위안부의 강제 연행)은 전혀 없었고 들은

---

[16] 西尾幹二・藤岡信勝, 『國民の油斷』, 202쪽 이하.

적도 없다"는 말을 옮기면서, "라고 하는 것은 즉 이런 사실이 없었다는 것이다" (고딕 강조는 인용자)라고 단정하는 식이다.[17] 피해자의 증언은 완전히 '거짓'이라고 규정하면서, 가해자측의 증언은 즉각 받아들여 '강제 연행'은 '없었다' 또는 '사실에 의해서 부정되고 있다'고 단정한다.

후지오카 등의 부정론자는 '강제 연행'이란 의미를 의도적으로 좁게 한정하여, 물리적 폭력을 동반한 "군·관헌에 의한 강제 연행"이 없었기 때문에 위안부는 성 노예는 아니었다, 일본군에서는 책임이 없다고 주장한다. 그러나 전후 곧바로 바타비아 재판(1948년 판결)과 네덜란드 정부 조사 보고(1994년) 등에서는 점령지에서 그러한 협의의 강제 연행이 있었다는 사실을 확인하였고, 군을 배후로 한 유괴가 일본에서조차 종종 있었음을 밝혀 주는 사료도 존재한다. 한국에서 자기의 이름을 밝힌 피해자 대부분(약 70퍼센트)은 속아서 '위안부'가 된 경우이고, 그러한 취업 사기나 인신 매매에 의해서 "매춘을 목적으로" 여성을 연행하는 일도, 당시 형법 및 일본이 가입해 있었던 국제 조약에 비추어 볼 때도 위법이었다.[18]

ICJ(국제법률가위원회) 조사 보고(1994년)에서도, UN 인권위원회 쿠마라스와미 보고(1996년)에서도, ILO(국제노동기구) 전문가위원회 권고(1996년)에서도, 문제가 되고 있는 것은 위안소에서의 강제적인 성적 봉사, 성 노예 상태였고, 연행 형태는 가지각색이었다는 것이 공통적인 전제였다. '위안부' 문제의 본질은 그것이 일본군에 의한 조직적인 성 폭력이었다는 것이지, 연행 형태가 협의의 강제 연행의 여부에 있는 것은 아

---

17) 西尾幹二·藤岡信勝, 『國民の油斷』, 201쪽.
18) 吉見義明·渡邊春巳 외 편, 『歷史の事實をどう認定しどう敎えるか』(역사의 사실을 어떻게 설정해 어떻게 가르칠 것인가)(敎育史料出版會, 1997), 170쪽 이하 등 참조.

니다. 부정론자가 "인간 사냥과 같은" 강제 연행에 논의를 제한하려고 한 것은, 그것을 명령한 군의 공문서가 없다는 이유로 피해자의 증언을 말소해 버리려는 전략에서 나온 것이었다. 피고인측이 고소인의 소장을 무시하고 제멋대로 쓴 소장을 토대로 스스로 무죄 판결을 내리려는 것이다.

후지오카는 말한다. "일본군이 강제로 조선 여성을 연행했다면, 그 명령서가 반드시 남아 있을 것입니다. 그러나 그러한 문서는 한 통도 발견되지 않았습니다.[19] 홀로코스트 부정론자는 말한다. "나치가 유태 민족 절멸 작전을 실행했다면, 히틀러의 명령서가 반드시 남아 있을 것이다. 그러나 그런 문서는 한 통도 발견되지 않았다." 히틀러의 명령서가 발견되지 않은 것은 모든 전문가가 알고 있는 것으로, 부정론자가 말하는 것처럼 놀랄 만한 일은 결코 아니다. '강제 연행'이 위법이라는 사실을 알고 있는 군과 관헌이 공문서에 일부러 기록을 남겼다고는 생각할 수 없으며, 또 패전시 증거 인멸을 위해 대규모 공문서 소각이 이루어졌다는 사실을 고려한다면 '명령서가 반드시 남아 있을 것이다'라는 상정은 지극히 비현실적이다. ― '위안부' 공격의 최선봉인 국회의원 오쿠노 세이스케(奧野誠亮)는 그 책임자의 한 사람이었음을 스스로 인정하고 있다. 전쟁 범죄를 인정하는 일에 대해 가해자측의 범행 기록 유무를 금과옥조로 생각할 만큼 사태가 뒤집어진 것은 아닐까?

'위안부'의 증언을 '포괄 부정'하는 후지오카는 그 이유로서 증언 내용에 '사실과의 차이'가 난다는 점, "위증죄가 문제되는 조건하에서의 증언이 아니다"라는 점을 반복해서 주장하고 있다. 모두 홀로코스트 부정론과

---

19) 藤岡信勝, 『自虐史觀の病理』, 20쪽.

완전히 대응함을 발견할 수 있는 부정론의 규정 논법이다. 홀로코스트의 생존자 증언에 오해, 부정합, 동요, 과장, 각색 등이 있을 수 있다는 것은 상식이고, 부분적으로 문제가 있다고 해서 증언 전체를 배척할 만한 이유는 될 수 없다. 오히려 증언에 대한 비판을 실시하여 더욱 신빙성 높은 부분을 찾아내는 일, 여러 번에 걸친 증언으로도 변하지 않는 부분과 다른 사람들의 증언과 일치하는 점 등을 눈여겨 살펴보는 것이 연구상의 절차일 것이다. 강제 수용소에서 겪은 이상한 체험의 경우 지나치게 객관적이거나 지나치게 상세하거나 지나치게 완벽한 증언은 오히려 의도적인 재구성이거나 앞뒤가 맞지 않는다는 의심을 품게 만든다.[20] '위안부'의 경우도 그 증언이 누구를 향하고 어떠한 상황에서 증언이 이루어졌는지, 그 사람이 무엇을 가장 호소하고 싶어하는지, 그 사람이 어떠한 트라우마(trauma, 정신적 외상)와 스티그마(stigma, 사회적 압박) 속에 있는지 등을 무시한 채, 단지 증언 내용의 세부 차이만 가지고 왈가왈부하는 것은 무의미하다.[21]

원래 '위안부'의 증언에는 '차이'도 많이 나고 '일관성'도 없으며 '지극히 모호'하다는 주장과, 여성들의 증언은 "일본인을 속이기 위한 어마어마한 연극"이라는 후지오카의 '확신'은 아무리 생각해도 터무니없다.

---

20) 부정론자가 영화 「쇼아」(Shoah)를 공격했을 때, 표적으로 삼은 아브라함 봄바의 가스실 목격 증언에 대해서 그 주관적 왜곡이 오히려 진실을 밝히고 있다는 포르쥬의 논의를 참조. Forges, J.F., *duquer contre Auschwitz, histoire et m moire*, ESF, 1997, p. 97.
21) 이 점에 대해서는 上野千鶴子, 「記憶の政治學—國民・個人・わたし」(기억의 정치학—국민・개인・나), 『インパクション』 102호, 154쪽 이하가 상세하다. 다만 요시미 요시아키(吉見義明)와 스즈키 유우코(鈴木裕子)가 실증사가로서 "피해자 증언의 '증거 능력'을 부인한다"는 것은 우에노(上野)의 오해일 것이다.

만일 정말로 '돈을 노리고' 사람을 속이는 '대규모 연극'이 행해졌다면, 왜 증언에 '차이'가 나지 않도록 사전에 앞뒤를 맞추지 못했을까? 여성들을 '부추긴' 자들이 '일본의 운동가'와 '변호사'라고 한다면, 왜 그들은 사전에 미리 각본을 짜서 어디를 추궁당해도 곤란하지 않도록 '일관성' 있는 이야기를 준비하지 않았을까? 이것이 '국내외의 반일 세력'이 총력을 기울여 배후 조종한 '음모'의 '결정타'였다면, 왜 그들은 '지극히 모호한' 증언을 그대로 발표하거나 보도하고, 여성들의 증언 가운데 그대로 채용할 수 없는 것도 있다고 솔직하게 인정하기까지 하는 등 자신들에게 오히려 불리한 행동을 했을까? 보편적 음모설과 증언에 문제가 있다는 주장이 양립할 수 없음은, 홀로코스트 부정론에서도 마찬가지이다.

홀로코스트 부정론자는 뉴른베르크 재판 등 전후 나치 재판에서는 위증이 난무하여 거기에서 나온 증언을 신뢰할 수 없다고 주장한다. 그러나 "위증죄를 물을 수 있는 조건하에서의 증언이 아니다"라는 것이, 그러한 증언을 곧바로 부정하거나 '거짓'이라고 규정할 이유는 못 된다. 또 위증죄를 물을 수 있는 조건하에의 증언이 아니라는 지적은 후지오카가 자기 주장에 유리한 것으로 주장하는 증언의 경우에도 마찬가지로 해당된다. 예를 들어 앞에서 나온 '조선총독부 관리'의 증언도 한 통의 투고에 불과하고, 당연히 '위증죄를 물을 수 있는 조건하의 증언'은 아니었다. 그럼에도 불구하고 왜 이쪽은 곧바로 거기에서 '사실'을 끌어 낼 수 있는가?[22]

피해자의 증언에 대해서는 지나친 정밀함을 요구하고 그 신뢰도를 낮

---

[22] 일본에 제소한 한국, 재일 조선인, 필리핀, 중국의 '위안부'들은 가해 당사국 법정의 원고 본인 심문에서 각각의 피해를 진술했다. 공판정에서 말할 수 있는 것, '진술' 가능한 것은 피해 경험의 극히 일부에 불과하다는 것이야말로 문제가 있다. 뒤의 주 25) 참조

추려는 한편, 자기들의 주장에 대해서는 너무 너그러운 점이 부정론의 특징이다. '위안부'의 증언은 "특정 시간과 장소를 지정하지 않았기" 때문에 의심스럽다, "원래 저 할머니들이 정말로 위안부였다고 보증할 만한 것이 어디에 있는가?"라고 후지오카는 말한다. 그러나 자신이 '도저히 용서할 수 없는 범죄 행위'라고 단죄한 '사건의 진상'에 대해서는 '특정 시간과 장소' 따위를 결코 지정하지도 않았고, 또 할 수도 없었다. "일본의 운동가가 조선의 여성에게 재판을 걸어 이기면 돈을 받을 수 있다고 부추겼다"고 하는데, 언제, 어디서, 누가, 누구에게 부추겼다는 말인가? "저 할머니들을 틀림없이 감언으로 유혹했다"고 하는데, 언제, 어디서, 누가, 누구를 감언으로 유혹했다는 말인가? 이 '범죄적' 사실에는 어떠한 '증거'가 있고, 어떠한 '목격 증인'이 있는가?, '위안부' 문제는 '국내외 반일 세력'에 의한 "장대한 일본 파멸의 음모"라 하는데, 언제, 어디서, 누가, 누구와 그러한 '공동 모의'를 했으며, 그것이 '사실이라는 보증'은 어디에 있는가?

 '위안부'들의 증언을 '포괄 부정'한 뒤, "그러므로 여성들은 (제소중인 재판에서) 패소가 확실하다"고 말한다. 외국인 피해자가 제소한 일본 전후 보상 재판에서 지금까지 원고가 승소한 예가 없다는 것, '위안부' 피해자와 한국 지원 단체의 고소·고발장을 도쿄지검이 '해당되는 국내법 부재' 등을 이유로 접수하기를 거부한 일(1994년 2월 7일) 등을 고려하면, 민사든 형사든 일본의 재판소에서 많은 것을 기대하기란 무리일지도 모른다. 피해자와 지원 단체는 UN 인권위원회의 권고에 따라, 헤이그의 상설중재재판소(PCA)의 심리에 응하도록 일본 정부에 요청했으나, 일본 정부가 일관하여 이를 거부하고 있다.[23] 현재 일본의 국내법은 국제 인도법

시효 부적용 원칙과의 관련조차 상정하고 있지 않다. 이러한 피해자의 법적 구제는, 독일의 유태인 피해자 보상, 미국의 일본계 피해자 보상에서 보이듯이, 새로운 입법 조치와 외국적 피해자까지로의 범위 확대, 기타 법적 구상력(構想力)의 창조적 발휘 없이는 불가능할 것이다.

프랑스의 철학자 장 프랑소아 리오타르는 절멸 수용소의 생존자를 염두에 두고, 자기가 부당한 피해를 입었다고 주장하면서도 어떠한 형태로든 그 피해를 입증할 수 없는 극한의 경우를 '희생자'라 불렀다. 손해를 증명할 수 있는 수단을 가진 것은 '고소인'이고, 따라서 부정론자는 '고소인'을 '희생자'의 위치로 몰아넣으려 하는 자가 된다.[24] '위안부'가 자기 이름을 밝힌 경우에도, 그녀가 자신의 피해를 어떠한 형태로도 입증할 수 없는 극한의 경우를 생각할 수 있다. 부정론의 시대는 가해자가 피해자를 '망각의 동굴'(한나 아렌트)에 빠뜨리려는 시대, 범죄의 흔적의 말소와 증인의 절멸에 의해서만이 아니라, 생존한 증인을 침묵시키는 시대, 또 이름을 밝힌 증인의 증언에 귀를 기울이지 않는 시대인 것이다.[25] 부정론 시대 구상력(構想力)은 리오타르적 의미에서의 '희생자'의 법적 구제라는 선험적인 문제에도 맞서지 않으면 안 된다.

법적 구제는 불가결하지만, 그것이 물론 문제의 전부는 아니다. 피해가 법적으로 인정되지 않았다고 해서 피해자의 심신에 새겨진 정신적 혼돈

---

[23] 그 동안의 경위에 대해서는 鈴木裕子, 『戰爭責任とジェンダ-: '自由主義史觀'と日本軍'慰安婦'問題』(전쟁책임과 젠더: '자유주의 사관'과 일본군 '위안부' 문제)(未來社, 1997), 2장을 참조.
[24] J-F. 리오타르, 陸井四郞 외 역, 『文の抗爭』(문의 항쟁)(法政大學出版局, 1989), 11쪽 이하.
[25] 부정론의 시대에서 '기억'의 시련, '증언 불가능한 것의 증언'과 같은 문제에 대해서는 졸저 『記憶のエチカ—戰爭·哲學·アウシュヴィッツ』(기억의 에티카—전쟁·철학·아우슈비츠)(岩波書店, 1995)을 참조.

의 기억이 '거짓'이 될 리도 없고, 피해자의 증언에 귀를 기울일 필요가 사라질 리도 없다. 홀로코스트 피해자와 '위안부' 피해자가 이름을 밝히고 행한 증언에는, 법적 인지나 역사적 '사실'성의 인지를 요구하는 소송과 함께, 그것으로 환원할 수 없는 좀더 근원적인 요구가 담겨 있다. 피해자는 슬럼가나 수용소, '위안소' 등에서의 공포와 굴욕의 경험을 통해, 자신과 타인의 가장 기본적인 '인간적' 신뢰를 상실할 수밖에 없었다. 따라서 그 여성들의 증언은, 나를 피해자로서 승인하라, 내가 받은 박해를 사실로 인정하라는 호소와 함께, 파괴된 '인간성에 대한' 신뢰를 회복하고 싶다, 자기 자신의 '존엄'을 긍정하고, 타자에 대한 신뢰를 회복하고 싶다는 요구도 포함되어 있다. 이미 본 바와 같이 일본판 부정론자는 지금 가해자와 피해자, 민족과 민족, 성과 성 사이의 균열을 메워 그 잃어버린 신뢰를 회복하려는 것이 아니라, 그 반대로 불신과 적의를 증폭시키려 한다. 그들의 공격이 동아시아에서 '믿음'(信)이라는 역사적 조건을 열기 시작한 '위안부'들의 증언에 집중된 것도 우연은 아니다. '일본인' 한 사람 한 사람이 피해자의 고발을 받아들이고 가장 기본적인 '역사 인식'을 공유하자는 주장에 부응하는 일은, 과거 그것을 파괴한 국가에 속한 시민으로서 동아시아에 대한 '믿음'의 관계를 구축하는 일에 참가하는, 그리고 '자국'과 '자국사'(내셔널 히스토리)의 틀을 극복하는 첫걸음이 될 것이다.

기억의 미래화에 대해서

요네야마 리사

"과거가 사회적 의식을 구속하지 않고 미래가 여기에서 시작된다면, 현재야말로 '역사적'인 계기, 즉 끝없이 변전하는 위급 존망의 기점이고 선택의 시기이다." —아시스 낸디[1]

머리말

자국민이 받은 전쟁 피해와 히로시마·나가사키의 원폭 투하만을 기억하고 다른 아시아 여러 나라와 태평양 지역에서 자행한 수많은 죄악의 역사를 상기하지 않는 일본인이라는 표현은, 해외의 미디어에서조차 오래 전부터 사용하는 표현이 되어 있다. 일본제국의 식민지 지배와 일본 신민

---

1) Ashis Nandy, *The Intimate Enemy: Loss and Recovery of Self Under Colonialism* (Delhi: Oxford University Press, 1983), p. 62.

(臣民)이란 이름하에 자행된 잔학 행위를 국사(國史)의 일부로서 폭 넓게 이야기하려 하지 않았던 전쟁 종결 후 긴 세월, 그 세월을 지배해 온 것은 확실히 '망각의 정체(政體)'였다고 할 수 있다. 그러나 이 '망각의 정체'는 결코 과거의 것이 될 수 없다. 지금까지 숨겨 온 역사적 사실이 발굴되었고, 과거에 국가가 행한 여러 가지 행위가 '실수'였다고 고백할 수밖에 없게 된 뒤에도, 이 망각을 정당화하는 논리는 여전히 사회 여러 곳에 잠재하고 있다. 오히려 잇따라 드러난 제국 일본의 가해 행위가 얼마나 처참했는지를 눈앞에 상기하게 되면서, 오히려 한층 더 방어적이고 자아 도취적인 모습이 생겨나는 것처럼 보인다. 교과서에서 자국과 자국민에 대한 부정적인 기술을 모두 없애자고 호소하는 자유주의 사관 제창자들의 활동을 보면서 확실히 과거의 '망각의 정체'가 그대로 계속되고 있음을 알 수 있을 듯하다.

그러나 일본의 문화 정치에 있어서 기억의 상황은, 1990년대 초를 넘기며 지금까지와는 사뭇 단절된, 새로운 역사적 국면에 접어들고 있다. 이 점을 분명히 해두지 않으면, 무엇이 절박한 문제인지, 누가 우리 앞에 선 적인지 오인하게 될 것이다. 자유주의 사관 제창자의 언설이 뭔가 매력을 지녔다면, 그것은 기억을 부인하자는 것, 억압하는 것으로서 역사를 망각하자는 데서 기인할 것이다. 이것은 지금까지 오랫동안 전후를 지배해 온 태도와 1990년대 이후 더욱 교묘한 기억과 망각의 정치 이 두 가지에 집착하기 때문이라고 말할 수밖에 없다.

문제는 잊혀져 가는 것을 회복한다는 반(反)망각(counter-amnesis)만이 아니다. 1970년대 이후의 역사에 대한 이해와 기억을 둘러싼 프랑스의 상황을 언급했던 미셸 푸코는 현재 널리 알려진 「영화와 포퓰러 메모리」라고 제목을 단 대담에서 다음과 같이 이야기하고 있다.

> "실로 흥미로운 것은 바로 지금 이 순간 역사를 둘러싼 투쟁이 일어나고 있다는 점입니다. 그 의도란 내가 '포퓰러 메모리'라고 불러 온 것을 재프로그램화하고 폐색(閉塞)시켜 현재를 이해하는 틀을 사람들에게 제공하고 또 강요하려는 것입니다."[2]

1990년대부터 세기 전환기에 이르는 사이 문화 정치의 영역에서 일본 역사를 둘러싸고 벌어진 일을 한 마디로 말하면 바로 이 기억의 '재프로그램화'라고 할 수 있지 않을까 생각된다. 냉전 시대까지만 해도 역사에 대한 인식이란 과거의 잘잘못에 대해 정부들 사이에 서로 침묵과 은폐가 가능하도록 해 주었다는 점에서 이들과 일정 정도 공범 관계를 이루었다고 할 수 있을 것이다. 그러나 세계화가 가속화되면서 이미 냉전 논리를 유지할 필요가 없게 된 지금 국민을 단위로 미래의 국익을 생각한다면, 일본의 과거 잘못을 인정·반성하고 경우에 따라서는 사죄하는 일이 가장 효율적인 방책일 것이다.

만약 역사를 이해하는 지배적인 양상이 이와 같다고 한다면, 세대와 국경을 뛰어넘어 많은 사람들이 주창해 왔을 뿐 아니라 전후 일본 사회에서 비판적 활동의 원동력이 되어 온 여러 가지 반망각 행위는 과연 어떠한 위치를 차지하게 될까? 또 잔인하고 도리에 어긋난 과거 행적들과 일본

---

[2] Michel Foucault, "Film and Popular Memory," in *Foucault Live* (Interviews, 1966~1984), trans. Martin Jordin and ed. Sylvere Lotringer (New York: Smiotext(e), 1989), p. 102.

국가라는 이름 아래 강요된 깊고도 오랜 고통의 상처들이 현실로 상기될 때, 도대체 그 기억은 어떠한 형태로, 누구를 위해, 그리고 무엇을 위해 상기되는 것일까? 사실에 대한 단순한 은폐와 억압 같은 것이 아니라, 그보다 훨씬 더 교묘한 역사적 이해에 대한 지배로 해서 우리는 그 동안 망각해 오던 것 자체를 아주 잊어버리게 될지도 모른다. 이 글은 과거를 알려면 반드시 필요하다고 생각되는 몇 가지 문제점을 정리하고, 이에 부응할 수 있는 역사의 방책을 찾아보려 한다.

망각과 은사(恩赦)를 추구하는 상기

1990년대의 역사적 국면이 어떠한지 그 특징을 새롭게 규정해 본다면, 어쩌면 이를 포스트 호소카와(細川) 내각이라고 부를 수 있을지도 모르겠다. 수상이라는 위치에 있던 호소카와가 전쟁 행위와 식민지 지배의 구체적인 형태에 대해서까지 언급하고, 나중에 수정은 되었지만, 그것들이 '잘못된' 행위였다는 평가를 내린 것은 지금까지는 없었던 역사 인식을 공식화하는 계기였다.[3]

이 시기, 1960년대부터 계속된 역사 교과서 검정을 둘러싼 문부성의 입장에 커다란 변화가 보였다. 또 새로 확장된 히로시마의 평화기념자료관 전시나 평화기념식장의 연설 등 공식적으로 언급된 역사관의 표명에서도 볼 수 있는 바와 같이, 지방 차원에서까지도 시민이나 행정 관서가 전쟁에 협력했거나 국책에 관여한 일 따위를 언급하는 일이 많아졌다. 종

---

[3] 호소카와 수상이 기자 회견에서 한 발언을 두고 나온 이러한 역사적 평가에 대해서는, 木阪順一郎「アジア・太平洋戰爭の歷史的性格をめぐって」(아시아・태평양전쟁의 역사적 성격을 둘러싸고),『年報日本現代史』(1995년 창간호 戰後50年の史的檢證), 17〜18쪽 참조

군 위안부 제도에 대해서도 불충분한 형태로나마 공식적인 사죄가 표명되기도 하였다. 1995년 여름 국회의 종전 결의는 반성과 사죄라는 점에서는 치졸하기 짝이 없는 것이었으나, 잘못된 행위가 국민의 역사에 존재했음을 언급한 점에서는 역시 그때까지의 지배적인 역사 인식과는 크게 다르다고 생각된다. 중요한 것은 전후 보상과 일본의 식민주의에 관련된 내용을 배우거나, 일본군의 폭정 아래서 살아 남은 생존자의 증언에 귀를 기울일 기회를 만들어 내는 등, 지금까지 여러 곳에서 이루어져 온 각종 활동들이, 이 무렵을 계기로 그 동안 논의에 별로 가담한 적이 없던 사회부문까지 폭 넓게 끌어들이면서 공적 무대에서 전개되었다는 점이다.

그러나 다른 한편 역사적 기억을 둘러싼 문화 정치가 새로운 국면에 접어들었다고 해서, 그것이 부당하게 취급받아 온 사람들의 괴로운 기억을 충분히 이해하고 보상했음을 의미한다고 말하려는 것은 아니다. 이른바 종군 위안부 제도를 둘러싼 일본 정부의 태도 때문이기도 하겠지만, 과거 대다수 점령지에서 기업과 정부에 의해 강제로 동원된 사람들에게 보상과 사죄를 요구하는 활동을 벌이기란 대단히 어려웠다. 여기에서 자세하게 이야기할 여유는 없지만, 1990년 전후 히로시마에서 한국인 원폭 희생자 위령비를 평화기념공원 내로 이전하는 문제를 둘러싼 논의도, 훨씬 더 광범위한 영역에서 일어나고 있는 기억과의 다툼을 상징적으로 보여 준 것이라고 말할 수 있다. 이 시기 아시안대회와 원폭 50주년을 눈앞에 둔 히로시마 시는 오랫동안 평화공원 외곽에 서 있던 한국인 원폭희생자 위령비를 평화공원 안으로 이전하기로 결정했다. 그때 검토된 안은 이 위령비를 공식적인 기념장 안으로 끌어들임으로써 일본의 식민지 지배와 강제 연행에 대한 기억을 완전히 없애 버리고, 원폭 피해를 둘러싼 식민

지인과 피식민지인 사이의 민족적인 차이를 애매하게 만들자는 것이었다.[4)]

전후 일본에서 행해져 온 여러 가지 반망각 행위들을 통해 우리는 지금까지의 숱한 사회적·문화적 상황, 세계 상황에 의문을 품게 되었다. 각자 자기가 속한 지역에서 나름대로 살아오던 사람들의 소중한 생활을 국가가 불의로 빼앗아 버렸다는 사실을 왜 감추어 왔는가, 왜 보상하려 하지 않는가, 이런 질문 자체가 곧 문화 비판의 계기가 되었다. 예컨대 그런 질문을 통해 사람들은 일본인으로서의 위치와 일본이 이전에 폭력을 행사한 지역 사람들과의 역사적 관계에 대해서도 생각하게 되었고, 혹은 성차별이나 민족 차별, 남북의 경제 격차 같은 훨씬 일상적인 사회적 불의에 대해서도 생각하게 되었다. 일본의 과거 식민지 지배 역사에 대한 기억을 갖고 있지 않다는 점이 구식민지 출신 사람들과 여러 가지 알력과 모순을 빚게 했다면, 그 과거를 회상하는 일은 곧 지금도 식민지화 상태에 놓인 사람들한테 가해지는 인권 침해나 차별적 구조를 규탄하는 행위로 이어지기도 한다. 그러나 지금 공적 영역에서 과거 일본이 벌인 전쟁과 식민지 지배 당시의 폭정을 공식적으로 인정하면서 뭔가 반성을 보이려는 쪽으로 태도 변화를 보인다고 해서, 그것이 오랜 역사의 망각으로 한층 더해진 그들의 어려움이나 고통을 언급하고, 망각에 힘입어 유지되어 온 그 불의(不義)에 대한 책임을 적극적으로 짊어지려 하는 것이라고 과연 말할 수 있을까?

---

4) 이 점에 대해서는 졸고 "Memory Matters: Hiroshima's Korean Atom Bomb Memorial and the Politics of Ethnicity," *Public Culture* 7 (Spring 1994), p. 499~527에서 상세하게 설명하였다.

현재 행해지는, 국가의 과거에 대한 이해를 재편성한다는 것은, 과거를 반성적으로 성찰함으로써 자기를 용서하고, 또 가능하다면 자국이 위해를 가한 타자로부터 용서받고 싶다는 욕망으로 뒷받침된 역사적 상기라고 할 수 있다. 또한 국가가 저지른 과거의 잘못을 분명히 밝히자는 움직임 그 자체가, 오랫동안 의도적으로 때로는 폭력적으로 억압해 온 사실조차 매장시켜 버리려는, 말하자면 망각 그 자체에 대한 망각이요, 자국민 중심적인 망각적이자 은사적인 상기(amnes(t)ic remembering)라 할 수 있다. 그것은 기억을 새로이 재각인함으로써 과거에 길들여져 가는 상황이라 하겠다. 거기에서는 지금까지 반망각의 행위가 주변적인 위치에 있었기 때문에 가능했던, 비판적이고 변혁적인 성격까지도 청산하거나 탈색시켜 버리게 된다. 바로 이와 같은 위기 상황을 많은 사람들이 절실히 느끼기 때문에 기억을 둘러싼 항쟁이 주목받게 되는 것인데, 이는 상기하는 방법, 즉 무엇을 생각해 낼까 하는 것만이 아니라 무엇을 위하여, 어떻게, 어떠한 위치에서 생각해 낼까를 둘러싼 싸움으로 많은 사람을 끌어들인다고 할 수 있다.

과거 아도르노가 1950년대 포스트 나치즘 상황하의 독일을 비판할 때 쓴 '과거의 극복'(Aufarbeitung der Vergangenheit)이라는 표현은, 일본에서 현재 일어나고 있듯이 국가의 역사를 부분적·선택적으로 억압에서 해방시켜 매듭을 짓고자 하는 과정을 가장 적절하게 설명해 준다고 할 수 있다. 미첼리히 부부는 '비애의 작업' 또는 정신분석학에서 말하는 '철저조작'과 같은 심리 과정이, 결정적인 영향력을 행사하는 과거의 기억이나 상실의 체험을 개개인이 차지하는 현재의 위치와 이것들의 정신적·역사적 상흔과의 관계성 속에서 생각해 내고, 변증법적으로 파악하는 생산적인 과정이라고 보았다.5) 이에 대해 아도르노는 1950년대 독일에서 '과거의 극복'이란 나치즘의 기억을 상기하는 일이 반드시 "명석한 의식의 작용에 의해 과거의 속박을 푸는, 과거에 대한 진지한 대응"6)이라고 하기 어려운 상기의 방식을 가리킨다고 말한다. 오히려 그것은 페이지를 넘겨 버리듯이, "가능하다면 기억에서 완전히 씻어 내 버리고 싶다"7)는 욕망을 뒷받침해 준다고 아도르노는 지적한다.

아도르노의 이러한 지적은 1970년대, 역사의 이해와 기억을 둘러싼 상황을 이야기했던 미셸 푸코의 논의에도 깊은 영향을 주었다. 한 대담에서 푸코는 기억을 둘러싼 다툼이 세계 각지에서 전개된 갖가지 투쟁에 결정적인 영향을 준 요소가 되었다는 점을 다음과 같이 강조하였다. "사람들의 기억을 지배하는 것은 그 역동성(dynamism)을 지배하는 것입니다. 더욱이 그것은 사람들의 경험이나 과거에 투쟁이 있었다는 것에 대한 지식도 지배하게 됩니다."8)

말할 필요도 없이 푸코는 과거의 어떤 순수한 경험이 이미 거기에 있어서, 이를 진정한 기억으로 계승하는 것이 자동적으로 문화 정치 투쟁의 승리로 이끄는 힘을 만들어 내는 것이라고 하는 것은 아니다. 오히려 아

---

5) 과거의 상기라는 작업을 둘러싸고 벌어지는 중요한 차이에 대해서는 ドミニク・ラカプラ, 小澤弘明 역, 「ホロコーストを表象する―歴史家論爭の省察」(홀로코스트를 표상한다―역사가 논쟁의 성찰), ソール・フリードランダー 편, 上村・小澤・岩崎 역, 『アウシュヴィッツと表象の限界』(아우슈비츠와 표상의 한계) (未來社, 1994), 138~171쪽 참조.
6) Theodor Adorno, "What Does Coming to Terms with the Past Mean?" in Geoffrey H. Hartman ed., *Bitburg in Moral and Political Perspective* (Bloomington: Indiana University Press 1986), p. 115.
7) Adorno, "What Does Coming to Terms with the Past Mean?", p. 115.
8) Foucault, "Film and Popular Memory," p. 92.

도르노의 논의와도 유사하게, 지금까지 묻혀 온 기억을 상기하는 그 순간에, 즉 억압에 대항하여 새롭고 진보적이라 생각되는 행위에 사람들이 몰두하고 있을 때만 생겨나는 권력의 모습에 주의를 기울이도록 한 것이라고 생각하는 것이 옳다. 푸코의 연구에서 일관되게 나타나는 바와 같이, 여기에서도 권력이란 억압을 통해서만 작용하는 것이 아니라, 그가 포퓰러 메모리라고 부르는 역사적 인식에 진실성을 부여함으로써 효력을 발휘하는 것이라고 생각된다. 간신히 어둠에서 회복된 인식이 다른 새로운 진실의 정체(政體) 아래서 빛을 발휘하게 되지만, 주체적 위치가 주어짐에 따라 다시 종속되어 간다는 것이다. 푸코는 파묻힌 과거를 상기할 때 거부감 없이 붙어 다니는 기억의 정치가 지닌 위험성을 경고하고 있는 것이다.

이해의 공백을 파묻어 버릴 수 있을 것처럼 믿고 있을 때, 그 순진한 충족성에 대한 신뢰가 현상에 대한 안도감과 기존의 언어나 문화 범주에 대한 만족감을 더욱 강하게 하고, 전체성과 보편을 가장한 진리에 회의하지 못하도록 견제하고 만다. 어떤 기억을 환기시키는 일은 그 기억이 상징 영역 외부에 있기 때문에 동시에 그 준비해 온 변혁성을 통제하는 일이 되기도 한다. 아도르노와 푸코가 문제삼은 것은 인식의 간극을 메우려는 시도에는 반드시 동반되는 문제이다. 과거를 상기하는 행위에 따르는 이러한 어려움과 위험성을 이해하는 일은 포스트 냉전 후의 일본에만 그치지 않는다. 이러한 행위는, 역사적 기억을 둘러싼 다툼이 세계 각지에서 문화 정치의 중심 관심사가 되고, 세계 여러 곳에서 지금까지 잊혀지고 침묵을 강요당해 온 일련의 사건이 이야기되기 시작한 세기말인 현재, 더더욱 중요하게 새겨야 할 것임에 틀림없다.

그러나 도대체 이런 상황을 피하면서 과거를 이야기하는 방식이 과연 가능한 것일까? 현존 질서를 지지하는 것도 아니고 새로운 진실을 증명하는 것도 아닌 반망각이란 어떠한 것인가?

상기의 변증법과 기억의 미래화

주변적인 위치에서 해방되어 공적 영역의 주류가 되어도 여전히 비판적이며 변혁적인 위험성을 만들어 우리를 둘러싼 상황을 동요시키는, 그와 같이 과거를 상기하는 방식 또는 기억의 모습이란 대관절 어떠한 것인가? 발터 벤야민의 「역사 철학에 관한 테제」와 근대의 시간성을 둘러싼 일련의 논문들은 이 질문에 답할 수 있는 실마리를 제공하는 귀중한 텍스트이다.9) 벤야민의 저술에 관해서는 주석학으로부터 미학, 종교학에 이르기까지 뛰어난 논의들이 많이 이루어졌기 때문에 여기에서 새삼스럽게 그 연구들에 대해 언급할 필요는 없다. 여기에서는 지금까지 이야기했던 오늘날 기억의 정치와 직접적인 관계를 갖는 실천적인 인식을 벤야민의 역사 철학을 통해 이해하고자 한다.

「역사 철학에 관한 테제」에서 벤야민은 "역사에 거스를"(252쪽) 것을 제안한다. 이 때 '거스를' 대상은 '보편적인 역사', 곧 기존의 마르크스주의적 역사 서술과 부르주아적인 해석학적 역사관이다. 근대의 이 두 가지 '보편적인 역사' 서술 방식은 벤야민이 '역사 유물론'(historical materialism)이라 하여 사회 변혁의 가능성을 명확히 한 역사적 인식과 대

---

9) Walter Benjamin, "Thesis on the Philosophy of History," in *Illumination*, trans. Harry Zohn and ed. Hannah Arendt (New York: Schocken Books, 1969). 이하 이 논문에서 인용할 때는 본문에 페이지 수를 기록함.

조된다.

벤야민에 따르면, 해석학적인 역사주의와 기존의 마르크스주의적 역사학에서는 역사의 진실이 영원히 과거에 내재되어 있다고 생각된다. 이에 반해 역사 유물론에서는, 과거의 진실한 이미지는 현실과 과거의 변증법적인 대화 속에서 아주 잠깐 드러나는 데 지나지 않는다고 상정된다. 과거의 어떤 사건을 역사상에 복원할 수 있다고 해서 그 사건의 진리를 파악할 수 있는 것은 아니다. 따라서 과거를 열거하는 식으로 역사를 재구성할 수 있다고 생각해서는 안 된다. 중요한 것은 "위기의 순간에 떠오른 기억을 포착한다"(255쪽)는, 마치 흘러가는 역사의 흐름으로부터 단절된 사진의 한 장면을 보듯 과거를 상기하는 일이다.

그러나 "위기의 순간에 떠오른 기억을 포착한다"는 것은 어떠한 것일까? 벤야민은 "현재 그 자체의 관심사로서 인지되지 않는 과거의 이미지는 모두 회복할 수 없는 형태로 소멸되고 말 우려가 있다"(255쪽)고 말하기도 한다. "위기의 순간에 떠오른 기억을 포착한다"는 것은 과거가 "현재 그 자체의 관심사"가 되지 못하는, 요컨대 현재에서 미래로 향한 시간성에서 소외되고, 문자 그대로 '흘러가는' 것이 되어 버린 그 순간에서부터 과거를 붙잡아 다시 기억에 남기는 것이다. 달리 말하면 그것은 과거의 사건을 현재 속의 극히 절박한 관심사로 바꾸어 가는 기억의 변증법으로서의 사회 실천이다.

벤야민의 역사 이해에는 한 가지 더 잊어서는 안 될 중요한 측면이 있다. '역사 유물론'에서는 '실제로 일어난' 과거 사건의 목록(inventory)을 하나하나 열거해 가는 것이 아니라, '일어날 수 있을지도 모르는 일', '과거에 일어날 수도 있었던 가능성을 집어 내는 일'을 묘사해 간다는 점이

다.10)

그것은 지킬 수 없었던 약속, 회피할 수 없었던 참화, 실현 불가능한 꿈과 같은, 말하자면 역사의 정지점이라고도 할 수 있는 것을 찾아내어, 기억의 단편으로서 모아 가는 일이다. 그와 같은 기억은 과거에서 현재로, 현재에서 미래로 마치 자발적으로 시간이 전개되어 가는 것처럼 전제하는 '보편적 역사' 서술에서는 결코 발견된 적이 없는 과거이다.

'보편적인 역사'가 '공허하고 동질적'인, 말하자면 항상적인 역사를 구축해 가는 것과 달리, 이러한 역사 서술은 과거에 있었을지도 모르는 무수한 저항점 ─ 벤야민은 이것을 혁명적·메시아적인 '바로 지금' (Jeztzeit)이라 불렀다 ─ 을 분명히 밝힘으로써 역사의 필연성을 물을 수 있게 한다. '보편적 역사'는 과거와 현재의 자동적인 연속성을 문제삼지 않는다. 그 결과 지금 어떤 인식의 현상을 지지하고 마는 것과는 달리, 벤야민이 말하는 상기와 재기억의 방법은 '현재'를 과거의 연장선상에 놓지도 않고, 역사 흐름의 종착점으로서의 '현재'를 지지하지도 않는다. 그것은 오히려 '현재'와는 다른 '지금'으로 역사를 이끌었을지도 모르는 과거의 위기적 순간을 찾으려고 한다.11)

벤야민의 「역사 철학에 관한 테제」는 과거와 현재를 잇는 진화주의적·직선적·자동적인 연속성에 우리가 개입하는 식의 역사 이해 방식을 우리에게 제공하였다. 수잔 벅-모스는 벤야민의 이러한 역사관을 다음과

---

10) 벤야민의 이러한 상기의 측면에 주의하라고 지적해 준 해리 하루투니언(Harry D. Harootunian) 씨에게 감사한다.
11) 여기에서는 구체적으로 이야기할 수 없지만, 나는 이미 다른 곳에서 히로시마의 핵 피해에 관한 증언 활동 속에서 이와 같은 기억의 변증법적 과정과 비판적 인식의 계기가 포함되어 있음을 상세히 서술하였다. 「記憶の辨證法 ─ 廣島」(기억의 변증법 ─ 히로시마), 『思想』 866호 (1996).

같이 요약하고 있다.

"(벤야민의 목적은) 역사 기술에 있어서 '코페르니쿠스적 혁명'을 확립하는 데에 있었다.…… 그 목적이란 '현재를 위기의 위치에 놓는' 과거의 억압 요소 (그 실현된 폭정과 실현되지 않은 꿈)를 의식 내로 가지고 들어오는 것에 있었다. 변증법적 이미지에 있어서 역사의 단편을 모으는 작업에 지침이 되는 것은 변혁 가능성의 계기로서의 현재인 것이다."12)

비판적인 역사 인식 자세를 가능하게 하는 것은 벤야민에게 있어 이와 같은 상기와 재기억의 작업임에 틀림없다.

현재를 결정 짓는 것으로서 과거를 아는 것이 아니라, 현재를 변혁하고 새로운 미래를 상상케 하는 것과 같은 상기는, 반식민지 투쟁의 맥락에서도 중요한 역할을 한다. 앞에서 인용한 아시스 낸디는 인도 독립의 지도자 간디의 역사관을 논하면서, 과거를 아는 작업이 현상을 긍정하는 데 빠지지 않으려면, '미래를 지향하는 기억'에 대해서 늘 생각해야 한다고 강조한다.13) 간디에 있어서 퇴적된 역사의 중압—여기에는 카스트 제도와 식민지 체험 등이 포함된다—으로부터 현재의 식민지화된 의식을 해방시키는 일은, 새로운 미래를 상상하는 데 빠뜨릴 수 없는 과정이었다. 과거를 포기하는 것도 아니고 과거를 조종하는 것도 아닌, 끊임없이 새로운 의미가 부여되는 '지금'으로서 역사를 위치 짓는 일이 비식민지화된

---

12) Susan Buck-Morss, *The Dialectics of Seeing: Walter Benjamin and the Arcades Project* (Cambridge: The MIT Press, 1989), p. 338.
13) Ashis Nandy, *The Intimate Enemy: Loss and Recovery of Self Under Colonialism*, p. 57.

미래의 인도를 상상하는 '현재'를 가능하게 만들었다. 그것은 식민지 종주국과의 관계와 카스트 제도 같은 기성의 관계성이나 식민지화된 역사의식 그 자체를 묻는 작업이 될 수도 있었다.

여기에서 낸디가 말하는 '미래를 지향하는 기억'이란, 1980년대의 독일 역사가 논쟁에 적극적으로 참여한 위르겐 하버마스의 벤야민 해석을 계승한 것이다. 하버마스는 과거를 더욱더 밀접하게 그리고 비판적으로 관여시키는 역사의 시간성을 벤야민에게서 발견하고, 현재의 유토피아적 프로젝트와 사회 변혁을 위한 대결에서 현재가 과거에 대해 안고 있는 '미래 지향의 책임'의 중요성을 설명했다.[14] 상기된 기억에 '미래 지향성'이 부여됨으로써, 과거를 아는 것이 현상을 긍정하는 것이 아니라, 현재를 적극적으로 변혁해 가는 비판적인 역사적 상상력을 기르는 것이 된다. 현재가 미지의 새로운 미래를 잉태한, 끊임없는 변혁의 시점이라는 관념은 근대에 들어와 현저해진 것이었다. 근대의 산물인 '보편적인 역사'를 비판하는 역사 이해의 방식이, 역설적으로 근대의 시간 감각을 한층 근본적인 것으로 만들었다. 이와 같은 시간성에 따라서 묘사된 역사는 미래를 '지금'의 자연적인 연속선상에 상정하는 것 또한 거부한다.

월경하는 기억

이 글의 머리말에서 이야기한 바와 같이, 전후 일본에서 '망각의 정체(政體)'에 대한 도전은 사회적인 불의와 반민주적인 정치에 대한 비판을 의미했다. 예를 들면 야스쿠니 신사에 대한 공식 참배는 과거의 잔학한

---

14) 위르겐 하버마스, 三島憲一 외 역, 『近代の哲學的ディスクルス I』(근대의 철학적 담화)(岩波書店, 1990), 23쪽.

전쟁 행위를 일본 국민이 그다지 반성하지 않는다는 것을 나타내는 것으로서 비판받는 동시에, 정교 분리 원칙의 침범이라는 자유주의적 시민 사회에 대한 도전이라고 인식되기도 했다. 국가의 과거를 망각하는 것은 곧 전후 민주주의 위기이기도 하다고 간주되었다. 반망각이라는 시도에 직접 참여해 온 사람들은 자신들의 활동에 대해 사상과 언론의 자유를 지키고 반차별을 호소하는, 근대 시민 사회의 민주적 원리를 확대하려는 것이라고 의미를 부여해 왔다.

그러나 전후 일본 사회에서 반망각의 움직임은 특정 내셔널리즘을 비판하는 동시에 내셔널한 언설을 재생산해 왔다는 사실 또한 부정할 수 없다. 그것은 역사 인식에 대한 비판이 오랫동안 헌법이나 국정 교과서와 같은 기성 국가 제도의 틀 안에서만 이루어졌기 때문이다. 이안 부르머는 독일과 일본의 전쟁 기억을 국민이라는 틀에서 각각 비교하면서, 나치·홀로코스트를 둘러싼 독일인의 자책에 대해 언급하고, 그것이 독일인으로서의 국민적 정체성을 재긍정하는 '신경증적인 나르시시즘'의 표현이 아닐까 하는 의문을 표시하였다.[15] 독일과 일본 양국에 대한 브루머의 현상 인식과 그의 야유적인 태도를 어떻게 평가해야 하는가는 다른 문제로 치더라도, 국가를 비판하는 것이 국가와의 자기 동일화를 낳는다고 시사한 점에서 이 지적은 흥미롭다. 국가에 의한 사죄와 보상을 요구하는 일본 내의 움직임도 내셔널한 틀과 민주적인 공적 공간을 빈틈없이 합치시키게 함으로써, 일본인이라는 국민적 정체성을 한층 강고하게 만드는 결과를 불러올지도 모른다. 국가 보상과 사죄를 요구하는 것이 결국에는 통

---

15) 이안 부르머, 石井信平 역, 『戰爭の記憶 — 日本人とドイツ人』(전쟁의 기억 — 일본인과 독일인)(TBSブリタニカ 1994), 115쪽.

합된 국민의 역사라는, 공유된 단일의 역사적 시간성 안에서 이야기되어 버리기 때문이다.

　일본인이, 일본인의 과거를 일본의 미래를 위해 상기한다. 그 대상이 가해의 기억일지, 국민적 체험으로서 집단화된 전쟁 피해에 대한 기억일지, 국가의 과거 궤적에 대한 찬사일지에 관계없이, 거기에는 상기의 주체와 대상, 목적 사이에 모순 없이 동일성이 유지되고 있다. 반망각의 담화가 이와 같은 관점에서 생겨났다면, 다른 아시아 여러 나라와 과거 일본 식민지 지배하에 있었던 사람들은 일본인의 사죄―그리고 용서받고 싶다는 욕망―를 투영한 대상으로서, 지금 다시 일본인이라는 주체를 보완하는 종속적인 타자의 위치에 놓이고 만다. 이와 같은 보완적인 타자성과의 관계가 내셔널한 자기를 동요시키지 않고, 오히려 자아 도취적인 자기 긍정에 빠져들게 하고 마는 것은, 이미 타카하시 테츠야(高橋哲哉)가 카토 노리히로(加藤典洋)에 대한 반론에서 논한 대로이다.[16] 그런 의미에서 이른바 자유주의 사관의 언설에 향해 있는 새로운 비판은, 국민 국가와의 동일성이라는 점에서, 지금까지의 반망각 담화와는 커다란 차이가 있다고 생각한다. 거기에서는 단순히 가해 역사를 상기하는 일이 강조되는 것이 아니라, 자유주의 사관파가 제기하는 문제의 근저에 있는 일본인에 의한, 일본인을 위한 상기라는 사고 방식이 문제시되고 있다고 말할 수 있을 것이다.

　반망각의 작용으로 재생산된 것은 국민 국가의 범주만이 아니다. 종군위안부 제도를 비판하는 언설은 국가를 초월한(trans-national) '상기의

---

16) 高橋哲哉,「'哀悼'をめぐる會話―『敗戰後論』批判再說」(애도를 둘러싼 회화―『패전후론』 비판재설),『現代思想』 23권 12호(1995), 238~254쪽.

공동체'를 낳은 한편, 자유주의·페미니즘 맥락에서는 특히 '여성'이라는 자연화된 기존의 범주를 재생산해 버리는 다른 위험을 수반해 왔다. 그것은 가부장제의 피해자로서의 여성, 남성의 폭력에 의한 희생자로서의 여성과 같은 보편적인 '여성'의 역사를 만들고 말 가능성을 늘 안고 있다. 그러나 이와 동시에 종군 위안부 제도를 둘러싸고 국가에 의한 보상과 사죄를 요구하는 담화는, 오히려 여성이라는 범주를 만들어 낸 갖가지 차이와 힘의 관계를 의식화시킨 계기가 되기도 하였다. 그것은 국민 국가의 공적 영역에 한정되지 않은 근본적인 문화 비판을 촉구하는 것이기도 했다. 일본 정부에게 사죄와 보상을 요구하는 일에 의해, 한편으로는 국민이라는 범주를 기억과 책임을 떠맡는 주체로서 확인하는 동시에, 그것으로 회수되어 버리지 않는 국가 이외의 여러 가지 제도와 권력을 묻는 다면적·비판적 위치를 만들어 냈다고 해도 좋을 것이다. 그 커다란 이유는, 종군 위안부 제도에 대한 기억이 신식민지주의와 이민 차별, 기지 문제, 일상적인 성 폭력, 경제 격차와 같은 '현재 그 자체에 대한 관심사'와의 절실한 관계 속에서 상기되고 이야기되어 왔다는 것이다.

현재까지 알려지지 않은 과거를 폭로하고 알리는 것은 지금까지 극히 자연스럽게 생각되어 온 자명성의 세계를 멀리하고 인식의 질서를 어지럽히는 탈신비화의 작용이 낳을 수도 있다. 실제로 일어난 일을 발굴해 가는 작업은, 문화 비판의 중요한 방법임에는 틀림없다. 그러나 동시에 주변화된 기억에 소리를 질러 지금까지 보지 못했던 역사적 체험을 가시화하는 것이 곧 현존하는 언설과 표상을 초월한 것이 될 수는 없다. 과거의 기억을 상기하는 일이 기존의 인식 질서로 되돌아가고 말 위험을 늘 안고 있는 이유는, 그것이 국가나 인종(ethnicity), 성(gender)과 같은 물상화된 문화 범주로 구성된, 우리가 가져다 쓸 수 있는 언어와 표상 수단이 아니고서는 말로 표현될 수 없기 때문이다. 반대로 또 다른 심미화의 위험을 무릅쓰고 구태여 덧붙이자면, 토미야마 타에코(富山妙子) 작품의 효과에서 보이는 것과 같이, 모더니즘 예술과 시적 언어는 기존의 문화 범주 그 자체를 교란하는 것처럼 과거 표상의 훌륭한 수단이 되어 왔다고 할 수 있을지도 모른다.

과거를 회상하고 역사를 알아 가는 작업을 통해, 우리가 과거를 이야기할 때에 사용해 온 언어와 문화의 여러 범주도 동시에 멀어져 간다. 또 그것에 의해 지금까지 극히 당연한 듯이 상상해 온 미래의 이미지도 변해 간다. 이 글에서 논한 변증법적 상기의 방법은 그와 같은 역사적 인식을 만들어 내는 데 빠뜨릴 수 없는 작업이다. 그것은 또한 기억의 재프로그램화에 대항하는 일에서도 한층 풍부한 반망각의 연계를 만들어 나아가게 될 것이다.

맺음말

안드레아스 후이센은, 우리는 지금 "전례가 없을 정도의 메모리 붐"을 목격하고 있다고 세기말 유럽의 문화 풍경을 논하며 비판했다.[17] 확실히 세계 어디를 가든 역사 서술을 소재로 한 테마 공원과 박물관이 주목을 받고, 세계화(글로벌화)되어 가는 후기 자본주의 시대에 접어들어 장소에 얽힌 과거의 기억들이 관광 개발과 도시 계획의 귀중한 자원이 되고 있다. 전위 예술의 세계에서는 역사의 망령이 과거의 폐허가 되어 따라다니는

---

17) Andreas Huyssen, *Twilight Memories: Making Time in a Culture of Amnesia* (New York: Routledge, 1995), p. 5.

한편, 가족의 역사와 개인의 과거에 담긴 정신적 충격(trauma)은 뛰어난 문학적 주제를 제공해 왔다. 발굴한 과거를 공유하는 것은 또한 집합적 정체성의 중요한 근거가 된다. 문화 다원적인 정치에 있어서 현재 체재에 대한 이의 제기는 과거의 기억을 둘러싼 항쟁이기도 하다.

그러나 왜 '기억'일까? '메모리 붐'의 20세기 말이란 가상적인(virtual) 체험과 환영(simulacra)이 역사에 선행한 사회이기도 하다. 그와 같은 문화 상황 아래서 과거를 둘러싼 언설을 촉구하는 일은 단순한 향수나 진정하고 정통적인 것을 추구하는 욕망의 반동적인 표현에 불과하다고 말할 수도 있다. 과거에 대한 고집은 과열된 시장을 위한 상품에 불과한 것일까? 아카데미즘의 언설이 '기억' 혹은 지나간 사건을 고집하는 것도 근대 또는 포스트 모던의 징후에 다름 아닌 '붐'에 불과한 것일까?

만약 그렇지 않다면, 혹은 그것만은 아니라고 한다면, 우리는 '기억'에 대해 이야기할 때 도대체 무엇을 새로 밝히고 무엇을 이야기할 수 있는가에 대해 성찰하지 않으면 안 된다. 지금까지 몇 번이나 우리가 직면해 온 역사적 인식의 문제를 다시 '기억'의 문제로 옮겨 놓는 일이, 지금까지 문제시되지 않았던 무언가를 찾도록 해 줄 수 있을까? 이 글이 적어도 이러한 의문에 대답하기 위한 논의의 출발점이 되었으면 한다.[18]

---

[18] 이 글은 *Hiroshima Traces: Time, Space, and the Dialectics of Memory* (Berkeley: University of California Press, 1999)에서 발췌한 부분을 수정해서 덧붙인 것이다.

르낭의 망각 또는 '내셔널'과 '히스토리'의 관계

우카이 사토시(鵜飼哲)

기억과 망각의 통사법

 일반적으로 그렇게 믿고 있는 것처럼, 기억과 망각은 단순히 대립하고 서로 부정하는 두 항이 아니다. 망각은 기억의 단순한 부정이 아니고, 기억은 망각의 단순한 부정, 즉 부정의 부정이 아니다. 망각은 기억을 전제로 한다. 그러나 처음의 기억, 기원의 기억은 그 자체가 형태를 이룬 하나의 기억으로 나타나기 때문에, 이미 기억해야만 할 것과 그렇지 않은 것을 선별하고 있다. 따라서 기억해서는 안 될 것은 기원의 기억의 출현 이전에 '망각' 된다. 그때 무엇이 '망각' 되었는가는 그것이 어떠한 기억에도 앞선 '전(前) 기원적인 망각' 인 이상 결코 상기되지 않는다.

 그러나 이 '전-기원적인 망각'에 대해서 그것은 '결코 상기되지 않는다'라고 말할 때, 또 그것에 대해 부정형으로 이야기할 때, 이야기되지 않으면 안 될 때, 우리들은 이미 어떤 특정의 기억 방식을 긍정성으로 전제하고 있는 것은 아닐까? 바꿔 말하면 오늘날 우리들은 별개의, 아마 복수의 기억 방식을 망각함으로써, 기억과 망각을 경험하고 또 이 경험을 이차적으로 표상하고 있는 것은 아닐까? 그렇다면 이와 같은 경험과 표상의 질서에서 벗어난 것으로 기억과 망각이 논해질 때마다, 기억의 망각이라고 불러야만 할 것이 어떠한 형태로든 문제시되어야 하지 않을까? 우리들은 이 때 기억과 망각에 대해 무엇을, 어떻게, 상기하게 될 것인가?

그러나 그전에 잊어서는 안 될 것이 있다. 그것은 망각의 기억과 망각의 망각의 차이이다. 그도 그럴 것이 어느 개인 혹은 사회 역사에 있어서, 과거 특정 사건에 대한 망각이 그 자체가 망각될 경우와 망각이 일어난 것 자체는 기억되고 있는 경우가 있기 때문이다. 전자의 경우에는 과거에 대한 전반적인, 제3자의 눈에는 종종 이상하게 보이는 무관심이 생기고, 후자의 경우에는 어떤 어색함과 불안이 독특한 행동 양태로 그 개인 혹은 사회의 기분을 규정한다. 무엇을 잊었는지 불분명한 채 잊었다는 것만이 기억되고 있기 때문이다. 사회의 경우에서 생각하면, 대다수(majority)의 기억에는 전자의 경향이, 소수(minority)의 기억에는 후자의 경향이 지배적이라고 말할 수 있을지도 모른다. 그러나 또 어느 역사적 국면에서, 하나의 사회 전체가 전자에서 후자의 상황으로 이행하는 경우도 있다. 제2차 세계대전의 기억에 대해, 1980년대 이후 독일뿐만이 아니라 유럽의 모든 나라에서 발생한 사태는 이와 같을 것이다. 그리고 일본 역시 1990년대 초기 이후 분명히 이러한 이행기에 들어섰다. 그에 동반하여 '자유주의 사관' 등 갖가지 징후가 사회 표면에 나타났다.

그러나 망각의 망각에는 또 하나의 다른 의미가 있다. 『반시대적 고찰』의

제2편 「삶에 대한 역사의 이해(利害)에 대해서」에서, 니체는 대강 다음과 같이 기술하고 있다. 동물의 행복은 망각의 능력에 있다. '순간이라는 말뚝'에 동여매어진 동물은 쾌도 불쾌도 곧 잊어버리고, 과거에 구애되는 일도 미래를 고민하는 일도 없다. 그러나 인간은 이 망각의 능력을 상실했다. 다시 말해서 망각을 망각해 버리고 만 것이다. 19세기 유럽, 특히 독일의 역사 숭배는 이 인간이라는 병든 동물이 다다른 말로이다. '망각의 망각'이라는 것은 이 경우 단적으로 말해서, 인간의 정의에 불과하다.

여기에서 니체는 커다란 뒤집기 작업을 감행하고 있다. 이는 그때까지 인간에 있어서 기억이야말로 능력이고, 망각은 이 능력의 결여로 생각되어 왔기 때문이다. 또한 기억은 능동적인 노력이고, 망각은 수동적인 타성으로 보여져 왔기 때문이다. 그러나 니체가 후일 『도덕의 계보』에서 말한 바와 같이, 기억이란 사건의 각인을 받은 그대로 내버려 두는 것이므로 오히려 수동적이다. 이에 반하여 이 각인을 지워 없애고 무구의 상태를 회복하는 망각이야말로 능동적인 삶의 활동인 것이다.

'범례적' 망각

물론 니체는 단순하게 역사와 기억을 부정한 것은 아니다. 그것들이 '삶'을 압박하지 않고 그것에 봉사할 가능성을 찾기 위해 이 뒤집기 작업을 행한 것이다. 그러나 니체가 말한 '삶'이란 무엇일까? 이 '삶'을 사는 것을 『반시대적 고찰』에서는, 개인으로서의 '인간', '민족'(Volk) 및 '문화'(Kultur)라고 한다. 이 '민족'은 고대 그리스를 모범적인 형태로 삼은 것으로, 근대적인 의미의 '국민'(nation)은 아니다. 그러나 특히 20세기에 들어 니체의 논리를 수용한 사람들은, '민족'을 '국민'과 더욱이 '인종'과

혼동함으로써, 그를 파시즘의 선구자로 간주하는, 당치도 않지만 필연적인 오해에 이르렀다.

니체의 동시대인으로, 망각의 사회적 작용을 긍정적으로 이야기한 또한 인물이 있다. 니체보다 20세 위인 프랑스의 역사가·문헌학자 에른스트 르낭(Ernest Renan)이다. 1882년의 강연 「국민이란 무엇인가」에서 그는, 니체보다 좀더 확고히 망각을 '국민'의 본질에 결합시켰다. 그러나 르낭은 「국민이란 무엇인가」의 필자로서, 문화적 귀속에 의거한 '국민'이라는 관념을 개인의 정치적 선택에 기초하는 것으로 전환시킨 인물로서, 파시즘은커녕 유럽 안팎의 자유주의파 정치학자들로부터 높은 평가를 받아왔다. 가령 마루야마 마사오(丸山眞男)는 다음과 같이 기술하고 있다.

"우선 첫째로 지적해야 할 것은, 일본 내셔널리즘의 정신 구조에 있어서 국가는, 자아가 그 안에 매몰되어 있는 것과 같은 제1차적 그룹(국가와 부락)의 직접적인 연장으로서 표상되는 경향이 강하고, 조국애는 특히 환경애로서의 향토애로 발현한다는 점이다. 그것은 원래 모든 내셔널리즘의 기원인 트라이벌리즘의 공통된 요소인데, 근대 내셔널리즘, 특히 '프랑스 혁명의 아이'(G.P. 구찌)로서의 그것은 결코 단순한 환경에 대한 정서적 의존이 아니라, 오히려 다른 면에서 '국민의 존재는 나날의 일반 투표이다'라는 에른스트 르낭의 유명한 말에서 표징되는 바와 같이 고도의 자발성과 주체성을 동반한다. 이것이야말로 내셔널리즘이 인민 주권의 원리와 결부됨에 따라 얻은 가장 귀중한 역사적 수확이었다. (그러므로 일본에서도 메이지 초기 자유 민권 운동을 주도한 내셔널리즘에는 불철저하나마 이러한 측면이 나타나고 있다.)"[1]

---

1) 『現代政治の思想と行動』(현대정치의 사상과 행동)(未來社, 1960) 161~162쪽. 강조는 마루야마.

그러나 「국민이란 무엇인가」를 당시의 문맥에 비추어 읽어 보면, 그것이 극히 양의적인 함의를 가진 언어 행위였다는 것을 알 수 있다. 수 년 전 이 교과서를 번역한 이래[2] 나는 몇 번이나 「국민이란 무엇인가」에 대해

---

2) 『批評空間』 제9호 (福武書店, 1993). 또는 『國民とは何か』(국민이란 무엇인가)(インスクリプト, 1997)에 일부 수정하여 수록함. 이후 『國民とは何か』의 인용은 후자의 것에 따름.

　'국민'은 프랑스어 nation의 번역이다. 이렇게 번역된 말에 많은 문제가 있다는 것을 결코 잊어서는 안 된다. 우선 첫째로, nation에는 국가로서의 '국'(國)을 의미하는 요소가 포함되어 있지 않다. 이 말의 어원은 라틴어 동사 nasci로 '태어난다'라는 의미이다. 현재에 이르기까지 개인의 정치적 귀속 또는 국적을 결정하는 근거가 되는 것은 출생에 관한 두가지 규정, '누구에게서 태어났는가'와 '어디에서 태어났는가'이다. 전자는 혈통주의 또는 속인주의(屬人主義)라 불리는 원리에, 후자는 생지주의 또는 속지주의(屬地主義)라 불리는 원리에 따른다. 이렇게 현재 nation의 원래 의미는 국가의 제도와 연관되어 있다. 그러나 그것은 원래 탄생의 자연성을 핵심으로 한 말이고, 이 자연성을 nation은 그 인공적·제도적 측면을 증명하는 많은 사실에 대항하여 주장한다. 따라서 국가없이도 nation은 있을 수 있고, 국가와 nation은 다른 기원을 갖는다. 이 양자는 정의상 확실히 구별되어야 하는 존재이다. 국민 국가(État-nation)는 역사적으로 보면 국가의 한 변종에 지나지 않는다. 둘째로, 프랑스어 nation은 원래 집합 명사이므로 개인을 지시할 수는 없다. "나는 nation française이다"라고는 말할 수 없다. 프랑스 국적을 갖고 있는 개인을 지시하는 말은 citoyen이고, 이것은 대개 '시민'이라 번역된다. 하지만 '시민'은 이 경우 이미 특정 도시의 거주자는 아니다. 한편 일본어의 '국민'은 집합과 그 구성원을 함께 지시한다. 후쿠자와 유키치(福澤諭吉)가 『학문의 권유』(學問ノススメ)에서 "무릇 국민이라는 것은 한 사람의 몸에 두 개의 임무가 있다"라고 썼을 때, 이 '국민'은 물론 개인을 말한다. '국민'이 개인을 지시할 수 있게 됨으로써 비로소 그 부정태로서 '비국민'(非國民)이라는 말이 만들어진다. '비국민'이란 물론 외국인을 말하는 것은 아니다. 이러한 용법은 nation이나 그 파생어로부터는 만들 수 없다. 이렇게 nation에 그 불가결한 구성 요소로서 자연성과 집합성이 내포되어 있다고 한다면, 일본어 번역어로는 '국민' 보다 '민족'이라고 하는 쪽이 더 알맞다고 생각한다. 사실 nationalisme의 번역어는 '국민주의' 보다 '민족주의' 쪽이 역사적으로 많이 사용되어 왔다. 그런데 르낭의 「국민이란 무엇인가」가 노리는 것은 nation의 정의로부터 가능한 한 자연적 요소를 제거하려는 것이었다. 그것은 프랑스어의 역사적 용법에 있어서, 훨씬 더 자연적이라고 보이는 민족적 귀속을 나타내는 말은 오히려 peuple인데 nation에는 언어 등의 문화의 공유를 강조하는 경향이 있다는 것에 대응한다. 즉 이 논문에서 nation을 '민족'이라 번역하는 것은 peuple, ethnie, race와 같은, nation과는 구별되어야 하는 다른 범주와의 관련 때문에 많은 곤란을 초래한다. 이러한 소극적인 이유에서 나는 이 경우 nation을 '국민'이라 번역할 수밖에 없다고 판단한 것이다. 여기에는 역자로서 감수하지 않으면 안 되는 일정한 위험이 있다. 어쨌든 여기에서의 번역의 문제는 다른 경우 이상으로 문제의 핵심과 관련된 것이고, 많은 정치적 귀결을 낳는다.

언급해 왔다. 이 일련의 작업을 계속하게 된 동기는, 1980년대 재일조선인을 중심으로 한 지문 날인 반대 운동과 그 후의 공생론의 등장, 그리고 뉴 커머(new-comer) 외국인 노동자의 증가와 함께, 일본에서도 바야흐로 '선진국' 형의 '국민' 론이 도입되는 시점에 이른 것은 아닐까 하는 예측이 있었다. 그리고 프랑스에서도 자주 그랬듯이, 강연의 일부 내용이 일본에 거주하는 외국인에 대해 배외적인 또는 동화적인 압력을 강화하는 일, 요컨대 망각을 강제하는 일에 원용되지 않도록, 그 문제점을 명시하면서 좀더 앞서 소개할 필요가 있다는 판단 때문이었다.

그러나 이 텍스트를 이용해서 강의할 때마다 이 나라에서 이와 같은 의도를 전하기 위해서는 거의 축어적인 해설이 필요하다는 것을 통감했다. 그리고 지금까지 일본에서는 경시되어 왔지만 그와 같은 주석의 시도는 이 작은 텍스트로부터 아주 사실적인 몇 가지 질의를 시도하는 작업이 될 것이라고 생각했다. 언뜻 보기에는 정통적인 명제가 얼마나 도착적인 이론적 전제 위에서 성립할 수 있는 것인가를 이 정도로 확실히 보여 준 예는 드물다.[3] 그리고 이 명제가 현실에 적용될 경우 드러나는 것은 종종 숨겨진 이론적 전제이다. 이런 의미에서도 르낭의 논의를 가능한 한 상세히

---

[3] 르낭 사상의 차별주의적 측면을 상세하게 분석한 사람은 쯔베탕 토도로프이다. 토도로프는 근대 서양에 나타나 많은 편견의 근원이 된 과학주의적인 '인종' 이론을, 다른 집단에 대한 초역사적인 증오나 적대 행동으로서의 racisme과 구별하여 racialisme로 칭하였으며, 고르비노, 구스타브 르 봉과 함께 르낭을 이 이론의 대표적인 제창자라고 하였다. 르낭에 있어서는 아프리카의 흑인, 오스트레일리아의 원주민, 미국의 인디언은 '개선 불가능한 인종'(『學問の未來』(학문의 미래)), 중국인, 일본인, 타르타르인, 몽고인은 문명화가 가능하지만 일정한 한계가 있는 '중간 인종'(『イスラヱルの民の歷史』(이스라엘 민중의 역사)), 아리아인과 샘인만이 '우등 인종'이다.(『セム語の一般史と比較體系』(샘어의 일반사와 비교체계)) 이것으로부터 알 수 있는 바와 같이 르낭에게 아리아인과 샘인 사이의 차별화는 아주 심각하고 사실 20세기의 반유태주의 원천의 하나가 되었다. 그러나 르낭의 인종 사상 전체로 보면 이는 '우등 인종' 내부의 차별화이다.(『われわれと他者―人

해독하는 작업은 앞으로의 시대를 살아가는 사람들에게 요구되는 비판 정신을 함양하기 위한 연습의 하나로서도 무의미하지 않다고 생각된다.

그와 같은 주석을 전체에 걸쳐 논하기에는 지면이 부족하다. 여기에서는 우리들 독해의 실마리를 '망각'이라는 모티브에 한정하자. '르낭의 망각'이라는 표제에는 사실 삼중의 과제가 포함되어 있다. 첫 번째 과제는 「국민이란 무엇인가」에서 르낭이 주제로 삼아 논하고 있는 망각의 구조를 이 텍스트에 의거해 해명하는 것, 두 번째 과제는 이 텍스트 안에서 르낭 자신이 빠져 있는 망각의 증후를 분석하는 것, 세 번째 과제는 문헌학자이자 이 텍스트의 저자인 르낭 자신이 20세기 후반 당시 프랑스에서 망각되었다가 1980년대 중반에 다시 상기되었던 사정을 검토하는 것이다. 어느 내셔널한 공간에서 실제로 작용하는 '망각'에 대한 이해는 이 삼중의 과제를 교차시키는 과정에 의해서만 가능하다고 생각하기 때문이다.

「국민이란 무엇인가」는 서론과 이에 이어지는 세 장 등, 전부 네 부분으로 구성되어 있다. 세 장은 각각 '국민' 생성에 이르는 역사 과정의 서술(제1장), 잘못된 '국민' 원리의 비판(제2장), 올바른 '국민' 원리의 제시(제3장)라는 형태로 정리할 수 있다. 서론에서 르낭은 역사상의 다양한 사회 형태를 열거하고 그들간의 혼동의 위험에 대해서 경종을 울린다. 그러나 사회 형태를 잘못 이해하는 것이 왜 위험한 것일까? 이는 르낭의 관심이 주권을 부여받을 만한 것은 어떠한 사회 형태일까라는 물음에 집약되어 있기 때문이다.

類の多樣性に關するフランス的考察』(우리와 타자—인류의 다양성에 관한 프랑스적 고찰), Tzvetan Todorov, *Nous et les autres-La réflexion française sur la diversité humaine*, Seuil, 1989, pp. 129~136).

"프랑스 혁명의 시대에 사람들은 스파르타와 로마 같은 독립된 소도시의 여러 제도가 인구 3,000만에서 4,000만에 달하는 근대의 대민족에게도 적용될 수 있다고 믿었습니다. 더욱이 오늘날 사람들은 중대한 오류를 범하고 있습니다. 종족(race)을 국민과 혼동하여, 민족지학적(民族誌學的, ethnographique)이라기보다 언어학적인 인간 집단에 실제로 존재하고 있는 민족(peuple)에 대해서와 같은 주권(souveraineté)을 부여하고 있는 것입니다."[4]

이 '오류'를 범한 사람들은 독일인이다. 1870년의 보불 전쟁에서 독일에 패배한 프랑스는 동부의 알사스와 로렌을 빼앗겼다. 「국민이란 무엇인가」라는 강연을 한 목적 중의 하나는 이 두 개 주의 반환을 독일에 요구할 수 있는 정당한 근거를 제시하려는 것이었다. 독일측의 근거는 주로 세 가지이다. 첫째로 라인강을 자연적 경계로 하면 라인 동쪽에 있는 이 두 개 주는 독일에 속한다. 둘째로 이 두 개 주 주민의 모어(母語)는 게르만어 계열이고, 프랑스어보다도 훨씬 독일어에 가깝다. 그리고 셋째로 독일에 있어서 이 두 개 주는 군사적으로 중요하다. 이들 세 가지 근거에 의해 알사스와 로렌(독일어로는 엘자스와 로트링겐)에 대한 주권 행사를 정당화한 독일에 대해서, 프랑스는 무엇을 대치할 수 있을 것인가? 르낭은 스스로에게 이 같은 물음을 부과하였다. 그러나 여기에서는 서론의 마지막 부분인 다음 문장에 주목하자.

"우리가 하려고 하는 것은 미묘한 작업입니다. 그것은 거의 생체 해부에 가까

---

[4] 『國民とは何か』, 42쪽.

운 것입니다. 우리는 생체를 인간이 보통 사체를 다룰 때와 같이 취급합시다."5)

르낭이 자신의 일을 해부학과 비교한 것은 이것이 처음은 아니다. 그가 과학으로서의 문헌학을, 해부학을 범형으로 삼아 표상하고 있었다는 사실을 강조한 이는 에드워드 사이드이다. 『오리엔탈리즘』(1978년)에서 사이드는 다음과 같이 쓰고 있다.

"르낭이 아라비아 어, 헤브라이 어, 혹은 원(原)샘어에 대해 기록한 글의 어느 한 페이지만 읽어 보아도 된다. 그러면 오리엔탈리즘의 문헌학자가 그 권위를 가지고 도서관에서 마음대로 인간의 말의 실례를 소환하고 이를 정렬시켜 부드러운 유럽적 산문으로 감싸, 그 언어와 민족과 문명이 지닌 단점과 장점, 야만성과 결점 등을 기술하는 역학적 사실을 이해할 수 있을 것이다. 이러한 전시(展示)에는 그 성조(聲調)와 시제(時制)가 거의 균일하고 동시적 현재에 맞춰지고 있기 때문에, 우리는 마치 눈앞에서 교육적 실험 수업이 이루어지고 강연=실험용 교단에 학자=과학자가 서서 그 논의의 소재를 창조하고, 한정하고, 판단하는 과정을 직접 체험하는 듯한 인상을 받는다.
　실험 수업이 현실적으로 이루어지고 있다는 감각을 전하고 싶은 마음이 르낭에게도 커질 때가 있다. 그것은 해부학이 안정적·가시적인 기호를 이용해 사물을 그물로 분류하는 것과는 달리 언어학으로는 그것이 불가능하다는 것을 그가 확실히 진술할 때이다."6)

---

5) 『國民とは何か』, 42쪽.
6) 에드워드 사이드, 板垣雄三·杉田英明 감수, 今澤紀子 역, 『オリエンタリズム』(오리엔탈리즘)(平凡社, 1986), 146쪽.

사이드는 이 글에서 「국민이란 무엇인가」에 대해 언급하고 있지 않다. 그러나 서론의 마지막 한 문장은 르낭에게서는 이 강연도 역시 해부학에 비길 만한 '실험 수업'의 시도였다는 것을 나타내고 있다. 사이드는 『샘어의 일반사 및 비교 체계』(セム語の一般史および比較體系) 검토를 통해 이 해부학이라는 패러다임이 르낭의 문헌학에서 '유기적 언어'와 '비유기적 언어'라는 '엄격한 이항 대립'을 가져 온 사정을 밝혔다. 르낭의 오리엔탈리즘의 핵심에는 이 이항 대립에 따라서 인도 유럽어를 '유기적 언어'로 간주하고, 이것과의 비교에서 샘어(아라비아어, 헤브라이어 등)를 '비유기적 언어'로 보는 사고 방식이 들어 있다. 요컨대 인도 유럽어는 살아 있고 '자기 증식 능력'이 있지만, 샘어는 성장이 멈춰 퇴화된 '자기증식 능력'이 없는 언어라는 것이다. 이 도식은 사실 「국민이란 무엇인가」에도 눈에 띄지 않은 형태로 작용하고 있다. 제1장의 역사 서술은 한 세기 이후의 현대 세계를 어떤 방식으로든 조명할 수 있는 시야를 갖추고 있지만, 이와 동시에 르낭적 오리엔탈리즘의 응축된 표현이기도 하다. 아무튼 이 텍스트는 신중히 읽어 보아야 한다.

첫 단락은 유럽에 대한 정의를 논하고 있다. 7세기에 샤를마뉴의 서로마제국이 해체된 이래, 유럽은 본질적으로 여러 '국민'의 힘의 균형 위에서 성립했다. 이 '국민'의 복수성을 해소하려는 시도는 유럽의 본질에 어긋나므로 필연적으로 실패할 운명에 처할 수밖에 없었다고 르낭은 말한다. 여기에서 주의해야 할 것은 「국민이란 무엇인가」는 '국민'론임과 동시에 유럽론이기도 하다는 것이다. 즉 르낭에게는 '국민'과 인류의 사이에, 나중에 칼 슈미트가 '광역'(Raum)이라 부르는 것과 같은 근린 질서의 체계로서의 유럽이 개재하고 있다. 단독의 '국민'이라는 것은 존재하지

않는 것이다.[7]

이와 같이 유럽의 본질에 대한 르낭의 깊은 통찰은 동시에 일반적으로 가장 자민족 중심적인 견해와 표리를 이룬다. 르낭에 의하면 '국민'은 서유럽으로부터만 생겨날 수 있었다. 거기에는 어떤 역사적인 이유가 있었을까?

우선 '국민'이 아닌 사회 형태가 다시 한 번 논의된다. 그러나 이번에는 이들 사회 형태가 '국민'과 전혀 무관하게 보이는 것과 그 선행 형태로 보이는 것으로 구별된다. 이집트, 중국, 고대 카르디아, 로마 영토가 되기 이전의 가리아, 스페인, 이탈리아, 그리고 앗시리아, 페르시아 및 알렉산드리아 제국은 모두 '국민'과는 가까운 관계도 먼 관계도 아니었다. 같은 그룹에 속하면서도 아테네, 스파르타, 시든, 틸스와 같은 "찬탄할 만한 애국심을 갖춘" 도시 국가는 영토가 작아 '국민'과는 구별되지만, 이 강연 전체의 논지에서 보면 명확히 '국민'의 선행 형태로 간주되고 있다.

---

[7] 슈미트의 '광역' 개념은 시기에 따라 다른데, 여기서는 유럽 공법(公法)으로의 복귀를 주장한 전후의 『대지의 법』(大地のノモス 上下, 新田邦夫 역, 福村出版, 1976)를 참조하였다. 슈미트의 이름과 함께 끊임없이 상기되는 것은 이 유럽이 르낭 이후의 시대에 무엇을 경험했는가이다. 현재의 유럽은 르낭의 인식을 한편에서는 증명하고 다른 한편에서는 반박하고 있다. 냉전을 포함한 20세기 세 번의 전쟁은 모두 유럽 내부의 '야심가 국민'에 의한 패권 확립의 시도를 실패로 끝나게 하였다. 스탈린 이후 러시아 볼셰비즘도, 파시즘도 유럽의 '보편적 지배'에 성공하지 못했다. 하지만 그 대가로 얼마나 거대한 파괴를 치렀던가! 그 결과 유럽 밖의 패권 국가(미국)가 출현하여 그 외압을 받아 유럽은 르낭의 예상보다 빨리 ─ 르낭 자신이 「슈트라우스에게 보내는 편지」에서 이미 '유럽 합주국(合州國)'에 관해 말하고 있는데 ─ 통합의 길을 걷게 되었다. 유럽사의 이러한 곡절, 유럽의 어떤 '국민'으로 동일화하여 그 시점에서 보는 것이 아니라 총체로 이해하는 노력으로부터, 마침내 국민 국가 병존의 시대를 맞이하게 된 아시아는 중요한 교훈을 끌어 낼 수 있을 것이다. 이것은 "어떤 곳에서 배우게 된 교훈이 다른 곳이나 시대에서는 잊혀지거나 무시되는 것을 막는다"(에드워드 사이드, 大橋洋一 역, 『知識人とは何か』(지식인이란 무엇인가), 平凡社, 1995, 76쪽)는 것에 불과하고, 유럽을 모범으로 삼는 것과는 전혀 다르다.

이들 지중해 동부 해안 지역의 고대 도시 국가를 선구로 로마제국에서부터 '국민'의 생성이 진행되기 시작했다. 결정적인 사건은 5세기부터 10세기에 걸친 게르만인의 침공이다. 이것은 세계 역사상 헤아릴 수 없이 많은 다른 정복 활동과는 전혀 다른 결과를 서유럽에 가져 왔다. 그것은 정복자와 피정복자의 융합이다. 이 융합으로부터 '국민'이 만들어졌다.

"실제 이 여러 국가를 특징 짓는 것은 무엇일까? 그것은 이들 국가를 구성하고 있는 주민간의 융합입니다. 우리가 열거한 나라들은 터키인, 슬라브인, 그리스인, 아르메니아인, 아랍인, 시리아인, 쿠르트인이 오늘날에도 정복한 날과 마찬가지로 각각 다른 존재인 채이고, 터키에서 보이는 바와 같은 사태는 전혀 볼 수 없습니다. 이와 같은 결과를 초래한 데는 두 가지 중요한 사정이 있었습니다. 첫째는 게르만 여러 종족이 계속적으로 그리스인, 라틴인과 접촉하게 되면서 점차로 크리스트교를 채용한 것입니다. 승자와 패자가 같은 종교를 신봉할 때라기보다 승자가 패자의 종교를 채용할 때, 사람들이 종교에 따라 절대적으로 구별되는 터키의 시스템은 더 이상 생겨날 수 없습니다. 두 번째 사정은 정복자측에 생긴 것으로 그들 자신의 언어에 대한 망각입니다. 그로비스, 아라릭, 곤드보, 알보인, 로롱등의 자손은 손자 세대에는 이미 로망어를 말하고 있었습니다."8)

정복자 게르만인측의 종교와 언어의 망각, 르낭에 의하면 이것이야말로 서유럽을 서유럽답게 한 근원적인 사건이었다. 이 망각은 곧바로 르낭이 명제의 형태로 표현한 "국민 창조의 본질적 인자"로서의 망각 일반에

---

8) 『國民とは何か』, 45쪽.

대한, 말하자면 범례의 위치를 차지하고 있었다. 베네딕트 앤더슨은 르낭적 망각을 비유럽 여러 나라의 '국민' 형성을 설명하기 위해 원용했지만, 「국민이란 무엇인가」라는 텍스트의 내적 구조에 입각해서 말하면, 실로 생산적인 망각은 유럽의 기원으로부터 생기고, 유럽의 '국민' 형성은 무의식적으로 그 선례를 모방하는 것을 역사의 '대법칙'으로 삼음으로써 실현되었다는 줄거리이다. 반대로 말하면 기원으로부터 생기는 것과 마찬가지로 망각이 반복되는 것은 유럽 '국민'에게서조차 자동적으로는 보증되어 있지 않다. 거기에서 망각을 둘러싼 르낭의 발언의 언어 행위로서의 양의성, 즉 동시에 사실 확인적이고 행위 수행적이라는 성격이 나타난다.

"다른 지역과 비교 대조해 보면 서유럽 역사의 이 대법칙을 잘 알 수 있을 것입니다. 프랑스 왕이 어느 부분은 압정(駻政)으로, 어느 부분은 정의에 호소하여 그토록 훌륭히 완수한 기획을 많은 국가들은 완수하지 못하고 좌절했습니다. 성 이슈트반왕국(헝가리)에서도 마잘인과 슬라브인은 800년 전과 전혀 변함없는 각각 다른 존재입니다. 그 영지의 다양한 요소를 융합시키지는 않고 합스부르크가는 그들을 별개로, 종종 대립 상태로 유지시켜 왔습니다. 보헤미아에서 체코계와 독일계는 컵 안의 물과 기름처럼 서로 겹쳐져 있을 뿐입니다. 터키에 있어서의 종교와 민족(nationalité)의 분리 정책은 한층 중대한 결과를 낳고 있습니다. 이 정책이 오리엔트가 몰락한 원인이 되었던 것입니다. 사로니케와 스뮐나와 같은 도시를 보면, 거기에는 다섯 개 내지 여섯 개의 공동체가 발견되지만, 그것들은 각각 독자의 기억을 갖고 서로간에는 거의 공유하는 것이 없습니다. 그런데 국민의 본질이란 모두 개인이 많은 사건을 공유하고 또 전원이 많은 것을 잊고 있다는 점입니다. 프랑스 시민은 누구 한 사람도 자신이 부르군트인, 아란인, 타이파르인, 뷔시고드인 중 어느 쪽 후예인지 모릅니다. 어떠한 프랑스 시민도 성 바르테미 학살, 13세기의 남부 프랑스에서 일어난 학살을 잊지 않으면 안 됩니다."9)

동유럽, 더욱이 오스만 터키, 즉 오리엔트에서는 서유럽에서 일어난 것처럼 승자측의 종교와 언어의 망각에 의거한 주민간의 융합은 일어나지 않았다. 이 지역의 정체와 퇴화는 거기에 기인한다. 이 주장은 앞서 우리들이 사이드와 함께 본 문헌학자 르낭에 의해 인도 유럽어와 샘어 사이에 상정된 유기성과 비유기성의 이항 대립과 구조적으로 동일하다. 르낭적인 문명사의 관점에서 볼 경우 서유럽 기원의 '국민'만이 '자기 증식 능력'이 있는, '살아 있는' 공동체인 것이다. 다만 그 유기체의 '삶'은 유한하고 그 '건강'에는 주의가 필요하다. 이 문장의 마지막에서 르낭은 청중을 향해 프랑스의 '건강'을 위해, 그 '지적·도덕적 개혁'을 위해 망각을 권장한다기보다는 명령하고 있다. 이처럼 니체의 경우와 같이 르낭에 의해서도 망각은 '삶'과 결부되어 있다. 그러나 르낭의 경우에는 훨씬 더 확고하게 그것이 '국민'의 '삶'과 결부되어 있다는 점에 주의하지 않으면 안 된다.10)

1882년 프랑스에서 '국민이란 무엇인가'를 묻는 일은 사실상 이중적인 의미에서의 '국민적 화해'의 구상과 불가분의 관계에 있었다. 하나는 프랑스 혁명 이후의 왕당파와 공화파의 분쟁에 대해, 왕당파에게도 역사

---

9) 『國民とは何か』, 47~8쪽.
10) 앞의 인용 몇 군데에서 마루야마가 참조하고 있는 유명한 구절도 생기론적 발상과 무관하지 않다. "개개의 존재가 생명의 끝없는 긍정인 것과 마찬가지로, 국민의 존재는 (이러한 은유를 용서하시길) 나날의 인민 투표입니다."(『國民とは何か』, 62쪽. 고딕 강조는 인용자) '나날의 인민 투표'도 '은유'이다. 이 문장은 그 전체가 수사적인 구조를 갖추고 있어 더욱 자세한 독해가 요구된다.

적 정통성을 인정하면서 그들에게 민주공화제가 시대의 필연이라는 것을 설득하여 분쟁의 종지부를 찍은 점, 또 하나는 파리 코뮌에서 드러난 자본주의 사회의 계급적 단절을 인민 주권과 '국민'의 원리를 조화시켜 극복한 점이다. 이를 위해서는 프랑스와 유럽의 과거를 모방해 이 멀지 않은 과거의 '내전'을 '성 바르테미 학살'이나 '13세기 남부 프랑스에서 일어난 학살'과 마찬가지로 망각하지 않으면 안 된다고 르낭은 말하는 것이다.[11]

부르타뉴의 상기와 망각

알사스 로렌의 영유를 정당화하기 위해 독일이 주장한 자연 경계론, 군사적 필요론, 언어 경계론을 르낭은 충분히 설득력 있는 논거를 제시하여 반박하였다. 자연 경계론에 대해 말하자면, 산과 강이 역사상 중요한 역할을 수행했다는 것은 부정할 수 없지만, 그렇다면 세느강과 르와르강이 라인강과 같은 역사적 성격을 갖지 못했던 이유를 어떻게 설명할 것인가? 군사적 필요론에 대해서도 각자가 그 군사적 편의를 무제한으로 주장하면 끝없는 전쟁밖에는 출구가 없다.

그렇다면 언어 경계론은 어떤가? 동일 언어를 모국어로 하는 사람들은 반드시 동일한 '국민'을 형성해야 한다는 주장에는 근거가 있을까? 미국과 영국은 같은 언어를 사용하고 있지만 같은 '국민'을 형성하고 있지는

---

11) '국민' 형성이 이루어진 후 사후적인 관점에서 구성된 '내전' 표상의 문제에 대해서는, 베네딕트 앤더슨, 白石さや·白石隆 역, 『增補 想像の共同體—ナショナリズムの起原と流行』(증보 상상의 공동체—내셔널리즘의 기원과 유행) (NTT出版, 1997)의 제11장 「忘却と想起」(망각과 상기)를 참조.

않다. 반대로 스위스에는 레토 로망어를 포함하면 네 가지 언어를 말하는 사람들이 공존하고 있다. 언어는 사람들을 '집합하도록' 하는 것이긴 해도 '강제' 하지는 못한다.

르낭이 믿을 수 없는 발언을 한 것은 이 지극히 정당한 논의를 전개한 직후이다.

"프랑스에 있어서 명예로운 것은 절대로 강제적인 조치에 의해 언어의 통일을 추구하지 않았다는 것입니다."12)

이것은 이중적인 의미에서 놀랄 만한 문장이다. 르낭 정도의 대역사가가, 1539년 비레르 코트레 왕령에 의해 공문서를 프랑스 어화한 일로부터, 혁명 권력에 의해 모든 지방에 프랑스 어를 강요한 사건에 이르는 지극히 폭력적인 사적 과정을 모를 리 없다.13) 게다가 트레기에 출신인 르낭의 모어는 브레튼 어였고, 부르타뉴(Bretagne)가 프랑스에서 프랑스 어화에 가장 심하게 저항한 지역 중의 하나였다는 사실을 당연히 알고 있었을 것이다.14)

이 실수는 단순한 망각 때문일까? 자신의 모어를 상실한 것의 망각, 망

---

12) 『國民とは何か』, 56쪽.
13) 마르셀 코엔, 『ある言語の歷史, フランス語』(어느 언어의 역사, 프랑스어) (Marcel Cohen, Historie d'une langue. Le francais, 1947, Editions Sociales) 및 미셸 드 세르토, 도미니크 줄리아, 자크 레벨, 『ある言語政策―フランス革命と方言』(어느 언어정책―프랑스혁명과 방언) (Michel de Certeau, Dominiques Julia, Jacques Revel, Une politique de la langue-La Révolution française et les patois, Gallimard, 1975) 참조
14) 브레튼 어 옹호 운동에 대해서는, 原聖, 『周緣的文化の變貌―ブルトン語の存續とフランス近代』(주변적 문화의 변모―부레튼어의 존속과 프랑스 근대)(三元社, 1990) 참조

각의 망각일까? 그렇지 않다면 확신범적인 역사의 위조일까? 같은 강연 중에서 르낭은 로마 시대에 부르타뉴가 완전히 프랑스화되지 않았다는 점을 명기하고 있다.[15] 아무튼 이 점에 주목할 때 「국민이란 무엇인가」에서 망각에 관하여 말해진 모든 것이 갑자기 자전적 '색채'를 띠게 된다.

르낭에게는 『유년시대 청년시대의 추억』(1874년)이라는 아름다운 자서전이 있다. 그 전반에서는 부르타뉴의 자연, 문화, 역사가 지극히 매력적으로 그려져 있다. 그러나 같은 책에 들어 있는 「아크로폴리스 언덕에서의 기도」에 따르면, 그가 과거를 되돌아보게 되었던 것은 아크로폴리스 신전을 방문하여 이성과 미가 동일물일 수 있다는 것을 알았을 때부터라고 한다.

"내가 추억을 가지기 시작한 것은 훨씬 나중이었다. 청년 시대 몇 년 동안은 내 자신을 위해서, 관조자라는 돼먹지 않은 태도가 아니라 생활을 위해 싸우는 자의 열의를 가지고, 철학과 종교의 가장 고차원적인 문제를 나에게 강제했던 가차없는 의무가, 뒤를 되돌아볼 기껏 15분의 시간도 나에게는 허락되지 않았다…… 정말로 기묘한 일이었다! 내가 처음으로 왔던 길을 되돌아가고 싶은 격한 감정을 느낀 것은 1865년 아테네에서였다. 그것은 아주 먼 곳에서 불어오는 상쾌한 바람, 몸에 사무쳐 들어오는 바람과도 비슷한 느낌이었다."[16]

'그리스의 기적' 앞에서 르낭은 지금까지 눈으로 본 모든 것, 근대 도시 파리도, 중세의 고딕 교회도 모두 똑같은 야만으로 생각했다. 그때 처음

---

15) 『國民とは何か』, 46쪽.
16) 에른스트 르낭, 杉捷夫 역, 『幼年時代青年時代の思い出』 (유년시대 청년시대의 추억)(創元社, 1940), 73~74쪽.

으로 프랑스가 아닌 부르타뉴가 로망주의적인 시적 추상의 대상으로 떠오른 것이다. 그것은 지극히 복잡한 마음의 작용으로 나온 것이었다.

"(아크로폴리스의) 이 신전, 이 강직함은 훨씬 순수하지 못한 이상에 정신을 잃고 있었다는 사실을 일깨워 나의 얼굴을 붉게 물들였다. 이 신성한 언덕 위에서 보낸 몇 시간은 기도의 시간이었다. 나의 전생애가 전반적인 고해와 같은 형태로 내 눈앞에 펼쳐졌다. 하지만 아주 신기했던 점은 자신의 죄를 고해하면서도 어느새인가 그 죄를 사랑하게 되었다는 것이다.……" 17)

이 기도에서도 어떤 상기를 통해, 결국 사랑으로 바뀐 수치스러운 감정과 함께 르낭은 켈트인으로서의 의식을 다시 획득한 것이다. 그러나 그는 그것을 프랑스라는 '국민'이 형성되는 과정에서, 아니 오히려 그 자신이 프랑스인이 되는 과정에서 망각한—망각된—프리(pre) 내셔널(national)한 것으로 상기된 것은 아닌가? 그때 아마 그는 '국민' 형성에 있어서 본질적인 망각의 역할 또한 이해했다. 아무튼 그가 망각을 단순히 역사가로서가 아니라 자기의 경험에 의거하여 고찰한 것은 틀림없다. 이 때 「국민이란 무엇인가」는 주변 민족 출신의 '동화'(同化) 지식인으로 하여금 처음으로 쓸 수 있게 한 텍스트라는 점이 명확해진다.18)

---

17) 에른스트 르낭, 『幼年時代靑年時代の思い出』, 77~78쪽.
18) 르낭의 그리스관에 주목하여 「아크로폴리스 언덕 위의 기도」를 분석한 것으로, 피에르 비달-나케 「ルナンとギリシャの奇蹟」(르낭과 그리스의 기적)(Pierre Vidal-Naquet, "Renan et le miracle grec" in *La démocratie grecque vue d'ailleurs*, pp. 245~265)가 있다. 또 질 들뢰즈·펠릭스 가타리의 『철학이란 무엇인가』(哲學とは何か)도 저자들이 '철학지리학'이라 부르는

르낭의 망각과 상기

그러나 역사적 폭력 안에서 강제된 망각이, 『반시대적 고찰』에서 니체나 「국민이란 무엇인가」에서 르낭이 말한 것처럼, 항상 '삶'에 봉사하는 것일까? 그렇다면 망각을 지나치게 목적론적으로 이해한 것이 될 것이다. 특히 르낭의 경우, 망각의 작용은 자칫하면 헤겔의 역사 철학에서의 부정성의 작용과 비슷해져 버린다. 르낭이 "만인에게 잊어버릴 수 있는 것은 좋은 일입니다"라고 썼을 때, 거기에는 일반론으로서는 올바른 인식과 그 자신의 동화의 경험에 대한 합리화가 구별하기 어렵게 서로 얽혀 있다고 생각된다.

"망각, 역사적 오류라고 해도 좋을 것입니다. 그것이야말로 하나의 국민 창조의 본질적 인자입니다. 그래서 역사학의 진보는 때때로 국민성에 있어서 위험합니다. 역사적 탐구는 모든 정치 구성체, 가장 유익한 결과를 가져 온 정치 구성체의 기원에서조차 발생한 폭력적인 사건을 다시 공개해 버리기 때문입니다."[19]

오늘 이 문장을 읽고 놀란 것은 르낭에 있어서 역사학이, 여전히 '국민'에 있어서 위험한 학문으로 간주되고 있는 점이다. 마치 내셔널 히스토리라는 표현 자체가 형용 모순인 것처럼. 바꿔 말하면 역사로서의 '히

것과 관련해서 휄더린과 비교하면서 주에서 이 텍스트를 언급하고 있다.(財津理 역, 河出書房新社, 1997, 147쪽) 또 이 장 전체는 『國民とは何か』의 졸역에 대한 타나카 카츠히코(田中克彦) 선생의 논평으로부터 많은 도움을 얻었다. 이 자리를 빌어 감사 드린다.
19) 『國民とは何か』, 47쪽.

스토리'와 '네이션'의 이야기로서의 '히스토리'의 격차에서야말로, 르낭적 망각이 작용한다.

그러나 르낭적 망각이 그 범례적 사례에 있어, 정복자가 자기의 종교와 언어를 포기함으로, 즉 망각이 승자와 패자의 융합의 소산으로서 이야기된다면, 반대로 승자가 패자에게 그 종교와 언어를 혹은 문화 일반을 강제한 다른 모든 사례에서 망각은 항상 상대적인 것에 머물 수밖에 없을 것이다. 그리고 이와 같은 망각은 프랑스에서도 일본에서도 오늘날 전에 없이 기능이 떨어지고 있다. 그러할 때 프랑스에서 르낭에 대한 관심이 커지고, 「국민이란 무엇인가」가 특히 상기되었다는 것은 도대체 무엇을 의미하는 것일까?

그 인민 주권 이론('나날의 인민 투표')이건, 망각의 이론이건, 르낭이 한 세기 전에 써서 제3공화제 시기 프랑스에서 훌륭히 상연된 시나리오가, 프랑스 또는 다른 나라에서 앞으로 똑같이 재연될 수 있다고는 생각할 수 없다. 생각해 보면 「국민이란 무엇인가」는 기묘한 작품이다. 망각을 명명한 이 텍스트가 '국민'적 기억의 일부인 한, 그 '국민' 공간이 항상 몇 가지 망각으로 구성되어 있다는 것을 독자는 반드시 상기해야만 한다. 그와 같은 망각을 망각하는 기제가 작용했기 때문일까? 르낭과 「국민이란 무엇인가」는 수십 년 동안 프랑스 본국에서 일반인에게는 거의 잊혀져 있었다.

이에 반하여 오늘날 르낭을 상기하는 것은 적어도 다음과 같은 내용을 의미할 수 있다. 즉 '국민'의 공간이 본질적으로 수없는 망각으로 구성되어 있다는 것을 절대 잊어서는 안 된다는 점, 이들 망각과의 다른 관계를, 아마 '국민'적이지 않은 다른 사회적 기억을 발명해야만 한다는 점 등이다. '국민'적 기억과 마찬가지로, 혹은 그 이상으로, 그것과는 다른 생생한 기억을 지금 '국민'이라 부를 수 없는 '우리들'의 '삶'이 요구하기 시작한 것은 아닐까?

이 '우리'의 '삶'도 살아가기 위해서 호흡이 필요하듯이 기억과 망각을 필요로 한다. 전통적인 기억의 특권화를 비판하고, '삶'에 불가결한 기제로서 망각의 창조적·능동적 성격을 발견한 점은 니체와 르낭의 커다란 공적이었다. 그러나 이 점을 말하기 위해서, 르낭은 니체의 『반시대적 고찰』에 대해서조차 여전히 어떤 목적론을 가지고 볼 필요가 있었다. 그리고 특히 르낭의 경우 이 목적론의 목적=종언은, 예를 들어 그것이 잠정적인 것이라고는 해도(왜냐하면 유럽과 인류를, 장래의 과제로서 르낭은 항상 의식하고 있었기 때문이다), '국민'이었다.

이 목적론 외부에서 망각을, 따라서 기억을, 따라서 '삶'을 생각하는 것이 가능할까? 아무튼 나중에 니체가 시도한 것은 이것말고는 없었다. '우리'에게도 또 그것만이 요구되고 있는 것이다. '국민'이 깊이 자기를 망각하고 '외국인'의 기억을 받아들이는 날을 꿈꾸어 본다면— '우리'는, 그때, 무엇을, 어떻게 생각하게 될 것인가?

전쟁의 기억과 역사 연구
1945년도 베트남의 기근 조사

후루타 모토오(古田元夫)

나는 최근 10년 동안, 1945년 베트남 북부에서 발생한 기근의 실태를 조사하기 위해 베트남 역사가들과 함께 일을 해 왔다. 이 1945년도 베트남의 기근은 일본군이 베트남에 주둔했던 시기에 발생한 비극이었고, 같은해 9월 2일 호치민이 읽은 '베트남민주공화국의 독립선언' 중에도 "우리 인민은 프랑스와 일본의 이중적인 멍에 아래에 놓여 있었다. 이 때부터 우리 인민은 점점 더 고통받고 가난해졌다. 그 결과 작년 말부터 올해 초에 걸쳐 쿠앙티에서 북부에 이르기까지 200만 명 이상의 동포가 아사했다"는 형태로 언급된 사건이었다.

그러나 이 베트남 기근은 일본에서는 거의 알려져 있지 않다. 그 이유는 여러 가지가 있지만, 첫째로 이 기근에 대한 명백한 기록이 거의 남아 있지 않다는 문제가 있다. 기근이 발생한 1945년은 베트남 현대사의 큰 전환점이었다. 1945년 초까지 베트남은 캄보디아, 라오스와 함께 프랑스의 식민지였다. 태평양전쟁이 시작되기 이전인 1940년 9월부터 군대를 주둔시켰던 일본도 프랑스의 주권을 인정했다. 그러나 연합군의 인도차이나 상륙을 예측한 일본은 프랑스 식민지 정권의 타도를 결의하여, 3월 9일에는 불인처리(佛印處理)라고 불리는 쿠데타를 일으켰다. 일본은 사실상 인도차이나의 지배자가 되었지만, 다른 동남아시아 제국에서 실시했던 것과 같은 군정은 시행하지 않고 베트남을 포함한 인도차이나 3개국을 '독립'시켰다. 베트남에서는 원조(阮朝)의 바오다이가 '독립'을 선언하고 창청김이라는 인물을 수반으로 한 내각이 발족되었다. 그러나 8월 15일 일본이 항복하자 일본이 부여한 '독립'의 틀은 무너지고, 호치민이 이끄는 베트민의 8월 혁명에 의해 바오다이는 퇴위하고 창청김 내각도 붕괴되어 베트남민주공화국이 수립되었다.

이와 같은 정치 변동 때문에 1945년 기근을 체계적으로 기록할 수 있는 정권은 존재하지 않았다. 더구나 이후 30년간 전쟁이 계속되는 불행이 겹쳤다. 당시 쿠앙티 이북의 인구는 약 1,300만 정도였다고 생각되기 때문에 '독립선언'이 밝히고 있는 200만이라는 수치가 사실이라면, 인구의 15%를 넘는 사람이 희생되었다는 것을 의미한다. 이 기록의 결여로 그러지 않아도 스스로의 전쟁 책임에 눈을 감는 경향이 강했던 일본은 그와 같은 아사율은 20세기의 사건으로서는 "믿어지지 않는다"는 통속적인 의문을 돌파하지 못한 채 시간을 경과하고 말았다.

우리가 실시한 조사는 쿠앙티 이북 지역으로부터 23곳의 마을을 택하여, 각 마을의 1945년 당시의 총인구 및 각 세대의 구성을 산출하고, 기근으로 사망한 사람들의 수를 세대별로 확인한다는 식으로 이루어졌다. 조사한 마을에 이들 수치에 관한 문헌 자료가 남아 있는 경우는 극히 희박했고, 대부분의 마을에서는 마을 노인들의 기억이 주된 자료가 되었다. 이 조사는 사건 발생 후 이미 반 세기가 지났다는 제약하에서 기근의 실태를 가능한 한 정확히 복원하는 것을 목적으로 삼았다. 베트남어판 조사 보고서는 1995년 8월에 베트남 국립역사연구소에서 간행되었다.

일본인 연구자로서

1945년의 기근은 이후 베트남 현대사의 전개에 큰 충격을 준 사건이었다. 적어도 베트민이 급속히 세력을 확대하고 8월 혁명, 베트남민주공화국의 독립선언에 이르는 역사의 전개 과정은 이 기근을 제외하고서는 이해할 수 없다. 따라서 1945년 기근의 실태 해명이라는 과제는 베트남 현대사 연구자라면 국적을 불문하고 관심을 가져야 할 테마이며, 나도 일본인으로서가 아니라 한 사람의 역사 연구자로서 이 조사에 관계했다.

그러나 나는 이 테마의 연구 조사 과정에서 내 자신이 일본인이라는 점에 구애받지 않을 수 없었다. 내가 미국인이나 영국인이라면 이야기는 다르겠지만, 일본의 전쟁 책임이라는 문제가 관련될 수밖에 없는 1945년도의 기근 조사에서 일본인인 내가 '한 역사 연구자'라는 것만을 강조하는 것은 '책임으로부터의 도피'를 의미한다. 내가 베트남에 가서 조사할 때에는 일본 여권을 휴대하고 있었다. 무슨 사고가 일어나면 나는 일본 대사관의 보호·원조를 받을 수 있는 입장에 있었다. 나의 경우는 더욱이 일본의 국립 대학 교수, 다시 말해서 국가 공무원이기 때문에 일본과의 관계는 더욱 강하다. 이를 문제삼지 않는다고 해도 내가 베트남에서 실시한 조사는 내가 일본이라는 국가의 국적을 가졌음으로 해서 누리고 있는 권리에 의해 실현되고 있다는 측면을 부정할 수 없다. 이 일본이라는 국가는 아시아 태평양전쟁에 대한 전쟁 책임이라는 역사를 짊어진 국가이며, 베트남의 1945년 기근은 이 역사의 일부를 구성하는 사건이었다. 그러한 한 나는 일본인이라는 구속성에서 벗어나 연구 조사에 종사할 수는 없다고 생각했다.

또한 내가 만일 '한 역사 연구자'로서 조사에 관계했다고 해도 베트남 사람들 사이에서 그와 같은 존재로 나를 보는 것은 극소수의 연구자뿐이고, 조사 과정에서 만난 대다수 베트남인은 역시 나를 일본인으로 인식하고 있다는 문제도 있다. 특히 이번 조사는 기근을 직접 체험한 마을 노인들의 증언 수집이 주된 작업이었기 때문에, 증언자와 조사자의 관계를 자각하는 것이 필요불가결했다. 내가 입회한 증언은 명확히 농민과 역사 연구자라는 관계와 베트남인과 일본인이라는 관계가 교착되는 범위에서 이루어진 것이었다.

더욱이 내가 이 조사에 의욕을 느낀 것은 이 당시의 기근이 일본에서는 거의 알려져 있지 않은 상황에 변화를 가져다 주고 싶었기 때문이었다. 이번 조사가 실시된 시기는 일본과 베트남의 관계가 장기간의 정체를 뛰어넘어 이제서야 본격으로 발전할 징조를 보이고 있던 시기였다. 1945년 기근은 베트남인 사이에서는 '상식'이지만, 일본인 사이에서는 그러한 사건이 있었는지조차 알려져 있지 않다. 이와 같은 상황을 방치하고서는 일본과 베트남의 건설적인 관계는 구축될 수 없다는 것이 나의 생각이다. 실태 해명을 조사의 중심으로 삼은 이유도 1945년 기근 문제에 대한 일본 내부의 상황 변화를 위해서 먼저 조사가 가장 필요하다는 판단 때문이었다. 따라서 이번 조사는 처음부터 일본을 의식한 것이었다.

이상과 같은 생각으로 나는 베트남의 1945년도 기근 조사에 일본인 연구자로서 참가했다.

수치스러운 것에는 덮개를?

내가 일본인 연구자로서 이 조사에 참가한 일은 반대 방향에서 제기되는 의문에도 맞부딪친다. 일본인인 주제에 일본의 수치를 폭로하는 것은 말도 안 된다, 일본과 베트남 국가 상호간의 관계가 개선되고 있는 이 시기에 장애가 될 만한 조사를 하면 어떻게 되겠는가라는 등 다양한 의견이 내 귀에 들려 왔다.

후자와 같은 의문은 1991년 이후 "과거를 덮어 두고 미래를 지향한다"는 외교 슬로건을 내세운 베트남의 친구로부터도 나왔다. 이에 대한 내 입장은 일본과 베트남의 관계가 개선되고 있는 지금이야말로, 1945년 기근이라는 양국 관계의 어두운 부분을 직시하는 것이 가능하고 또 필요하다는 것이었다. "과거를 덮어 두고 미래를 지향한다"는 베트남의 외교 슬로건은 일본에 대해서는 1945년 기근을 포함한 제2차 세계대전 시기의 역사를 현재의 일본과의 관계 발전의 장애로는 삼지 않는다는 것을 의미한다. 하지만 우리의 조사가 이러한 슬로건을 내건 베트남의 국가적 의사와는 별개로 진행되었다는 점에서 상당히 적극적인 의미를 지니고 있다고 생각한다.

또한 전자의 "일본인인 주제에"라는 견해에도 결코 찬동할 수 없다. 나는 "일본인이기 때문에 오히려" 1945년 기근을 해명하는 데 힘써야 할 의무가 있다고 생각하며, "일본인인 주제에"라는 견해와는 정반대 방향을 추구하고 있다. 그러나 여기에서 또 한 가지 의문이 나올 수 있을 것이다.

그것은 "일본인인 주제에"라는 견해도, "일본인이니까"라는 견해도 일본인에게 구애되는 '일본인의 역사'를 추구한다는 점에서는 같은 차원에 있는 것은 아닐까라는 의문이다.

내가 "일본인이기 때문에 오히려"라고 생각한 것은, 1945년 기근에 대한 일본의 책임이라는 문제로부터 내가 자유롭지 못하다고 생각했기 때문이지, '일본인이라는 존재의 역사'를 추구했기 때문은 아니었다. 일본인은 일본의 전쟁 책임을 직시함으로써 비로소 인간으로서 전쟁과 식민지 지배의 고발이라는 인류 보편의 과제에 참여할 수 있다고 생각하며, 일본과 베트남의 관계도 이와 같은 보편적인 과제 속에서 정립될 수 있도록 발전시키고 싶다는 염원을 갖고 있다. 전쟁 책임을 인정하는 것이 일본의 베트남 외교와 투자가 원활히 진행될 것이라는 입장에서 1945년 기근 조사에 참가한 것은 아니다.

베트남의 마을에서 노인들의 이야기를 들어 보면, 베트남의 비참한 역사는 1945년 기근에 그치지 않는다. 제2차 세계대전 종결 후, 일본군의 무장 해제를 위해 들어온 중국 국민당 군대는 규율이 엉망이어서 주민에게 아주 위험한 존재였다. 항불 전쟁(제1차 인도차이나전쟁)에서는 베트남 북부에서도 많은 마을이 지상전의 전쟁터로 변했다. 뒤이은 항미 전쟁(베트남전쟁)에서도 북부는 지상전의 무대가 되는 것은 피했지만, 마을로부터 출병한 많은 젊은이는 남쪽의 전쟁터에서 희생되었다. 그래서 "각별히 일본에게만 원한이 있는 것은 아니다"라는 발언이 노인의 입에서 나오기도 했다.

그러나 여기에서 나로서는 1945년 기근을 20세기를 살아온 베트남 사람들에게 닥쳐 온 여러 비극의 한 단면으로 볼 수 없다. 1945년 기근에 대한 일본의 책임을 직시하지 않는 한, 일본인이 베트남 사람들과 함께 프랑스와 미국의 책임을 추궁할 자격은 없을 것이다. 내가 말하고 싶은 것은 만일 일본인이 프랑스와 미국의 책임이라는 문제도 추궁하고 싶다면, 베트남 북부의 많은 마을에서 1945년 기근으로 죽은 사람의 수가 이후 30년간의 전쟁에서 희생된 사람 수보다 많다는 것을 먼저 분명히 알아 둘 필요가 있다는 것이다.

조사 방법

그런데 이번 조사에서는 앞에서도 말했듯이 노인들의 증언이 매우 중요한 자료였다. 우리들은 마을에 들어가자마자 1945년 당시 마을의 양상을 잘 기억하는 노인들을 소개받았다. 개인에 대한 기억이 아니라 마을 전체의 양상에 대한 조사였으므로, 당시 연령으로 20세를 넘은 사람, 즉 현재 70세 이상의 노인들이 조사의 주요 대상이 되었다.

이와 같은 노인들에게 우선 당시 부락의 세대 구성에 대한 이야기를 들었다. 그러자 기억력이 좋은 노인은 백 세대 정도의 인적 구성까지도 기억하고 있어, 촌락 공동체에 축적된 기억의 풍부함에 감격하기도 했다. 부락의 구성 세대와 각 세대의 구성을 파악하고 다음에는 세대별로 기근으로 희생된 사람들의 이야기를 물었다. 이렇게 해서 작성된 일람표를 다른 노인을 통해 검토하고, 또 현재 세대별로 1945년 당시의 친척이나 이웃에 관한 정보가 정확한지를 검토해, 현재 시점에서 얻을 수 있는 수치로서는 가장 신뢰성이 높은 것을 만들자는 것이 기본적인 방침이었다.

이 조사에서 우리가 조사한 23곳의 마을에서는 1945년 당시의 총인구에 대한 기근 희생자의 비율이 낮은 경우는 8.37%에서 높은 경우 58.77%

까지 분포한다는 결과를 얻었다.(가장 높은 수치는 브리사라는 마을에서 얻어진 73.7%이었다. 그러나 이 마을은 인구 이동이 격심하고 기근 피해가 난 세대의 인구밖에 복원할 수 없었다. 그리고 이 수치는 당시 마을의 총인구에 대한 사망자 비율이 아닌 기근의 피해가 확인된 세대에 대한 피해율이었기 때문에 여기에서는 포함시키지 않았다.) 사망자 비율이 40% 이상이라는 것은, 일본의 체험으로 말하면 에도(江戶) 시대 텐메이(天明)의 대기근으로 가장 큰 피해를 받은 남부 하치노헤번(八戶藩)의 희생자 수에 상당하는 수치인데, 이렇게 희생된 마을이 우리가 조사한 23곳의 마을 중 6곳에 달했다.

나는 이 방법이 현재라는 시점에서 1945년 기근의 실태를 파악할 수 있는 유일한 방법이며, 그 결과 얻어진 수치의 신뢰성은 높다고 생각하지만, 몇 가지 약점이 있다는 것도 부정하지 못한다. 가장 큰 약점은 1945년 기근으로 전멸 내지는 그에 가까운 피해를 낸 세대에 관해 정확한 정보를 얻기 어렵다는 문제이다. 조사한 마을에서 공통적으로 마지막까지 문제가 된 것은 기근으로 전멸하거나 그에 가까운 피해를 입어 다른 지방으로 이주해 버린 세대가 도대체 기근의 시점에서 몇 명의 가족을 형성하고 있었을까 하는 것이었다. 노인들이 모여서 그 집은 4명의 가족이었다, 아니 5명으로 갓 태어난 아기가 있었다는 등의 논란이 분분하기도 했다.

또 사망 원인을 아사라고 단정할 수 있을지 어떨지도 큰 문제였다. 노인이 질병이나 괴질과 같은 기아 이외의 사인을 기억하고 있는 경우는 다르지만, 우리의 조사에서 분명해진 것은 1945년 기근 기간 동안에는 다른 해의 평균 사망률보다는 훨씬 높은 비율로 사망자가 속출했다는 것이며 개개인 희생자의 사망 원인까지 확정할 수는 없었다는 것이다.

어떻든 우리의 조사는 23곳의 마을에 대해, 증언이라는, 사람들의 기억을 자료로 이용했지만, 기근 피해의 실태를 가능한 한 정확히 복원한다는 극히 실증주의적인 성격의 것이었다.

이와 같은 방법을 취한 것은 일본에서는 베트남의 1945년 기근을 20세기의 사건으로서는 '믿을 수 없다'고 생각하는 인식의 장벽이 있었기 때문인데, 우선 개별 촌락의 사례라는 규모이기는 하지만 일본의 텐메이 기근에 필적할 만한 피해가 발생했었다는 '사실'을 정확히 밝히는 것이 가장 중요하다고 판단했기 때문이다.

남경 사건 등 일본에서 사회적 관심을 크게 집중시킨 사건도 일본의 전쟁 책임이라는 문제에서 보면 빙산의 일각에 지나지 않아 아직 극소수의 전문가밖에 모른다거나, 아니면 사건의 존재 그 자체가 아직 발굴되지 않고 있는 등 아주 문제가 많다. 문헌 자료가 존재하지 않거나 극히 적기 때문에 증언에 의거할 수밖에 없는 분야가 많다는 것은 이른바 '위안부' 문제와 베트남 1945년 기근의 사례를 보아도 분명하다. 더구나 제2차 세계대전 종료 후 반 세기의 시간이 경과하였으므로 기억이라는 자료를 이용하는 데는 한계가 있을 수밖에 없다. 이와 같은 상황하에서 증언을 포함한 자료 수집과 분석이라는 실증주의적인 작업의 의미를 과소 평가할 수 없을 것이다.

이번 베트남의 1945년 기근에 관한 우리의 조사 결과는 1995년 8월에 우선 베트남 어로 쓴 보고서 형태로 발표되었다. 원래 나의 의도에 따르자면 보고서를 일본어판으로 작성하는 것이 중요했지만 이 과제는 아직 이루지 못했다. 이 조사 보고는 일본어로는 내가 쓴 논문과 평론, 그리고 베트남어판 보고서가 완성되었을 때에 베트남 주재의 일본 매스컴 관계자의 보도라는 형태로밖에 소개되지 않았다. 그래도 우리의 조사는 일본에서 베트남 1945년 기근을 둘러싼 문제의 논쟁 차원을 어느 정도 변화시켰을 만큼의 충격은 주었다고 생각한다.

우리의 조사는 베트남 북부 23개 마을이라는 하나의 '점' 정도에 대한 조사에 불과하다. 그러나 그 범위에서도 1945년 기근이 광범위한 지역에서 발생했고, 또 조사 마을의 사망률이 최저 8% 이상이라는 수치에서도 알 수 있듯이 이 기근이 대단히 심각한 피해를 초래했음이 명백하다고 말해도 좋을 것이다. 이 조사 보고가 전해진 후 일본에서도 1945년 베트남 북부에서 아주 심각한 기근이 발생했다는 것 자체를 부정하는 듯한 논의는 그다지 들려 오지 않는다. 오히려 논점은, 그렇다면 전체적인 기근 피해는 어느 정도였으며, 이와 같은 기근이 발생한 주된 책임은 누구에게 있는가 하는 문제로 옮겨가고 있다.

이 두 가지 문제는 이번 기근 실태의 복원을 의도한 우리들 조사의 직접적인 목적 범위 밖에 있는 문제이며, 우리의 조사 그 자체를 통해서는 단정적인 결론이 나오기 어려운 성격의 문제이다. 내 자신은 무엇을 망설이고 있느냐는 질책을 달게 받을 각오가 되어 있지만, 역사 연구인 이상 한 걸음 한 걸음 밟아 나가면서 사건의 전체상에 접근할 수밖에 없다. 논의의 토대를 제공했다는 점에서 우리의 조사는 그 나름의 역할을 수행했다고 생각한다.

다양한 이야기

이번 조사에서 부각된 한 측면은 사망자의 비율이 8%에서 58%까지 차이가 나는 것으로부터도 알 수 있듯이 1945년 기근 피해가 지역에 따라 큰 편차를 보인다는 점이다. 조사 마을 상호간의 차이도 컸지만, 한 조사 마을의 내부에서도 취락에 따라 혹은 세대에 따라 기근의 피해는 아주 다양했다. 우리가 수집한 노인의 증언 내용도 다양해서, 1945년 기근에 관해 아주 많은 '이야기'가 존재한다는 것을 새삼스럽게 확인했다.

여기에서 일본에 직접 관계되는 '이야기'를 검토해 보자. 여기에서 한 가지 주의할 점이 있다. 그것은 베트남의 경우 농촌 지대에서는 일본병과 직접 접촉할 기회가 아주 한정되었다는 것이다. 일본군은 베트남을 포함한 인도차이나에서 1945년 3월까지 프랑스와의 협정에 의거해 주둔하였고, 식량 조달 등도 프랑스 식민지 정권을 통해 실시되었으며, 일본군이 직접 마을에 들어가 식량을 조달하는 일은 기본적으로 행해지지 않았기 때문이다.

일본군이 작전 행동으로서 마을에 들어간 것은 3월의 불인처리를 계기로 베트남 주둔 프랑스군의 추적 작전과 그 후의 베트남 소탕 작전 때였는데, 기근이 발생한 베트남 북부에서도 이와 같은 사태가 발생한 지역은 한정되어 있었다.

우리가 조사한 마을에서 일본군의 작전 행동에 말려들어 마을 사람 가운데 희생자가 나왔다는 증언은 쿠앙티성 캄포촌의 경우이고, 여기에서는 불인처리 때의 전투로 인해 여섯 명의 촌민이 사망했다고 알려져 있다. 또 일본병에 의한 직접적인 폭행이 있었다는 증언은 바쿠잔성 카리촌이다. 이 마을의 경우 베트민의 활동이 활발했던 월북 지방에 가까웠고, 또 마을의 유력자 집에 비축되어 있던 공출미를 굶주린 주민이 빼앗는 사건도 발생했기 때문에, 근처에 주둔하고 있던 일본군 부대도 치안에 신경을 곤두세웠다. 이 마을에 사는 어느 노인은 1945년 3월 경 땔나무를 팔고 밤늦게 마을로 돌아오던 길에 마을 입구를 지키던 일본 병사로부터 땔나

무를 베트민에 보급했다는 의심을 받아 폭행당했다고 증언했다.

대부분의 마을에서 일본군에 관한 '이야기'는 간접적이었지만, 노인들의 증언에 의하면 일본군의 이미지는 보편적으로 '무섭다'는 것이었다. 쌀의 공출과 황마의 재배에 응하지 않으면, "일본군이 찾아와 험한 꼴을 당하게 된다"는 따위의 공포감에 휩싸였다는 증언을 많은 마을에서 들을 수 있었다.

공포감은 갖고 있었지만 현실적으로 접촉해 보니 그렇지 않았다는 증언도 있다. 푸니엥성 푸온통촌에서는 종전 후의 일이지만 하이퐁으로 철수 도중이던 일본군 부대가 마을에 머무른 일이 있었다. 여기에서는 마을에 온 일본군의 규율이 엄정했고 각 농가로 나뉘어 숙박한 병사도 지참한 쌀을 집주인에게 제공했기 때문에, 오히려 마을의 기근이 완화될 정도였다는 증언도 들을 수 있었다.

이와 같이 노인들의 증언을 통해 나온 일본군에 관한 '이야기'는 상당히 다양했다. 이 다양한 '이야기'를 어떻게 받아들여야 할지도 하나의 문젯거리였다. 우선 마지막에 소개한 푸온통촌의 이야기와 같은 것만 끄집어 내 '도깨비 머리'라도 본 것처럼 일본군과 베트남 주민의 관계를 상징하는 이야기로 삼는 것에는 반대한다. 일본의 인도차이나 주둔 부대는 중국 전선에서 저지른 만행에 대한 '반성'으로 베트남인과의 관계에서는 비교적 신경을 썼고 주민과 분쟁이 일어나지 않도록 노력을 기울였다. 일본군으로 주민과 충돌을 일으킨 부대는 불인처리 전후에 중국 전선에서 막 전진해 온 부대가 많았던 게 사실이다. 그러나 이 인도차이나 주둔군의 노력도 압도적인 군사력을 앞세운 '초대되지 않은 손님'으로서 베트남의 많은 주민에게 공포를 자아낸 외국군(당시는 일본군)이라는 틀 속에서 이루어진 노력이라는 사실을 명기해 두지 않으면 안 될 것이다.

다만 반대로 푸온통촌과 같은 경우를 무시해 버린 것도 문제라고 생각한다. 이와 같은 경우를 무시하는 편이 일본에 의한 전쟁 피해로서의 1945년 기근이라는 이미지를 만들어 내기는 쉽다. 그러나 일본의 전쟁 피해자들의 증언을 모으는 경우, 증언 수집자가 피해자에 대한 공감을 넓혀야 한다는 점을 지나치게 의식한 나머지, 자신의 이미지에 맞도록 피해자상을 구성해 버리는 것은 지극히 위험하다. 푸온통촌과 같은 사례를 무시한 증언집은 이 마을과 같은 사례를 모은 증언집이 나왔을 때 그 근거가 의문시될 수밖에 없다.

또 서로 모순되는 증언을 앞에 두고 이런 증언 따위는 믿을 수 없다는 입론도 논리로서는 가능하다. 그리고 이와 같은 논리는 종종 증언으로서밖에 근거를 부여할 수 없는 기근이라는 사건 자체에 대한 의문을 품게 만든다. 확실히 증언은 사건 그 자체는 아니다. 직접 체험에 의거한 증언은 다른 사람의 증언과 조합해 봄으로써만 검증이 가능하지만, 일본군과 직접 접촉이 없었던 사람들이 당시 일본군에 대해서 어떠한 이미지를 갖고 있었는가를 검증하기는 곤란하다.

그러나 이번 조사에서 알게 된 것은 1945년 기근은 베트남에서 '말할 수 없는 기억'이었다는 것이다. 이후 항불 전쟁과 항미 전쟁에서의 죽음은 '빛나는 독립 투쟁에의 공헌'으로서 종종 이야기되었고 마을에도 훌륭한 '열사묘'가 있지만, 이에 반해 1945년 기근에 의한 죽음은 공적인 장소에서 거의 이야기되지 않고 반 세기라는 시간이 지나가 버렸다. 이번 우리의 조사를 계기로 가족과 친지 이외의 사람들에게 기근 이야기를 한 것이 처음이었다는 노인이 다수 존재했다. 이것은 1945년 기근에 대해 공적인 장소에서 되풀이되는 '공식적인 이야기'는 존재하지 않았다는 것을 의미한다. 그래서 1945년 기근의 증언에는 증언자 한 사람 한 사람의 기억이 솔직히 포함되었으며 증언 상호간의 모순도 클 것이다. 이 점을 무시하고 증언 상호간의 모순을 들어 증언의 신뢰성 전체에 의문을 던지거나 기근이라는 사건 자체를 의심하는 듯한 입장은 문제일 것이다.

결국 나는 일본군에 대한 다양한 '이야기'를 있는 그대로 받아들여야 한다고 생각한다. 이것은 일본군과 베트남인 사이에는 잔학 행위도 있었지만 양호한 관계도 있었다는 역사상을 묘사하기 위한 것은 아니다. 다양한 '이야기'를 나열하는 것만으로 역사를 쓸 수 없다. 역사 연구자의 힘은 이들 '이야기'를 당시 전체적인 상황 속에서 위치 짓고 어떠한 문맥에서 정리할 것인가 하는 점에 있는 것이기 때문이다.

국민 신화

이번 우리의 조사는 23개 마을의 조사라는 하나의 '점'(点)에 대한 조사였고 '면'(面)에 대한 조사는 아니었다. 따라서 이번 조사로 베트남에서 '200만'이라 일컬어지는 기근의 전체 피해 규모를 단정적으로 결론 내리기는 어렵다.

앞에서도 말했듯이 '200만'이라는 숫자가 유명해진 것은 '베트남민주공화국 독립선언'에 이 숫자가 거론되었기 때문이다. 이후 일본과 남베트남(베트남공화국)과의 배상 교섭중에 이러한 기근 피해가 문제되었을 때, 일본에서는 '30만'이라는 수치를, 남베트남에서는 '100만'이라는 수치를 제시했다.

이는 당시 북베트남=베트남민주공화국을 격노시켰다. 본래 북베트남은 남베트남의 정통성을 인정하지 않았을 뿐만 아니라, 자기들의 '독립선언'에 명기한 '200만'이라는 수치를 멋대로 '줄이는' 것이 부당하다며 격분한 것이다. 베트남민주공화국 및 그 계승 국가로서의 베트남사회주의공화국은 '200만'이라는 숫자에 의심을 품는 일은 "프랑스 식민지주의와 일본 파시스트의 죄악을 경감하고자 하는 음모"로 간주했다. 어떤 의미에서 '200만'이라는 수치는 베트남 국민 신화의 구성 요소가 되었다고 할 수 있다.

이것은 기근의 실태 해명에는 장애 요소였다. '200만'이 요지부동의 진실인데 구태여 실태를 조사할 필요가 있겠느냐는 것이다. 베트남의 역사학계에서 '200만'이라는 수치에 구애받기보다는 실태를 해명하는 편이 중요하지 않겠느냐는 발상이 나온 것은 도이모이(쇄신)가 제창되고 베트남 현대사의 재검토가 개시된 1980년대 후반부터였다.

우리의 조사는 일본인 연구자와 베트남인 연구자의 공동 조사라는 형태를 취했는데, 그때 "200만이라는 숫자에서 출발하는 것이 아니라, 기근의 구체적인 실태의 해명을 제1의 목표로 한다"는 합의가 있었다. 이런 의미에서 우리의 조사는 베트남의 오랜 국민 신화에 대해 도전적인 성격을 띠고 있었다.

조사 결과 '200만'이라는 수치는 베트남 연구자 사이에서도 논의되었다. 이번 조사의 베트남측 대표자였던 반 타오 교수는 조사에서 얻어진 수치를 평균으로 삼아, 당시 총인구의 15%(195만) 정도의 희생자가 있었다고 보아도 무리가 아니라는 가설을 베트남어판 조사 보고서의 '정리' 부분에서 제기하고 있다. 이것은 이번 조사가 '200만'이라는 수치를 실증적으로 뒷받침했다는 주장이 된다. 이에 대해 이번 조사만을 볼 때, 아무리 생각해도 '200만'이라는 수치는 의심하지 않을 수 없다는 견해를 표명한 연구자도 있었다. '200만이라는 수치에서 출발하지 않은' 우리의 조사에서 직접적으로 기근의 전체 피해 상황에 관하여 단정적인 견해가 나오지 않은 이상, 이러한 견해차가 생기는 것은 당연한 일일 것이다.

'200만'이라는 수치가 1945년 기근에 관한 베트남측의 국민 신화였다고 한다면, "믿기 어렵다"는 것은 일본측의 국민 신화였다. 우리의 조사는 이 일본측의 신화에도 도전하는 성격을 갖고 있었다. '200만'설과 '믿기 어렵다'는 설, 이 두 개의 국민 신화가 대치하는 상황에서는 사태가 전혀 진전될 수 없다. 한편 기근의 실태를 증언할 수 있는 사람들의 수는 해마다 급속히 감소하고 있기 때문에 연구가 '진전될 수 없다'는 것은 물론이거니와, 이 사건이 어둠 속으로 매장되어 버릴 위험조차 있다. 이와 같은 상황을 조금이라도 타개하고 싶었던 것이 이번 조사의 의미였다.

나는 이번 조사가 일본과 베트남 쌍방의 국민 신화에 도전하는 것이었다고 생각하지만, 그것이 국민 신화인 점에서 일본과 베트남이 똑같다고는 하지 않는다. 가해자의 신화와 피해자의 신화는 구별되어야 한다.

'200만'이라는 수치를 믿을지 어떨지는 별개로 하고, 피해자인 베트남 사람들에게 1945년 기근이 지극히 비참한 체험이었다는 것은 분명한 '상식'이다. '200만'이라는 신화는 이 기근을 체험한 베트남 사람들의 실감으로 유지된 면도 있었다는 점에서 생명력을 지켜 온 면이 있다. 그와 같은 '200만' 신화는 그것을 듣고 "믿기 어렵다"고 반발하는 일본인이 있을지도 모르지만, 특별히 누구에 대해 상처를 입히는 것도 아니다. 이에 대해 일본이 '믿기 어렵다'는 신화에 매달리는 것은 과거의 책임을 애매하게 만들 뿐만 아니라, 기근을 체험한 베트남 사람들의 실감을 부정하고,

사건 자체를 어둠 속으로 덮어 버리는 폭력성을 가지고 있다. 따라서 이 두 개의 신화를 동등한 차원에서 문제삼아서는 안 된다.

나는 전쟁 책임과 관계되는 문제에서 우선 가해자가 자신들의 국민 신화에 대해 명확한 태도를 보여야만 한다고 생각한다. 가해자가 이와 같은 입장을 취하지 않는 한, 피해자의 국민 신화를 문제삼을 수는 없다. 이 점을 빼 버리고 가해자와 피해자의 국민 신화를 같은 수준의 대립으로 보는 것은, 일본인이라면 일본의 국민 신화에, 베트남인이라면 베트남의 국민 신화에 구애받는 것이 당연하다는 논의와 큰 차이가 없다는 문제점을 안고 있는 것이다.[1]

---

1) 여기서 실시한 공동 조사 보고서(베트남어판)는 Van Tao, Furuta Motoo, *Nan Doi Nam 1945 o Viet Nam: Nhung Chung Tich Lich Su* (Vien Su hoc Viet Nam, Ha Noi: 1995) (ヴァン・タオ, 古田元夫 공편 『ベトナム1945年飢饉―歷史的證據』(베트남 1945년의 기근―역사적 증거), ベトナム歷史硏究所, ハノイ, 1995)이다. 이 공동 연구의 개요, 몇 개 마을의 사례 검토, 방법에 관해서는 다음의 졸고를 참고할 것. 「ベトナム一村落における1945年飢饉の實態―タイビン省ティエンハイ縣タイルオン村ルオンフー部落に關する日越合同調査報告」(베트남 한 촌락에서의 1945년 기근의 실태―타이빙성 테이엔하이현 타일온촌 루온프 부락에 관한 일월합동조사보고), 東京大學敎養學部人文科學科歷史學敎室紀要, 『歷史と文化』(역사와 문화) 18호 (1994년 3월); 「ベトナム1945年飢饉―日越合同調査について」(베트남 1945년 기근―일월합동조사에 대해서), *UP* 1996년 5월호 (東京大學出版會); 「過去を閉ざし未來を志向する―歷史の證言と現代史」(과거를 닫고 미래를 지향한다―역사의 증언과 현대사), 義江彰夫・山內昌之・本村凌二 편, 『歷史の文法』(東京大學出版會, 1997); 「ジュート工場のあった村の1945年飢饉―ベトナム北部フニイエン省フウォントン村」(쥬드공장이 있었던 촌락의 1945년 기근―베트남 북부 푸니엥성 푸온통촌), 東京大學大學院總合文化硏究科地域文化硏究專攻紀要, *ODYSSEUS* 1호(1997년 3월).

의례로서의 성 폭력
전쟁 시기 강간의 의미에 대해서

하세가와 히로코(長谷川博子)

전쟁과 성 폭력은 어떠한 관계에 있을까? 나는 '종군 위안부'에 관한 서적을 이것저것 읽으면서 어떤 안타까움과 함께 몇 가지 수수께끼에 부딪쳤다. 그것은 항상 의문을 품어 오던 것으로 전쟁터에서 병사의 행동에 관한 것이다. 예를 들어 센다 각코(千田夏光)의 『종군위안부』(從軍慰安婦)는 이미 20년 전에 씌어진 것이면서도, 그 면밀한 조사와 정성 들인 청취, 읽기 쉽게 쓴 서술이라는 점에서 아주 뛰어난 역작이다. 그러나 이 센다의 서술에서도 병사의 '성욕'에 대해서 서술한 부분을 예로 들면, 전쟁터에서 병사의 강한 성적 욕망과 그 '이상함'만이 강조되어 있다. "슬프게도 결혼과 기타 이성 교제를 통해 여자를 알게 된 남성에게서는, 여체에 대한 갈망을 멈출 수 없는 것, 더구나 전쟁터라는 이상한 상황하에서는 더욱 그러하다", "위안부가 없는 군대 전쟁터에서는 역시 군인들은 어쩔 줄을 몰라하고, 사소한 일로도 말다툼을 벌였다고 한다." 그러나 이러한 기술을 볼 때마다 나는 어떤 위화감을 느낀다. 정말 그렇다고 말할 수 있을까?

'위안부'와 강제 연행되어 성적 봉사를 강요당한 여성들이 목격하고 체험한 것을 증언한 내용을 읽어도 마찬가지이다. 거기에는 반드시라고 말해도 좋을 정도로, 위안소 앞에 긴 '행렬'을 지어 차례를 기다리는 얼굴 없는 병사들의 수많은 모습이 묘사되어 있다. 그들 대부분은 성기에 국한된 정액의 배설 처리를 바라는 마치 야수와 같은 존재였다. 나는 이러한 기술이 위안부가 놓여진 가혹한 일상 생활을 전해 주는 귀중한 증언이라는 점을 충분히 인정한다. 그러나 다른 한편 어떤 안타까움을 느끼지 않을 수 없었다. 이들 증언이나 기록이 증언자들의 의도와는 달리 예기치 않은 결과로서, "전쟁터의 병사들은 억압되어 있기 때문에 과잉 성욕(=獸欲)을 갖는다"라는 이미지와, '여체'에 대한 남성의 끝없는 욕망이라는 전형적인 이미지를 나타내 오히려 그것들을 강화하고, 막연하지만 어떤 고정된 인식을 독자에게 받아들이도록 하는 것은 아닌가 하는 의구심이 들기 때문이다.

실제 이러한 이미지와 인식은 위안부의 존재를 용인하는 측에 있는 사람들뿐만 아니라, 그것을 비판하는 측에 있는 사람들 사이에도 애매한 형태로 공유되어 있다. 센다 등도 앞에서 든 예에도 나타나는 바와 같이, '여체' 경험이 있는 병사의 욕망은 '멈출 수 없는 것'이라고, 마치 자명한 사실처럼 단언하고 일말의 의문도 갖지 않는다. 그러나 그것은 과연 그 정도로 자명한 것이었을까? 이러한 해석은 곧 "남자라는 것은 그러한 것이기 때문"이라든가 "전쟁터에서 위안부의 존재는 어떻든 필요불가결했다"는 흔히 있는 논의에 근거를 부여하는 것이며, 그것들에 비판적으로 대치하고, 더욱 꼼꼼하게 다시 한 번 더 생각해 보지 못하도록 만들어 버린다. '행렬'에 대한 묘사도 똑같다. 위안부가 놓여 있던 현실을 비판하면서, 결과적으로는 "힘들었던 것은 위안부뿐만이 아니다. 불쌍하기로는 병사들도 마찬가지였다"는 식의 동정적인 견해와 "전쟁이라는 이상한 공간 속에서는 그것도 어쩔 수 없는 것이었다"는 식의 체념이나 용인론에 쉽게 빠져들고 만다. 그러나 과연 전쟁터의 병사의 '성욕'과 신체란 그 정도까지 통제하기 어려운 것이었을까? 또 어쩔 수 없는 개인의 생리적·본능적 욕망과 충동의 발로로서만 설명될 수 있는 것일까?

이와 관련, 일본군이 군대 위안소를 대량으로 설치한 때가, 1937년 가을 상해 공방전에서 남경 점령에 이르는 진군 시기이며, 일본군 병사에 의한 약탈·학살·방화·강간의 경험과 밀접하게 관련되어 있다는 사실은 잘 알려져 있다. 당시 일본은 이 전쟁 범죄, 즉 한편으로는 반일 감정을 불러일으키고, 다른 한편으로는 국제적으로 빈축을 사게 될 이러한 '추태'와 '실태'(失態)를 미연에 방지하기 위하여, 육군 엘리트의 주도 아래 위안소 설치를 조직적으로 준비하고, 이 시기에 급속히 위안소를 정비했다. 그러나 실제로는 병사에 의한 강간 사건이 여전히 끊이지 않았다. 예를 들어 1938년에 무한(武漢) 공략 작전을 지휘한 제11군의 사령관 오카무라 야스지(岡村寧次)는, 위안소 설치를 고안한 당사자였음에도 불구하고 지휘하의 부대에 대해 이렇게 쓰고 있다. "현재 각 병단은 거의 모두 위안부단을 수행하여, 그것이 병참의 일 분대가 된 상태이다. 제6사단은 위안부단을 동행하면서도 강간 사건이 끊이지 않는다." 그러나 이것도 잘 생각해 보면 이상한 이야기이다. 위안부단을 데리고 다녔는데도 왜 강간 사건이 '끊이지 않은' 것일까?

한편 여기에 재미있는 사례가 있다. 히코사카 타이(彦坂諦)의 『남성신화』에 소개되어 있는 아카마츠(赤松)라는 일등병의 증언이다. 이 증언은 "병사들이 억압되어 있기 때문에 강한 성욕을 가진다", "위안부가 없다면 병사들은 강간하게 될 것이다"라는 인식에 일정한 제동을 거는 내용을 담고 있어 흥미롭다.

"가달카날(Guadalcanal. 남태평양 솔로몬제도 남동부의 작은 화산도로 태평양전쟁 중 미일 격전지였음—옮긴이)에서는요, 먹지 않으면 우선 피하 지방이 모두 없어지지요. 그 다음에 이번에는 근육이 작게 오므라들어 뼈와 가죽만 남고, 그렇게 되면 거기(남성 성기—옮긴이)도 가죽만 남게 되죠. 그렇게 되면 아마 여자와 하려고 해도 할 수 없잖아요? 아니 나는 육체적으로 불가능하다고 생각해요. 그리고 정신적으로도 그런 마음이 없었어요. 게다가 나는 천성에도 따른다고 생각해요. 이케타니(池谷)가 바기오(bagnio. 동양풍의 터키탕, 사창가—옮긴이)를 굉장히 많이 설치했어요. 그런 짓을 하기 시작하면, 계속 하고 싶어지고 힘도 붙겠지만. 그러나 대개 다른 녀석들은 성욕 따위가 없지 않았을까요. 그것보다도 먹는 것이 중요했어요!"

전쟁 말기의 가달카날이라면 잘 알고 있는 바와 같이, 전세는 이미 기울고 병사를 둘러싼 환경은 좋지 않았다고 한다. 그래서 이 증언이 다른 시기의 다른 전쟁터에도 적용될 수 있을지는 확신할 수 없다. 그러나 여기에 나오는 병사 '이케타니'가 아카마츠가 소속된 부대에서 '여자를 껴안은' 유일한 남자였다는 것은 주목할 만하다. 또 이 아카마츠라는 남성은, 그 당시 아직 30세로 젊고, 게다가 그에게는 이전부터 '여체'의 경험이 있었다. 그뿐만 아니라 학생 시절에는 종종 여기저기 유곽에도 다녔다고 솔직히 고백하였다. 그럼에도 불구하고 그는, 전쟁터에서 자신의 성욕에 대해 이렇게 말하고 있는 것이다. "그러니까 전요, 군복을 입으면 더 이상 안 된다고 할까, 성욕이 없어져요." 아카마츠와 같은 남자가 대다수 병사들의 정신 상태를 대변하고 있다고 말할 수 있을지 어떨지는 모르겠다. 그러나 이와 같은 남자도 있었다는 것은 생각해 볼 만한 사실이고, 적어도 '젊은 병사·여체 경험자=과잉 성욕 보유자'라는 안이한 도식이 언제, 어디서든, 누구에게나 적용될 수 있는 것은 아니라는 사실을 이 증언은 말해 주고 있다.

전쟁터에서 병사의 행동에 대한 갖가지 의문이 거의 손도 대지 못한 채 남아 있다. 유감스럽게도 나는 지금 그것들에 대한 충분한 해답과 설명을 할 수가 없다. 그러나 이상과 같은 의문에 부딪혀 갖가지 기술에 대한 위화감과 의문을 품으면서, 적어도 "전쟁터의 병사는 억압되어 있기 때문에 이상한 성욕을 가진다"는 견해와 자주 발생한 강간 사건에 대해 일반적으로 유포되어 있는 "강간은 병사의 과잉 성욕의 표현이다"라는 소박한 전쟁 이해, 신화적 해석으로부터 일단 거리를 둘 필요가 있지 않을까 하고 생각한다.

서론이 길어졌지만, 여기에서는 이러한 인식을 전제로 전쟁과 성 폭력에 대한 문제를 조금 다른 각도에서 바라보고 새롭게 생각해 보고자 한다. 구체적으로 '위안부' 문제에서는 일단 멀어지지만, 그것과 밀접하게 관련되어 있는 전쟁기의 성 폭력 중에서 가장 잔혹하고 비참한 것이라고 여겨지는 강간 현상을 살펴보겠다.

수잔 브라운밀러의 '강간'에 대한 선구적인 연구에 의하면, 그리스 페르시아, 로마 등 고대로부터 지금에 이르기까지, 여성들은 전쟁중에 언제나 강간당하고 능욕당해 왔다고 한다. 십자군 병사들도 마찬가지였다. 종교 전쟁기 프랑스에서도 이는 마찬가지였다. 유그노의 여성은 강간당하고 신앙을 포기하라고 강요당했다. 미국 독립 전쟁기 K.K.K.(Ku · KLux · Klan. 남북전쟁 후 남부의 백인이 조직한 비밀 결사로 흑인 및 북부인에 대한 지배권의 회복을 목적으로 한 단체 —옮긴이) 운동도 그러했다. 또한 20세기 초에 이미 강간을 전쟁 범죄로서 금지하는 '헤이그 육전(陸戰)조약'(1907년)이 성립되었음에도 불구하고, 양차 대전기에는 물론 20세기 후반이 되어도 콩고, 베트남, 방글라데시, 우간다 등 많은 전쟁터에서 여성들은 강간을 당하고 살해되었다.

    제2차 세계대전기 병사들에 의한 강간에 대해 말하면, 눈에 띄는 것만도 남경 점령 직후, 일본군 병사들에 의한 것, 폴란드에 진군한 독일군 병사들에 의한 유태인 여성에 대한 강간, 바르샤바에서의 히틀러 청년 조직에 의한 유태인 소녀 집단 강간, 유태인 강제 수용소 안에서의 강간 등 이루 다 헤아릴 수 없다. 한편 소련군 병사가 특히 베를린 해방 전후(1945년 4월)에 베를린 시민을 상대로 행한 성 폭력에 대해서도, 극히 최근에 일본어로 번역된 잔더와 욜의 면밀한 조사 연구를 통해 자세하게 알 수 있게 되었다. 더욱 최근의 예로는, 1991년에 시작된 유고 내전 중, 특히 보스니아 · 헤르체고비나의 세르비아계 병사들이 저지른 집단 강간 및 '강간 · 살인 수용소' 등을 들 수 있다.

    따라서 전쟁 시기의 강간은 인간의 전쟁 역사만큼이나 오래되었고, 고대부터 현대에 걸친 모든 전쟁에서 볼 수 있는 보편적인 현상이다. 그러나 왜 그것이 발생했는지 새삼 질문을 해 보아도 이에 대한 명확한 해답을 얻기는 어렵다. 왜냐하면 지금까지 전쟁 시기의 성 폭력에 대해서는 물론, 성 폭력의 일반적인 것에 대한 본격적인 연구조차 이루어지지 않았기 때문이다. 그것들은 여전히 미개척 상태로 남아 있다. 그러나 전쟁의 폭력성과 전쟁과 성, 성 폭력의 관계에 대해서는 이 기회에 새롭게 짚고 넘어갈 필요가 있다. 어째서 강간은 전쟁기에 빈발하는 것일까? "개인의 과잉 욕망의 표현 내지는 배출구"라는 설명이 타당성이 부족하고 충분한 설득력을 갖지 못하는 것이라면, 대체 어떠한 요청에 따라 또 어떠한 메커니즘에 의해서 이러한 성 폭력이 자행되어 온 것일까? 거기에는 어떠한 목적이 있고, 어떠한 질서와 구조, 특수한 의미가 잠재되어 있는 것일까?.

얼마 전에 나는 '종교와 폭력'의 관계에 대해 역사인류학의 연구 성과를 토대로 그 분석 시각을 정리한 적이 있다. 그때 나는 '폭력을 행사하는 데 있어서의 정당성의 근거', '일상성과 연속성', '폭력을 갖는 의례성', '표상 문화의 구축성' 등에 대해 논했다. 이러한 관점은 전쟁 시기의 성 폭력, 특히 강간 현상을 고찰하는 데에도 유효할 것이다. 이하에서는 이러한 예비적 고찰을 기초로, 전쟁과 강간의 관계에 적합한 몇 가지 해석 틀을 그 '의례성'이라는 측면에 맞추어 제시해 보겠다. 서술 순서는 ① 남성간의 모멸·위협의 표현으로서의 강간 ② 전술·전의의 고양·선전 수단으로서의 강간 ③ 재생산 기능의 파괴와 민족 순화의 의례로서의 강간 ④ 문화·민족·공동체의 상징적 파괴로서의 강간이라는 네 항목으로 나누어 이야기를 진행한다.

남성간의 모멸·위협의 표현으로서의 강간

전쟁터에서 강간 사례가 나타내는 것은 무엇보다도 폭력의 한 형태이며, '성적 표현을 이용한 공격'이라는 것이다. 전쟁터의 강간은 단순한 '성(sexuality)의 공격적 연출'과는 달리, 강간당한 피해자에게 정신적·신체적 고통을 줌과 동시에, 동시에 '죽음의 공포'를 불러일으키는 행위이다. 상대가 행위를 거부할 수 없도록 만든 뒤 자행되는 철저한 공격이다. 실제 전쟁 시기의 집단적인 강간에서는, 희생자의 신체, 특히 성기가 심하게 손상되고, 그것으로 인해 죽음에 이르는 일도 적지 않다.

전쟁 시기 강간의 특징 중 하나는, '집단으로 혹은 사람들의 면전에서' 이루어진다는 것이다. 이는 우연한 상황에서 그렇게 된 것이 아니고, 그 자체가 중요한 공격의 질서를 형성하고 있다. 왜냐하면 그것은 '공개적으로' 행해짐으로써 공격력을 더욱더 배증시키기 때문인데, 종종 강간 현장에 있게 되어 피해자를 구출하고자 한 남성들은, 아버지건 오빠건 남편이건 혹은 잘 아는 사람이건 이웃이건 간에 모조리 살해되었다. 남자들이 살해된 것은 전쟁 범죄를 감추기 위한 것만은 아니다. 그것은 '적'의 남성들에게 힘을 과시하기 위함이기도 하다. 마침 그 자리에 있던 희생자 가족이나 인척의 남성들은 설령 운 좋게 살해되지 않았다 하더라도, 강간 실행자들의 위협하에서 '현장'에 무기력하게 서서, 어찌할 도리 없이 강간을 보게 된다. 그리고 그 기억이 남는다. 그들은 자신의 아내나 딸, 어머니와 할머니에 대한 강간과 폭력을 중지시킬 수 없고, 그녀들의 신체와 명예를 지킬 수 없었다는 일로 인해 심한 혐오와 치욕·허무감에 떤다. 그들을 '현장'에 목숨을 부지시킨 채 서 있게 만든 것은 바로 그것을 노린 것 때문이라고 해도 과언이 아니다. 또 경우에 따라서는 단지 그 장소에 서 있는 것에 그치지 않고, 공격자의 면전에서 친족간 또는 친자간의 강간을 행하도록 강제함으로써, 피해자들 자신이 그 '구경거리'가 되는 일도 있다.

이는 강간 실행자들이 '적'의 남성들에게 정신적·신체적인 피해를 줌으로써 그들의 우위성과 지배력을 '적'의 눈에 낙인 찍고 각인시키는 의례이기도 한다. 유고의 사례를 토대로 전쟁을 논한 마리-야니네 차리츠도 쓰고 있듯이, 집단에 의한 면전에서의 강간은 단지 전쟁의 부수적 현상으로만 볼 수는 없다. 그것은 그 자체가 '형태를 바꾼 전투'이고, 비전투원에게 향해진 '공격과 지배의 수단'이다. 그것은 '적'의 비전투원인 남성들에게 "너는 아내건, 어머니건, 딸이건, 할머니건 여성들을 지킬 수 없다"는 것을 가르친다. 또한 '적'의 비전투원, 시민측에서는 남성들의 전투 능력이 부정되고 방위자로서의 역할조차도 다하지 못한 것을 보여줌으로써, 그의 남성적 명예를 완전히 실추시킨다. 만일 강간의 결과 희생자가 바라지 않은 임신을 했다면, 그들의 굴욕감은 더욱 커질 것이다.

이와 관련하여 희생자(강간당한 여성)는 이후 어떠한 위로도 받지 못한 채, 오히려 거꾸로 이혼당하거나 멸시당해 결과적으로 공동체로부터 배척되는 경우가 많은데, 그것도 이 메커니즘과 무관하지 않다. 희생자가 이혼당하거나 또는 추방당하는 것은 희생자인 아내와 딸의 명예가 상실되었기 때문이라기보다도, 오히려 그 남편과 아버지 및 그 남성들을 포함한 공동체의 긍지·명예가 바로 그들의 아내와 어머니, 딸의 강간으로 인해 실추되었기 때문이다. 희생자는 남성들 내부에 새겨진 치욕의 기억을 표상하고 있다. 그 때문에 여성은 공동체 내부에서 깊이 혐오당하고 기피당하고 배척된다. 이것은 치욕의 원인을 아주 가까이에 있는, 눈에 보이는 희생자(여성)에게서 찾고, 공격자에게 향해져야 할 비난을 여성들에게 돌림으로써 그들의 치욕이 정화되고, 위협당한 공동체의 질서와 명예 회복이 이루어지는 것으로 정당화하기 때문이다.

그때 공동체 구속력의 강약에 따라 정도의 차이는 있지만, 희생자 이외의 여성들도 이 남성들의 공범자가 되는 경우가 많다. 여성들도 남성들과 동시에 공동체의 명예 회복을 위해 희생자를 차별하고 추방하는 측에 서는 것이다. 공동체의 '명예'가 개인의 인격과 긍지보다 중시되는 사회에서는 그렇게 하도록 부추기는 경우도 적지 않다. 희생자는 희생양, 속죄의 상징으로, 근친자나 공동체로부터 끊임없이 피해를 당하고, 죽을 때까지 상처받으며 모멸받게 된다.

따라서 전쟁기의 '집단적인' '사람 면전에서의' 강간은 공격하는 측 남성들의 우위성을 '적'에게 인상 짓는 모멸의 의례이고, '적'의 가족·공동체·사회에서 새로운 질서와 지배를 상징적으로 구축하기 위한 위협적인 의례이다. 그리고 그 모멸과 위협의 의례는 더욱이 희생자(여성)에 대한 공동체 내부의 남성들(및 여성들)로부터의 모멸을 자아내고, '적'의 내부에 새로운 증오와 혼란을 일으켜, 그 질서를 내부로부터 붕괴시킬 수 있다.

전술·전의의 고양·선전 수단으로서의 강간

강간은 그것이 불러일으키는 공포와 위협의 효과 때문에, 전술로서도 적극적으로 채용되어 왔다. 요컨대 아놀드 토인비에 의해 1917년에 출판된 소책자에도 기록되어 있는 바와 같이, 제1차 세계대전 시기에 독일군 참모 본부는 침략지 주민에 대한 강간을, '적'에게 공포를 불러일으키는 수단으로서 계획적으로 이용했을 가능성이 있다. 독일군은 1914년 7월에 발발한 전쟁에서, 중립국 벨기에를 거쳐 프랑스에 침입했는데, 그때 8월부터 10월에 걸친 최초 3개월 사이에, 비전투원 민간인에 대해 철저한 테러를 전개했다. 그들은 8월, 리에쥬로부터 르방에 걸쳐 참호를 파고, 가옥을 태우고, 마을을 약탈하고, 여자와 아이 들을 강간했다. 9월에는 프랑스에서도 같은 테러를 자행했다. 토인비에 따르면, 독일 병사는 집단으로 민가에 침입하여, 어린 아이들을 안고 있는 아내를 아이들 면전에서, 또는 아직 나이 어린 십대의 딸들을 번갈아 강간했다. 공포와 치욕, 굴욕. 사람들은 정신적 피해를 입었을 뿐만 아니라, 깊은 상처를 입거나, 또 저항하다가 그곳에서 살해되기도 했다.

그러나 이러한 잔인한 '작전'은 결코 진기한 일이 아니다. 아마 그것은 침략한 쪽이 단기간에 적은 비용으로 상대를 굴복시켜 제압할 수 있는 가장 간편한 방법이고, 단순하고 야만적이지만, 아주 효과가 높은 전술이었음에 틀림없다. 토인비는 이러한 '작전으로서의 강간'이 전쟁의 '근대화', 예를 들면 참호나 독가스나 기관총 같은 훨씬 더 효과적인 전쟁 '무기'의 등장으로, 제1차 세계대전 후로는 급속히 쇠퇴해 갔다고 보았다. 그러나 이 가설이 반드시 맞는 것은 아니다. 제2차 세계대전 때에도 같은 효과를 노린 강간이 광범하게 자행되었고, 최근의 유고슬라비아 내전을 보아도, 강간은 오히려 더욱 철저한 전술로서 작전 행동 안에 포함되어 실천되고 있기 때문이다. 유고슬라비아에서는, 특히 보스니아, 헤르체고비나와 크로와티아에서, 세르비아계 병사에 의한 비세르비아계 주민의 추방 및 전멸을 목표로 하는 '민족 정화·절멸'(Ethnic Cleansing·Genocide) 정책이 실천되었는데, 그때 한 가지 방법으로 강간이 계획적·조직적으로 이뤄졌던 것이다. 거기에는 다음과 같은 공통의 패턴이 있었다.

희생자와 목격자의 증언에 따르면, 우선 자동 소총을 가진 비정규군 병사가 어느 날 밤중에 갑작스럽게 마을로 침입해 들어온다. 그들은 민가에 침입해서 여성 몇 명을 집 밖으로 끄집어 내, 그 자리에서 공개 집단 강간을 범한다. 병사는 곧 물러가지만 이 사건은 곧바로 마을 안에 퍼져, 주민 간에 강한 혐오와 공포감을 불러일으키게 된다. 그리고 그 수일 후 서서히 도착한 정규군이, 비세르비아계의 주민에게 다시는 돌아오지 않겠다는 조건으로 마을에서 떠난다면 안전하게 길을 제공하겠다고 요구한다. 그때까지는 어떻게든 마을에 계속 있기를 바라던 남자들도, 이 같은 치욕과 위협 앞에 아내와 딸을 지키려면 대부분이 이를 받아들일 수밖에 없음을 깨닫는다. 주민들은 신속하게 마을을 떠나기로 결의하고, '자발적으로' 마을을 버린다. 이리하여 세르비아인은 정규군과 비정규군의 비열한 결탁하에, 표면상으로는 합법적으로, 더구나 거의 비용이 들지 않는 방식으로, 일정 지역으로부터 다른 '민족'을 추방하고 배제, 정화할 수 있었다. '램&브레너 계획'이라 불리는 이것은 1991년 세르비아의 육군 사령관에 의해 고안되었다고 밝혀졌다.

또한 강간은 그것을 말하고 묘사하는 이야기와 이미지에 따라 사람들의 의식을 조작하는 데도 이용되어 왔다. 예를 들면 앞에서 말한 제1차 세계대전 시기의 독일군에 의한 강간에 대해서는, 벨기에와 프랑스에서는 물론 국제적으로도 치욕스런 사건으로 이야기되고, 독일에 대한 복수와 대항적인 전의를 고양하려는 선전용으로 활용되었다. 프랑스에서는 구체적인 강간 사건이 신문과 잡지, 포스터 등 매스 미디어를 통해 대대적으로 이슈화되었고, '능욕당한 프랑스'라는 이미지를 만들어 내면서 대독일 선전용으로 반복해서 이야기되었다. 그때 삽화 등에서는 냉혈하고 무자비한 프로이센 장교가 "가냘픈 프랑스 처녀"에게 손을 "대려고 한다"며 '손을 대는' 모습을 그려 놓은 것을 많이 볼 수 있었는데, 이는 프랑스 혁명 이래 프랑스 공화국의 상징으로 의인화되고 묘사된 여성상(마리안느상)과 밀접하게 연관시킨 것이다. 또한 보불 전쟁 이후에는 독일을 남성에 비유하여, 그 군사력과 효율적인 관료 제도, 공업력과 물질주의, 권력에 대한 맹목적 추종, 엄숙하고 무게 있는 문화, 폭력성 등과 대비시키면서 프랑스를 여성으로 비유하는 풍조가 성해졌다. 또한 '어머니인 조국'이라는 말이 유포되기도 하였다. 미국에서도 독일 병사에 의한 전쟁 초기의 강간이 "독일놈의 강간"이라는 식으로 경멸적으로 이야기되고, '무구한 벨기인'에 대한 독일인의 범죄적인 침범 행위라고 상징적으로 이미지화되었다. 이러한 언설이나 선전은 사람들의 애국심을 자극, '자유'를 향한 운동을 자극하는 동시에 독일에 대항해 전쟁을 하자는 여론을 조성하는 데 이용되기도 하였다.

한편 유고슬라비아의 경우에는 이른바 '민족 정화'를 선전하려는 목적으로 '강간·살인 수용소'라 불리는 강간 수용소가 조직적으로 운영되었다. 이 수용소들은 세르비아 병사들이 점거한 마을과 도시, 평상시에 드나드는 레스토랑과 호텔, 병원, 공장, 사창가, 마굿간, 헛간, 창고 등 기존의 건물을 이용해서 만들어졌다. 세르비아인 병사들로 구성된 정규군과, 체트닌이라 불리는 비정규군, 그리고 시민군에 의해 그곳에 잡혀 온 보스니아·헤르체고비나, 크로와티아의 무스림 및 크로와티아 여성과 소녀들은, 수 주일 내지는 수 개월에 걸쳐 그곳에 수용되면서 병사들로부터 계속적으로 강간당했다. 희생자의 증언으로 확인된 것만도, 1993년에 그러한 강간 수용소가 30곳 이상의 도시와 마을에 존재했다고 한다.

재생산 기능의 파괴와 민족 순화의 의례로서의 강간

　강간은 여성의 신체, 특히 성기의 손상과 죽음을 동반하는데, 그것은 강간하는 측 병사들의 입장에서 본다면 '적'의 재생산 기능을 직접적으로 파괴함을 의미한다. 그것은 학살에 버금가는 '민족 절멸'의 또 한 가지 방법이기도 하다. 유고슬라비아의 '강간·살인 수용소'에서 생환한 사람들을 진찰한 난민센터 의료팀의 보고에 따르면, 그녀들은 계속 강간당했을 뿐만 아니라 성기에 심한 화상을 입거나 절단당한 흔적이 있고, 여러 차례 되풀이되었다고 생각되는 잘린 상처 등의 외상이 있었다고 한다. 이러한 집요하고 잔혹한 고문은 단순히 아이를 낳는다는 재생산 기능에 대한 파괴에 그치지 않고, 성기로 상징되는 '민족'의 생명력과 존속성에 대한 상징적인 공격이요 그 의례적인 표현이라고도 생각된다. 이러한 고문은 여성뿐만 아니라 남성과 아이들에게도 자행되었으며, 생식기와 성기의 학대, 절제라는 형태로 범해졌다. 남성 고문 희생자의 경우에도, 깨진 유리병과 총, 곤봉 등 가까이 있는 도구나, 세르비아인 극우 민족주의자들이 전통적인 '민족' 상징의 무기라고 여겨 온 '칼' 등으로 성기가 손상당하거나 도려내어지는 피해를 입었다. 심한 경우에는 다른 수용자에게 강요하여, 가까이 있는 도구로 고환을 도려내거나 이빨로 상대의 성기를 물어뜯도록 하는 일조차 자행되었다고 한다.

　이와 관련하여 유고의 예에서 보이는 흥미로운 사실은, '강간·살인 수용소'에서는 여성이 임신된 것을 알고서도 계속 강간을 당했는데, 살해되지는 않았지만 낙태조차 할 수 없을 때까지 구속 상태로 있다가 수용소에서 풀려났다는 것이다. 이 때 세르비아 병사는 강간하면서도 "너는 세르비아인의 아이를 낳는다"고 말했다고 한다. 그러나 임신을 상정한 강간이라는 것은 도대체 무엇일까? 임신부를 해방시키는 것은 세르비아인 아버지의 피를 가지고 태어난 아이를 죽이지 않고 무사히 출산시키려는 것이다. 그러나 이것은 '민족 정화=절멸'이라는 목적에서 보면 상당히 모순된다. 강간으로 태어난 아이들은 확실히 절반은 세르비아인을 자인하는 남성의 피를 이어받지만, 이미 절반은 그것과는 다른 정체성을 가지는 여성측으로부터도 피를 이어받는 것이기 때문이다. 여기에는 피의 순결성을 절대적인 것으로 생각하는 '민족' 주의자의 논리의 모순이 있다. 유고의 성 폭력, 민족 절멸 정책에 대해 조사·연구한 비버리 알렌의 지적처럼, 만약 이것이 정말로 '민족 정화', '민족 순화'의 수단이기 위해서는, 어머니측의 모든 정체성까지 부정되고, 여성이라는 존재가 '성의 그릇'(sexual container) 또는 '생물학적 상자'(biological box)로서만 취급되지 않으면 안 된다. 그러나 실제로 그것은 불가능하다. 사실 임신되어 해방된 여성 대부분은 태어난 아이를 '원수'로 보고 죽이려 하는 경우가 많았고, 설사 길러진 아이라도 결국은 어머니가 가르친 문화 속에서 성장하게 된다.

문화·민족·공동체의 상징적 파괴로서의 강간

그런데 지금까지 본 바와 같이, '적'의 여성들에 대한 강간, 성적 폭력은 모멸과 위협의 의례이면서 동시에 공포를 불러일으키는 효과적인 공격 수단이기도 하다. 그렇다면 왜 강간이 그와 같은 의미와 효과를 동반하는가? 그것은 그 사회의 '평시', 즉 일상 세계에서 '여자'가 아이를 낳아 기르고, '국민'과 '민족'의 재생산을 보증할 뿐만 아니라, 공동체의 문화 사회적인 재생산의 상징으로서 이해되고 표상되어 왔기 때문이다. 고대 그리스에서는 아테네 여신이 폴리스의 상징이 되어 왔다는 것을 상기해 보자. 크리스트교가 확산되는 과정에서도, 성모 마리아의 모자상이 신앙과 가족의 질서의 상징으로서 반복하여 묘사되었다. 또 혁명기 이후 19세기 프랑스에서는, 국민 국가의 형성과 동시에 '마리안느상'이 공화주의의 상징으로 창조되었다. 그런가 하면 라인강 건너편에서는 '마리안느상'으로 표상되는 프랑스 국가에 대한 저항 의식에서 '게르마니아'라는 여성상이 독일 국가를 상징하는 상으로서 창조되었다. 독립 100년을 기념하여 프랑스에서 미국에 보낸 '자유의 여신상'도 미국의 국가를 상징하는 여성상으로서 상징화되어 왔다. 여기에서는 '여성상'이 '민족체', '국민 국가'의 표현으로서 채용되고, 환상의 공동체=국가의 통합적인 상징으로 표상되고 있다.

앞에서 말한 마리-야니네 차리츠도 지적하는 바와 같이, 여성의 신체를 손상하고 파괴하는 것은, 동시에 공동체 또는 '적'의 '민족체', '국민 국가'를 체현하는 신체에 대한 상징적 강간으로 볼 수 있다. 전쟁시에 여성에게 가하는 성 폭력은 개인에 대한 공격일 뿐만 아니라 사회 조직에 대한 공격이기도 하기 때문이다. 여성이 상징적인 의미를 가진다는 것이 남성 중심적이고 가부장적인 가치 체계와 모순되는 것은 아니다. 오히려 역사 속에서는 국민 국가가 여성에 의해 표상되고 있다고 해도, 그 내부에서는 오히려 남녀간의 법적·경제적 여러 권리에 있어서 불평등한 사회 질서가 점차 정비되어 왔다. 그와 같은 사회에서는 여성이 '적'에게 강간당하는 일로 남성의 명예가 깊이 손상되고, 남성을 중심으로 하는 국민적(공동체적) 정체성을 형성하는 중요한 토대의 하나가 위협받는다.

또 '민족 절멸'을 위한 수단으로서 강간이 자행된 것도, 그 이전 사회 속에서 '민족'과 '국민 국가'라는 개념이 상징적으로 실체화되고, '민족 공동체'로서의 국가라는 신화가 널리 공유되고 내면화되어 있었기 때문이다. 그러나 역사적으로는 어느 '민족', 어느 '국가'든 순수한 형태로 존재한 적이 없다. '민족'이라는 개념은 그 자체가 19세기에 들어와 발전한 것이고, 국민 국가의 단일성이라는 이데올로기와 표리일체를 이루면서 서서히 양성되어 온 것이다. 유고슬라비아의 경우 이러한 민족주의적 내셔널리즘은 사회주의 국가 시절에는 소중히 온존되면서도 억압되어 있었지만, 티토 사후에 갑자기 강해지기 시작하다가 1987년 이후에 급속히 증식되었다. 그때 '민족'을 실체화하고자 하는 내셔널리즘은 민중 속에 애매한 형태로 잠재하던 모든 기억과 이야기를 선택적으로 이용하면서 '민족'에 관한 신화를 구축해 왔다. 또 그것들은 지도자와 지식인, 엘리트 층에 의해 '위에서부터' 창출된 것이기도 하다. 도로와 광장에 영웅들의 이름을 붙이는 것도 사람들의 기억과 공간을 조작해 가는 하나의 방법이었으며, 그 밖에도 온갖 미디어 표상을 통해 피해와 수난, 희생에 대한 이야기가 창조되어 왔다.

이러한 민족주의적인 내셔널리즘은 제2차 세계대전 전에는 나치에 의한 게르만 민족의 우월주의와 유태인 절멸 정책, 또 일본 제국의 야마토(大和) 민족의 단일성 이데올로기와 아시아 여러 '민족'에 대한 동화 정책이라는 형태로 전형적으로 나타났다. 그러나 이것들은 결코 지나간 과거의 사건이 아니다. 유고슬라비아만이 아니라 일본을 포함한 현대 국민 국가 내부에서도 '보편주의'를 가장한 기만성과 이러한 '보편주의' 안에 깃든 제국주의적 속성을 비판하는 이들에 맞서 민족주의적인 내셔널리즘이 계속 그 세력을 만회해 오고 있다. 또한 피와 '민족'을 절대적인 것으로 보는 내셔널리즘은, 여성의 정체성을 재생산 기능과 성기로 폄하하고, 남성 중심적인 문화와 사상을 강화하고 있다. 유고슬라비아의 사례가 보여주는 것은 바로 이러한 내셔널리즘의 결론이다.

마지막으로

지금까지 전쟁 시기의 성 폭력이 갖는 의미를 네 가지 항목으로 나누어 정리해 보았다. 여기에서 분명해진 것은 다음과 같다. 전쟁 시기의 성 폭력은 '평상시'에 여성의 신체에 부여되어 온 의미, 상징성과 깊이 관계되어 있고, 여성의 신체를 전쟁터로 삼아 의례적으로 전개된다. 따라서 전쟁 시기의 성 폭력은 단지 개인의 억압된 성적 욕망의 표현이 아니라, 기존의 성적 규범을 원용한 의례성을 띤 공격이다. 여기에서는 당연히 신체가 전쟁터가 된다. 그 규범은 전쟁이 만들어 낸 일과성의 것이 아니라, 그 때까지 해당 사회의 일상성 속에서 서서히 양성되고 창조되어 온 것이다. 전쟁 시기의 성 폭력은 따라서 평상시의 사회에 어떠한 가치와 상징이 구현되어 있었는지, 또 그것들이 어떻게 사람들의 의식과 행동을 규정하고 신체 내부에 새겨져 있었는지 하는 것과 밀접하게 관계되어 있다. 그것들은 또 단지 여성에게 어떤 의미가 부여되고 표상되어 왔는가 하는 것뿐만 아니라 남성측에도 어떠한 역할이 부여되고 그것이 본연의 자세와 가치로서 어떻게 이해되고 표상되어 왔는가 하는 것과도 깊이 관련된다.

전쟁 시기의 극단적인 성 폭력 현상을 그 잔혹함과 잔학성만을 문제삼아 일부의 '이상한' 인간에 의한 일탈 행위·광기로 보고, '일상성'의 밖에 있는 '어둠'으로서 멀리해 버린다면, 그 현상이 지닌 일상 사회와의 관계는 볼 수 없다. 그러나 실제로 전쟁터에서 강간에 관여한 이들은 극히 보통인 병사들이었고, 그런 만큼 전쟁터에서 성 폭력을 행사할 가능성은 '평상시'를 살아 나가는 우리들 자신의 내부에도 잠재해 있다고 할 수 있다. 이 문제는 성 폭력이란 무엇인가 하는 보다 보편적인 문제에 이어져 있으며, 전쟁의 본질이라든지, 전쟁과 인간, 특히 병사의 양성 문제에도 깊이 관련되어 있다. 이와 같이 전시의 성 폭력 문제는 이러한 '평상시' 사회와의 연속성 속에서 이해하지 않으면 안 된다. 물음은 다시 내가 살고 있는 현재로 돌아오는 것이다.

개인 신체 기억으로부터의 출발

전후 역사 교육에 대한 반성

사토 마나부(佐藤學)

머리말

모든 역사 이야기는 그 자체가 역사의 산물이다. '자유주의사관 연구회'를 돌격대로 삼은 '새로운 역사 교과서를 만드는 모임'이 표방하는 내셔널리즘도 전후 일본 사회와 교육의 역사가 만들어 낸 귀결점의 하나로서 인식할 필요가 있다. '종군 위안부' 문제를 계기로 분출한 강박적인 내셔널리즘 논의는 정통적인 학문적 논의로는 전혀 어울리지 않지만, 아니 그렇기 때문에 학계와 교육계에서 규범화된 역사 인식에 대해 대중과 일부 매스 미디어의 반격을 불러일으켜, 공적으로는 극복되었다고 여겨졌던 편협한 내셔널리즘을 단숨에 정면에 내세우는 격이 되어 버렸다. 그 말의 내용과 감정은 결코 새로운 것이 아니다. 달라진 것이 있다면 전후 민주주의의 뒷무대에서 거의 공공연하게 거론되어 왔던 패전의 굴욕과 성전(聖戰)이라는 허망, 정사(正史)에 대한 갈망이 이제는 매스미디어를 매개로 노골적으로 선전되며 소비되고 있다는 점이다. 이 새로운 내셔널리즘은 다음과 같은 세 가지 특징을 갖고 있다.

첫째는, 새로운 내셔널리즘은 냉전 구조의 붕괴라는 이데올로기의 해빙 현상을 기반으로 성립되었고, 더구나 구소련을 가상 적국으로 삼은 전통적 우익의 붕괴와 재편을 기반으로 등장한 것이라는 점이다. 내셔널리즘 선전의 중심적인 담당자는 우익 단체의 무서운 아저씨에서 줄곧 반미·반공 감정을 품어 온 평론가와 매스컴 관계자로 이동하는 현상을 나타내고 있다. 오늘날 내셔널리즘이 대중의 갈채를 받고 있는 근거의 하나는, 내셔널리즘을 과격하게 고무한다는 우익 이데올로기 담당자가 '지식인'으로 바뀌었다는 데에 기인한다.

둘째는, '종군 위안부'가 주제화되고 있는 사실이 나타내는 것처럼, 새로운 내셔널리즘은 국민 국가와 가부장제 가족이라는 근대의 두 가지 억압 장치를 고수하려는 욕망을 노출시키고 있다는 점이다. 민족 차별이나 성 차별과 관련된 주장이 공공연히 표명되고, '국익 중심'의 에고이즘 아래서 '반일'이라는 상표를 범용해 '국민'과 '비국민'의 경계선을 긋는 책동이 반복되고 있다. 민족 차별과 성 차별의 언설과 연동하여 이 새로운 내셔널리즘이 등장한 것은, 새로운 우익 연합체인 '국민회의'(일본을 지키는 국민회의)가 교과서에서 '종군 위안부' 부분을 삭제할 것을 요구하고, 동시에 재일한국·조선인의 권리의 확대(지방 공무원의 국적 조항 철폐, 참정권 등)와 부부 별성에 반대하는 운동을 전개하고 있는 것으로부터도 명료하다.

셋째는, 새로운 내셔널리즘은 근대적 합리주의를 내걸어 온 좌익의 전향을 기반으로 전개되었다는 점이다. 전쟁 전의 파시즘 운동이 국가사회주의 이데올로기로 대중을 동원해 국민 운동을 조직했던 것처럼, 새로운 내셔널리즘도 좌익의 전향을 기초로 등장한 신보수주의 이데올로기의 연장선상에서 성립한 것이다. 냉전 구조의 붕괴로 의지할 곳을 잃은 독재적인 사회주의와 민족적인 사회주의가 새로운 내셔널리즘 이데올로기로 다시 태어난 것이다.

이 글에서는 이 세 가지 특징을 만들어 내게 된 전후 역사 교육의 문제를 반성적으로 논의해 보고자 한다. '자유주의 사관'을 완전히 신봉해 실천하고 있는 교사가 실제로 일반에게 알려질 정도로 많지는 않다. 그러나 새로운 내셔널리즘을 전후 역사 교육에 내재하는 문제로 자각하고 스스로의 사상적인 과제로서 격투하고 있는 교사 또한 많다고는 할 수 없다. 대부분의 교사와 교육학자는 이 진기한 분위기를 다른 사람의 일처럼 받아들이고 자기 역사관의 '순수함'을 확인하는 데 그치고 있지는 않은가? 많은 교사와 교육학자가 찬동은 하지 않지만 '종군 위안부=매춘부'라는 것, '대동아전쟁=자위 전쟁'이라는 것도 '하나의 견해'로 받아들여 교실에 들어가거나, 이러한 견해가 특수한 우익의 책동으로 인한 일시적인 분위기로 생각하고 방관하고 있는 것이 아마도 교육계의 현재 상태에 대한 올바른 진단일 것이다. 지식인과 언론인 대다수가 새로운 내셔널리즘의 저열함에는 두려워 물러서면서도 일본과 아시아의 장래를 좌우하는 중대한 문제의 하나로서 비판해 온 것과는 대조적으로, 교사와 교육학자는 이 사태에 불만을 갖고 있으면서도 침묵을 지키는 상황이 지배적이다. 그러나 과연 이 새로운 내셔널리즘이 교사와 교육학자에게 다른 사람의 일처럼 방관하고 바라볼 수 있는 문제일까?

역사 교육 속의 내셔널리즘

　새로운 내셔널리즘 이야기는 이중의 의미에서 역사 그 자체를 부정하는 것이다. 첫째로, 새로운 내셔널리즘은 15년 전쟁으로 인해 생명을 빼앗긴 아시아 2,000만 명의 사망자, 일본 300만 명의 사망자를 기억으로부터 말살하려는 욕망을 보여 주고 있다. 그 상징적인 예가 '종군 위안부＝매춘부'라는 공격이고 '남경 대학살'에 대한 회의적인 언동이다. 이 언동이 역사를 왜곡하는 '수정주의'라고 불리는 것은 위안소에서의 강제와 성적 폭행의 사실을 알고 있으면서도 '종군 위안부＝매춘부'라고 일괄하여 전쟁 책임을 거부하고 있는 점, 혹은 남경 대학살에서 지역 외부에서 온 사망자가 다수 있다는 사실을 알면서도 사망자 수를 남경 지역 내로만 한정시킴으로써 남경 대학살 그 자체에 대해 회의를 표명하고 있는 점을 통해서 잘 드러난다. 역사의 본질이 사망자에 대한 기억에 있다고 한다면 사망자의 말살을 기도하는 새로운 내셔널리즘 이야기는 역사 그 자체의 부정을 의미한다고 말할 수 있다.

　둘째로, 새로운 내셔널리즘의 '역사'는 전쟁을 다양하게 체험한 개인의 구체적인 삶으로서의 역사가 아니라, 그들 개개인의 복수적(複數的)인 역사를 '국민' 일반으로 추상한 '역사'이다. 여기에서도 '종군 위안부'를 둘러싼 문제는 상징적이다. '종군 위안부'의 존재는 일본에서도 한국에서도 자명한 사실이었다. 이 자명화되고 추상화된 문제의 벽을 부순 것이 김학순(金學順)이라는 고유명을 쓴 개인의 증언(1991년)이었다. 고유명으로 등장하여 증언하는 행위를 통해 처음으로 '국민' 일반으로 돌려지지 않는 개개인의 역사, '전쟁 피해자' 일반으로 돌려지지 않는 개인의 역사가 출현한 것이다. '종군 위안부'가 고유명으로 등장하고부터 국가의 사죄를 요구하고 전쟁 책임을 추궁할 수 있었다. 이렇게 고유명으로 등장하는 전쟁의 역사는 '종군 위안부' 체험을 강요당한 사람들을 통해서만 말해진 것은 아니다. 근년에 이르러서는 구일본군 병사가 침략, 살육, 강탈, 강간한 전쟁 책임을 고유명으로 증언하는 상황을 맞이하고 있다. 또 그들은 자기의 전쟁 범죄를 직시하고 사죄하는 행위를 통해 그들을 전쟁 범죄의 길로 내몰았던 국가의 책임을 묻는 지평을 획득하고 있다. 이런 고유명에 의한 전쟁 이야기가 내셔널리즘으로 돌려지지 않는 역사 이야기를 출현시킨 의의는 아무리 강조해도 지나치지 않을 것이다. 역사란 추상화된 '국민의 역사'이기 전에 무엇보다도 구체적인 '개인의 역사'이기 때문이다.

그런데 '새로운 역사 교과서를 만드는 모임'에서 '자국의 역사'를 표방하는 내셔널리즘의 틀은 전후 역사 교육을 총체적으로 부정한다고 말하기보다는, 오히려 골격에서는 전후 역사 교육의 기본적인 틀을 답습하고 있다는 점에 유의할 필요가 있다. '새로운 역사 교과서를 만드는 모임'에 대한 비판을 철저히 하려면 먼저 전후 역사 교육에 내재되어 온 틀 그 자체에 대해 반성하지 않으면 안 될 것이다.

예를 들어 평화와 민주주의의 역사 교육을 중심적으로 추진한 역사교육자협의회(1949년 창설)도 예외는 아니다. 역사교육자협의회는 그 '설립취지서'를 "우리들은 끝없이 조국을 사랑한다"라는 문구로 쓰기 시작했다. 이 취지서는 물론 "과거의 잘못된 역사 교육이 군국주의와 파시즘의 최대 지주로 되었던 사실을 통절히 반성"하여 선언된 것이지만, 아시아 국민들에 대한 침략과 살육의 책임이 명기된 것도, 침략 전쟁으로 국민을 총동원한 국가의 책임과 이에 동조하고 가담한 국민의 책임이 명기된 것도 아니었으며, 히로시마·나가사키의 원폭과 도쿄 대공습으로 대량 학살을 단행한 미군의 책임이 명기되지도 않았다. 추구하는 것은 "학문적·교육적 진리"이고 "엄밀히 역사학에 입각"한 역사 교육이다. 내셔널리즘에 대한 반성은 희박했고, 오히려 "역사 교육은 국가주의를 용납하지 않으며 동시에 조국이 없는 세계주의도 용납하지 않는다"고 말하고 있으며, "올바른 역사 교육은 정당한 국민적 자신과 국제 정신을 고무하는 것이 되지 않으면 안 된다"는 결론을 내리고 있다. '학문적 진리'와 '애국심'이 전후 추구해야 할 역사 교육의 쌍두마차라는 것이다.

이러한 태도에 대해 세 가지 문제점을 지적해 두자.

먼저, 이 '설립 취지서'는 죽은 사람의 목소리를 말소하고 있다는 점에서 전쟁 직후의 '먹칠 교과서'의 틀을 넘지 못했다. 전쟁 책임에 등을 돌린 전후 일본인의 태도의 출발점에 '먹칠 교과서'가 있다. '먹칠 교과서'는 교사에게나 학생에게도 패전의 굴욕으로서 체험되었는데, 이 조치는 원래 점령군이 지령한 것도 아니고, 점령 정책으로서 제기된 것도 아니었다. 오히려 점령군에 대해 '군국주의'를 극복한다는 시늉을 보이려는 의도로 계획된 조치가 '먹칠'이었다. 문부성은 재빨리 1945년 9월 20일에 '국방 군비 등을 강조하는 교재', '전의앙양(戰意昻揚)에 관한 교재', '국제 화친을 해칠 수 있는 교재', '그 밖에 승조필근(承詔必謹)에 비추어 적절하지 않은 교재' 등 네 항목에 대한 '먹칠'을 지시했는데, 이 조치는 진주군의 눈으로부터 전쟁 범죄 사실을 은폐하기 위해 획책한 군과 정부의 기밀 문서 소각의 연장선상에서 수행되었다.

전쟁을 흘러간 일로 지워 버리고 죽은 자의 목소리를 없앤다는 분리 작업을 통해, 전후 교육은 평화와 민주주의 교육으로의 신속한 이행을 실현한 것이다. 물론 한 사람 한 사람의 신체에는 번민과 통곡을 동반한 생생한 전쟁의 기억이 남아 있었지만, 적어도 학교 교육에서 가르쳐진 공정(公定)의 역사에서 그 신체의 기억은 말소당했으며 조국의 재건을 위해 밝게 매진하는 교육이 실시되었다.

역사교육자협의회의 '설립 취지서'의 두 번째 문제는, "엄밀히 역사학에 입각"한다고 표현된 과학주의이다. 여기에서 말하는 역사의 과학은 두 가지를 의미하고 있다. 하나는 광신적인 황국사관에 대항한 실증주의이고, 또 하나는 법칙 정립학으로서의 역사 과학의 주장이다. 특히 법칙 정립학으로서의 과학주의는 사회 구성체사로서의 역사를 법칙적으로 인식한 전후의 역사 연구와 역사 교육의 지배적인 패러다임을 구성했다. 여기에서 탈락된 것은 개인이 특정 상황에서 체험한 역사적 경험의 특이성이고 개성 기술법을 통해 분석되어 나온 개인의 궤적으로서의 역사 이야기이다. 이 과학주의는 역사를 인과론적·결정론적으로 인식하는 일종의 숙명론을 만들어 냈으며, 역사의 과학과 개인의 실존을 절단해 역사학자와 대중, 교사와 학생의 역사 인식을 양분하는 작업을 수행했다고 할 수 있다. 즉 사회 구성체사로서의 역사 과학의 구성과 실증에 헌신하는 역사학자와 역사를 대중 문학의 이야기로 받아들이고 소비하는 대중과의 분열이고, 역사를 법칙으로서 가르치는 교사와 시험을 위해 오로지 암기하는 학생과의 분열이다. 개인이 역사를 배우는 의미의 추상화라는 공백을 메울 필요가 계속 제기되어 온 것이다.

더욱이 과학주의는 대학의 역사학자의 이야기를 특권화시키는 결과를 초래한다. 역사학자와 교사의 소박한 계몽주의가 '학문적 진리'의 권력 작용을 교육 관계 안으로 편입되도록 촉진했다는 것도 지적해 두어야만 한다. 학생은 오로지 교사가 말하는 역사를 노트에 옮겨 적을 뿐, 스스로

역사를 구성하고 말하는 주체로서의 역할은 제한받게 된다. 역사학과 역사 교육의 결합 원칙을 주장해 온 토야마 시게키(遠山茂樹)도『전후 역사학과 역사의식』(戰後の歷史學と歷史意識, 岩波書店, 1968)에서 "많은 연구자"가 이 원칙을 "역사 교육자는 역사학의 성과를 배우고 이를 알기 쉽게 아동에게 전하면 된다"는 것으로 받아들여 "역사 교육은 역사학에 종속되는 것"으로 보는 경향에 빠져 있다는 문제를 지적한다. 말하는 주체의 성립을 전제로 하고 나서야 '역사학과 역사 교육의 결합'이 적극적인 의미를 지닐 수 있는 것인데, 그와 같은 교육 관계를 교실에서 만드는 교사는 아주 적다.

셋째 문제는, 이 '설립 취지서'에 깔려 있는 애국주의와 민족주의이다. '설립 취지서'는 '국가주의'는 부정하지만 '국가주의'의 기반이 된 내셔널리즘(국민주의)에 대한 반성과 비판 의식이 빠져 있고, 오히려 내셔널리즘을 온존하고 계승하는 입장을 표명하고 있다. 점령하에서 전쟁 책임의 자각이라는 상황, 그리고 천황제를 옹호하기 위해 전쟁 책임을 군부에만 한정하고 국민의 전쟁 책임은 불문에 붙인 전후 처리의 상황이 내셔널리즘 자체의 검토에 소홀하게 하는 결과를 초래했다. 민간 교육 단체인 역사교육자협의회의 출발점도 이 틀에서 벗어나지 못했다. '설립 취지서'는 '파시즘'으로부터 탈피하는 두 원리로서 '안으로는 민주주의', '밖으로는 국제 평화'를 내걸었지만, 그 주체가 되어야 할 '국민'을 대상화하는 관점은 없었다. 실제로 전후 역사 교육에서는 '국민주의'(nationalism)와 '애향주의'(patriotism), '국민'(nation)과 '인민'(people) 그리고 '시민'(citizen)과 '민중'(folk), 혹은 '국민성'(nationality)과 '인종주의'(racism) 및 '민족성'(ethnicity) 등이 혼동되어 각각의 차이가 애매하게 되는 경우가 종종 있었다. 이들 범주의 복수성이 표현하고 있는, 한 사람 한 사람의 개인이 떠맡고 있는 사회적 존재로서의 중층성과 일본에 거주하는 사람들의 문화와 역사의 다양성 및 복합성을 동일화하는 말로서 '국민'이라는 개념이 구체적으로 검토되지 못한 채 전후에도 그대로 답습된 것이다.

전쟁의 기억을 지우며 과학주의와 애국주의를 내걸고 출발한 전후 역사 교육은 교사와 학생에게 중심화되고 일원화된 역사 인식을 갖도록 만드는 결과를 가져 왔다. 아무리 역사의 중심이 '천황'에서 '노동자' 혹은 '민중'으로 바뀌었어도 그 역사가 '국민의 역사'로서 중심화되고 일원화되는 욕망에 따라 서술된다면, '새로운 역사 교과서를 만드는 모임'이 표출하는 '자국의 정사(正史)'를 추구하는 갈망과 유사한 사고 방법에 빠질 수밖에 없지 않을까? 새로운 내셔널리즘과 대결하기 위해서는 적어도 앞에서 말한 전후 역사 교육이 출발점으로 삼은 세 개의 틀을 비판적·반성적으로 검토하는 작업을 그 출발점으로 삼아야 할 것이다.

역사 교육의 새로운 단계로

결론과 과정을 역으로 추적했는지 모르겠다. 역사 교육은 전후 50년을 거쳐 겨우 전쟁의 역사와 개인 신체 기억으로서 되살아나, 숙명론으로 귀결하는 과학주의 이야기를 극복하고, 내셔널리즘 그 자체도 상대화할 수 있는 역사 이야기를 실현하는 지점에까지 도달했다고 말할 수 있을 것이다. 오늘날 '성전'과 '정사'에 대한 허망이 대중의 갈채를 받고 있는 것도 뒤집어 보면, 전쟁 후 공적으로는 억압되고 심층에 가두어졌던 이야기가 그 정체를 노출시키는 상황에까지 이르렀다는 것, 따라서 정식 무대에서 사상적으로 극복할 수 있는 계기를 맞게 되었다는 사실을 말해 준다.

예를 들면 역사교육자협의회의 실천에서 오키나와(沖繩)가 명료하게 의식된 것은 1960년대에 들어서면서부터이고, 미해방 부락과 재일한국·조선인 부락의 역사가 주제화된 것도 1960년대, 그리고 호카이도(北海道)와 아이누의 역사에 대한 교육은 1970년대가 되면서 본격화되었다. 일본 역사를 지역에서부터 복수적으로 접근하려는 시점도 1970년대에 들어서 일반화되었다.

전쟁 교육에 대해서도 동일하다. 교사의 전쟁 책임이 의식화된 것은 '역 코스'가 현재화(顯在化)된 1950년대 중반 이후이고 15년 전쟁을 주제로 한 역사 교육이 일반 학교에서 실천되기 시작한 것도 토야마 시게키, 후지와라 아키라(藤原彰), 이마이 세이이치(今井淸一)의 『쇼와사』(昭和史)가 간행된 1955년 이후이다. 더구나 초기의 전쟁 교육은 '전쟁 체험의 전승'이라고는 해도 압도적으로 피해자 이야기 중심이고, 아시아 여러 나라에 대한 가해 책임이 교육 내용으로 정착하게 된 것은 극히 최근의 일이다. 일부에서는 『삼광』(三光, 1957)에서 고백된 일본군의 만행을 교재로 사용한 교사도 있었음이 분명하지만, 역사교육자협의회에서조차 가해 책임 문제가 처음으로 토의된 것은 1969년 대회에서였으며, 제노사이드(대량 학살) 역사로서 도쿄 대공습의 발굴이 제기된 것은 1971년 대회였다.

일반 학교에서 전쟁의 가해 책임이 교육 내용으로 자리를 잡으며 천황의 전쟁 책임을 문제삼은 교육 실천이 등장한 것은 '침략'과 '진출'을 둘러싼 교과서 문제가 국제화된 1980년대 이후이다. '남경 대학살', '강제 연행', '731부대', '창씨 개명' 등 침략과 살육의 사실이 교육 내용으로서 정착된 것은 극히 최근이었다는 사실을 다시 한 번 확인해 둘 필요가 있다. 역사 교육은 전후 50년을 거쳐 이제야 전쟁의 역사를 전적으로 수용하는 지점에 도달했고, '종군 위안부'를 둘러싼 새로운 내셔널리즘의 공격도 이 지점에서 등장한 것이다. '종군 위안부'에 대한 기술이 모든 중학교 교과서에서 검정을 통과한 것이 1994년이고, 오늘날까지 그 '삭제'를 요구하는 의안이 300개 이상의 지방 의회에 제출되었지만, 가결된 곳은 30여 개 의회에 불과하다. 비로소 여기까지 일본 국민의 역사 인식이 도달한 것인데 그 도달점에서 일본인의 심층에 억압된 이야기가 노출된 것이 '새로운 역사 교과서를 만드는 모임'의 현재의 움직임이다.

이렇게 지금 역사 교육에는 극복해야 할 과제도 많다. 그 중심적인 과제는 '국민의 정사'에 대한 욕망과의 싸움이다. 이 과제는 지금까지 '국민의 역사'라고 불렸던 것을 탈중심화하고 다층화시켜 복수화할 필요를 제기하고 있다. 역사 수정주의의 책동에 대해 '역사의 진실'을 옹호하고 전승할 교육을 추진함과 동시에 '진실의 역사'를 표방하는 모든 '정사'의 욕망과 싸우지 않으면 안 된다.

원래 '일본사'란 일본이라는 '국가의 역사'일까, 아니면 일본인이라 불리는 '국민(민족)의 역사'일까, 혹은 일본이라는 지역에 발붙이고 산 '사람들의 역사'일까? 여기에서 '일본'이라는 지역과 '일본인'이라는 국민의 경계선은 역사를 통해 격렬히 신축되어 왔다는 사실을 알 필요가 있다. 오늘날의 교과서를 보면 마치 머나먼 옛날부터 '일본'이라는 지역이 안정되게 존재해 왔고, '일본인'이라는 단일 민족이 거기에 뿌리를 내리고 살면서 '일본 문화'가 자립적으로 형성되어 온 것처럼 서술되어 있다.

'일본사'와 '세계사'의 구분도 문제이다. 지금까지의 '일본사'와 '세계사'는 안과 밖의 경계선으로 양분되어 세계사가 등장하지 않는 '일본사'

와 일본사가 등장하지 않는 '세계사'였다. 안과 밖으로 양분된 오늘날의 역사 교과서에서는 '일본사' 중에서 '세계사'를 볼 수도 없고, '세계사' 중에서 '일본사'를 인식할 수도 없다. 원래 '세계사' 자체가 옛 제도하의 중학교에서 '동양사'와 '서양사'를 합해 만들어 쓴 교과여서, 세계 전체에 대한 역사로서의 성격을 상실했다는 데에 문제가 있다.

역사 교육의 내용은 앞으로 개인, 국민, 지역 시민(인류 공동체)이라는 세 계층을 의식하여 재편되어야 할 것이다. 지금까지 일본의 역사 교육은 '국민의 역사'의 교육이었고, 개인의 교육은 '국민'으로 추상화되었으며, 전지구 시민의 교육은 '국제적인 일본인'으로 해소되어 모든 '국민의 교육'이라는 내셔널리즘으로 통합되어 왔다. 이러한 틀로부터 벗어나는 것이 긴요하다.

동일성에서 복수성으로

'국민의 정사'에 대한 욕망에 대항하는 역사 교육은 '일본사'의 복수성을 옹호하는 방법론을 필요로 한다. 개인으로부터 출발하고 개인 역사의 복수성을 있는 그대로 긍정하는 역사 인식을 형성해야 한다. 전쟁의 역사와 같은 근현대사의 교육에서는 특히 이러한 입장이 견지될 필요가 있다. 한 사람 한 사람이 직접 몸으로 체험한 다양한 전쟁의 기억과 역사를 다양하고 있는 그대로 존중하는 것이 역사를 이야기하고 전승하는 교육의 기본 원칙일 것이다. '선'과 '악', '올바름'과 '잘못'이라는 수준에서 뭉뚱그리지 않고, 일본의 근현대를 살아온 한 사람 한 사람의 복수의 역사를 그대로 '일본인의 역사'의 사실로서 수용하는 교육이 필요하다. 무엇을 '선'이라 보며 무엇을 '악'이라 보는가, 무엇을 '올바름'이라 보며 무엇을 '잘못'이라 보는가는 개인의 자유로운 사상과 신조의 문제이다. 전시중 '국적'(國賊)이라 불리며 살아온 사람도, '성전'(聖戰)이라 믿고 죽은 사람도, 이국 땅에서 침략과 살육을 자행한 사람도, 전쟁을 두려워하여 정신이상에 걸린 사람도, 나아가 자발적으로 일본에 이주하였거나 혹은 강제 연행되어 일본인으로 귀화한 사람도, 공습으로 목숨을 잃은 사람도, 각각 '일본인'으로서 전쟁의 역사를 체험한 것이고 그 역사를 개인 신체의 궤적의 기록으로서 기술한 것이다. 그 궤적과 기억의 다양함이야말로 일본인의 역사 그 자체이다. 그 궤적과 기억에 '선/악'과 '반일/애국'의 경계선을 긋는 책동을 용서해서는 안 될 것이다.

개인이 체험한 일본 역사의 복수성을 확인하는 데 있어서 주변적인 영역에서 살아온 사람들의 역사를 배우는 것이 중요하다. 내셔널리즘의 욕망과 운동은 중심으로부터 주변으로 보급되고 확장되는 운동으로서 인식되고 있지만, 내셔널리즘은 오히려 '국민'과 '비국민'이라는 경계선이 그어지는 주변 영역에서 가장 격렬하게 작용하여 주변에서 중심으로 환류하는 운동으로서 전개된다는 점에 더욱 주목할 필요가 있다. 식민지에서 살아온 사람들의 역사와 오키나와와 아이누 사람들의 역사, 그리고 재일한국·조선인의 역사로부터 더욱 깊이 배울 필요가 있고, 거기서 살아온 사람들의 역사를 발굴해 '일본인의 역사'를 복수화할 필요가 있다. 이 작업도 역사 교육에서는 이제야 시작하는 단계라고 말할 수 있을 것이다.

예를 들면 재일한국·조선인의 역사를 배우는 것은 내셔널 아이덴티티를 둘러싼 문제가 얼마나 복잡하고 심각한 문제로서 일본에 존재하며, 역사의 진실을 배우는 것이 얼마나 중요한 것인가를 가르쳐 준다. 많은 재일한국·조선인은 조상의 출신지로는 '조선', 귀속하고 있는 국가라는 관점에서는 '대한민국', 거주 국가로서는 '일본'으로서, 조국(조선)과 모국(대한민국)과 고국(일본)이라는 세 '국민'의 분열된 아이덴티티를 가지고 살고 있다. 이 세 개로 분열된 골짜기에 일본과 한국·조선의 근현대사가 묻혀 있다고 해도 과언이 아니다. 이 분열의 골짜기를 인식하는 것에서부터 일본과 한반도의 정치·경제·문화 교류의 깊은 역사를 배울 수 있고, 아시아 속의 일본, 그리고 세계 속의 일본 역사를 재구축하는 전망을 얻을 수 있을 것이다.

'일본의 역사'는 일본이라는 국가의 역사가 아니라 일본이라는 국가에 살아온 사람들의 역사이다. 일본이라는 국가에 살아온 사람들의 역사는 '국민의 역사' 혹은 '국민의 정사'라는 추상화된 개념으로 해소될 수 없는 특이성과 복수성을 갖고 있다. 지금까지 일본의 역사 교육에서는 이 개인 역사의 중층성과 복수성이라는 다양성을 인식하는 수업이 결락되었다고 말할 수 있다. 특히 근현대사 교육에서는 나의 역사, 아버지와 어머니의 역사, 할머니와 할아버지의 역사라는 개인을 축으로 한 역사의 전승과 이야기가 일본인의 역사 교육과 병행해 과제화될 필요가 있다고 생각한다.

개인으로부터 출발해 신체의 기억으로서 역사를 이야기하고 전승하는 것은 전쟁 교육에서도 중요한 과제이다. 국가를 단위로 하여 인식된 전쟁은 '정의'와 '자위'라는 허식을 띠지만, 개인을 단위로 한다면 어떠한 전쟁이든 그것은 국가라는 폭력 장치를 통해 수행된 침략과 살육 행위일 뿐이다. 근대 일본이 침략 전쟁을 반복하였고 보기 드문 대량 살육을 자행한 국가의 하나였음은 틀림없는 역사적 진실이다. 그 사실을 정확히 인식하는 것은 결코 '자위'에 빠지는 것도, '암흑 사관'에 물드는 일도 아니라는 것은 두말 할 필요도 없다. 오히려 '성전'이라는 허망이나 자민족 중심의 내셔널리즘이야말로 침략과 패전의 사실을 직시하게 함으로써 '자학'의 감정을 만들어 내고 '암흑 사관'이라는 냉소주의의 덫에 빠지게 하는 함정이다.

지금까지 역사 교육에 종사한 교사들은 '지역 교재의 발굴' 작업을 폭넓게 전개하여 '민중'이 살아온 역사를 배우고 실천해 온 경험을 갖고 있다. 그 전통을 계승해 '민중'이라는 총괄 명칭의 역사가 아니라 '개인'의 복수 역사를 배우고 실천할 것이 요구된다. 전쟁에 저항한 사람들의 역사, 전쟁으로 상처받은 사람들의 역사를 배우는 것만이 아니라, 전쟁에 적극적으로 가담한 사람들의 역사로부터도 배울 점이 많이 있다. 그와 같은 복수성을 획득함으로써 배우는 사람은 역사의 기억을 현재 스스로의 삶에서 반성적으로 계승하고 평화를 희구하는 강인한 의지를 키울 수 있다.

'종군 위안부' 문제는 민족 차별과 성 차별이 교차하여 발생한 전쟁과 폭력을 둘러싼 문제이고, 근대의 국민 국가와 가부장제라는 두 개의 지배 장치와 그 이데올로기를 둘러싼 문제였다. 언설의 치졸함, 사실의 왜곡과 망언에 놀아나지 말아야 할 것은 물론이거니와, '종군 위안부' 문제를 발생시킨 내셔널리즘과 가부장제라는 두 개의 기반을 통찰하고 평화 교육의 반성과 추진의 양식으로 삼는 것은 필수 과제이다.

지금까지는 역사 교육에서의 내셔널리즘 문제를 검토했는데, 평화 교육이라는 점에서 보면 국어 교과서와 평화 교육의 교재 및 아동 문학에서 전쟁을 어떻게 취급해 왔는가도 검토해야만 한다. 호전적인 만화의 세계와는 달리 전쟁을 취급한 교과서 교재는 평화의 희구를 기조로 하고 있지만, 그런 교재에는 역사 교과서와 같이 혹은 그 이상으로 내셔널리즘과 가부장제 이데올로기가 농밀하게 침투되고 있다는 사실에 유의할 필요가

있다. 죽은 자를 말살한 전후를 무비판적으로 긍정한「한 송이 꽃」(一つの 花, 今西佑行), 국정 교과서의 군국주의 교재「야, 이치타로」(一太郞やあい)와 동일한 문체를 채용하고 군국주의를 양성한 가부장제 이데올로기에 무비판적인「어머니의 나무」(おかあさんの木, 大川悦生)나,「야, 이치타로」와 구성과 문체가 거의 똑같다는 사실조차 의식하지 못하는 신교재「아버지의 열차」(父の列車, 吉村康) 등 지금도 교과서에 채용되거나 아동 문학으로 읽히는 많은 평화 교재들이 내셔널리즘과 가부장제 이데올로기에 대해 거의 무비판적으로 사고하고 있다 해도 과언이 아니다. '종군 위안부' 문제를 회피한 현재의 일본 문학 교육 또한 역사 교육과 마찬가지로 그 근간을 되묻는 작업을 개시할 시점에 이르렀음을 보여 주는 대목이다.

전쟁 교육은 본질적으로 죽은 자의 역사이다. 전쟁 교육이란 산 자의 신체 기억을 통해 말해진 죽은 자의 이야기일 것이다. 역사 교육이건 문학 교육이건 전쟁 교육이 '국민의 역사(정사)'로서 추상화되고 평화 교육이 이념화되고 마는 것은, 전쟁의 기억을 지워 없애고 2,000만 아시아와 300만 일본의 사망자의 목소리를 말소해 '경제 대국 일본'으로 매진한 전후 일본의 공백을 오늘날의 교육이 떠안고 있기 때문이다. 이 공백은 오늘날의 어린이에게 역사의 상실과 아이덴티티의 무산이라는 뿌리 깊은 허무주의를 만들어 내고, 이 공백 속에서 새로운 내셔널리즘은 허망의 역사를 내세우려고 한다. 죽은 자의 목소리를 소생시켜 허무주의와 냉소주의에 대결하게 하는 일, 한 사람 한 사람의 신체 기억으로서 역사를 교실 안팎에서 확산시키는 일, 이런 다양한 실천을 통해 어린이들에게 평화로운 사회를 추구하는 강인한 의지를 갖추도록 준비시켜야 할 것이다.

후기

고모리 요우이치(小森陽一)

　기쁨과 놀라움이 교차된 강렬한 생각에 사로잡혀 나는 이「후기」를 쓰고자 집필자 18명의 교정본을 앞에 두고 어찌할 바를 몰라하고 있다. 편자 두 사람의 의도와 생각을 훨씬 넘어, 이 책의 집필자 한 사람 한 사람은 우리들이 던진 공을 받아 아주 독특하고 강력한 타구로 되보내 주었다. 우리들 편자가 '내셔널 히스토리를 넘어'라는 구장에 서서 각자의 수비 위치에서 전력 질주하여 전후좌우로 달려도 이 타구들을 받아 내기는 어려웠다.

　바로 그렇기 때문에 자신감을 갖고 독자 여러분이 각각의 타구를 받아 보라고 제안할 수 있다. 이 구장에 관중은 필요 없다. 여기는 받은 공을 되던지는 실천(실전)의 장이다.

　제1부「과거를 돌이켜보는 말」에서는 '종군 위안부' 문제, 전쟁과 식

민지 지배 혹은 '일본'이라는 국가를 둘러싼 역사적인 사건을 어떠한 말로 기억할 것인가를 날카롭게 지적하고 있다. 과거를 돌이켜보는 것은 언제나 '현재'에 있어서이다. 그 '현재'가 어떠한 정치적인 역학 관계 속에서 나타나는 것인가 하는 것에 대한 인식의 내용이 과거를 돌이켜보는 방식을 결정한다.

누가 누구를 위해 어떠한 의도를 갖고 과거를 돌이켜보는 것일까? 과거의 사건을 표상하는 언어가, 그리고 그 화법이 '현재'에 어떻게 실천적이며 이론적인 귀결을 가져 오는 것일까? 그 귀결에 대해 말하는 측은 어떠한 책임을 질 수 있을 것인가? 말하는 것이 실천적이라는 것은 언제나 그 현장에서 비대칭인 타자와의 윤리적인 관계성이 생겨난다는 것이다.

제2부 「내셔널리즘이라는 중력」에서는 '역사'를 서술하는 말에 불가피하게 나타나는 욕망의 문제를 밝히고 있다. 이 욕망은 남성 중심주의적으로 '우리들 일본인'을 구성하고, 타자를 배제하려는 폭력을 내재한 이야기들을 만들어 내고 있다.

여기에서는 카토 노리히로(加藤典洋)의 『패전후론』에 대한 비판을 중심으로 하면서, 동시에 패전 후 일본의 사상사와 역사 인식 자세의 상호 관계를 비판적으로 검토하고 있다. 이에 의해 1990년대에 노출된 내셔널리즘적 언명들을 관통하는 욕망이 일본 패전 후의 '역사'를 통해 양성되어 온 것이라는 사실이 새삼 부각되었다고 말할 수 있겠다. 이런 의미에서 패전 후의 사상적 동태를 타자와의 관계와 응답 속에서 비판적으로 재검토하는 것이 긴급히 요구된다는 사실이 명확히 밝혀졌다.

제3부 「기억을 자아내는 의지」에서는 1990년대에 '일본'이라는 나라에서 발생한 새로운 내셔널리즘과 '역사 수정주의'를 둘러싼 문제가 결코

특수한 사건이 아니라, 오히려 세계적인 동시성 안에서 나타나고 있다는 점이 확인되었다.

이 시대를 살아가는 자에게 '기억' 그 자체를 늘 문제로 삼는 것이 실천적인 윤리성이다. 무엇을 기억하고, 무엇을 망각할 것인가? 망각된 것 중에서 기억하기 위해 무엇을 새삼스럽게 발굴할 것인가? 그것은 누가, 누구를 향해 나온 의지일까? 타자의 기억과 나의 기억을 관련시킬 수 있는 말들의 양과 질을 어떻게 뽑아 낼 것인가 하는 것은 이 책의 독자와 함께 필자 모두가 이제부터 실천(실전)으로서 짊어져야 할 과제일 것이다.

마지막으로 이 책의 기획에서부터 완성에 이르는 전과정을 따뜻하게 이해해 주고 신랄한 비판도 아끼지 않은, 그리고 무엇보다도 '믿음'으로 실무를 담당해 주신 도쿄대학출판회의 하토리 가즈요시(羽鳥和芳) 씨에게 마음으로부터 감사 드린다.

1998년 4월 20일

필자 소개

*생년월일, 소속, 전공/저술/한 마디 순

코모리 요우이치(小森陽一)
1953년, 도쿄 출생, 도쿄대학, 일본 근대 문학/『사건으로서의 읽기』(出來事としての讀むこと, 東京大學出版會),『소세키를 다시 읽는다』(漱石を讀みなおす, 筑摩書房)/ "어릴 적에 중국과 북조선의 항일 영화를 몇 번이나 보면서 '일본인'인 내 자신을 지우고 싶었다. 도쿄올림픽 때 소련과 일본의 배구 시합을 프라하의 소련대사관 부속학교 TV로 보면서 어디를 응원해야 좋을지 몰랐었다. 그 기억을 지금 다시 떠올린다."

코우노 켄스케(紅野謙介)
1956년, 도쿄 출생, 니혼(日本)대학, 일본 근대 문학/『서적의 근대』(書物の近代, 筑摩書房),『문학이 더욱 재미있어진다』(文學がもっと面白くなる, 공저, ダイヤモンド社)/ "대학은 이상한 곳이다. 자기 학문 분야가 위험하다는 예감이 들었을 때, 곧바로 그 학문의 가치를 매기는 상위 심급 회의가 소집된다. 여성의 취직 지망과 생활 양식의 변화로 국문학과는 그 지반이 침하할 수밖에 없다. 거기에 속한 학자들로부터는 어떠한 반응이 나오게 될 것인가?"

서경식(徐京植)
1951년, 교토 출생, 작가, 호세이(法政)대학 시간 강사/『나의 서양미술순례』(私の西洋美術巡禮, みすず書房),『아이의 눈물』(子どもの涙, 柏書房),『분단을 산다』(分斷を生きる, 影書房)/ "일본형 네오 내셔널리즘에는 완전히 질릴 지경인데, 이를 둘러싼 언설 또한 단순한 지적(?) 소비물로 유통되는 현실은 더더욱 지긋지긋하다. 위기는 깊어지고 있다. 솔직하면서도 직접적으로 도리를 논하는 이야기가 절실히 기다려진다."

이연숙(李姸淑)
1956년, 한국 순천(順天) 출생, 히토츠바시(一橋)대학, 사회언어학/『'국어'라고 하는 사상 — 근대일본의 언어인식』(國語という思想 — 近代日本の言語認識, 岩波書店)/ "노신(魯迅)은 '물에 빠진 개를 때리라'고 말했습니다. 도의를 모르는 개는 살려 주어도 또 사람을 물기 때문이라며……. 그러나 아직도 육지 위에서는 난폭한 개가 큰소리로 계속 짖고 있습니다. 그러니 우선 '개를 물에 빠뜨리는 일'부터 시작합시다. '때릴 것'인가 '때리지 않을 것인가'는 그 다음에 결정합시다."

나리타 류우이치(成田龍一)
1951년, 오오사카(大阪) 출생, 일본여자대학, 역사학/『'고향'이라는 이야기』(『故郷』という物語』, 吉川弘文館)/ "이 책의 타이틀은 줄곧 '지식의 분노'('知'の怒り)라고 생각했습니다. '내셔널 히스토리'에 대한 분노를 담은 논집으로서……. '지식'은 권력적이고 동시에 무기이기도 합니다. '분노'의 문맥을 만들어 내도록 합시다."

요시에 아키오(義江彰夫)
1943년, 도쿄 출생, 도쿄대학, 일본고대·중세사/『신불습합』(神佛習合, 岩波書店), 『일본통사 I·원시·고대·중세』(日本通史 I·原始·古代·中世, 山川出版社)/ "현재 일본과 세계를 뒤덮고 있는 불투명함과 복잡함은 구미형 근대화의 막다름과 새로운 사회·세계 시스템 구축에 대한 다양한 움직임과의 결합의 산물이라 할 수 있다. 이 불투명함과 복잡함을 명쾌히 해명하고 장래에 대한 전망을 객관적으로 제시할 수 있는 역사관과 역사 서술은 어떻게 하면 가능할까?"

이효덕(李孝德)
1962년, 후쿠오카(福岡)현 오구라(小倉)시 출생, 도쿄대학, 표상문화론/『표상공간의 근대』(表象空間の近代, 新曜社)/ "객관적이고 절대적인 유일무이의 '역사'가 있을 것은 아니다. 그렇다고 해서 '역사'는 어떻게 말해져도 좋다는 이야기는 아니다. 권력과 폭력이 작동하는 실천적 관계를 떠나 의미를 갖는 '역사' 등은 존재하지 않기 때문이다. 중요한 것은 그러한 실천적 관계를 철저히 문제화하는 일이다."

오오고시 아이코(大越愛子)
1946년, 교토(京都) 출생, 긴키(近畿)대학, 철학·여성학/『페미니즘입문』(フェミニズム入門, 筑摩書房), 『투쟁하는 페미니즘』(鬪爭するフェミニズム, 未來社) 등/ "조잡한 범주화의 폭력을 행사하고, 이제야 분명히 밝혀진 숨겨진 역사와 문화의 진상을 해석학적 문제로 해소시키려는 무책임한 언설의 범람에 분노합니다. 페미니즘은 단순한 해석학이 아니라, 살아 있는 '여성'의 성과 삶에 기초한 사상이라는 것을 확인해 두고 싶습니다."

강상중(姜尙中)
1950년, 쿠마모토(熊本) 출생, 도쿄대학, 사회문화론/『오리엔탈리즘을 넘어서』(オリエンタリズムの彼方へ, 岩波書店), 『두 개의 전후와 일본』(ふたつの戰後と日本, 三一書房) 등/ "역사의 개찬(改竄)을 둘러싼 '내전'은 일본만이 아니라 한국에서도 진행중이다. 박정희 시대와 식민지 시대를 둘러싼 '역사 논쟁'은 일본 속의 역사의 기억을 둘러싼 '내전'과 무관하지 않다. '내전'은 한일의 합병증을 시사하고 있는지도 모른다. '내전'을 국가의 틀 안에서만 생각하면 안 된다."

카와모토 타카시(川本隆史)

1951년, 히로시마(廣島) 출생, 토우호쿠(東北)대학, 윤리학·사회철학/『현대윤리학의 모험』(現代倫理學の冒險, 創文社), 『롤즈 정의의 원리』(ロールズ: 正義の原理, 講談社)/ "경애해 마지않는 한 역사학자가 나의 원고를 검토해 주셨다. 우에하라 센로쿠(上原專祿), 이시모다 쇼우(石母田正), 타케우치 요시미(竹内好)의 '연계 플레이' 라는 나의 마무리 방식에 위화감을 느꼈다고 한다. 젊은 날 클리오의 신을 섬기고 싶었던 나였는데 신도 두려워하지 않는 문장을 썼는지도 모르겠다. 그러나 주사위는 던져졌다."

이와사키 미노루(岩崎稔)

1956년, 나고야(名古屋) 출생, 도쿄외국어대학, 철학·정치사상사/『파시즘의 상상력』(ファシズムの想像力, 공저, 人文書院), 『총력전과 현대화』(總力戰と現代化, 공저, 柏書房) 등/ "가령 반체제적인 시각에서 논의를 전개하려 해도 거기에는 지(知)의 종양이라 할 만한 뿌리 깊은 망각이 숨어 있다. 반동적인 언설을 찌르는 일은 겉보기에는 쉽다. 중요한 것은 이를 위해 쌓아 온 것과 똑같은 양의 무언가가 동시에 자기에게도 쌓여 있다는 것을 잊지 않고 있는가 여부이다."

요시미 순야(吉見俊哉)

1957년, 도쿄 출생, 도쿄대학, 사회학·문화 연구/『도시의 드라마투르기』(都市のドラマトゥルギー, 弘文堂), 『박람회의 정치학』(博覽會の政治學, 中公新書) 등/ "내셔널리즘에 관해 10여 년간 운동회와 박람회, 천황 순행과 수학 여행 등을 소재로 메이지 시기의 국민 제전을 통한 내셔널한 시간과 공간의 재편 및 새로운 신체의 창출이라는 테마로 연구를 진행하고 있다. 책으로 정리하는 것이 늦어졌는데 금세기 중에 완성시키고 싶다."

타카하시 테츠야(高橋哲哉)

1956년, 후쿠시마(福島)시 출생, 도쿄대학, 철학/『기억의 에티카』(記憶のエチカ, 岩波書店), 『역광의 로고스』(逆光のロゴス, 未來社), 『데리다』(デリダ, 講談社)/ "정치가의 실언, 망언은 다른 나라에도 있다. 그러나 홀로코스트 부정론을 모방한 논의를 벌이는 '지식인' 에 이끌려 다수의 '문화인', '재계인' 이 '국가의 정사(正史)' 를 요구하며 분기하고 있다. 얼마나 무서운 나라에 살고 있는 것인가? 정기를 지키기 위해서는 어떤 다른 광기가 필요하다."

요네야마 리사

1959년, 일리노이주 출생, 캘리포니아대학, 문화인류학·문화 연구/ *Hiroshima Traces: Time, Space and the Dialectics of Memory* (Berkeley: University of California Press, forthcoming)/ "내셔널한 것을 뛰어넘는다는 것은 '일본인' 으로 불리는 위치를 애매하게 만드는 일과 같지 않다. 사람이, 기억이, 이야기가 뛰어넘는 일로 인해 주체가 부유하게 되지는 않는다. 오히려 얼마간의 역학관계, 책임이 중첩된 복수 주체의 투묘점(投錨点)이 명확하게 되는 과정일 것이다."

우카이 사토시(鵜飼哲)
1955년, 도쿄 출생, 히토츠바시 대학, 프랑스문학·사상/『저항에의 초대』(抵抗への招待, みすず書房), 『보상의 고고학』(償いのアルケオロジー, 河出書房新社) 등/……

후루타 모토오(古田元夫)
1949년, 도쿄 출생, 도쿄대학, 베트남 현대사/『베트남세계사』(ベトナム世界史, 東京大學出版會), 『호치민』(ホ·チ·ミン, 岩波書店)/ "나는 내 자신이 그다지 '전투적'인 사람이 아니라고 생각합니다. 논쟁은 잘 하지 못합니다. 따라서 솔직히 말해서 전쟁에 관한 문제는 다루기 거북합니다만, 피할 도리는 없습니다. 왜 내가 피할 수 없었는지 졸고를 통해 독자 여러분이 이해해 주시면 고맙겠습니다."

하세가와 히로코(長谷川博子)
1957년, 키후(岐阜)시 출생, 도쿄대학, 프랑스 근세 및 근대사·역사인류학/『제도로서의 여성』(制度としての女, 공저, 平凡社), 『역사에의 물음·역사로부터의 물음』(歷史への問い·歷史からの問い, 공저, 岩波書店)/ "전쟁은 신체를 전쟁터로 바꾸는데, 그것은 일상 세계와의 연속선상에서 일어난다. 이것을 잊어서는 안 된다고 생각한다. 이 기획의 넘치는 빛에 '희망'을 느낀다. 타카하시 테츠야 씨에게 빌린 알렌의 책은 밑줄과 낙서로 엉망이 되어 버렸다. 새 책을 사서 돌려 드렸다. 고맙습니다."

사토 마나부(佐藤學)
1951년, 히로시마현 출생, 도쿄대학, 학교교육학/『미국 커리큘럼 개조사연구』(米國カリキュラム改造史研究, 東京大學出版會), 『커리큘럼비평』(カリキュラムの批評, 世織書房) 등/ "'종군위안부=매춘부'라는 수정주의자의 말을 애당초부터 '역사 이야기'라고 부를 수 있을까요? 오히려 역사를 거부하고 말살하는 이야기라 불러야 마땅할 것입니다. 이와 같은 망언에 대해 나의 신체는 격렬하게 저항합니다. 그 신체의 지향성 속에서 나는 죽은 사람의 소리를 듣는 상상력을 보고 있습니다."